中国社会科学院创新工程学术出版项目

深圳劳动关系发展报告（2016）

ANNUAL REPORT ON SHENZHEN'S LABOR RELATIONSHIP (2016)

主　编/汤庭芬
副主编/秦晓南　杨保华　李　莹

社会科学文献出版社
SOCIAL SCIENCES ACADEMIC PRESS (CHINA)

图书在版编目(CIP)数据

深圳劳动关系发展报告. 2016 / 汤庭芬主编. --北京:社会科学文献出版社,2016.6
(深圳蓝皮书)
ISBN 978-7-5097-9115-8

Ⅰ.①深… Ⅱ.①汤… Ⅲ.①劳动关系-研究报告-深圳市-2016 Ⅳ.①F249.276.53

中国版本图书馆 CIP 数据核字(2016)第 096269 号

深圳蓝皮书
深圳劳动关系发展报告(2016)

主　　编/汤庭芬
副 主 编/秦晓南　杨保华　李　莹

出 版 人/谢寿光
项目统筹/张丽丽
责任编辑/丁　凡

出　　版/社会科学文献出版社·皮书出版分社(010)59367127
地址:北京市北三环中路甲 29 号院华龙大厦　邮编:100029
网址:www.ssap.com.cn
发　　行/市场营销中心(010)59367081　59367018
印　　装/北京季蜂印刷有限公司

规　　格/开 本:787mm×1092mm　1/16
印 张:21.25　字 数:322 千字
版　　次/2016 年 6 月第 1 版　2016 年 6 月第 1 次印刷
书　　号/ISBN 978-7-5097-9115-8
定　　价/69.00 元

皮书序列号/B-2009-112

深圳劳动关系蓝皮书编委会

摘　要

2015年，是深圳市贯彻落实《中共中央国务院关于构建和谐劳动关系的意见》的重要一年，深圳市委、市政府认真贯彻落实中央这一指导新时期劳动关系工作的纲领性文件，部署开展了社会矛盾化解年和劳资纠纷攻坚年行动，推动深圳劳动关系工作取得新成果。深圳市社会科学院、深圳市人力资源社会保障局、深圳市总工会和深圳大学联合编写了《深圳劳动关系发展报告（2016）》，全书由有关部门领导、业内人士、专家学者共同完成。

全书共分为五部分，共30篇文章。第一部分为总报告篇。综述了2015年深圳在经济发展的新常态下，提出了更高的构建和谐劳动关系的目标，以及进一步建立规范有序、互利共赢的劳动关系重要举措。在深圳各级政府及相关部门的共同努力下，劳动关系工作取得显著成效。第二部分为人力资源和社会保障篇。阐述了深圳市各级人力资源保障部门加大工作力度，把握中心，着力保障和改善民生，大力实施人才强市战略，展示了在人力资源保障领域的理念创新与工作亮点。第三部分为工会组织篇。介绍了深圳市总工会坚持关口前移，主动作为，大力开展源头治理劳资纠纷试验区工作，在体制机制创新上寻求新突破，为源头治理劳资纠纷闯出一条新路。第四部分为企业劳动关系和谐度测评篇。介绍了深圳通过开发具有科学性和实用性的指标体系，对企业劳动关系的成果进行测评研究，对不同行业、各种类型企业进行了总结分析，为全市和谐劳动关系建设提供新经验。第五部分为专题研究篇。由深圳市及国内一些专业人士、教授学者、律师工作者，围绕当今深圳劳动关系的难点热点问题，从法律层面、实践运行的不同视角，提出具有科学性与前瞻性的研究与建议。

本书对深圳劳动关系发展的预测与展望：世界经济在深度调整中艰难复

苏，我国经济发展进入新常态，仍处于可大有作为的重要战略机遇期，深圳经济将加快转型升级，城市竞争力和可持续发展能力进一步加强。但也要意识到，深圳长期高速发展所掩盖的深层次结构性矛盾和体制机制性障碍正日益凸显，劳动关系工作直面企业与劳动者，“十三五”时期劳动关系工作将面临许多挑战和机遇。

“十三五”时期，劳动关系工作必须按照中央、省和市委市政府的要求，牢固树立创新、协调、绿色、开放、共享的五大发展理念，以新的发展理念引领发展，全面贯彻到劳动关系各项工作中，努力打造新优势、开创新局面。努力化解就业结构性矛盾，实现更为充分和更高质量的就业。完善社会保险制度体系，实现公平可持续发展。创新社保服务模式，实现社保经办水平全面提升。加强高层次人才队伍建设，实现城市人才竞争力显著提高。强化技工教育培训，实现在职劳动者素质提升、人力资本结构改善。深化人事制度改革，实现公职人员管理科学化、规范化。深化工资收入分配制度改革，实现发展成果共建共享。切实保障劳动者合法权益，实现劳动关系和谐稳定，要深入开展和谐劳动关系创建活动，形成具有深圳特色的和谐劳动关系新模式。

Abstract

In 2015, Shenzhen made remarkable headway in implementing *Opinion of the CPC Central Committee and the State Council on Building Amicable Labor Relations.* Driven by their commitment to carrying out the strategies and guidelines specified in the document, the Shenzhen municipal government, including the municipal CPC committee, set themselves the goals for the year of ameliorating social conflict and easing existing tension in labor relations. On the whole, measures adopted toward those ends proved effective. Many of these developments are documented in this volume, which is the product of joint efforts by four organizations: Shenzhen Academy of Social Sciences, Shenzhen Bureau of Human Resources and Social Security, Shenzhen Federation of Labor and Shenzhen University. Contributors include officials who work on the frontline, longtime practitioners, researchers and experts in the field.

The 30 articles featured in the volume are divided into five parts. Part one, General Report, presents an overview of the Shenzhen government's efforts in 2015 to set themselves more demanding goals in the area of labor relations in response to the economic new normal, concrete measures it adopted, and the effectiveness they have shown so far. The focus of part two is human resources. Articles in this part provide a comprehensive account of how human resource departments at different levels of government succeeded in finding ways to improve what they do, especially how they serve the city and its residents. In part three, contributors examine recent developments in labor organizations in Shenzhen, the most noteworthy among them being these organizations' exploration (in the form of pilot programs) in facilitating labor dispute resolution through early intervention. Part four introduces the latest research findings of those who have been trying to design a set of indicators that can be used to gauge the quality of labor relations through quantitative measurements. The index is then applied in assessing the current labor relations condition across a range of business types and sectors. The pieces in the final part of the book, part five, round out the heavily narrative articles in the rest of the volume by offering theoretical analysis, informed forecast for future trends, and policy recommendations. Written by industry experts, academics and legal professionals, these pieces look closely at not only issues that have attracted attention but also those that have proven to defy easy solution.

In the opinion of the volumes editors and contributors, as the world economy continues to struggle and China gradually settles into the "economic new normal", both opportunities and challenges abound for Shenzhen, whose economic upgrade and transformation is about to pick up speed, which will likely help boost its competitiveness and sustainable development capabilities. It is important to realize, however, that many of the structural conflicts and systemic and institutionalized problems that emerged during years of rapid development but stayed largely invisible for a long time have intensified and become more pronounced. Those who work in labor relations management will have their skills and capabilities tested as they work more closely than ever with both managements and workers during the "13th Five-year Plan" period.

During this period, those on the frontline in this field must center their work around the five key development objectives that have been put forward by governments at the central, provincial and municipal levels. They are development that is innovation-driven, coordinated, environment-friendly, open and inclusive. These objectives should guide us in everything we do in labor relations management. These include mitigating structural conflict in the labor market, reducing unemployment and improving the quality of job, strengthening the social security system, improving social security services and facilitating equitable and sustainable development, boosting the cultivation of highly skilled and experienced workforce and the city's overall competitiveness as a job destination for talented individuals, improving continuing education and training for workers and optimizing the structure of human capital, promoting reform of the personnel system and public institution staff management, and more equitable income distribution, safeguarding workers' legal rights and others. The ultimate goal is the establishment of a distinct model of amicable labor relations that is also sustainable in Shenzhen through targeted and innovative approaches.

目　录

Ⅰ　总报告

B.1　服务创新驱动，提升民生幸福，为加快建成国际化创新型城市做出新贡献
——2015～2016 年深圳劳动关系发展形势分析与预测
………………………………………………………… 王　卫 / 001

Ⅱ　人力资源和社会保障篇

B.2　经济新常态下广东劳动关系研究 ……………………… 吴潇雯 / 013
B.3　实施更加积极就业政策，推动大众创业、万众创新
——努力实现深圳更加充分、更高质量的就业发展目标
………………………………………………………… 周宽山 / 022
B.4　2015 年社会保险发展及形势探析 ……………… 曾思克　董嵘慧 / 032
B.5　深圳劳动监察现状及展望 ……………………………… 吴洁红 / 044
B.6　2015 年深圳市劳动人事争议仲裁现状分析及 2016 年形势预判 …………………………………… 李　卓　敖宇星 / 054
B.7　盐田区构建和谐劳动关系的创新实践与思考
…………………………………………………… 赵世宽　黄小艳 / 066

B.8 开展职业培训，服务就业和企业 …………………………… 孙从争 / 076
B.9 推动劳动关系矛盾“集成化解”平台建设的
实践与研究 ……………… 林伟斌 林要军 曾 洁 陈晓霞 / 089
B.10 构建和谐劳动关系城区的探索与思考 ……… 余似锦 戢太雷 / 101
B.11 深圳市2015年劳务派遣情况调查与研究 …………… 吴丽莎 / 112

Ⅲ 工会组织篇

B.12 创新工会工作体制机制，在源头治理劳资纠纷中
探索新突破 ……………………………………………… 王同信 / 124
B.13 保持和增强政治性、先进性、群众性，争当促进劳动
关系公平正义的先锋组织
——对学习贯彻中央群团工作会议精神的思考 …… 冯 力 / 134
B.14 工会处理群体性劳资纠纷的研究与思考 ………… 李 青 / 146
B.15 让农民工实现体面劳动
——关于农民工问题的几点思考 ………………… 潘 洋 / 155

Ⅳ 劳动关系和谐度测评篇

B.16 深圳市全利丰五金塑胶制品有限公司劳动关系
和谐度测评报告 ……………………………………… 邓才生 / 168
B.17 比亚迪股份有限公司劳动关系和谐度测评报告
………………………………………… 古 迹 张克峰 / 174
B.18 花园格兰云天大酒店劳动关系和谐度评估报告及
对策建议 ………………………………… 汤庭芬 高光明 / 181
B.19 深圳市卫光生物制品股份有限公司劳动关系
和谐度评估 ……………………………… 艾宏扬 周 捷 / 188

Ⅴ 专题研究篇

B.20 配合“一带一路”战略，创新粤港澳自贸区劳动争议解决机制的理论设想 …… 刘 阳 / 196
B.21 盐田区和谐劳动关系示范城区指标体系研究报告 …… 翟玉娟 刘定权 / 203
B.22 深圳市中等收入人群调查研究 …… 倪志聪 / 219
B.23 企业重大事件员工安置法律问题研究 …… 彭小坤 / 231
B.24 竞业限制法律适用问题研究 …… 邢蓓华 / 244
B.25 我国企业惩戒制度的现状、问题和对策 …… 徐道稳 王小凯 / 257
B.26 劳动争议诉讼管辖地研究 …… 廖名宗 / 265
B.27 我国非全日制劳动关系立法研究 …… 谢德成 / 274
B.28 浅谈深圳香港两地欠薪保障制度的异同 …… 侯玲玲 赖粤文 杨 鎣 / 287
B.29 2015 年深圳市异地务工人员服务管理工作成效与展望 …… 姜 斌 / 297
B.30 实行以人为本的人力资源管理，构建和谐双赢劳动关系 …… 吕 钧 / 311

皮书数据库阅读使用指南

CONTENTS

I General Report

B.1 Building an Innovation-driven City and Improving Quality of Life *Wang Wei* / 001

II Human Resources and Social Security

B.2 A Study of Labor Relations in Guangdong under the Economic New Normal *Wu Xiaowen* / 013

B.3 Improve Labor Market Policies to Encourage Innovation and Entrepreneurship *Zhou Kuanshan* / 022

B.4 Development in Social Security in 2015 *Zeng Sike, Dong Ronghui* / 032

B.5 Supervision and Oversight of Labor Relations in Shenzhen: Current State and Future Outlook *Wu Jiehong* / 044

B.6 Labor Mediation and Arbitration in Shenzhen: Review of 2015 and Outlook for 2016 *Li Zhuo, Ao Yuxing* / 054

B.7 Innovative Practices of and Thinking about the Cultivation of Amicable Labor Relations: Lessons from Yantian District *Zhao Shikuan, Huang Xiaoyan* / 066

B.8 Let Workers and Corporations Benefit from Better Professional Training *Sun Congzheng* / 076

B.9 Building Resource Pooling Platform for Labor Dispute Resolution *Lin Weibin, Lin Yaojun, Zeng Jie and Chen Xiaoxia* / 089

B.10 Building Labor Relations Model District: Practice and Thinking *Yu Sijin, Ji Tailei* / 101

B.11 A Study of Labor Dispatch in Shenzhen in 2015 *Wu Lisha* / 112

Ⅲ Union Organizations

B.12 Exploring Innovative Approaches to Promoting Early Intervention in Labor Dispute by Labor Unions *Wang Tongxin* / 124

B.13 Labor Organizations Play a Critical and Leading Role in Promoting Amicable and Fair Labor Relations *Feng Li* / 134

B.14 A Study of the Role of Labor Organizations in Handling Mass Incidents Generated by Wage Dispute *Li Qing* / 146

B.15 Migrant Rural Workers Deserve Dignified Work *Pan Yang* / 155

Ⅳ Evaluation of Labor Relations Harmony Index

B.16 A Labor Relations Report for Shenzhen Quanlifeng Metals and Plastic Products Co., Ltd *Deng Caisheng* / 168

B.17 A Labor Relations Report for BYD Auto Co., Ltd *Gu Ji, Zhang Kefeng* / 174

B.18 A Labor Relations Report for Shenzhen Grand Skylight Hotel *Tang Tingfen, Gao Guangming* / 181

B.19 A Labor Relations Report for Shenzhen Weiguang Biological Products, Co., Ltd *Ai Hongyang, Zhou Jie* / 188

V Topical Reports

B.20 Envisioning Labor Dispute Resolution in the China (Guangdong) Pilot Free Trade Zone under the "One Belt, One Road" Initiative *Liu Yang* / 196

B.21 A Study of the Labor Relations Amicability Index System Adopted by Yantian District *Zhai Yujuan* / 203

B.22 A Study of Shenzhen's Middle Income Earners *Ni Zhicong* / 219

B.23 A Legal Study of Labor Relations Management Following Serious Workplace Incidents *Peng Xiaokun* / 231

B.24 A Study of the Applicability of the Non-Compete Clause *Xing Beihua* / 244

B.25 A Study of China's Corporate Employee Disciplinary System *Xu Daowen, Wang Xiaokai* / 257

B.26 A Study of Jurisdictional Determination in Labor Litigation *Liao Mingzong* / 265

B.27 A Study of Legislation for Labor Relations in Non-Full-Time Employment *Xie Decheng* / 274

B.28 A Comparative Study of Protective Measures in Shenzhen and Hong Kong against Delinquent Payment of Wages *Hon Lingling, Lai Yuewen and Yang Ying* / 287

B.29 Management of and Services for Shenzhen's Migrant Workers: Review of 2015 and Outlook for 2016 *Jiang Bin* / 297

B.30 Humanize Human Resource Management to Achieve Win-Win for both Management and Workers *Lü Jun* / 311

总 报 告

General Report

B.1

服务创新驱动，提升民生幸福，为加快建成国际化创新型城市做出新贡献

——2015～2016 年深圳劳动关系发展形势分析与预测

王 卫*

摘 要："十二五"期间，深圳市着力保障和改善民生、大力实施人才强市战略，取得显著成效，为维护改革发展稳定大局做出重要贡献。"十三五"时期，人力资源和社会保障工作面临新形势、新挑战、新机遇，必须按照中央、省和市委市政府的要求，牢固树立创新、协调、绿色、开放、共享的五大发展理念，以新的发展理念引领发展，全面贯彻到人力资源社会保障各项工作中，努力打造新优势、开创新局面。

* 王卫，深圳市人力资源和社会保障局。

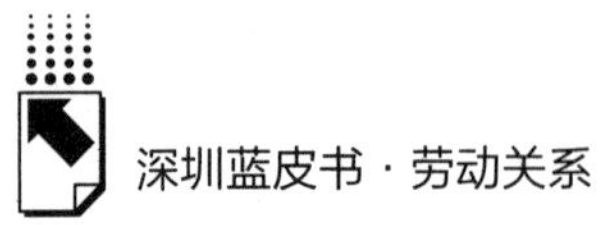

关键词： 人力资源和社会保障 劳动关系 发展理念 服务民生

一 2015年深圳人力资源和社会保障事业的实践与成效

2015 年，在市委市政府的领导下，在各区、各部门和社会各方面的支持下，深圳市人力资源和社会保障系统上下主动作为，开拓创新，攻坚克难，圆满完成了各项工作任务。

（一）就业目标任务超额完成

围绕高校毕业生等重点群体，出台新一轮创业带动就业政策。将创业担保贷款个人最高额度提高到 20 万元，对初创企业最高可补贴 5 万元，对创业带动就业最高可补贴 3 万元。制定失业保险支持企业稳岗政策，失业保险缴费费率由 3% 下调至 1.5%。完善就业困难人员就业援助政策。出台青年见习政策，提高未就业高校毕业生实践能力。启动基层公共就业服务平台二期建设，推行全市公共就业服务标准化，提升基层公共就业服务能力。成功举办“珠三角自主创业项目推介会”。开展“就业援助月”、户籍居民专场招聘等服务，为就业困难人员提供就业岗位。提供优质快捷的“四免”服务，全方位促进异地务工人员融入城市。

（二）社会保障制度建设取得重要进展

启动机关事业单位养老保险制度改革。落实省城乡居民社会养老保险实施办法，提高基础养老金待遇标准。实施重特大疾病补充医疗保险制度，对符合条件的大额医疗费给予二次报销，防范“因病致贫”，惠及千万参保人。实施两定机构核准制，新增机构 446 家。完善定点医疗机构信用等级评定机制，构建诚信医保体系。实施职工生育保险，建立生育津贴制度。提高工伤保险住院伙食补助费、市外就医交通费和食宿费支付补助标准。下调工伤、生育保险费率。劳动能力鉴定人数达 2.49 万人次。将社保登记纳入商事登记平台，实现“一次审核、信息互认、证照同发、档案共享”。开展社保“同城通办”试点，32 项业务实现网上预约，拓展社保卡“一卡通”应用领域，委托邮政上门为 5 万名退休人员免费验证指纹，经办服务水平明显提升。

（三）扎实推进各项人才工程

高层次专业人才、“孔雀计划”人才数量增长快速，高端人才总量持续壮大。将出站留深博士后科研资助标准上调至 30 万元，在站博士后突破千名。成功举办第十三届中国国际人才交流大会，启动首届中国深圳海外创新人才大赛。修订深圳人才认定标准。首创“举荐制”方式发掘青年创新创业人才。完善在职人才引进指标体系，接收应届生近 7 万人，创历史新高。加快技工院校发展，推进技能振兴计划。试点行业组织承接水平评价类职业资格具体认定工作，推进技能人才多元化评价。开展职业资格清理工作，落实放管结合。取消流动人员人事档案收费，实现公益化服务。向近 4 万名新引进人才发放 1.33 亿元租房补贴，保障各行业人才扎根深圳、安居乐业。

（四）完善机关事业单位人事管理

修订行政执法类、专业技术类公务员管理办法，出台市外公务员转任规定、跨职组职类转任规定。推进职组职类细分，首创卫生监督职组，加强气象职组配套制度建设。建立招考职位规范目录，公安招警引入心理素质测评。完善公务员聘任合同文本，规范合同订立、解除、终止。开展事业单位人事制度综合配套改革试点，规范机关事业单位编外人员管理。审慎推进公立医院人事制度改革。在全市中小学推动实施评聘合一、校长职级制。调整机关事业单位人员基本工资标准，完善机关薪级工资政策。实施县以下机关公务员职务与职级并行制度。推动区法院、检察院人员工资全市统发。完善机关事业单位人员带薪年休假制度。军转干部安置任务顺利完成。

（五）开展和谐劳动关系创建活动

着力提高企业劳动合同和集体合同签订率。将最低工资标准提高到2030元/月，发布年度工资指导价位，欠薪保障基金垫付5420万元。规范劳务派遣许可。组织开展农民工工资支付、清理整顿人力资源市场秩序、社保稽核等专项执法检查活动。建立用人单位劳动保障违法信息公布制度。向社会公布恶意欠薪“黑名单”，严打拒不支付劳动报酬犯罪行为。推进劳动监察体制改革，实现执法重心下移。畅通重大集体争议解决“绿色通道”。在全省率先启动劳动争议仲裁网上预约、查询功能和“裁审衔接信息共享平台”建设。强化信访维稳工作，畅通信访渠道，推进诉访分离。

二 “十二五”时期深圳人力资源和社会保障发展与特点

深圳实行“大部制”改革后，组建成立市人力资源和社会保障局，全系统协同作战，有效整合基本公共服务资源，形成工作合力，多个领域取得重要进展，许多工作走在全国前列，高质量地完成了“十二五”时期各项任务。

（一）就业形势保持稳定，就业格局发生重大变化

五年来，累计新增就业47.38万人，失业人员再就业18.6万人，城镇登记失业率保持在3%以内，“零就业家庭”动态归零。三次产业就业比重持续优化，第三产业尤其是现代服务业吸纳就业人数持续增长。出台促进就业、创业带动就业等20多个文件，构建起较完备的就业创业政策体系。建成市级创业带动就业孵化基地17家，市本级财政投入14.8亿元，发放创业担保贷款6476万元，带动10万余人就业，创业带动就业成效明显。顺利实施公共就业服务属地化改革，构建市、区、街道、社区四级公共就业服务体系，打造公共就业服务基层业务信息平台，劳动者可就近享受就业援助、创

业扶持等19项服务。将高校毕业生就业工作放在首位，引领高校毕业生创业，帮扶困难高校毕业生就业。鼓励企业招用就业困难人员，统筹开发公益性就业岗位，逐步扩大就业困难人员援助范围。加强异地务工人员管理和服务，积极开展省内劳务合作和泛珠三角劳务对接，发展家庭服务业促进就业。将非户籍员工纳入失业保险，失业登记和失业保险金申领实现“一站式”就近办理。各区就业工作卓有成效，创建福田就业创业超市并开展罗湖助飞创业梦、宝安创业展翅、龙岗龙翔工程等活动，营造了“大众创业、万众创新”的良好氛围。

（二）完善社会保险政策法规，社会保障能力稳步提升

制度建设取得突破进展，基本建立全覆盖的社会保险制度体系。修订养老保险条例及实施细则。出台深圳市城镇居民社会养老保险细则，覆盖非户籍从业居民。执行省生育保险政策，扩大参保范围。修改医保办法，异地务工人员纳入地补范围，增加享受门诊大病待遇的病种。将少年儿童、大学生纳入医保体系，出台重特大疾病补充医保政策，提高了保障水平。社保覆盖面逐年扩大，全市各险种参保总人数达到5207.57万人次，五年增长了55.4%。养老、医疗、工伤、失业、生育保险参保人数分别新增247万人、175万人、113万人、716万人、606万人。工伤保险参保人数居全国大中城市首位，其他险种参保人数居全国大中城市前列。基金收入稳定增长，历年社保基金结余3734.997亿元，其中定期存款3258.216亿元。社保待遇显著提高，企业退休人员月人均养老金总额达4106元，居全国大中城市前列。医疗保险住院报销比例、门诊支付比例、划入个账比例均属全国较高水平。失业保险金月发放标准提高了103%，人均工伤补偿金额增长了153.6%。完善社保网上业务办理系统，社保业务基本实现网上办理。开展社保业务标准化梳理，启动社保业务“同城通办”试点。设置400台社保自助服务终端，实现140项业务自助办理。累计发放金融社保卡818万张，加载38项服务功能。两定机构达1931家，方便了参保人就近看病购药。

（三）大力实施人才强市战略，人才队伍建设成果丰硕

人才队伍规模不断扩大，整体素质进一步提高。拥有全职在深工作两院院士 13 名（培养本土院士 2 名），中央“千人计划”人才 154 人，本市认定的高层次人才 5652 名。享受国务院特殊津贴专家 509 人。博士后设站单位 235 家，在站博士后 1060 人。累计确认“孔雀计划”人才 1364 人，引进留学人员 6 万余人。建立 24 个留学人员创业（产业）园，18 名外国专家获国家“友谊奖”，6 名外国专家入选国家“外专千人计划”，为广东省外专千人人数的 42.8%。发放产业发展与创新人才奖 15.21 亿元。连续成功举办中国国际人才交流大会。创新多元、量化的人才引进评价机制，共引进市外人才 68.45 万人，其中应届毕业生 30.6 万人、在职人才 37.85 万人。专业技术人才总量 135.3 万人，技能人才总量 286 万人，其中高技能人才 69 万人。建成 99 家高技能人才培训基地，75 家技师工作站，12 家技能大师工作室。全市职业技能培训机构 316 家，年均培训 50 万人次。向 115 万人发放技能培训补贴 2.16 亿元。在全国率先将职称评审完全交由行业组织承接。启用高层次人才“一站式”服务专窗。各区人才工作硕果累累，南山名企名校行、盐田梧桐青苗、龙华龙舞华章、大鹏鹏程计划等人才工程，聚才引智成效明显。

（四）人事制度改革深入推进，公职人员管理日趋完善

在全国率先开展公务员分类管理改革，建立行政执法和专业技术两个全新的职务序列，并配套实施相应的职务晋升、薪酬福利等管理制度。以职位分类为基础，实现了分类招考、分类考核、分类培训等精细化管理。分类管理改革拓宽了公务员职业发展通道，缓解了基层机关压职压级问题，促进单位科学设置机构、优化层级管理，提高了政府效能。按市委要求，扩大公务员聘任制改革范围，聘用合同管理丰富了用人单位的管理手段，适度增加了公务员的职业危机感，提升了队伍的整体执行力和活力。全市聘任制公务员 6058 人，约占全市公务员总数的 13%。聘任制公务员和事业单位新聘常设岗位人员实行“社会养老保险和职业年金”相结合的养老保险制度，扫除

了机关事业单位人员外向流动的障碍，为全国改革积累了经验。实施事业单位岗位管理制度，完善事业单位常设岗位人员招聘规定。启动事业单位人事制度综合配套改革试点，探索以事定费、以费养事、以事养人、按岗聘用的管理制度。试行公务员薪级工资制，深化事业单位绩效工资改革，分类核定事业单位工资总额。参与推进住房保障制度改革和公务用车改革。实施公务员分级分类培训，组织 1.2 万人赴港对口考察交流。按中央文件相应职级安排要求，2123 名军转干部、345 名随军家属实现阳光安置。

（五）劳动关系协调机制不断健全，有力维护了劳动者合法权益

劳动合同和集体合同制度稳步推进，规模以上企业劳动合同签订率达 99%，已建工会企业集体合同签订率为 82.1%。月最低工资标准从 2011 年的 1100 元提高到 2015 年的 2030 元，居全国前列。科学制定并发布工资指导价位。市欠薪保障基金共计垫付 1.4 亿元，涉及员工 2.6 万人。建立覆盖全市的劳动监察网格化体系和网络化平台，实现分类监管、动态监管。建立打击拒不支付劳动报酬犯罪行为联席会议机制，大力打击恶意欠薪行为。尤其在 2015 年第四季度，通过媒体曝光了一批恶意欠薪事件，并将有关违法者绳之以法，震慑效果明显。建立劳资纠纷分类处置工作新机制。全市共检查用人单位 21.15 万家次，涉及劳动者 2903.13 万人次。推行劳动人事仲裁开标准庭、办规范案工作。实施要素式办案改革，提高仲裁效能。引入兼职仲裁员办案机制，努力化解积案。全市仲裁机构办结案件 14.34 万件，涉及金额 31.62 亿元。完善信访规章制度，信访渠道更加多元。各区劳动关系工作亮点纷呈，龙岗社工调解、光明网络预警、坪山柔性调处等劳资纠纷预警调处新模式，有力促进了我市劳动关系和谐稳定，部分做法还在全国和全省获得了推广。

三 “十三五”时期人力资源和社会保障事业发展的形势和任务

世界经济在深度调整中艰难复苏，新兴市场国家经济增速放缓。我国经

济发展进入新常态，仍处于可大有作为的重要战略机遇期。深圳经济将加快转型升级，城市竞争力和可持续发展能力进一步加强，但也要意识到，深圳发展已处于“高位过坎”阶段，“十三五”时期人力资源和社会保障工作面临许多挑战和机遇。

一方面，长期高速发展所掩盖的深层次结构性矛盾和体制机制性障碍正日益凸显。就人力资源和社会保障领域而言，技能人才短缺、高校毕业生供求不匹配等结构性矛盾依旧存在，劳动执法监管和劳动争议调处的服务需求与供给不足的矛盾日渐突出，现有人才规模和人才结构尚难完全适应现代化、国际化创新型城市的建设需要，社保基金长期平衡和安全运行受到经济增速放缓和老龄化加剧的严峻挑战，机关事业单位人事制度改革进入深水区。

另一方面，中央、省和市系列发展举措也将带来许多新机遇。国家全面深化改革不断释放改革红利，创新驱动、“互联网+”、“中国制造2025”将加快引领转型升级。“一带一路”构建全面开放新格局，拓展对外发展空间。率先全面建成小康社会和建成更高质量的民生幸福城市，为补齐民生事业发展短板带来新契机。建设更具改革开放引领作用的经济特区、更高水平的国家自主创新示范区、更具辐射力和带动力的全国经济中心城市，为打造人才集聚高地描绘了新蓝图。围绕“十三五”时期各项目标任务，重点做好九方面工作。

（一）着力化解就业结构性矛盾，实现更为充分和更高质量的就业

就业总量问题依然存在，结构性矛盾更加突出。供给侧结构性改革、产业转型升级，给就业工作带来新挑战。我们要在现有的就业创业政策体系和服务体系的基础上，加大创业扶持措施的实施力度。结合产业结构调整，建立经济发展与扩大就业联动机制，重视新兴产业对就业的吸纳作用。准确把握积极的就业政策方向，建立公共就业服务质量标准体系，重点加强职业指导、职业介绍、职业技能培训等基本公共就业服务。抓好大学生等群体就业创业，深入实施就业促进和创业引领计划，开展购买公益岗位吸纳大学生就

业试点。积极防范和化解失业风险，建立健全企业用工需求信息平台，实现企业用工动态监测和跟踪服务。健全失业保险费率动态调整机制，做好失业保险基金支持企业稳定岗位工作。着力提高异地务工人员素质和技能，推进新生代农民工市民化。

（二）着力完善社会保险制度体系，实现公平可持续发展

部分人群还未实现应保尽保，人口老龄化现象加剧，社保基金长期平衡和安全运行压力加大，建立健全合理的社保待遇调整机制显得尤为紧迫。我们要完善养老保险制度建设，构建运行平稳的养老保险体系。巩固养老保险制度覆盖面，保持企业职工养老保险和居民养老保险两项制度平稳运行。推进养老保险关系跨地区和跨制度无障碍转移接续。坚持精算平衡原则，建立健全与经济社会发展水平相适应的社会保险筹资、待遇确定和调整机制。深化推进机关事业单位养老保险制度改革，确保新老制度平稳衔接过渡。完善基本医疗保险、地方补充医疗保险、重疾补充医疗保险的三层次医疗保障体系，健全医疗保险稳定可持续筹资和报销比例调整机制。推进“智慧医保”建设，加大与商业保险机构的合作力度，完善协议医疗机构信用等级诚信管理机制，稳步提升医保监管水平和服务质量。探索建立长期护理保险制度，依法依规发挥医保支付杠杆作用，扩大病种合理付费范围。围绕医药卫生体制改革，健全医保支付标准及谈判机制，配合做好分级诊疗体系综合配套改革，建立医保分级诊疗结余奖励机制。加强基金监管，依法稳妥推进社保基金投资运营，促进保值增值。

（三）着力创新社保服务模式，实现社保经办水平全面提升

深圳市社会保险参保人数多、业务种类杂、工作量大，要重构社保信息系统，打造社保经办新模式。推动社保业务网上一站式受理，实现社保经办无纸化、参保档案电子化、清单打印自助化。推广新媒体平台应用，利用微信、支付宝、手机 APP 提供参保登记、个人缴费等服务。利用医疗大数据分析对就医行为进行智能监管。充分利用社会资源拓宽社保服务渠道。深化

与邮政合作，实现参保人可在全市任一邮政网点办理有关社保业务，并可通过邮储银行办理社保资金结算。委托商业保险机构开展医保现金报销、异地就医审核等业务。委托商业银行代办少儿医保参保和个人缴费业务。健全社保服务外包的承接监管机制，提升社会合作质量。

（四）着力加强高层次人才队伍建设，实现城市人才竞争力显著提高

经济发展动力转向创新驱动，人才作为第一资源的重要性越发凸显。服务创新发展，必须坚持人才优先发展战略。我们要推动人才立法，破除影响人才工作的体制机制障碍。加强人才资源和人才政策的大数据分析，经常性听取高层次人才意见和建议，为人才公共政策提供参考。坚持高端引领原则，紧贴高新技术产业、战略新兴产业和未来产业发展需要，深入实施高层次“1+6”政策和“孔雀计划”，大力引进海内外高层次人才。持续创新、完善高层次人才选拔和培养机制。加强博士后平台建设，拓展博士后招收渠道，提升博士后国际化水平，为博士后提供资金、住房、研究方面的便利。鼓励社会资本、风险投资、天使投资参与海内外高层次人才科研项目资助。深化高层次人才评价改革，构建多元化、多维度人才评价体系。加快人力资源市场建设，促进人力资源服务业高端发展。加强引智国际合作，发挥驻海外高层次人才联络处的作用，密切与海外联谊组织、国际猎头的联系，办好中国国际人才交流大会、中国深圳海外创新人才大赛，提升人才队伍国际化水平。健全高层次人才服务保障机制，整合构建统一的人才服务平台。

（五）着力强化技工教育培训，实现在职劳动者素质提升、人力资本结构改善

深圳市技能人才储备不足，结构不合理，难以适应高端制造、精密制造、智能制造等先进制造业发展需要。根据深圳市产业结构和人才需求，全面实施“劳动者技能素质提升工程”，推行终身职业技能培训制度。整合现有政策和资源，最大程度发挥培训补贴激励引导作用。加强公共实训基地建

设。推行工学结合、校企合作的技术工人培养模式，开展企业新型学徒制试点，提高技能人才的适用性。加强“国际合作”“校企合作”，突出办学国际性、开放性，促进技工院校跨越式发展。实施“技能竞赛品牌建设工程”，充分发挥竞赛的引领和激励作用。创新技能人才激励制度，实施高技能人才海外研修计划、技能精英资助计划，激发一线高技能人才技能创造活力，打造一批技能大师。优化培训政策，促进职业培训市场健康发展。

（六）着力深化人事制度改革，实现公职人员管理科学化、规范化

深化干部人事制度改革，是全面从严治党的内在要求，是提升城市治理体系和治理能力现代化的重要保障。要进一步深化公务员管理改革，继续探索细分行政执法类公务员职位，建立专业行政执法职系，有序增设专业技术类公务员职系。推进公安专业化改革。强化聘任制公务员聘期管理和合同约束。加强考试题库和考试队伍建设，优化笔试内容结构和面试方式。全面推行公务员平时考核、分类考核，建立健全考核指标体系。深化公务员分级分类培训，加强年轻优秀公务员领导力培养，为“老中青”队伍建设提供基础人才。因应国际化城市建设需要，全面提升公务员英语应用能力。深化事业单位人事制度改革，完善岗位聘用、管理和绩效考评制度。在“以事定费”的前提下，赋予事业单位更多的人事管理自主权，激发事业单位活力。坚持军转干部阳光安置，完善配套制度。

（七）着力深化工资收入分配制度改革，实现发展成果共享

推进收入分配制度改革，优化收入分配格局，是深圳未来经济社会发展的重要任务，要进一步健全最低工资标准评估和调整机制，完善企业薪酬调查和信息发布制度。扩大行业工资指导价位覆盖面，增强指导性、实用性。规范企业工资支付行为，切实保障劳动者的合法权益。落实机关事业单位工作人员工资正常调整机制，规范津贴补贴，推进职务与职级并行制度，完善司法人员职业保障制度。结合公务员分类改革，优化薪级工资政策。深化事业单位绩效工资制度改革，完善绩效工资总额核定办法。

（八）着力保障劳动者合法权益，实现劳动关系和谐稳定

深圳市深度调整产业结构，部分传统行业企业经营困难，劳资纠纷隐患增多，调处难度不断增大。要深入开展和谐劳动关系创建活动，构建具有深圳特色的和谐劳动关系新模式。提高劳动合同履行质量和集体合同签订率。制定劳务派遣地方技术标准，指导用工单位依法调整劳务派遣用工比例，强化劳务派遣监管。加强劳资纠纷风险预警防范，健全风险化解和专项治理机制。推进劳动监察管理信息化、执法规范化、监管一体化。完善劳资纠纷分类处置机制。优化市区仲裁机构案件管辖机制，提升基层仲裁机构实体化水平。加强裁审衔接，提升仲裁公信力。加强仲裁机构和队伍能力建设，畅通专职仲裁员专业化发展通道。健全劳动争议调解机制，加强基层调解组织建设。完善信访工作机制，引导群众依法维权。全系统务必坚决守住阵地，守好底线，防范风险，努力维护劳动关系整体和谐稳定的工作格局。

（九）着力建设“智慧人社”，实现人力资源公共服务效能稳步提高

围绕国家大数据战略，积极参与“互联网 +”行动计划，努力建成与互联网高度融合的人力资源和社会保障公共服务平台。要实施“互联网 + 公共就业”，拓展就业服务自助办理范围，实现失业登记等认定类业务和就业创业补贴申请类业务网上申报、在线查询。实施“互联网 + 人才服务”，建立为人才、用人单位、人力资源服务机构提供全方位服务的信息平台，推动深圳市流动人员档案数据化、电子化。实施“互联网 + 劳动关系”，实现全部劳关业务网上办理。将劳动仲裁网上预约、网上查询功能扩大至全市仲裁机构。开发劳动监察移动执法“掌上监察通”，丰富执法手段。搭建人社数据交换平台，提高信息共享水平，健全数据分析决策咨询制度，以信息化促进决策科学化、服务规范化。

人力资源和社会保障篇

Human Resources and Social Security

B.2

经济新常态下广东劳动关系研究

吴潇雯*

摘　要：广东作为改革开放的先行地，劳动关系领域的各种新情况、新问题往往出现得较早，表现得较为突出。特别是在经济发展新常态下，广东省劳动关系发展变化也呈现一系列新趋势、新特点，必须及时关注、科学研判、准确把握。本文针对经济新常态下广东劳动关系的新态势，结合广东实际提出了构建和谐劳动关系的基本思路、目标任务和具体举措。

关键词：经济新常态　劳动关系　分析研究　具体思路

* 吴潇雯，广东省人力资源和社会保障厅。

《中共中央国务院关于构建和谐劳动关系的意见》指出，我国正处于经济社会转型时期，劳动关系的主体及其利益诉求越来越多元化，劳动关系矛盾已进入凸显期和多发期，劳动争议案件居高不下，有的地方拖欠农民工工资等损害职工利益的现象仍较突出，集体停工和群体性事件时有发生，构建和谐劳动关系的任务艰巨繁重。广东作为改革开放先行地，劳动关系领域的各种新情况、新问题往往出现得较早，表现得较为突出。特别是在经济发展新常态下，广东省劳动关系发展变化也呈现一系列新趋势、新特点，必须及时关注、科学研判、准确把握。

一　经济新常态下广东劳动关系形势分析研判

劳动关系是生产关系的重要组成部分，是最基本、最重要的社会关系之一。经济基础决定上层建筑，劳动关系发展的态势从根本上来讲取决于经济发展状况。从当前国际国内经济政策、宏观经济环境、劳动力供求关系等经济因素的变化来判断，我们认为，广东省劳动关系总体保持和谐稳定，但劳资纠纷仍将长期存在，短期内发生纠纷的风险仍然较大。

（一）劳资纠纷仍将长期存在

劳资冲突和劳资合作是劳动关系的两种表现形式。从本质上来讲，劳资纠纷是劳方和资方的利益之争。从西方发达国家的发展历程来看，劳资矛盾始终伴随着市场经济而存在，劳资纠纷一度成为社会矛盾的焦点。比如，法国在1882～1887年就发生了758次罢工。尽管随着经济发展水平的提高和政府调节劳动关系法规机制的不断健全，劳资矛盾得到了很大程度的缓和，但大规模的罢工还时有发生。比如，美国在2014年就发生了服务业工人要求提高最低工资标准的大规模罢工，波及230个城市。广东特别是珠三角地区劳动密集型企业多、中小型企业多，不少企业处在产业链和国际分工的末端，生产力落后、生产方式粗放、管理水平低下，这种状况决定了一定时期内劳资纠纷将继续存在。

（二）国际国内经济政策的变化会引发新的劳资纠纷

从国际上来看，欧美发达国家和地区纷纷推行制造业回归计划，不少外资企业开始搬离。这些企业生产规模大、员工人数多，搬迁过程中劳资关系处理比较复杂，稍有不慎极易引起社会影响较大的劳资纠纷事件。国内和省内目前正在落实淘汰落后产能政策，对高投入、高能耗、高污染、低效益的企业实行强制关停并转，在此过程中，企业需要解除或变更劳动关系，员工往往会提出获取高额的经济补偿、追索历史权益等诉求，一旦得不到满足就聚集起来集体维权。比如，东莞出台文件要求“三高一低”企业在2015年底全面退出水乡，57家造纸企业要被关停，劳资纠纷的隐患极大。据统计，2015年因企业关停并转引发的劳资纠纷群体性事件呈现同比上升趋势。

（三）经济下行压力下部分企业经营困难导致劳资纠纷风险增大

劳动关系状况直接受经济运行态势的影响。2015年世界经济整体复苏缓慢，美国复苏弱于预期，欧元区经济持续低迷，日本经济复苏步履蹒跚，新兴经济体经济增长不容乐观，导致外需不足。广东是外向型经济省份，经济运行虽然保持了平稳向好的态势，但珠三角地区聚集着数以十万计的制衣制鞋、电子、玩具等行业的外向型企业，受国际经济环境影响显著。统计数据显示，1～11月广东外贸进出口总额5.63万亿元，同比下降4.6%；规模以上工业品出口交货值同比下降2.5%。在11月份结束的第118届广交会上，境外采购商与会17.8万人，同比减少4.6%；累计出口成交1700亿元，同比下降7.4%。数据反映出广东省外向型企业经营环境持续恶化，具体到企业表现为出口订单大幅减少，生产经营压力很大，为了生存，企业往往降低员工工资待遇，甚至裁员减员、停产关闭，极易引发劳资纠纷，进而影响劳动关系和谐稳定。

（四）劳动力供求关系的变化增加劳资纠纷发生的风险

国家统计局公布的数字显示，2014年全国劳动年龄人口比上年末减少

371 万人，连续第三年出现下降。这是中国人口结构发生转型的显著标志，劳动力已经从无限供给转向有限供给。就广东情况来看，前几年，广东省劳动力市场上的求人倍率为 0.85 左右，近三年来达到了 1.05，春节前后甚至高达 1.1（意味着 100 个求职者可以选择 105～110 个工作岗位）。这种结构变化带来的结果之一，就是劳动者在劳资双方博弈过程中将会越来越强势。再加上当前“80 后”“90 后”已成为职工队伍的主体，他们的权利意识和平等意识强，不仅关注法定权益的实现，而且要求增加工资和改善劳动条件、共享发展成果的愿望更加强烈，在当前企业生产经营不景气的情况下，更容易与企业产生劳资纠纷。

（五）新用工模式的不断涌现突破传统劳动关系管理体制

随着“创新驱动”发展战略的大力施行，工业 4.0、智能机器人、大数据、3D 打印等高科技的加快运用，以电商、创客、众筹等为代表的新兴创业模式更为常见，加上新生代劳动力思维活跃、个性突出、需求多样的特点，社会逐步呈现“大众创业、万众创新”的新态势。劳动关系领域也随之出现了工作时间灵活、工作地点灵活、工作形式灵活的“三灵活”用工新模式，劳动者仅凭一张桌子、一台电脑甚至一部手机就可以随时随地为不同雇主工作，突破了传统固定的工作模式。这种用工新模式的法律规定空白、监管办法空白、处理手段空白，亟须研究探索与之相适应的管理新模式。

二　经济新常态下构建和谐劳动关系的思路

近年来，中央高度重视构建和谐劳动关系，党的十八大和十八届三中、四中、五中全会提出了明确要求，习近平总书记强调要把构建和谐劳动关系作为一项重要而紧迫的政治任务抓实抓好。2015 年党中央、国务院印发了关于构建和谐劳动关系的意见，这是指导新时期劳动关系工作的纲领性文件。广东省委、省政府认真贯彻落实中央决策部署，把构建和谐劳动关系摆在突出位置，部署开展了社会矛盾化解年和劳资纠纷攻坚年行动，近期在全国率先出台了构建和谐劳动关系的实施意见，结合广东实际提出了构建和谐劳动关系的目标任务和具体举措。针对经济新常态下广东劳动关系的新态势，广东在构建和谐劳动关系过程中必须牢固树立创新、协调、绿色、开放、共享的发展理念，坚持以人为本、依法构建、共建共享、改革创新，健全党委领导、政府负责、社会协同、企业和职工参与、法治保障的工作机制，落实属地责任，加强源头治理，立足当前、着眼长远，突出重点、统筹推进。具体思路有以下几点。

（一）更加深刻地认识构建和谐劳动关系的重要意义

劳动关系是由生产力和生产关系、生产方式和社会制度决定的最基本、最复杂的社会关系之一。构建和谐劳动关系，具有重大而深远的意义。第一，保障和改善民生的重要内容。劳动关系涉及工资报酬、休息休假、安全卫生、社会保险、技能培训、就业创业等职工切身利益，是最基本的民生问题。解决好广大职工最关心、最直接、最现实的利益问题，实现好、维护好、发展好他们的根本权益，才能让改革发展成果更多、更公平地惠及人民群众，增强民生福祉，提高人民的获得感和幸福感。第二，维护社会和谐稳定的重要基础。当前，广东省劳动关系进入矛盾凸显期和多发期，劳资纠纷数量居高不下，群体性事件时有发生，劳资矛盾成为突出的社会矛盾之一。构建和谐劳动关系，平衡劳资双方的利益，有效预防和化解劳资矛盾，妥善解决影响劳动关系和谐稳定的突出问题，才能为全社会的发展、稳定、和谐奠定坚实基础。第三，经济持续健康发展的重要保证。劳动者是创造财富的源泉，是企业赢得持久竞争优势的法宝，是推动经济转型的主力军。构建和谐劳动关系，营造尊重劳动、尊重人才的氛围，才能充分激发劳动者的积极性和创造性，提升人力资本质量，为企业创新发展提供不竭动力，推动产业结构调整顺利进行，促进经济持续健康发展。第四，巩固党的执政基础的必然要求。广东省现有企业 90 多万家，职工总数超过 2500 万人。广大企业职工是推动经济社会发展的重要力量，是党的阶级基础。构建和谐劳动关系，实现企业和职工共同发展，对加强基层治理、扩大党的群众基础、巩固党的执政地位具有重要意义。

（二）加快推进产业转型升级

这是解决劳动关系领域矛盾的治本之策。对广东来讲，就是要加快实施创新驱动发展战略，加快淘汰落后产能，把低端企业转出广东，打造以先进制造业、战略性新兴产业、现代服务业为主体的产业结构。对人社部门来讲，就是要建立灵活、开放的人事人才管理制度，激发人才创业创新热情；建立与产业转型升级相适应的职业技能培训体系，建设全国一流的技工院校，培养更多的技能型人才；提高底线民生保障水平，做好失业人员的基本生活保障，充分发挥社保托底作用。给企业减负可在一定程度上缓解劳资关系。“帮助企业降低成本”是2016年五大经济发展任务之一。中央提出通过降低制度性交易成本、企业税费、社会保险费、财务成本、电力价格、物流成本等一套“组合拳”，帮助企业降低成本。企业生产经营成本降低，负担减轻，就会把更多的投入放在吸引人才、留住人才上，注重改善工资福利待遇，职工对工资待遇、职业发展的愿望在一定程度上得到满足，这将在一定程度上减少劳资纠纷，促进劳动关系和谐稳定。

（三）有针对性地解决突出问题

当前应以整治欠薪、欠保和转型升级劳动关系处理为重点，切实维护好职工的工资、社保等合法权益。第一，是重点治理欠薪。坚持标本兼治、综合施策，建立健全工资保证金、欠薪应急周转金制度，探索建立欠薪保障金制度，全面落实建设领域实施工资分账管理办法。深入推进工资支付专项行动，重点对珠三角地区的工程建设、加工制造和餐饮服务等行业，尤其是政府投资工程项目进行全面清查，集中查处、移送、曝光一批欠薪违法行为。第二，是重点治理欠保。落实全民参保计划，明确扩面征缴责任，大力推动企业全员足额参保。建立人社、地税、统计、工商、工会数据共享机制，加强数据比对，准确摸清企业参保情况。加大执法力度，逐个追缴欠保企业，对严重违法的移交法院强制执行。积极稳妥处理好社保补缴历史遗留问题。第三，是重点治理企业关停并转劳资纠纷。依法规范淘汰落后产能、企业转型升级和兼并重组中的劳动关系处理工作，加强部门沟通，提前掌握企业关停并转信息，明确职工安置程序和各方责任，督促企业理顺劳动关系和社保关系，指导企业依法依规解决经济补偿问题。

（四）健全劳动关系体制机制

健全劳动关系体制机制是促进劳动关系长期和谐稳定的根本保证。第一，是完善劳动关系协调机制。全面落实劳动合同制度，推行集体协商和集体合同制度，引导企业和职工依法签订和履行集体合同。健全以职工代表大会为基本形式的企业民主管理制度，推进劳动关系双方沟通协商制度化、常态化。第二，是健全劳动关系协同治理机制。创新社会管理，引入律师、社工、行业商协会、合法社会组织等社会力量参与和谐劳动关系建设，规范社会力量承接政府购买社会服务，形成社会协同共治的良好局面。第三，是探索构建和谐劳动关系的新路径。目前全省正在全面推进部省共建、省市共建和谐劳动关系综合试验区建设，以广州花都、深圳盐田、佛山顺德、惠州大亚湾为试点，结合当地的经济社会状况和产业特点，积极探索构建和谐劳动关系新模式，力争创造出可复制、可实施、可推广的构建和谐劳动关系先进经验。探索建立和谐劳动关系博士后创新实践基地，引入智力支持，深入研究市场经济条件下劳动关系的客观规律，稳妥推进具有广东特色的理论、制度和方法创新。

（五）加强劳资纠纷预防化解处置

构建和谐劳动关系是一个不断解决矛盾、最大限度减少不和谐因素的动态过程，必须坚持预防为主、注重调处、依法处置，加强劳资纠纷的全过程治理。第一，是健全预警防范机制。通过现场巡查、重点检查、信息监控等方式，对工程项目和重点企业逐一排查，建立三级台账逐个化解。每季度开展形势分析研判，收集企业经营异动信息，对问题企业实施重点监控，跟踪防范化解。第二，是完善劳动争议调处机制。坚持“鼓励和解、强化调解、优化仲裁、衔接诉讼”方针，统一裁审标准，优化仲裁程序，推行当庭裁决、书面审理、布告送达等方式，建立争议案件快处机制，提高调解仲裁效能。第三，是创新劳动保障监察方式。推进劳动保障监察网格化、网络化管理应用，全面建设省市县三级劳资纠纷应急管理指挥平台，提升应急处置能力。加快建设企业用工自主申报平台，加强企业用工动态监管。加快建设网络举报投诉平台，实现“全省一点举报投诉、全域联动受理”。第四，是稳妥处置群体性事件。群体性劳资纠纷的发生不可能完全避免，但要明确一条底线，不能让群体性事件失控。应做好群众工作和现场处置两个预案，群体性事件发生后，第一时间派员到达现场，了解事态、掌握诉求、稳控局面。坚持依法办事、分类处置，对企业违法行为依法严肃处理，对职工合情合理诉求居中调停，对不合法、不合理的诉求一律不予支持。

（六）充分发挥协调劳动关系三方机制的作用

协调劳动关系三方机制是发达国家采用的，能够缓解劳资矛盾、稳定劳动关系、促进经济和社会发展的通用做法。第一，是完善协调劳动关系三方机制。按照广东省委、省政府贯彻落实《中共中央、国务院关于构建和谐劳动关系的意见》的实施意见，建立由同级政府领导担任主任的三方委员会，实行例会制度，在劳资纠纷多发地区派驻人员定期联合办公，推动工业园区、镇街和产业系统建立三方机制，共同协调劳动关系。第二，是充分发挥工会作用。在日常工作中，工会负责搭建企业与职工经常性的沟通协商平台，经常性听取职工意见和建议，并及时反馈给企业；主动向企业了解生产经营和管理等方面情况，并及时告知职工；对企业违反劳动保障法律法规的行为，及时指出并加以纠正；就涉及职工工资增长、待遇提高等的切身利益问题，代表职工与企业进行平等协商；在企业与职工发生劳资纠纷时，及时介入调解，主持劳资双方协商谈判，维护职工合法权益。第三，是充分发挥企业代表组织的作用。加强企业联合会、工商业联合会等企业代表组织建设。企业代表组织应积极引导企业建立集体协商机制，倡导企业承担社会责任，总结和推广企业内部和谐劳动关系先进经验，提高企业经营管理水平，实现企业健康持续发展。

（七）加强协调劳动关系工作能力建设

应积极创造条件，充实工作力量，加强工作指导，推进构建和谐劳动关系工作顺利开展。第一，是推进调解组织建设。健全人社部门牵头、多部门联合、社会力量参与的劳动争议调解网络，推动镇街、村居、商协会和企业依法建立调解组织，逐步形成全方位、多渠道、广覆盖的调解体系。第二，是加强对基层工作的指引。通过对劳资纠纷的事前、事中、事后的全程跟踪，总结经验教训，剖析典型案例，不断寻求破解劳资纠纷难题的新办法、新举措。梳理出同类矛盾纠纷化解的工作步骤、应对措施、处置模式，完善应急预案，制定工作指引，指导基层劳资纠纷预防化解处置工作，建立起依法治理劳资纠纷的基本工作模式。第三，是压紧压实基层主体责任。落实部门牵头责任，各级人社部门“一把手”作为第一责任人，切实担负起本地区的劳资纠纷治理责任。加强逐级检查督导，建立省对市、市对县、县对镇实行一级抓一级的检查督导制度，确保工作落实到位。对未履行职责导致劳资纠纷未能及时妥善处理并造成严重后果的，严肃责任追究。

（八）努力营造构建和谐劳动关系良好环境

良好的社会环境，是构建和谐劳动关系的有力保障。第一，是增强企业和职工守法意识。通过新闻媒体、政府网站、宣传手册等多种形式向企业和职工宣传劳动保障法律法规，增强法治意识，引导企业守法经营，自觉保障职工合法权益，引导职工树立良好职业道德，增强对企业的认同感和归属感，正确对待利益调整，以理性合法形式表达诉求。第二，是支持企业健康发展。认真贯彻落实省政府关于简政放权、放管结合、转变职能的部署要求，深入推进行政审批制度改革，加强对企业的支持服务，加大对中小微企业、困难企业扶持力度，为企业发展营造良好环境。第三，是加大宣传力度。广东省委、省政府确定每年 5 月作为构建和谐劳动关系专题宣传月。全省人社部门应精心筹备，统一行动，大力宣传先进典型，形成正确导向和强大声势，营造全社会共同关心、支持和参与构建和谐劳动关系的良好氛围。

B.3

实施更加积极就业政策，推动大众创业、万众创新

——努力实现深圳更加充分、更高质量的就业发展目标

周宽山*

摘　要：　深圳市坚持就业优先发展战略，着力构建积极就业政策体系，推动公共就业管理体制改革，不断提升公共就业创业服务水平，保持了就业形势基本稳定。本文分析了深圳就业形势与存在的问题，提出了“十三五”就业创业工作的新思路。

关键词：　就业创业　分析问题　创新思路

近年来，深圳市坚持就业优先发展战略，着力构建积极就业政策体系，推动公共就业管理体制改革，不断提升公共就业创业服务水平，保持了就业形势基本稳定。“十二五”期间，全市累计新增就业47.38万人，失业人员实现再就业人数22.08万人；城镇登记失业率保持在2.5%以内，“零就业家庭”动态归零。

一　“十二五”期间就业创业基本情况

“构建体系”。自2009年至2015年，深圳市初步构建了较为完备的就

* 周宽山，深圳市人力资源和社会保障局。

业创业政策体系，涵盖就业援助、就业创业服务、创业扶持等20多项政策。以市政府名义发布实施《关于做好促进就业工作的意见》《关于促进以创业带动就业工作的意见》《关于进一步完善就业援助政策的通知》《关于加强创业带动就业工作的实施意见》，以市政府办公厅名义发布了做好高校毕业生就业创业工作的规范性文件，与相关部门联合发布关于自主创业补贴、创业担保贷款、青年见习、就业困难人员灵活就业补贴、政府委托临时性工作招用就业困难人员等的规范文件，发布关于就业困难人员和零就业家庭人员认定及管理服务、用人单位招用就业困难人员申请补贴和奖励、完善异地务工人员失业登记、优化灵活就业补贴操作流程、创业带动就业孵化基地认定和管理、创业导师服务、创业项目征集等的部门规范性文件。

“深化改革”。积极推进全市公共就业服务的规范化、专业化和信息化，逐步实现全市公共就业服务一体化，按属地原则就近就便提供公共就业服务。市政府办公厅出台《关于推进我市公共就业管理服务体制机制改革的通知》（深府办〔2011〕90号），从2012年1月1日起，全市公共就业服务实行属地化管理，移交各区（新区）的业务项目包括失业登记、用人单位招用失业人员及申请补贴、自主创业各项补贴受理及审核等10项；移交各区（新区）的服务对象，按户籍分类，灵活就业21249人，临近退休人员169人，企业招用就业困难人员5602人；同时分流40多名协理员充实基层。公共就业服务平稳下放，使服务对象就近就便享受公共服务，同时促进市公共就业服务机构转变职能，加强全市公共就业服务统筹指导。

“优化服务”。市、区（新区）、街道公共就业服务机构不断完善服务功能，改善服务环境，对各项业务流程和操作办法进行整理，形成全市统一规范的业务流程。通过优化业务经办模式，简化对就业困难人员和零就业家庭人员认定的程序，对就业援助对象分不同情况实施分级帮扶，规范援助路径和服务内容，开展困难群体“一人一策”援助；同时简化用人单位招用就业困难人员的流程，完善资金使用和拨付工作机制。加强公共就业服务基层平台建设，升级改造全市公共就业服务信息管理系统，开发了失业登记和失业保险金申领“一站式”服务管理信息系统，首次将公共就业服务和社保业务整合，信息系统实现了公共就业服务和社保业务协同、数据同步，以服务对象参保情况的变化实时跟踪其实际就业状态，提供及时有效的就业创业服务；同时，通过信息化手段和技术简化流程，共享数据，劳动者可以按户籍地或居住地，就近享受就业援助和补贴申领等 12 项服务。

“扶持创业”。创业扶持政策涵盖市场准入、融资服务、税费减免、创业资助、社保补贴、创业培训、载体建设等多个方面。强化创业组织领导体系、政策保障体系、创业培训体系、创业服务体系、目标责任体系五大体系建设，加强与财政、经信、地税、市场监管、金融等部门的工作联动，加大创业扶持力度。全面落实自主创业各项优惠政策，重点抓好小额担保贷款发放、创业培训以及高校毕业生群体初始创业工作。全市建成市区两级 37 家创业带动就业孵化基地；连续举办 5 届自主创业项目推介会，汇集上千个创业项目，将自主创业项目展扩展到珠三角 9 城市；开展各类创业专项活动，举办创业大讲堂、创业技能班、创业沙龙等逾千场次，为数万人次创业者提供创业培训、开业指导、咨询服务。各区先后启动了一系列专项创业行动，如福田区青年创业“启航计划”、南山区“万花筒计划”、宝安区“金钥匙计划”和龙岗区“金翅膀计划”。

“促进均等”。制定失业保险若干规定和失业登记暂行办法，完善异地务工人员本市失业登记工作，非深户籍失业人员也可以在本市享受失业保险待遇。失业登记和失业保险金申领在街道一级公共就业服务机构实现“一站式”办理。市、区（新区）、街道、社区四级公共就业服务窗口不断完善服务功能，全市多个区开发并使用“就业一点通”，在街道、社区及人流密集的工业区和公共场所投放触摸屏近 200 台，求职者通过触摸屏，快捷查询就业政策、岗位信息。

2015 年，深圳市结合出台新一轮创业政策、完善就业援助政策，不断推进公共就业创业服务信息化和规范化建设，围绕高校毕业生、就业困难人员等重点就业群体，加大就业创业扶持力度。

（一）加大创业带动就业扶持力度

新一轮创业带动就业政策，加大了对初始创业人员的扶持力度，如创业担保贷款额度，个人最高贷款额度提高至20万元，合伙经营或创办的初创企业，可按每人不超过20万元、总额不超过200万元的额度实行“捆绑性”贷款；自主创业人员中的毕业生、在校学生、留学回国人员和就业困难人员，申请创业担保贷款，可免反担保手续。如初创企业补贴，按每名合伙人计发5000元，最高可获得5万元补贴。如创业带动就业补贴，按吸纳户籍人员就业人数计算，最高可获得3万元补贴。此外，在创业扶持对象范围方面，将其扩大到本市普通高校、职业学校、技工院校中毕业学年内的在校学生，以及具有本市户籍的毕业5年内的普通高校、职业学校、技工院校毕业生，毕业5年内的留学回国人员，以及登记失业人员、复员转业退役军人、随军家属和残疾人。

（二）加快公共就业服务信息平台建设

按照“数据集中、服务下延、全市联网、信息共享”的目标，开展公共就业服务基层业务信息系统建设，系统于2015年2月正式上线试运行，在已有失业登记及失业金申领、就业援助补贴、公益性职业介绍等业务模块基础上，加载青年见习、自主创业人员身份核实、四类自主创业补贴申领等模块，服务对象就近享受就业援助和补贴申领等12项服务。整合并充分利用社会保险、人才引进、公安户籍、商事登记等内外部数据资源，实现公共就业服务与相关业务的数据同步、协同办理；完善公共就业服务用人单位统一管理、个人服务对象就业失业档案及就业失业统计监测分析功能，在为服务对象提供各类就业创业服务的同时，逐步发挥决策参考的积极作用，进一步推动全市人力资源和社会保障信息化领域的一体化建设。

（三）统筹做好重点群体就业创业服务

一是重点做好高校毕业生群体就业工作。落实青年见习政策，开发见习岗位，提高离校未就业高校毕业生实践能力和就业竞争能力。开展校园招聘、“民营企业招聘周”“深圳高校毕业生就业双选会”等活动，为高校毕业生就业搭建平台。做好离校未就业高校毕业生实名制服务，为每名离校未就业毕业生提供一次电话访问、一次职业指导、一次岗位推荐、一次就业见习，对就业困难高校毕业生实行“一对一”帮扶。二是加大就业困难人员援助力度。做好就业困难人员和零就业家庭人员认定工作，组织开展“就业援助月”、户籍居民招聘专场等就业援助服务，为就业困难人员提供就业岗位。加强户籍失业人员技能培训，帮助失业人员提升职业技能，实现素质就业、技能就业。三是加强异地务工人员公共就业服务。使用微信、移动客户端等新型互联网工具升级公共求职招聘信息发布平台，为异地务工人员提供公共就业“四免”服务。加大政策宣传和招聘信息发布力度，继续细分行业市场，分行业举办技术技能人才招聘会，促进技术技能人才流动，加强与其他城市技校、职业学校的合作，为深圳市引进更多的产业转型所需的技术技能人才。

（四）发挥失业保险促进就业作用

一是启动失业保险费率调整。根据《国务院关于进一步做好新形势下就业创业工作的意见》（国发〔2015〕23 号）、《人力资源社会保障部、财政部关于调整失业保险费率有关问题的通知》（人社部发〔2015〕24 号）的规定，结合我市失业保险基金滚存结余较多的实际情况，及时启动了失业保险费率的调整工作。从 2015 年 12 月 1 日起，深圳市失业保险缴费率由 3% 下调至 1.5%，其中用人单位缴费率由 2% 下调至 1%，个人缴费率由 1% 下调至 0.5%。二是做好失业保险支持企业稳定岗位工作。根据《关于失业保险支持企业稳定岗位的实施意见》（粤人社发〔2015〕54 号）和《关于进一步做好失业保险支持企业稳定岗位有关问题的通知》（粤人社函〔2015〕1812 号）的相关要求，结合深圳市实际开展相关工作，制定深圳失业保险支持企业稳定岗位工作具体措施。

二　当前存在的问题

（一）积极就业政策力度还需加大

2013 年深圳市调整援助性就业政策后，灵活就业补贴申领的人数及发放金额有所下降。但从积极的就业政策导向和就业资金支出结构来看，就业援助各项补贴支出所占比例仍然较大，扶持自主创业、提升就业技能、鼓励企业招用等积极的就业政策仍需进一步加强。

（二）基层服务能力有待进一步提升

按照便民原则，就业创业各项服务经办业务实现属地化后，各区（新区）及街道就业、创业服务人员配备不足，公共就业指导、创业指导开展不够；基层公共就业服务主要由临时工身份的劳动保障协理员承担，其工资福利待遇偏低、人员流动性大，影响就业创业服务的质量。公共就业服务队伍及能力建设尤为迫切。

（三）就业质量有待提高

转型升级带来的结构性失业阵痛将持续，普工招工难、技能人才短缺、高校毕业生供求不匹配等结构性矛盾将在较长一段时间内存在。为适应产业结构调整和企业发展需要，深圳市应加大对就业困难人员及异地务工人员的就业指导和技能培训力度，加强失业人员技能培训的针对性和时效性，逐步实现素质就业、稳定就业。

三　“十三五”就业创业工作思路

至“十三五”末，全面完善就业创业体制机制，实施就业优先战略和更加积极的就业政策，着力解决就业结构性矛盾，有效防控失业。把扩大就业规模、优化就业结构、提升就业质量作为经济社会发展的优先目标。建立适应深圳经济社会发展需要的就业创业政策体系、公共就业服务体系，推进就业创业各项业务规范化、标准化、信息化、专业化。具体目标：一是就业规模持续扩大，就业结构更加合理，每年实现新增就业 8 万人。二是有效控制失业，保持就业局势稳定，城镇登记失业率控制在3%以内，实现对就业困难人员和零就业家庭就业援助的长效化。三是强化技能培训，“培训一人就业一人，就业一人培训一人”，将技能培训贯穿劳动者职业生涯，就业质量得到明显提升。四是扶持自主创业，尤其是加大对高校毕业生自主创业的扶持力度，创业成功率有所提高。五是加强异地务工人员公共就业服务，逐步实现服务均等；发挥家庭服务业吸纳就业的能力，推动家庭服务业从业人员职业化建设，规范家庭服务行业管理，维护家庭服务从业人员权益。

（一）主动适应新常态下就业形势

加强经济社会发展与就业发展的协调，健全政府促进就业责任制度。发挥政府公共投资、重大项目、自贸区对就业的拉动作用，发展吸纳就业能力强的产业，重视利用中小企业、民营经济、现代服务业的就业容量。

（1）强化政府促进就业责任。将促进就业作为经济社会发展的优先目标，完善就业和创业带动就业目标责任制考评办法，将扩大和稳定就业作为政府绩效考核的重要因素。

（2）建立经济发展与扩大就业联动机制。协调经济社会发展与人力资源开发规划，结合产业转型升级扩大就业，鼓励扶持中小微企业积极带动就业。健全宏观调控体系，将城镇新增就业人数、调查失业率作为宏观调控指标。

（3）重视新兴产业对就业的吸纳作用。发挥战略性新兴产业、先进制造业对高端人才的吸纳作用。重视资本、技术、智力密集型产业提供的就业机会。扶持就业弹性高的中小微企业和创新型企业，挖掘新的就业增长点。大力发展生产型和生活型现代服务业，推进家庭服务业标准化和品牌建设。

（二）实施更加积极的就业政策

准确把握积极的就业政策方向。坚持劳动者自主就业、市场调节就业、政府促进就业方针。加强公共就业服务制度设计，根据就业形势及时完善各项就业政策。

（1）继续把高校毕业生就业放在首位。结合经济转型升级特别是战略性新兴产业、现代服务业以及各类新业态、新模式发展，开发更多适合高校毕业生就业的岗位；运用各项扶持政策，鼓励引导高校毕业生到基层、到企业就业；继续实施高校毕业生就业促进计划，提供岗位信息、就业指导、见习培训、困难帮扶等一揽子就业服务；深入实施大学生创业引领计划，帮助有创业意愿的大学生成功创业。

（2）精准制定弱势就业群体帮扶政策。强化对灵活就业、新就业形态的支持。健全就业困难人员的援助制度，建立援助就业困难人员和零就业家庭就业的长效机制。将日常援助和集中援助相结合，提高针对性和有效性，通过鼓励企业吸纳、公益性岗位安置等多种渠道帮助就业困难人员尽快就业，确保零就业家庭动态清零。

（3）着力提高失业者再就业能力。重点研究和制定职业指导、职业介绍、职业技能培训等公共就业服务的基础政策。加强失业人员职业指导和技能培训，鼓励适应性、订单式培训，通过提升失业人员技能水平，提升其就业竞争力，促进充分就业和更高质量就业。

（4）发挥失业保险预防失业、促进就业作用。探索失业保险基金支持企业少裁员、平稳转岗和扩大就业的有效形式，使其在扩大就业和调整失业中发挥更大作用。充分利用特区立法权，适时调整失业保险费率，建立与国家降低失业保险费率的政策相适应的费率调整机制。做好失业保险支持企业稳定岗位工作，为企业减负。增加失业保险基金对职业培训、职业介绍的投入，并运用政府购买服务的机制，提高资金的使用效益。

（三）大力促进创业带动就业

健全政府激励创业、社会支持创业、劳动者勇于创业新机制，打造政策最优、环境最好的创业型城市，以创业创新带动就业，激发经济社会发展新动力。

（1）扩大创业政策扶持范围。完善和落实好扶持创业各项优惠政策，激发社会创新创业活力。着力加大对最具创新创业活力的青年大学生的创业扶持力度，适时将创业扶持对象范围扩大到本市高校在校及毕业且具有深圳户籍的大学生。

（2）加快创业服务平台建设。推广新型孵化模式，加快发展众创空间，建设一批创业带动就业孵化基地，为劳动者创业提供项目开发、开业指导、融资服务、跟踪扶持等服务。进一步加强创业服务体系建设，创新公共创业服务模式，充分利用“互联网+创业服务”，提升创新创业服务水平。

（3）加强创业教育和创业培训。鼓励普通高等学校、职业学校、技工院校开展形式多样的创业教育，将创业教育纳入教学大纲；支持有条件的高校创办创业学院。以需求为导向，加大创业培训力度，科学设置创业培训课程，围绕培养创业意识、掌握创业基本知识、加强创业实践，全面提高创业者创业能力。

（4）营造大众创业良好氛围。围绕“大众创业、万众创新”，广泛宣传促进创业带动就业政策，营造利于创业的政策环境和社会舆论环境。继续开展“珠三角自主创业项目推介会”“创业指导校园行”等创业活动。举办形式多样的创业大赛，对优秀创业项目给予奖励。支持各类青年创业组织发展，推动成立各类创业协会、大学生创业联盟，鼓励社会力量支持青年创业。树立一批创业典型，在全社会营造良好的创业氛围。

（四）着力提升公共就业服务水平

公共就业服务机构应加强内部管理，完善服务功能，简化服务流程，按照全市统一的服务规范和标准，为劳动者和用人单位提供优质高效的就业服务。

（1）健全公共就业创业服务体系。理顺公共就业创业服务机构体制，完善市、区、街道三级公共就业服务体系。资源配置向基层和一线倾斜，加强基层公共就业服务平台硬件建设。统一基本服务免费制度、就业信息服务制度、失业登记管理制度、就业援助制度、就业信息监测制度等，推进公共就业服务规范化和标准化建设。逐步建立起涵盖职业指导、职业介绍、技能培训、创业指导、补贴发放等公共就业服务质量标准体系，不断优化各项就业创业服务流程。积极鼓励社会组织参与就业创业服务，创新公共就业创业服务提供方式。公共就业服务能由政府购买提供的，政府不再直接承办。

（2）加强公共就业服务能力建设。优化全市统一的公共就业创业服务信息系统，实现各项业务“同城通办”。依托“互联网+”、大数据等，实施“线上”“线下”双向服务；打造“深圳就业”APP、“深圳就业”微信公众号、短信平台、各级公共就业服务机构智慧化服务平台等，提供高效、便捷、优质的公共就业创业服务。充实基层公共就业服务力量，加强基层公共就业服务机构人员队伍的专业化培训，按比例配备持证的职业指导师、人力资源管理师。建立公共就业创业服务质量考核体系，定期开展绩效考核和评价，提升公共就业创业服务质量。

（3）加强就业形势研判。充分利用本市数据资源共享平台，做好就业失业动态分析监测；建立健全企业用工需求信息平台，掌握各类企业用工信息，力求准确预测劳动力供求发展趋势，实现企业用工动态监测和跟踪服务。加强与主要劳动力输出地的信息对接，及时掌握劳动力流动情况及发展趋势。

（4）促进基本公共就业服务均等化。为异地务工人员提供政策咨询、求职登记、职业指导和职业介绍等“四免服务”。组织开展“春风行动”“南粤春暖”等专项活动，引导异地务工人员有序就业。申请开展农民工技能提升工作全国试点，实施“异地务工人员技能提升计划”。结合中央财政转移支付、扩大失业保险金支付促进就业，拓展异地务工人员公共就业创业服务内容，加大基本服务供给。

B.4
2015年社会保险发展及形势探析

曾思克　董嵘慧*

摘　要：　2015年是"十二五"的收官之年，深圳市社会保险管理局认真贯彻落实国家、省、市的各项工作部署，深入开展"三严三实"教育学习活动，坚持创新思维，高效为民，以建立更加公平可持续的社保制度为目标，以实现社保制度全覆盖、人群全覆盖为工作重点，推进社保业务标准化、规范化、信息化建设，各项工作稳中求进，充分发挥社会保险保稳定、惠民生、促发展的作用。

关键词：　社会保险　创新思路　完善制度　稳中求进

一　2015年社会保险事业概况

（一）社会保险参保人数创历史新高

2015年，全市各险种参保总人次创历史新高，首次突破5000万人次。为实现应保尽保，多措并举为社保征缴营造良好社会氛围。首次开展参保单位及员工社会保险参保意愿问卷调查，开展多期企业经办人社保经办培训，覆盖企业近6000家，培训效果显著。完善征收信息平台建设，全面启动转

* 曾思克、董嵘慧，深圳市社会保险管理局。

移接续电子平台。2015 年 1 ~ 12 月，共办理养老、医疗保险关系转移接续 22. 32 万人次，居全国同等城市之首。2015 年，全市各险种参保总人次达 5207. 57 万人次，同比增长 14. 1%。其中基本养老、基本医疗、工伤、生育、失业保险参保人数分别为 954. 34 万人、1213. 16 万人、1032. 49 万人、1032. 90 万人、974. 68 万人，同比分别增长 9. 6%、4. 8%、3. 4%、73. 7%、3. 5%。工伤保险参保人数居全国大中城市首位，各险种参保人数总量和医疗保险、失业保险参保人数位居全国大中城市前列。

（二）社会保险法规体系不断健全

一是根据国家、省有关法律法规，修订完善全市相关社保法规、规章和规范性文件。启动机关事业单位养老保险制度改革。落实省城乡居民社会养老保险实施办法，提高基础养老金待遇标准。实施重特大疾病补充医疗保险制度，对符合条件的大额医疗费给予二次报销，缓解“因病致贫”。实施两定机构核准制，新增机构 446 家。完善定点医疗机构信用等级评定机制，构建诚信医保体系。实施职工生育保险，建立生育津贴制度。提高工伤保险住院伙食补助费、市外就医交通费和食宿费支付补助标准。下调工伤、生育保险费率，降低企业负担。

二是强化普法宣传及信息公开工作，营造大众知法、企业自主参保的良好氛围。借力主流媒体，主动搭建宣传阵地。加强与互联网管理部门和重点新闻网站的沟通合作，建立网络舆情联动机制。紧密结合政策调整，及时跟进政策解读及业务办理指南。创新宣传手段，在主流网站、户外传媒、地铁移动传媒、电台等平台中开设专栏，制播社保宣传短剧、短片；结合“三严三实”活动的深入开展，邀请多家主流媒体，到业务窗口开展“记者走基层”活动，主动接受公众监督。2015 年，共印刷宣传资料（海报、折页、宣传册）221 万份（册），发放 220 万人次；印制政策汇编 26 万份，投放至全市基层社保站、社区工作站；深入全市各街道、社区、企业和园区开展社保现场宣传咨询活动 110 次；参加民声热线、“民心桥”等各类电台、网络直播互动节目近 10 次；在各类媒体刊登新闻通稿 320 篇，发布微博 210 条，回复微博近500条；组织新闻通气会3场，接受媒体咨询采访120余人次。通过网站主动公开信息1275条。处理依申请公开个案21件，答复政府在线咨询投诉403件。自7月起，每月通过官网公开发布社会保险基金预算执行情况的信息，实现社保资金信息及时公布。在全市共设立675个社保信息宣传栏（街道、社区、村居）。社保信息咨询服务能力不断加强，2015年1～12月，社保咨询来电总量达505.3万人次，日均人工接听（工作日）8914人次，现场咨询服务（工作日）累计约8.4万人次。

三是强化依法行政，规范行政管理和经办服务。认真贯彻执行社保法律法规，依法开展行政管理和经办服务。2015年8月，组织社保系统360名公务员，开展4期依法行政培训。邀请市中院、市行政复议办、律师事务所的法律界专业资深人士，全面解读新修订的行政诉讼法和行政复议法，同时结合社保案件点评市社保局依法行政工作中存在的问题，以及提出改进的思路和建议，提高队伍依法行政的意识和执法水平。通过规范信访文书、专项培训、加强宣传等方式，着力推进按法定途径分类处理各类社保诉求，积极配合市信访局、市综治委、市维稳办等部门开展法治维稳工作，规范接访、依法指引、严格执法。2015年，共处理行政复议和行政诉讼案件1096件，其中行政复议案件共294宗，已有复议决定书的236宗，维持率为97%；一审案件共509宗，已判决367宗，维持率为95%；二审案件共293宗，已判决209宗，案件维持率为82%。

（三）创新思路，推动民生实事落地为民

一是全面梳理，推动社保业务标准化建设。2015年7月，完成业务流程标准化的梳理、汇编定稿工作。强化基金风险防控的同时，着重优化、简化业务经办流程，对基金征收、基金监管、基金运营及社保关系转移、档案综合管理等十大类近600项业务进行全面梳理，形成《深圳社会保险基金管理局业务标准化汇编》，并以此为基础制定试点同城通办窗口的业务办理指南。

二是建立试点，启动一窗式受理。经充分筹备，人才园社保同城通办试

点窗口于2015年10月正式启动对外服务，开放信息查询、五险征收以及五险待遇的申请等业务。以“一窗式”受理模式，突破属地限制，通过业务协办平台流转业务至各管辖地办理，信息互通、经办联动，实时督办、联合跟踪，实现从“属地化服务”到“全市通办”模式的转变。窗口对外服务两个月以来，受理流转业务2012宗，其他非流转业务（包括材料不齐退回、转自助终端办理等）2752宗，咨询3565宗，总受理业务8329宗。

三是创新社保登记，将社保参保纳入商事登记平台。2015年6月，与市场和质量监督委共同研究，在全国率先推出将企业（含个体工商户）参保纳入商事登记平台的社保登记新模式。通过信息推送和共享，实现“一表申请、一门受理、一次审核、信息互认、证照同发、档案共享”，大大简化企业参保手续，在免除群众往返奔波的同时，利于社保机构对参保单位登记信息的全面及动态掌握。2015年6月以来，新注册企业100%完成社保登记，截至12月底，全市新增参保企业26032家。

四是推进退休指纹验证服务上门。2015年11月通过购买服务的方式，委托邮政快递上门服务，为约5万名年满70周岁和重度残疾、重病导致行动不便的全市退休人员进行指纹验证。对于行动不便及年龄在70周岁以上的退休老人，每年由政府购买服务，实现上门验证收集；对于年龄在70周岁以下的退休人员，由其主动申请预约上门服务。

五是联合商业保险，推动重疾补充政策落地实施。全力配合相关部门，创新医保个人账户功能转化。首次引入商保合作机制，共同完善医疗保障体系建设，以“20元缴费、保障一年”的方式实现全市重疾保障低门槛缴费、多群体覆盖，从制度上实现重疾保障均等化。将吉非替尼片、厄洛替尼片、注射用曲妥珠单抗等11种抗癌药品和超过1万元自付线的医疗费用纳入住院二次报销范围，进一步减轻参保人就医负担。

六是开放授权，探索征收分步通办。为方便参保人，2015年8月下旬开始，征收业务推进分步通办，将本市户籍灵活就业人员首次参保、本市户籍人员首次办理延缴等部分个人缴费业务的受理，纳入通办范围，即上述参保人可不受户籍所属地限制，自主选择任意辖区办理参保。此外，在部分业

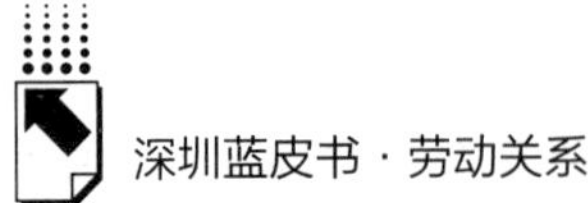

务量较为集中的分局，开放部分征收业务的分局内授权，试行区内通办。

七是结合实际，率先通办失业保险。2015 年起，全市非深户失业人员可在全市各经办网点办理失业金申领。市社保局通过与邮储等银行、街道劳动保障所合作，同步开放社保窗口、劳动保障平台、邮储银行、邮政代办、自助终端五种失业保险服务渠道，其中 400 多台社保自助服务终端机被投放于全市社区。最新统计，失业金申领经办点分布于全市 35 个社保经办窗口（含分局、社保站）、96 个“一站式”申领窗口（含劳动保障所和社区工作站）、邮储银行 197 个窗口，共 328 个经办窗口，办理网点为原来的 32 倍。

八是精简业务环节，有效降低群众办事成本。围绕服务便民，持续优化办事流程，减少审批环节。2015 年 1 月新出台定点医药机构管理办法，取消医药机构定点准入行政审批权限，按照月份以资格确认的方式受理两定机构申请。

九是主动延伸业务，引入邮政代办服务模式。积极探索从政府机构经办到社会组织代办的模式转变，参照全市邮政快递代办居民港澳通行证的成功做法，引入邮政代办社保服务模式，启动 32 项网上预约服务，拓宽办理渠道。2015 年 6 月在各级经办网点推广，全面对接代办平台，充分利用全市 600 多个邮政营业网点，初步实现参保人自行选择邮政网点办理社保业务，并通过邮储银行进行社保业务结算的目标。

（四）以“互联网 +”为载体，多维度服务民生福祉

积极运用“互联网 +”思维，借力网络资源，让科技服务民生，深化与银行机构、商业保险、邮政部门的合作广度及深度，形成窗口经办、网上服务、自助服务多渠道办理模式，多角度提升社保经办水平和服务能力。

1. 深度推进网上经办

一是推广服务网页应用。通过推广单位服务网页、个人服务网页，力促网上经办广泛覆盖。以参保申报业务为例，网上办理笔数已达总业务笔数的 95%。最新数据显示，社保个人服务网页已有 340 万参保人成功注册，参保单位（含企业、个体工商户、社会组织等）网页用户注册数达 54 万家。二

是推进工伤医疗网上记账试点。网上记账于2015年6月开始试点，目前市内有12家定点医疗机构开展试点。三是基本实现医保即时支付全覆盖。最新统计显示，已有1077万张社保卡与银行账户进行后台绑定，医保即时支付率已达99.8%。

2. 加强公共服务信息共享

不断加强与人民法院、公安、教育、卫计委、民政、市场监督管理等职能部门的公共服务信息共享，例如：在养老保险业务中与公安部门共享参保人户籍信息，进行系统比对，旨在准确核发待遇；自2015年9月起，通过市政务信息中心平台对新增参加少儿医疗保险的参保人的计生信息等进行信息自动校验和信息推送，在提高经办效率和服务水平的同时，实现便民利民。

3. 稳步推进省内异地就医结算平台建设

2015年以来，与相关部门共同稳步推进省内异地就医平台建设工作。经系统接口改造、联调测试，平台已于11月底在全市正式上线运行。目前深圳市共有省异地就医结算平台联网医院12家，市外定点医疗机构25家（广州16家、惠州4家、东莞4家、珠海1家），与省内其他平台覆盖地区对接良好。

4. 推出两定机构网上预约系统

2015年8月，受理医药机构定点申请的网上预约平台试点上线，医药机构只需在规定时间内完成网上预约，并在线填报相关资料后，即可在预约时段内到社保窗口办理定点机构新增申请的业务，免去现场轮候，大大缩短了办理时间。

5. 优化门户网站建设，响应移动资讯服务需求

为进一步优化官网功能和布局，提升用户服务体验，2015年12月初门户网站进行升级改版，采用主流、简约、扁平化设计风格，优化调整服务板块；积极响应参保人移动资讯方面的服务需求，推动社保局官网门户手机移动版建设，其已于12月底正式上线；进一步拓宽线上服务渠道，社保官方微信项目已完成需求确认，已完成项目合同审定，现已进入系统设计环节。

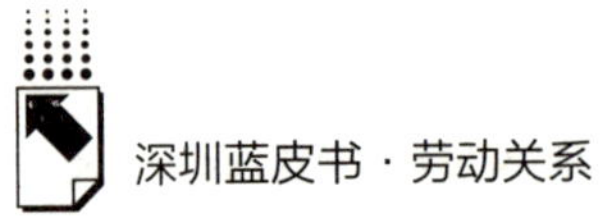

（五）稳步提高各项社保待遇

2015 年，社会保险基金总支出 329.034 亿元，同比增长 12.63%，完成年度预算支出的 94.99%。

1. 养老待遇按时足额发放

全年审核退休人员 17725 人。截至 12 月末，全市享受养老保险离退休待遇人员 25.55 万人，其中企业离退休人员 24.52 万人，月人均养老金达 4128.87 元；享受城镇居民养老保险待遇人员 6131 人，月人均养老金 418.76 元。2015 年，共支付养老保险待遇 140.82 亿元，比上年同期增长 12.6%。积极配合市人社局落实 2015 年度企业退休人员基本养老金调整工作，确保退休人员待遇调整到位、按时足额发放，通过市邮政局向退休人员寄送《养老待遇调整通知书》，保证其待遇调整知情权。企业退休人员指纹验证率为 100%。各项养老待遇均按时足额 100% 社会化发放。

2. 医疗保障工作稳步推进

继续做好社保协议医师核准工作。规范管理定点医院医用耗材。开展家庭病床调研。完成 2015 年城镇居民医疗保险补助标准的调整，经市政府批准通过，2015 年全市财政对城镇居民医疗保险补助标准调整至 384 元/人。2015 年，全市新增 440 家定点医药机构，市外新增 6 家定点医院。目前深圳市定点医药机构数量达 2418 家，其中市内定点医疗机构 1157 家，定点药店 1236 家，市外定点医疗机构 25 家（其中广州 16 家、惠州 4 家、东莞 4 家、珠海 1 家）。共完成门诊大病认定核准 7293 人次。全年医保现金报销 9.65 万人次（包含本地和异地门诊及住院现金报销）、报销金额 9.10 亿元。2015 年，深圳市社会医疗保险基金累计偿付 116.65 亿元。

3. 工伤预防、工伤补偿和工伤康复齐头并进

从用工源头强化单位安全用工意识、个体参保意识，常态化开展普法宣传。将建筑施工企业作为普法重点，为建筑行业统筹参保夯实法制基础。完成全市伤残津贴调整，按要求调整生活护理费、供养亲属抚恤金，进一步提高工伤保障水平。联合全市应急办开展 2014 年度工伤预防安全生产奖励费

发放工作，对全市710家工伤预防先进企业进行奖励。与信息部门配合共同调整工伤浮动费率，2015年全市未发生工伤事故的用人单位累计减免工伤保险费达6亿多。落实并完善工伤案例内控抽查及交叉检查制度、疑难案例讨论制度。推进工伤保险定点医疗机构网上记账项目。全年全市工伤认定29274人，同比下降10.5%，工伤事故率0.25‰，同比明显下降。全年人均工伤补偿金2.84万元，累计偿付费用11.08亿元，同比增长17.7%。

4. 失业保险服务水平大幅提升

完成2015年失业保险浮动费率调整工作，为28.24万家符合下浮条件的参保单位调整了失业保险费率，共计减免8.1亿元失业保险费。全面配合做好失业保险稳岗补贴的发放工作。2015年，全市累计申领人数为17.38万人次，同比增长90.0%，失业保险金支出2.79亿元，同比增长112.0%。全市现有办理失业保险金申领网点已达328个，较好地满足街道、社区就近申领失业金的服务需求。

5. 生育保障实现全覆盖

积极配合广东省生育保险制度全面实施，结合全市原有的生育医疗保险制度，有机衔接、顺利过渡，实现省市政策无缝对接，将全市400万基本医疗保险三档参保人全部纳入生育保险范围。2015年，深圳市生育保险参保人数1032.90万人（含原一、二档参保人），同比增长73.70%。社保各级经办机构及时开展征缴工作，落实全城覆盖。

6. 率先依法开展先行支付

广东省社会保险先行支付操作规程尚未出台，为保障劳动者的合法权益，市社保局在上级部门支持下率先出台《深圳市社保基金先行支付依法追偿业务操作规程》，基本建立全市社保先行支付及追偿体系。2015年，先行支付追偿业务申请法院强制执行4宗，委托律师循民事司法途径追偿13宗，依法保障参保人社保待遇。

7. 积极参与全市机关事业单位养老保险改革各项工作

成立了局机关事业单位养老保险改革领导小组，统筹协调全市机关事业单位养老保险改革经办工作。小组对被纳入改革范围的单位和人员进行分类梳理，为拟定改革方案确定决策依据。参与省社保局关于《广东省机关事业单位工作人员基本养老保险经办规程》（征求意见）和系统建设需求研讨。对前期养老保险改革进行总结，分析改革现状，梳理问题，并提出工作意见及建议，为决策提供依据。

二 面临的困难与问题

（一）社保信息系统建设滞后，制约了社保事业的发展

全市社保管理信息系统自1992年上线至今已经连续运行20多年，该系统投入小、效用大、用时久，是全市最大的政务系统之一。但目前该系统老化、负荷逐年增大，拓展性差且维护成本高，已经成为制约社保经办、高效服务的瓶颈，需进行大框架的调整、更新和改造。

（二）社会保险关系转移接续工作量大，业务积存严重

社保关系转移接续业务量大，全市每年办理养老、医疗保险关系转移达20万人次，居全国同等城市之首。全市关系转移接续执行跨省和省内转移两种不同的政策，造成业务系统与材料需求各异。同时，转入人员60%以上存在重复缴费的问题，需与转出机构反复核实，经办耗时长、流程迂回、效率低下。因此，全市社会保险关系转移接续业务积存量大，经常受参保人投诉。

（三）管理服务能力不足与日益增长的社保服务需求之间的矛盾逐步加剧

随着社保事业的快速发展，全市社保工作人员编配不足、基层建设薄弱、执法用车困难等已严重影响社保工作的科学可持续发展。特别是近年国家、省等各级管理部门不断出台社保新政，如2015年全国推行的机关事业单位养老保险改革、《广东省职工生育保险规定》的实施及参保人的异地就

医结算等，新政策之下的一系列新任务，以及随之而来、日趋多元的服务需求与管理服务能力不足之间的矛盾必将加剧，亟须妥善、根本解决。

（四）网上办事率及网上办结率有待进一步提升

近年来，市社保局一直致力于推行各项社保业务的网上经办。目前征收、医疗保险网上办事率、办结率已超过 90%，但仍有 65 项社保业务未能实现在市政府的网上办事大厅开办或办结，这在一定程度上加重了窗口的工作负担，也影响了整体工作效率的提高。

三 2016年深圳社会保险展望

深圳社保局将继续立足保障民生，不断创新经办模式、拓展服务渠道，充分利用现有的行政服务资源，充分凝聚社会力量，不断提升社保经办效能、丰富社保服务内涵，进一步实现社会保险便民、利民、惠民。

（一）全面推进同城通办与标准化建设的进一步衔接

在 2015 年完成业务流程标准化梳理的基础上，以落实法规政策为准则，以建设智慧社保、深度优化服务为主线，以同城通办为目标，根据业务经办实际需求，全方位对接信息系统重构。依托技术手段和信息平台，实现经办有标准、服务有衔接、窗口可复制，完成社保经办标准化建设从理论到实践的转化，更好地兑现服务承诺、推进同城通办。

（二）深度运用“互联网＋”思维，进一步提高社保管理服务水平

1. 优化改造医疗保险结算系统及建立医疗监管系统

提高市社保局与两定医药机构的结算效率，同时建立医疗监管信息系统，实现对参保人异常就医行为的事前监管、事中预警、事后分析，提升监管效率、保障医保基金安全。

2. 推广新媒体平台在社保经办服务中的应用

与信息中心共同推进社保微信系统的建设，预计在 2016 年 1 月底前完成微信平台开发准备工作、定制咨询、邮政代办预约、社保查询、部分业务办理等系统开发。同时增强微信、微博、移动客户端等新媒介的应用。

3. 搭建社保基金自助收支信息系统

委托商业银行、银联搭建个人缴费系统平台，通过银联联网支付，实现个人参保缴费。与银行机构合作，在社保金融自助终端实现少儿医保和灵活就业人员个人缴费。同时开发手机版个人服务网页，推动社保业务自助办理。

4. 通过“互联网 +”实现社保无纸化经办

开发社保业务网上一站式受理系统。通过电子扫描、手机移动端摄像等方式，获取相关材料信息并准确上传，实现远程受理、全程网上流转办理，办理结果及文书等实现无纸化推送。

5. 改造企业网上申报系统

充分利用市信息管理部门认可的数字认证证书，将现有的网上申报系统改造为社会保险业务一体化、系统化办理系统。

6. 优化生存验证方式

将现有的指纹验证向三维动态脸部识别改造升级，实现远程生存验证，同时拓展到医疗保险领域的应用，将脸部识别程序前置于定点医疗机构接诊环节，防范患者冒卡就诊。

7. 打造信息平台实现“移动执法”

进一步完善现有稽核信息系统功能，在优化操作、提升性能的基础上，打造手机 APP 信息平台，对接社保稽核信息系统，初步计划在手机移动端实现参保信息查询，后期计划有序拓展稽核执法功能，逐步实现“互联网 + 社保稽核移动执法”。

8. 继续推进社保与政府职能部门、金融机构的信息共享

加强与法院、公安、教育、民政、银行等部门信息共享机制的建设，通过信息自动校验和实时比对，共同提高各相关部门的办事效率，进一步便民。

（三）充分利用社会资源，全面拓宽社保服务渠道

1. 拓展金融社保自助服务终端功能

增加个人自助缴费、信息修改、指纹验证、金融社会保障卡实时自助申办、重特大补充保险购买等功能，多层次拓展终端服务功能。

2. 转变社会保险管理服务模式

进一步完善邮政协作系统，开发金融机构、商业保险机构、住房公积金中心等协作系统，研究将社会保险关系转移、医疗保险市外就诊报销、生育津贴申领、生育医疗费报销、少儿医保参保等业务委托相应的机构办理，利用其强大的网络优势，最大程度方便参保人就近办理、快捷办理，同时也缓解社保服务窗口资源不足与日益增长的社保服务需求之间的矛盾。

B.5
深圳劳动监察现状及展望

吴洁红 *

摘 要： 在经济发展新常态下，劳动监察发展面临新的挑战。2015 年是“十二五”收官之年，深圳市实施了劳动监察执法体制改革，市、区机构职能重新定位。本文总结了深圳劳动监察在“十二五”时期取得的工作成绩，对面临的形势进行了分析，指出了需要解决的问题，提出了未来的发展思路。

关键词： 劳动监察 现状分析 发展思路

一 “十二五”时期深圳劳动监察的主要成绩

劳动监察是确保劳动保障法律、法规和规章贯彻实施，维护劳动者合法权益，促进劳动关系和谐稳定的重要行政执法工作。“十二五”时期，深圳各级劳动监察机构深化改革、强化执法、着力创新，重点加大对恶意欠薪的打击力度，全面推进两网化管理，提升劳资纠纷处置能力，强化用人单位信用约束，有力保障了劳动保障法律法规的贯彻实施，切实维护了劳动者合法权益和社会稳定。

（一）切实履行劳动监察执法职责，服务大局保稳定

切实抓好日常巡查、举报专查和专项检查工作，严厉打击劳动保障违法

---

* 吴洁红，深圳市人力资源和社会保障局。

行为，切实维护劳动者合法权益。强化应急处置工作，及时妥善处置劳资纠纷群体性事件，有力地维护了社会稳定。据统计，2011～2015年，深圳市各级劳动监察机构共检查各类用人单位211523家次，涉及劳动者2903.13万人次；接受处理投诉举报19809宗，妥善处置30人以上群体性劳资纠纷2341宗。

（二）突出重点，大力打击拒不支付劳动报酬的犯罪行为

与市公安局建立了联合打击拒不支付劳动报酬犯罪行为长效机制，强化双方执法协作，及时查办拒不支付劳动报酬违法犯罪案件。建立了由市委维稳办、市委宣传部、市中级人民法院、市人民检察院、市公安局、市人力资源保障局、市规划国土委、市住建局、市水利局、市金融办十部门组成的联席会议，形成打击拒不支付劳动报酬犯罪行为的工作合力。

（三）全面推进两网化管理，大力提升劳动监察效能

推进劳动监察网格化、网络化建设，在街道一级实现劳动监察“两网化”管理全覆盖。网格化方面，全市6个行政区4个新区59个街道737个基础网格已划定，并按“守土有责”的原则，明确每个网格的对应管理辖区和劳动保障监察责任人员。网络化方面，深圳劳动保障监察信息系统已实现市、区、街道三级纵向联网，并得以全面统一应用，已将35.9万余家用人单位纳入全市劳动保障监察信息系统管理；并在劳动监察办案系统实时办理案件10.1万多宗。2013年1月，深圳市被评为17个全国劳动保障监察“两网化”管理示范城市之一。

（四）建立劳资纠纷处置新机制，开展分类处置工作

明确劳资纠纷的分类方法、处置工作的部门分工，规范相关数据统计与信息报送，建立全市劳资纠纷处置新机制。各级各部门根据影响企业生产经营秩序和影响社会稳定的程度，分类处置劳资纠纷。充分利用部门合力，落

实基层政府属地责任，对企业的违法行为依法查处，对员工合理诉求积极引导、协商解决，对严重扰乱公共秩序的违法行为依法惩戒。

（五）探索建立用人单位劳动保障违法信息公布制度，强化用人单位信用约束

出台了《深圳市用人单位劳动保障违法信息公布办法》，遵循合法、公正、准确、及时的原则，向社会公布用人单位重大劳动保障违法行为的行政处罚信息。

（六）推进劳动监察执法体制改革，加强基层机构队伍建设

一是根据深圳市机构编制委员会下发的《关于加强市区劳动监察机构建设的通知》（深编〔2011〕65 号），大力加强劳动监察机构队伍建设。罗湖、福田、南山、盐田、宝安、龙岗区劳动监察机构统一更名为区劳动监察大队，升格为副处级；光明、坪山新区在新区社会建设局劳动保障监察科（或劳动管理科）加挂了新区劳动监察大队牌子；宝安、龙岗区及光明、坪山新区在街道劳动办加挂了街道劳动监察中队牌子；各区（新区）结合实际需要，在区（新区）编制限额内适当增加了区（新区）及街道劳动监察机构人员力量。二是推进劳动监察执法体制改革，一方面根据《深圳市机构编制委员会关于调整市劳动监察支队有关机构编制事项的通知》（深编〔2015〕16 号），对市劳动监察支队的机构编制进行了调整，理顺了市、区执法事权，实现执法属地化管理，执法重心下移、关口前移；另一方面，市级部分执法人员分流至区级机构，基层执法力量得以加强。

二　新时期深圳劳动监察工作面临的挑战

当前，我国经济发展进入新常态，深圳加快转型发展，城市竞争力和可持续发展能力进一步增强。深圳各级党委政府把保障民生摆在更加突出的位置，为做好劳动监察工作提供了坚实保障。随着深圳经济社会的发展和进

步，劳动者权益保护成为社会各界广泛关注的热点，人民群众对劳动监察工作更加关注和期盼，为劳动监察事业发展提供了内在动力。深圳劳动监察队伍历经20多年的锤炼，执法水平和执法能力不断提高，并在实践中探索出了很多好的经验和做法，为做好劳动监察工作提供了重要保证。但是，在机遇面前，我们也要清醒地认识到，当前国内外政治、经济、法律等诸多方面呈现新的形势，深圳经济社会长期高速发展所掩盖的深层次结构性矛盾和体制机制性障碍正日益凸显，劳动监察工作直面企业和劳动者，未来发展面临着更为严峻的挑战。

（一）全面深化改革，保障和改善民生，对监察工作提出了新的更高的要求

党的十八大强调要加强劳动保障监察，并从全面推进依法治国、维护公平正义、加强和创新社会管理等方面对劳动监察工作提出了新任务和新要求。党的十八届五中全会提出，要坚持共享发展，要为此做出更有效的制度安排，使全体人民在共建共享发展中有更多获得感，对劳动监察执法维权维稳工作提出了新的更高的要求。劳动监察机构肩负着贯彻执行国家劳动保障法律法规、维护广大劳动者合法权益的重要职责。当前，深圳劳动关系虽然总体和谐稳定，但一些企业仍存在拖欠工资、超时加班、不依法参加社会保险等违法现象，劳资纠纷群体性事件仍时有发生，调处难度不断加大。要把这些存在的问题和不足逐一加以解决，各级劳动监察机构仍需付出长期艰辛的努力。

（二）适应经济发展新常态，确保社会和谐稳定，对劳动保障监察工作提出了新的挑战

当前，全球经济仍然低迷，外部发展环境还在恶化。我国经济与世界经济已深度交融，世界经济复苏乏力和不确定性增加，给我国发展带来很大压力。我国经济进入速度变化、结构优化、动力转化的新常态，经济发展下行压力的增大势必影响企业经营效益的增长，企业生产经营困难增多，侵害劳

动者合法权益的现象可能更加易发、多发。同时，目前劳动力结构已发生深刻变化，新生代职工已成为当代产业工人的主力军，他们文化程度较高，价值取向更加多元化，对自身利益更加关注。近年来，受宏观经济形势等多重因素影响，深圳市产业转型升级、企业与员工利益博弈等过程中产生的劳资矛盾凸显、纠纷易发，当前劳动争议案件仍居高不下，集体停工和群体性事件时有发生，劳动监察执法维权维稳任务艰巨繁重。

（三）全面推进依法治国，提高行政执法效能，对劳动保障监察工作提出了新目标

随着我国劳动保障法律法规的不断完善，劳动监察执法范围越来越广。特别是《劳动合同法》的颁布实施，加大了行政部门对劳动关系处置的介入力度，劳动行政执法责任加大，任务也更加繁重。一是执法对象范围扩大。将民办非企业单位和事业单位的聘用人员纳入适用范围，将无照经营、非法经营和超范围经营等的所有用人单位纳入管理范围，将劳务派遣和非全日制用工纳入调整范围。二是执法权限范围扩大，法定职能增加。将监察范围扩大到企业管理的方方面面，主要增加了对违反规章制度的责令改正，对强迫劳动等的行政处罚、出具证明、劳动合同条款完整性的检查等，强调了对劳动报酬、加班费、经济补偿金的追索义务。而劳动监察执法缺乏刚性的方式、手段，特别是对拖欠、克扣工资等违法行为没有直接的行政强制措施，导致执法周期长，容易造成企业经营者欠薪逃匿等行为发生，劳动监察执法压力进一步增大。

三　深圳劳动监察发展亟待解决的问题

面对国内外政治、经济、法律等因素的影响和冲击，面对劳动关系领域出现的新情况、新问题，当前深圳劳动监察在工作中存在的一些深层次矛盾和问题更为凸显，必须努力加以解决，否则其将成为制约劳动监察未来发展的瓶颈。

（一）预防化解处置劳资纠纷长效机制亟待完善

随着深圳经济社会发展转型，劳动关系的主体及其利益诉求越来越多元化，劳动关系矛盾已进入凸显期和多发期，劳资矛盾已经成为各种社会矛盾的主要表现形式之一，劳资纠纷内容也从单一向多样化发展，并触及劳资关系深层次矛盾。尽管近几年来深圳市劳资纠纷总体呈下降趋势，但劳资纠纷总量仍然较大，重大纠纷事件时有发生，且新型劳资纠纷涌现，事件的复杂性及处置难度不断加大。尤其值得关注的是超出法律基准类劳资纠纷案件处置难的问题。近年深圳市超出法律基准诉求类群体性劳资纠纷问题十分突出，已达总数一半以上。此类劳资纠纷，一般是因企业搬迁、转型、停业或员工要求提高工资福利待遇、增加经济补偿金等引发的。员工提出的利益诉求，虽有其合乎情理之处，但往往超出了法律强制规定的基准，属于劳资双方的利益博弈。在超出法律基准诉求类群体性劳资纠纷的处置过程中，政府部门缺乏处理的法律依据和必要的手段，面临着依法行政与维护社会稳定的双重压力。进一步探索研究新常态下预防、化解和处置劳资纠纷的有效方式，建立完善预防化解处置劳资纠纷的长效机制，切实做到更加注重信息收集、更加注重形势研判、更加注重预防监控、更加注重及早化解纠纷，是深圳劳动监察工作的当务之急。

（二）法规不完善导致的执法难问题亟待解决

一是“欠薪不逃匿”问题。近年，在拒不支付劳动报酬犯罪领域出现了“欠薪不逃匿”的新情况，即欠薪者为了逃避打击，欠薪后不逃不匿，但以转移财产方法逃避支付或者有能力支付而不支付劳动者劳动报酬。由于人力资源保障部门和公安机关很难取得拒不支付劳动报酬企业“转移财产或者具备支付能力”的证据，而且现行法律法规对于“欠薪不逃匿”情形，缺乏相应的司法解释和实施细则，对转移财产、有能力支付而不支付行为的认定缺乏明确标准，此类案件是当前打击拒不支付劳动报酬犯罪的难点。二是经济补偿金问题。近年在深圳市发生的劳资纠纷群体性事件，多数涉及经济补偿金问题。经济补偿金涉及员工多、金额大，当员工抱团维权爆发群体性事件时，往往也是企业经营状况不良、无力支付时，而经济补偿金又不在深圳市欠薪保障基金和各区应急专项资金垫付范围之内，令处置工作陷入困局。

（三）部分行业监管力度亟待提升

一是工程建设行业。现实中许多不具备承包资质的工程队和包工头通过层层转包得到工程项目，一旦发生事故或纠纷，包工头常常卷款潜逃或拒绝负责。虽然《劳动合同法》已明确规定了发包组织和承包经营者的连带赔偿责任，但毕竟是事后救济，行业监管的制度性漏洞依然存在，不利于从源头上解决问题。二是交通运输业。由于该行业具有工作不定时、司机掌握车辆等特点，加班加点、收取押金已成为该行业的不成文行规，但劳动法律法规又明文禁止这些行为。这就出现了行业特点与法律适用之间的必然矛盾。三是劳务派遣行业。劳务派遣是一种较为灵活的用工形式，监管难度很大。近年来，外地劳务派遣单位跨地区派遣劳动者到深圳市工作的现象较为普遍，而深圳市派遣到外地的员工人数也在增长。“异地劳务派遣”因在工资发放标准、员工社保等方面存在一定隐患，极易引发群体性劳资纠纷。对异地派遣的监管缺乏手段和依据，各地区主管部门之间缺少监管和执法的协作机制，使异地派遣的监管成为一大难题。

（四）各部门信息共享及联动合作机制亟待完善

劳动监察机构在开展欠薪治理和重大劳资纠纷处置等相关工作时，往往涉及与维稳、公安、住建、工会等相关部门的信息共享及联动合作。目前深圳市各有关部门尚未建立统一的信息平台，日常信息互通互动少；联动合作机制尚不完善，部门合作主要限于应急处置，未能真正形成常态化的协作机制和工作合力。

（五）基层劳动监察执法力量亟待加强

根据中央、省有关深化行政执法体制改革精神，深圳市刚刚实施了劳动监察执法体制改革，对市、区执法事权进行了调整，市、区机构职能重新定位，实现执法属地化管理，执法重心下移、关口前移。而深圳全市仅有211名专职劳动监察员，基层劳动监察执法力量依然薄弱，特别是各新区执法体制不顺、力量不足等问题仍较为突出，在一定程度上影响了执法工作的开展，导致劳动监察执法工作仍处于被动应付状态。加上随着新商事登记制度的实施，近年来新登记的企业越来越多，有关部门对企业的监管难度越来越大，劳动监察执法力量有限，多数情况下只能局限于个案的解决，而不能进行主动、有效的监管。

四　新常态下深圳劳动监察工作展望

为应对新形势和新挑战，当前和今后一个时期，深圳劳动监察工作要主动适应经济发展新常态，积极创新发展思路，坚持以人为本、依法行政和公平正义原则，着眼于构建和谐劳动关系，以加强劳动监察效能建设为重点，推进制度机制创新，深化监察执法体制改革，着力解决突出的劳动保障违法问题，全力维护劳动者合法权益和社会稳定。

（一）突出重点，强化执法，着力保障劳动者合法权益

一是落实劳动监察“两网化”管理，加大日常执法检查力度。继续加强劳动监察“两网化”建设，严格网格建设标准，加强执法员配备、业务培训和工作考核，推进信息系统建设，开发完善移动执法、网上办案、监测预警等应用功能。依托“两网化”强化日常巡视检查，增强劳动保障监察的主动性、经常性和突击性，及时预防、发现和查处侵害劳动者权益的行为。切实畅通维权渠道，认真负责抓好每一宗举报投诉案件的查处工作，对各种违反劳动保障法律法规行为进行有效和及时的处理。二是保持对严重违法行为的高压态势。强化专项执法检查，重点加强对恶意欠薪、非法使用童工等严重违法行业的打击力度，依法维护社会公平正义。三是强化对部分行业突出共性问题的监管整治。针对工程建设、交通运输、劳务派遣等部分行

业和领域存在的突出违法问题，建立与相关行业主管部门的联络员制度，充分利用行业主管部门的监管职能，强化行业监管措施，加大专项整治力度，打破行业用工管理中与劳动保障法律法规相违背的潜规则，营造行业公平竞争、健康持续的发展空间。

（二）创新机制，提升效能，强化劳资纠纷预防化解处置工作

一是建立健全劳资纠纷风险预警防范机制。多渠道监测收集企业遵守劳动保障法律法规情况，转型升级、关停、搬迁等生产经营变动情况，及其银行资金周转、税费和水电费缴纳等情况，尽早发现可能引发劳资纠纷特别是群体性事件的风险隐患，提前研判预警、及早防范化解。二是落实劳资纠纷分类处置工作，依法稳妥处置群体性事件。通过分类处置，一方面将劳资纠纷处置纳入法治轨道，引导劳资纠纷通过法定途径得到妥善解决；另一方面，明确不同类别群体性劳资纠纷的牵头处置部门及各相关部门职责，提高处置效率和处置效果，既维护劳动者的合法权益，又保障企业的正常生产经营。三是建立专项治理工作机制。针对不同时期、不同行业的劳动关系中存在的突出隐患问题，适时组织开展专项治理行动，集中力量对突出隐患问题加强监控排查，及时预防和查处企业违法行为，消除和减少劳资纠纷隐患。

（三）多方联动，形成合力，打破行政执法局限性

一是强化信息互联共享。利用互联网技术，打造全市性劳资领域信息共享平台，开通企业用工信息网上自行申报和各部门信息互通系统，实现对企业用工信息、经营状况、金融财税及信用信息的互通共享，便于各级劳动监察机构全面、准确地掌握本辖区企业情况，优化执法监管手段。二是强化执法联动。每年定期组织各级各部门在全市范围内开展清理整顿人力资源市场秩序专项执法检查、企业执行劳动保障法律法规专项检查行动、高温天气劳动保护专项执法检查、劳务派遣用工专项执法检查、用人单位工资发放情况大检查等专项治理行动。三是建立联席会议制度。依据劳资纠纷风险预警、群体性劳资纠纷处置、打击恶意欠薪等重点工作的需要，建立相关

部门联席会议制度，加强工作统筹协调及联动衔接，共同攻坚克难，发挥整体合力。

（四）加强政策法规研究，推动法制建设，破解执法难题

加强工作调研，及时分析研究监察工作中的新情况、新问题，增强监察工作的科学性和前瞻性。结合劳动监察执法实践，积极推动法制建设，完善劳动保障法规体系，对现有劳动保障法律法规中一些不能适应深刻变化的经济社会形势的规定，提出修订建议，呼吁尽快组织修订，加大违法行为的法律责任，为劳动保障行政部门提供强有力的执法依据。同时，强化劳动保障普法宣传，不断丰富普法教育形式和手段，增强用人单位的依法用工观念，引导劳动者依法理性维权，通过提升正能量预防和减少矛盾纠纷，依法维护劳资双方合法权益。

（五）强化管理，提升效能，加强劳动监察工作能力建设

积极推进分类监控管理制度建设，对违法行为高发的重点地区、重点行业和重点企业实施重点监管，确保监察执法工作重点突出、针对性强，缓解劳动保障监察范围大、任务重与执法人员不足的矛盾。建立劳动监察业务培训机制，加强队伍专业化建设，提高监察执法人员的业务素质和业务水平。完善执法制度和规范，确保执法规范化，提升劳动监察依法行政能力和效率。

B.6

2015年深圳市劳动人事争议仲裁现状分析及2016年形势预判

李 卓　敖宇星*

摘　要：　2015年，是“十二五”规划的收官之年，也是“十二五”期间仲裁工作形势最为严峻的一年。《中共中央、国务院关于构建和谐劳动关系的意见》（中发〔2015〕10号）中明确指出，要健全劳动争议调解仲裁机制，完善劳动人事争议仲裁办案制度，进一步提高仲裁效能和办案质量。本文旨在分析2015年劳动人事仲裁工作的现状，直击现行劳动人事仲裁工作中存在的困难，并通过对2016年形势进行预判，部署下一步重点工作，全面提升仲裁工作能力，做实做好“十三五”开局之年的各项工作。

关键词：　劳动人事仲裁　现状分析　形势预判

2015年，深圳市劳动人事争议仲裁工作形势严峻，仲裁机构面临三大难题，案件高发、积案严重、办案力量不足，使得“案多人少”的矛盾难以缓解甚至越来越重。对此，全市各级仲裁机构认真贯彻《中共中央、国务院关于构建和谐劳动关系的意见》（中发〔2015〕10号）文件精神，积极推动仲裁办案机制、工作机制、管理机制改革与创新，不断提

* 李卓、敖宇星，深圳市劳动人事争议仲裁院。

高仲裁效能和办案质量，为确保全市劳动人事关系总体稳定做出了积极贡献。

一 2015年全市劳动人事仲裁案件总体情况

（一）案件上升幅度创近六年新高

2015 年全市劳动争议仲裁案件总量持续呈较大幅度上升。各仲裁机构共立案 31845 件，涉及 74987 人，同比分别上升 13.3% 和 24.5%，为六年来新高。从区域来看，宝安、龙岗等原特区外劳动密集型企业集中的区域仍是劳动争议案件的高发区，但原特区内案件增长幅度（23.5%）明显高于原特区外（8.1%），市仲裁院案件增长幅度为全市之首，全年共立案 5426 件，涉及 8972 人，同比上升 35% 和 34%，其占原特区内劳动争议案件的比重达 46%（见图 1）。

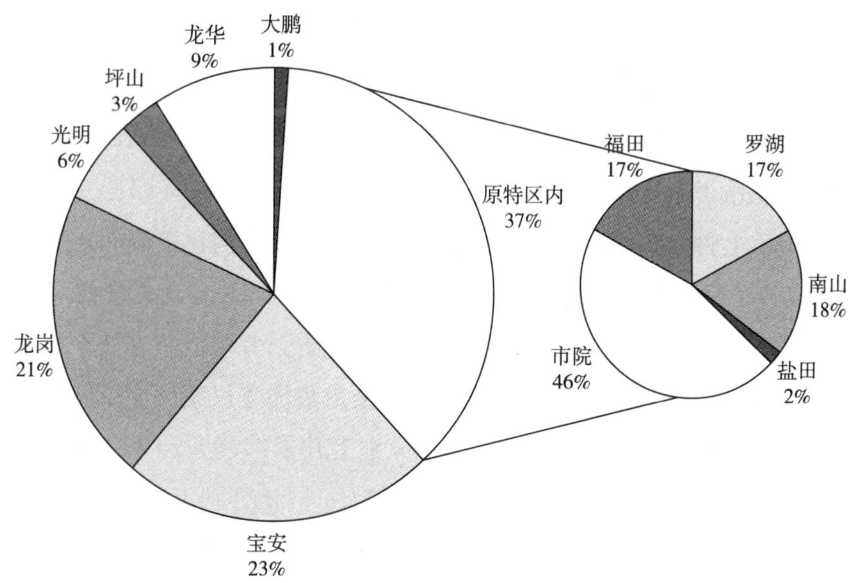

图 1 2015 年全市仲裁案件区域分布

（二）集体劳动争议案件出现激增

2015 年全市仲裁机构集体争议案件共立案 1212 件，涉及 43921 人，同比分别激增 43.1% 和 35%。主要特点如下。一是劳动者抱团维权趋势更加明显。2015 年，平均每件集体争议案涉及人数为 62 人，为 2014 年的 1.63 倍。同时，重大集体争议案件频发。全市全年共立 50 人以上重大集体争议案 213 件，涉及 27414 人，同比分别上升 31.48% 和 53.44%；其中 7 件为 500 人以上的特大案件（2014 年无 500 人以上特大案件）。二是第三产业集体劳动争议案已连续三年呈上升态势。其中，信息传输计算机和软件业、金融业和商务服务业集体争议案分别为 61 件、47 件和 23 件，同比增幅分别高达 56.41%、370% 和 283.33%。三是原特区内注册资本 1000 万元以上的大型企业集体争议案激增，全年共立案 192 件，涉及 3692 人，同比分别增长 75% 和 36%。其中，注册于前海、蛇口自贸区的集体争议案件明显增多，全年共 46 件（2014 年为 4 件）。

（三）以劳动报酬为主要诉求的争议增多

一是从总体情况来看，全市仲裁案件的主诉类型仍以经济补偿类为主，但是劳动报酬类争议比例有所上升。2015 年，以经济补偿（赔偿）为主要诉求的立案案件共 14231 件，占立案总量的 44.7%（同比下降 3.4 个百分点）；以劳动报酬为主要诉求的立案案件 13106 件，占立案总量的 41.2%（同比上升 4.6 个百分点）。二是从集体争议上看，劳动报酬等基本权益纠纷是引发集体争议的核心诱因。2015 年，全市集体争议案件中单纯主张劳动报酬的 552 件，涉及 19711 人，同比分别上升了 41.9% 和 32.9%；单纯主张经济补偿或赔偿的 138 件，涉及 5908 人，同比分别下降了 14.29% 和 18.06%；既主张劳动报酬又主张经济补偿或赔偿的 276 件，涉及 11807 人，同比分别上升了 53.33% 和 68.29%。经济持续下行的压力对劳动关系稳定的直接影响可见一斑。

（四）劳动者理性维权意识进一步增强

劳动争议处理呈现“两降一升”现象。统计显示，2015 年，全市人力资源部门来信来访量和劳动监察部门参与处置 30 人以上劳资纠纷量，同比分别下降 9.8% 和 31.8%，且连续两年出现下降。但同期仲裁机构立案数和集体争议案件数均同比大幅上升。2015 年，深圳市各仲裁机构共立案案件 31845 件，涉及 74987 人，同比分别上升 13.3% 和 24.5%，为六年来新高。预计未来较长一段时间内，劳动争议总量高企、劳动者把仲裁作为依法维权首选途径将成为深圳市劳动争议处理工作的新常态，仲裁机构已逐渐成为劳动争议处理工作的主阵地。

（五）当事人诉求支持比例明显上升

2015 年，全市仲裁机构已结案件诉求金额约 39.85 亿元，结案金额约 9.87 亿元，诉求支持比例为 24.77%，较 2014 年上升了 11 个百分点。其最直接原因在于 2015 年劳动者仲裁请求金额更加依法、理性。据统计，全市立案案件人均涉案金额约为 5.89 万元，同比下降 16.36%。但仍有部分争议存在诉求虚高现象，极端的如南山区仲裁机构受理 1 人追讨工资及福利待遇的劳动争议，诉求金额高达 2.9 亿元。经庭审调查，支持其工资及解除劳动合同赔偿金 2 万余元。

二　劳动人事仲裁工作取得新成效

（一）以案件处理为核心，实现办案质效双提升

1. 办案效率进一步提升

面对数量持续攀高的案件，全市各仲裁机构通过采取全员办案、增加排庭次数、加班加点集中清案等方式，全年共办结案件 30937 件，结案金额高达 9.87 亿，同比上升 9.6% 和 63%，年度累计结案率为 90.89%，其中，以

裁决方式结案 16438 件，同比上升 14%，占结案总量比重为 53.1%，同比上升 2 个百分点；以撤诉或调解方式结案 14258 件，调解结案率为 46.1%，同比下降了 2.6 个百分点，切实完成省厅下达的结案目标。市仲裁院通过建立“积案系数”指标，健全全员办案机制，充分发挥兼职仲裁员作用，在立案案件增加 35%、办案力量不变的情况下，全年办结案件 5091 件，同比增长 38%。其中，兼职仲裁员办案 1001 件，占结案总数的 19.7%。罗湖区通过“领导包案、夜间庭审、周末专庭、兼仲参与、监察联调”等方式提速提效，开展劳动仲裁清案专项行动，重点清理 2014 年度未结案件，清案期间共审结案件 322 件，为缩减整年度案件排期、突破审限瓶颈打下坚实基础，全年共审结案件 2151 件，累计结案率 96.5%，较 2014 年大幅提高了近 10 个百分点。

2. 办案质量进一步夯实

全市仲裁机构在保证办案效率的同时，多措并举，切实提升办案质量。2015 年 6 月，全市召开了立案工作会议，一是就立案受理相关疑难问题进行专题研究，统一意见；二是明确取消由市仲裁院集中管辖福田、罗湖、南山、盐田四区工伤案件的做法，为下一步推进市、区仲裁案件管辖调整奠定基础。2015 年 12 月，全市召开了疑难、热点问题研讨会，专题研究办案过程中遇到的难点热点问题，进一步统一仲裁办案尺度，加强了市、区仲裁院之间的沟通联系机制，完善了市仲裁院对全市疑难、热点问题的研究和指导。龙岗实行仲裁工作人员工作差错情况评定登记制度，核查范围实现全区全覆盖，在实行差错情况评定登记制度后，在每一份裁决书发出之前多了一层质量的保障，使得仲裁员的办案质量得到极大提升，从而在速度和质量方面得到保障，工作效能得到进一步提升。龙华新区加大对派出庭的业务指导与监督力度，实行监督下沉、案件抽查制度，严格追究责任，有效提升基层派出庭办案质量。据统计，2015 年，全市因不服仲裁处理结果而进入诉讼程序的案件比例约为 19.8%，这就意味着约八成的争议案件在仲裁阶段实现了案结事了。同时，全市仲裁机构以终局裁决方式结案案件 5063 件，其中 823 件向市中级人民法院申请撤销，仅 19 件被依法撤销，撤裁率为 0.38%，同比下降 41.5%。

（二）以创新机制为重点，推动仲裁改革取得新成效

1. 完善办案机制，提升办案规范化

自 2015 年 5 月起，市仲裁院与邮政合作实行仲裁文书司法专邮，切实提高文书邮寄送达的规范性和有效性，并在全市推广使用。宝安区仲裁院新修订《仲裁业务指导手册》，系统梳理 40 余种程序性文书和 20 余种实体性文书，特别是制定 27 类常见的庭审提纲，提升庭审调查质量。坪山新区仲裁院出台《坪山新区集体劳动争议案件快速处理规则》，为新区公正及时处理集体争议、规范集体案件仲裁办案程序提供规则指引，并将集体争议案平均办结时间缩短至 13 天，确保群体性矛盾第一时间化解。

2. 改革工作机制，提升仲裁工作总体效能

深圳市仲裁院调整设立了"综合业务室"，加强对全市仲裁工作统筹规划和业务研究指导等工作。9 月起，深圳市取消原特区内工伤案件作为特殊案件由市仲裁机构集中管辖的做法，调整后，原特区内福田、罗湖、南山、盐田四区的当事人可直接到当地的区仲裁院处理工伤待遇纠纷案件，这切实方便当事人就近快捷处理工伤待遇相关争议。福田区、南山区分别在园岭、福保、华强北、莲花和桃源街道设立流动庭，将仲裁关口前移，专门处理案情简单、标的额较少的劳动人事争议，把纠纷解决在基层，极大地方便了当事人就近解决纠纷。龙岗区以国家劳动人事争议处理效能示范建设区工作为契机，增设综合督查室加强全区案件督办，并汇编了《龙岗区劳动人事争议仲裁工作手册》，该手册分为标准化办案篇、内务管理篇、仲裁文书篇、裁审衔接篇、法律实用篇共五个部分，通过"双标"建设为抓手，做到"程序规范化、文书标准化、管理制度化"。光明新区首创"大仲裁工作模式"，信访、监察、仲裁"三位一体"调处劳动争议，强调"首访调处"，力争将劳动争议化解在当事人首次来访阶段，掌握劳动争议调处主动性和主导权，编印了《光明新区推行劳动争议调处大仲裁工作模式实施方案》和《光明新区劳动争议调处大仲裁工作规则（试行）》，用规则固化操作流程，用配套文书表格管控案件进度，做到案件专人跟办、进度严格把控、调解合

规高效、责任清晰可查，实施效果显著。龙华新区通过引入兼职仲裁员参与办案、执业律师协助案件复核及疑难案件研讨工作、法律服务工作机构协助开展案前调解工作等改革举措，创新专业社会力量参与的工作机制。

3. 创新服务模式，扩大仲裁工作社会效应

全市仲裁机构充分发挥仲裁作为劳资纠纷处理兜底环节的积极作用，将仲裁办案效果拓展至纠纷预防，不断扩大仲裁工作的社会效应。福田区推行“仲裁公众日”活动，通过预约信息发布、主动邀请等方式向20名群众及企业代表开放仲裁庭审及参观交流活动，提高庭审公开透明度，加强民意沟通工作。盐田区仲裁院紧紧抓住省市共建和谐劳动关系综合试验区的契机，全面推行劳动仲裁“一案一课一建议”制度，并通过案例分析会、仲裁建议书、企业约谈等制度，针对性地指导涉案企业规范用工管理，减少劳资纠纷发生隐患。坪山新区仲裁院依托劳动关系网络咨询服务平台“坪山新区和谐劳动服务网”，为企业和员工提供实时和在线的劳动法律法规咨询、查阅和远程培训服务，深受群众好评。

（三）以提升专业素质为关键，实现仲裁队伍新发展

1. 加大仲裁员培训力度

市仲裁院以提升仲裁员法律知识运用能力、争议调处能力、应急处置能力和组织协调能力为重点，先后组织了三次全市性的年审、初任和业务培训，累计培训782人次。其中，组织约400名仲裁员参加年审培训，首次将“委托司法鉴定注意事项”纳入仲裁员培训内容，并开设“劳动仲裁理论法研究”、“终局裁决相关问题研究”及“典型案例分析”等实用性课程，加强了培训针对性和有效性，切实提高仲裁员的办案能力；组织约238名拟聘仲裁员参加省厅统一组织的初任培训，进一步为深圳市办案力量储备奠定了良好的基础；组织了原特区内福田、南山、罗湖和盐田的约144名仲裁员参加了工伤业务培训，为工伤案件管辖下放做好充分准备。同时，采取带教、观摩、旁听等方式，组织区仲裁机构相关人员到市仲裁院进行立案、工伤等专题培训，效果良好。11月，组织第六期全市劳动争议调解仲裁专题赴港

学习考察活动，进一步开拓仲裁人员视野。各区仲裁机构也高度重视仲裁员培训，通过各类专题培训，提升办案人员综合素质。

2. 探索推行仲裁员管理改革

龙岗区仲裁院在全市先行一步探索仲裁员专业化队伍管理的新模式，5月起推行聘任制专职仲裁员专业化改革，将专职仲裁员划分为五等级十二薪级，同时建立健全绩效考核评价机制、薪酬分配机制和专业化等级晋升机制，实现三者之间相互匹配，收效明显。南山区、罗湖区、光明新区和龙华新区仲裁院通过制定办案补助制度，有效提高仲裁人员的工作积极性。市仲裁院着力推进编外专职仲裁员专业化改革，先后草拟了《关于加强劳动人事争议编外专职仲裁队伍建设的指导意见》《关于加强仲裁工作指导意见》等文件，探索建立编外专职仲裁员长效管理机制，目前正在征求相关部门意见。

3. 强化仲裁队伍作风建设

各级仲裁机构借助“三严三实”专题学习活动和人社系统窗口单位改进作风专项行动，认真贯彻落实“窗口单位服务规范”，努力为当事人提供阳光服务。市仲裁院印发了《仲裁工作人员廉洁办案制度》，宝安区仲裁院出台《仲裁过错责任追究办法（试行）》，龙岗区仲裁院制定了《工作差错评定标准》《行风考勤评定标准》，以制度促作风提升，全面杜绝关系案、人情案、金钱案。

（四）以信息系统为抓手，实现仲裁信息化建设新跨越

一是开展全市仲裁信息系统规范化使用检查，通过随机抽查、交叉检查、整改建议等，切实提升信息系统使用的规范性。二是完成信息系统功能优化升级，并新增仲裁文书查询、兼职仲裁员管理等功能，为下一步实现劳动争议裁审衔接信息共享奠定基础。三是市仲裁院借助网络平台，在全省率先启动劳动争议仲裁网上预约和案件信息查询，为当事人提供了方便快捷的预约、查询途径。四是与市中级人民法院共同研究，启动“深圳市劳动争议裁审衔接信息共享平台项目”建设工作，为加强劳动争议裁审衔接、促进裁审标准统一提供信息化平台支撑。

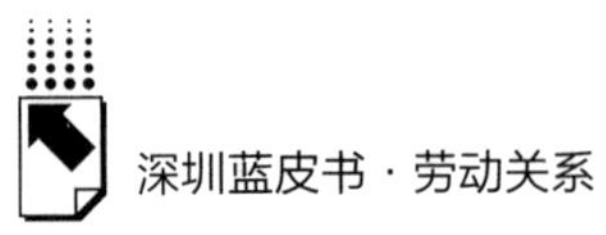

三 劳动人事仲裁工作存在的主要困难

（一）仲裁队伍建设滞后掣肘办案效率提升

一是仲裁人员配置严重滞后于实际办案需要。目前深圳市仅有专职仲裁员约200人，近年来人均年办案量高达170件，2015年部分仲裁机构人均年办案量甚至超过200件。鉴于2015年案件增势加快，即使“5+2”“白加黑”成为大多数仲裁人员的工作常态，案件办结速度仍滞后于案件增长速度。2015年末，全市未结案件3101件，同比上升41%。二是仲裁工作人员中编外人员比例倒挂现象依然严重。深圳市现有仲裁工作人员中编外人员比例高达74%，其中负责核心办案工作的专职仲裁员中约76%为编外人员。大部分区将专职仲裁员视为辅助类的编外人员，缺乏制度性的待遇保障及发展通道，导致仲裁队伍人才流失非常严重，对仲裁办案效率的负面影响特别突出。2015年深圳市启动编外人员改革后，大部分区（如福田、南山、光明、坪山等）明确要求编外人员只出不进，并且要求编外专职仲裁员全部转为劳务派遣，导致仲裁队伍不稳定、人手不足问题进一步加剧。

（二）基层仲裁机构建设亟待加强

一是福田、罗湖、南山仲裁机构现状难以满足仲裁工作发展的需要。特别是福田、罗湖、南山三个区年案件量均在2000件左右，但由于是科级建制，核定编制数有限，也无法按照立案、审理、监督等法定职责设置内设机构，难以应对当前劳资纠纷高发态势。二是部分新区仲裁机构独立性与专业性相对欠缺。光明新区年均案件量近1500件，但区仲裁院挂名在劳动关系科，无法保证仲裁工作的独立性与专业性。龙华新区仲裁院为全市唯一一家事业单位性质的仲裁机构，虽然有独立的编制，但实际由区劳动监察科负责管理，有悖于仲裁工作的中立原则。新区年均案件量近3000件，但仲裁院仅有2人（1名职员、1名雇员）负责仲裁相关工作，难以对街道派出庭进行有力的指导和监督。

（三）送达难问题制约集体争议的快速处理

近年来集体争议常常伴有企业负责人无法联系、人去楼空等问题，加之商事登记制度改革带来一址多企的现象增多，企业注册地与实际经营地不一致的问题加大了仲裁文书的送达难度，大多需要采取邮寄送达或公告送达方式，导致办案周期变长，加剧了劳动者的不满情绪。同时，大部分仲裁机构无专用车辆配备，也难以通过购买服务的方式解决送达问题，增加了送达工作的难度。

（四）经费保障不足影响仲裁工作开展

一是大部分区的仲裁经费缺乏独立性，也没有根据仲裁工作的专业化要求，统筹安排各类办案、办公费用。二是预算方式主要采取延续上一年度经费总额的方式制定，难以与日渐繁重的办案任务相匹配。在案件总量出现明显增长的时候，这一问题更加突出。据不完全统计，大部分区的仲裁工作经费在近五年来并未增加，个别区甚至进行了压缩。三是缺乏专门的办案补助经费。虽然部、省相关文件已明确要求建立专兼职仲裁工作人员办案补助制度，鼓励仲裁人员多办案、办好案，但目前仅个别区真正落实到位。这也使对专业要求极高的编外专职仲裁员的薪酬水平无法与从事普通辅助类工作的编外人员的薪酬水平拉开差距，在一定程度上导致了聘用专职仲裁员的流失。

四　2016年形势预测及工作思路

2016年是仲裁工作机遇与挑战共存的一年。一方面，在经济下行压力未减、产业结构调整带来劳资关系阶段性阵痛、劳动者依法理性维权意识不断增强的情况下，预计2016年深圳市仲裁工作面临的形势将更加严峻，争议案件总量将持续增长，总体态势可能与2008年相似。尤其是根据《劳务派遣暂行规定》设定的过渡期规定，2016 年 2 月 29 日前用工单位应当将被派遣劳动者比例降至用工总量的 10%，我们预计 2016 年因劳务派遣比例调整导致的劳动争议可能成为热点。

另一方面，作为“十三五”规划的开局之年，2016 年将是仲裁工作总体机制的改革年。对此，我们将紧紧围绕“补短板、提效能”这一核心任务，以全面贯彻落实《中共中央、国务院关于构建和谐劳动关系的意见》和《中共广东省委、广东省人民政府贯彻落实〈中共中央、国务院关于构建和谐劳动关系的意见〉实施意见》为着力点，勇于探索，敢于创新，重点推动以下四方面工作。

（一）加强专职仲裁员队伍建设

一是配备与案件量相适应的专职仲裁人员。参考《省人社厅、省编办、省财政厅转发人社部、中央编委、财政部关于加强劳动人事争议处理效能建设意见的通知》（粤人社发〔2012〕176 号）确定的人案比，配备与劳动争议案件量相适应的专职仲裁员及仲裁辅助人员（包括仲裁员助理、立案员、书记员、送达员等）。二是建立专职仲裁员长效管理机制。发挥深圳先行先试作用，探索建立专职仲裁员等级划分标准，健全专业培训机制，不断提高队伍的专业性。三是加强兼职仲裁员队伍建设。逐步提高兼职仲裁员办案补助，鼓励兼职仲裁员多办案、办好案。

（二）构建具有深圳特色的仲裁工作机制

一是建立科学、长效的仲裁案件管辖划分机制。以方便劳动者就近维权为主要原则，在原特区外区域已实现属地处理的基础上，科学调整市级仲裁机构与福田、罗湖、南山、盐田四区仲裁机构的案件管辖范围。市级仲裁机构主要负责中心区域重点企业的仲裁案件及在全市有重大影响的重点案件的处理工作。二是加大基层仲裁机构建设力度。确保区级仲裁机构的独立性与专业性，办案较多的区按照立案、审理和综合监督设置相关庭（室），明确职责分工。

（三）健全科学、长效的仲裁办案机制

一是完善仲裁快速办案机制。进一步完善要素式办案模式，推进仲裁案件繁简分流工作，建立小额简易案件快调快裁机制，提升办案效率。二是开展《深圳市劳动人事争议仲裁办案指导手册》修订工作，提高全市仲裁办案规范化水平。三是将网上查询、预约功能扩展至全市，开发网上预申请功能并加载至“深圳人社”APP中。四是加强裁审衔接工作力度，启动并逐步完善仲裁与法院系统“劳动争议裁审衔接信息共享平台”，不断增强仲裁权威与公信力。

（四）加大仲裁工作经费保障力度

一是各区设立相对独立的仲裁工作经费，列入同级财政预算。二是试行“以事定费”经费保障机制，仲裁工作经费实行“以事定费，预算管理”，具体参考上一年度的案件数量、案均成本等情况，综合考虑下一年度工作计划及案件变化趋势，由财政部门统筹综合确定经费总额，实现相关经费与仲裁工作量的合理匹配。

B.7

盐田区构建和谐劳动关系的创新实践与思考

赵世宽　黄小艳*

摘　要： 《中共中央国务院关于构建和谐劳动关系的意见》（中发〔2015〕10号）印发后，广东省委省政府将深圳盐田区确定为省市共建和谐劳动关系综合试验区，并赋予盐田区探索中国特色和谐劳动关系建设新路径的使命。站在新的历史起点，如何通过综合试验区建设，让中央10号文件精神在盐田精准落地，探索形成一套可复制、可推广的构建和谐劳动关系的新模式，为构建中国特色和谐劳动关系创造新经验，成为摆在面前的重大课题。本文通过总结回顾盐田区近年来构建和谐劳动关系的创新实践和经验做法，结合当前劳动关系面临的形势和存在的主要问题，对如何加快推进综合试验区建设进行思考。

关键词： 和谐劳动关系　综合试验区　实践思考

深圳市盐田区高度重视构建和谐劳动关系。2011年，盐田区在全国率先提出创建和谐劳动关系示范城区，并提出将劳动关系和谐程度作为衡量地区综合竞争力重要指标之一的理念，得到了国家、省、市人社部门领导的高

---

* 赵世宽、黄小艳，深圳市盐田区人力资源局。

度关注和充分肯定。2015 年 3 月，中共中央国务院印发了《关于构建和谐劳动关系的意见》。2015 年 8 月，广东省委、省政府把盐田区确定为省市共建和谐劳动关系综合试验区。至此，盐田区被赋予了探索中国特色和谐劳动关系建设新路径的使命。站在新的历史起点，如何通过综合试验区建设，让中央 10 号文件精神精准落地，探索形成一套可复制、可推广的和谐劳动关系建设的新模式，为构建中国特色和谐劳动关系创造出新经验，成为摆在我们面前的重大课题。本文通过总结回顾盐田区近年来构建和谐劳动关系的创新实践和经验做法，结合当前劳动关系面临的形势和存在的主要问题，对如何加快推进综合试验区建设进行思考。

一　率先从城区的视角积极探索构建和谐劳动关系新模式

（一）整体设计，有序推进，不断提升辖区和谐劳动关系建设水平

盐田区委区政府始终把构建和谐劳动关系作为提升辖区综合竞争力的重要举措，2011 年，明确提出用五年时间通过九大举措打造和谐劳动关系示范城区；2012 年，启动了用人单位用工管理水平三年提升行动；2013 年，开展了“码头港区、拖车行业”等重点区域、重点行业劳动用工综合整治行动；2014 年，开展了“小微型用人单位劳动用工管理综合整治”“劳动关系治理年”等专项行动。2015 年，区委将“积极适应经济发展新常态，创建和谐劳动关系示范城区”作为盐田区重点改革项目，并通过开展“劳动关系主体素质提升、用工管理规范化民主化提升、劳动关系综合治理能力提升、和谐劳动关系社会参与、优化就业和人才发展环境、和谐劳动关系联创共建”等六大行动来加速推进和谐劳动关系示范城区建设；率先研究制定了和谐劳动关系城区指标体系，从劳动关系状态指标、劳动管理服务效能指标、劳动关系环境指标、满意度调查等四个方面设计了三级指标体系，为指导和推动和谐劳动关系综合试验区建设提供科学指引。

（二）预防为主，端口前移，不断提升企业自主协调劳动关系水平

盐田区用三年时间分行业、分区域、分层次对辖区企业法定代表人、主要经营者、人事干部、小微型用人单位经营者进行了地毯式的系统培训。编印了《盐田区和谐劳动关系建设员工读本》《盐田区和谐劳动关系建设企业读本》，持续开展地毯式的“劳资合作共赢向前走”主题宣讲活动，加强正面引导和宣传。通过“法治惠民工程”“来盐建设者综合素质提升行动”“劳务工大课堂”等多个品牌传播构建和谐劳动关系正能量，引导职工诚信守法、爱岗敬业、提升技能和依法理性维权，引导企业积极履行社会责任，主动加强人文关怀。积极推行企业规章制度、简易劳动合同等范本，帮助企业建章立制，指导督促企业建立健全用工管理台账，从源头上堵住引发劳资纠纷的漏洞。从城区的视角全面开展和谐劳动关系创建，探索建立了“城区＋社区（园区）＋企业”和谐劳动关系三级联创共建新模式，推动形成了比较健全的劳动关系工作体制机制及创建和谐劳动关系的良好环境。根据辖区产业特点，在黄金珠宝、港口物流、先进制造、旅游服务四大支柱产业中选择了9家具有代表性的企业，通过引入专业机构帮助企业对照“十个全面”标准开展创建评估，并根据企业的情况在规范管理、人文关怀、民主参与、企务（厂务）公开等方面重点突破，将9家企业打造为盐田区构建和谐劳动关系的标杆，充分发挥其示范引领和带动作用，推动辖区和谐劳动关系建设，实现整体提升。

（三）突出重点，综合整治，不断提升重点区域行业用工管理水平

根据盐田的产业特点，加强了对盐田国际码头港区、拖车行业等复杂敏感区域和行业的调研分析，开展了港口物流行业劳动关系治理专项调研，形成了《盐田区港口物流行业劳动关系治理对策研究报告》《关于加强拖车司机人力资源管理的对策分析》等调研成果。推动成立了盐田区港口物流行业劳动关系协调委员会，开展了港口物流行业劳动关系治理三年行动。选取了田心工业区、盐田国际码头港区、集装箱拖车运输行业和装卸行业作为重

点整治对象，通过走访、调研、印发指导性文件、培训、执法检查等一系列的措施指导督促企业主动改善用工管理，效果非常好。通过综合整治，企业依法用工的意识和能力得到明显增强，工时制度、工资结构等得到较大改善，区域和行业的投诉举报案件和劳资纠纷明显减少。

（四）攻坚克难，创新突破，不断提升新形势下劳动关系管理服务水平

充分利用劳动监察人员始终工作在第一线的有利条件，形成了“五员合一”的劳动监察执法工作模式。出台了《盐田区基层劳动争议调解组织工作规则》《盐田区劳资纠纷分类处置预案》，形成了一套行之有效的案件快速处理机制。建立了行政司法联动机制，在拒不支付劳动报酬罪的相关司法解释和文件出台前，向公安机关移送了冉茂刚拖欠劳动报酬一案，该案成为追究自然人拒不支付劳动报酬罪第一案。在拖车行业大胆推行不定时工作制集中审批模式，提高了工作效率，解决了因行业特殊性导致的用工管理难题。区劳动人事仲裁院作为全市要素式改革试点单位，2013 年率先 100% 实现要素式办案，在处理宝港城欠薪逃匿案件时在全市开先行裁决先河，及时解决了员工闹访缠访问题。推动成立了全国第一家专门开展和谐劳动关系创建的社会组织，努力形成有序参与、协同共治的和谐劳动关系建设工作格局。

二　以建设综合试验区为载体，为构建中国特色和谐劳动关系创造经验

（一）盐田区建设综合试验区的各种挑战

经济发展新常态下，构建和谐劳动关系面临诸多压力和挑战。世界经济增长动力不足，国际金融危机深层次影响不断显现，国内经济下行压力和潜在风险比较大，经济发展方式转变和产业结构调整给劳动关系带来的影响将长期存在；我国的劳动关系呈现多元化、市场化、契约化、流动大、争议多

的特点，尤其是电子商务、创客等新型经营、新型业态模式的产业快速发展，对劳动关系治理提出了新的挑战。随着劳动者的维权意识逐步提高，其除了争取法定权利外，要求增加工资福利待遇、参与企业管理、改善劳动条件等利益诉求也在不断增加，处理好现阶段我国复杂多样的劳动关系成为构建和谐劳动关系的新任务。

党和国家对构建和谐劳动关系的高度重视赋予综合试验区建设新的历史使命。党的十八大明确提出构建和谐劳动关系，“四个全面”的战略布局对各级党委政府如何创新社会治理模式，如何依法提升劳动关系治理现代化水平提出了新的要求。中央 10 号文件的印发，把构建和谐劳动关系提到了前所未有的战略高度。其中明确指出：“有条件的地区要积极开展和谐劳动关系综合试验区（市）建设，为构建中国特色和谐劳动关系创造经验。”盐田区开展综合试验区建设，不仅是要把盐田区建设成为和谐劳动关系示范城区，最关键是要探索形成一套可复制、可推广的构建模式，为构建中国特色和谐劳动关系创造经验。

（二）盐田区建设综合试验区的有利条件

盐田区位于深圳经济特区东部，毗邻香港，现代化、国际化程度较高，区内拥有国内四大深水港之一的盐田港，以及周大福、万科、华大基因等一批知名企业总部，还有沙头角保税区，形成了以黄金珠宝、港口物流、高新技术、旅游文化四大支柱产业和综合保税区为主体的现代产业体系。在盐田开展综合试验区建设，全方位展示深圳作为改革开放和社会主义现代化建设前沿阵地的良好形象，对全省乃至全国其他地区产生带动示范效应；可以充分发挥体制机制的创新优势，在码头港区、保税区等特殊区域和不同产业类型企业中探索构建和谐劳动关系的新模式，为全市、全省乃至全国积累新的经验。

盐田区通过多年创建和谐劳动关系示范城区的探索实践，已经建立起了一套比较系统完善的劳动关系运行机制，劳动关系治理能力明显增强，辖区劳动用工管理水平整体提升，劳资纠纷总量大幅下降。与 2007 ~ 2010 年相比，2011～2014 年劳动争议仲裁案件、30 人以上劳资纠纷和劳动信访案件涉及人数分别下降 77.6%、59.4% 和 47.3%，85% 以上的劳资纠纷通过调解方式化解，2014 年，劳动仲裁平均结案时间仅 19 天，有效行政投诉和行政执法败诉案件始终保持零纪录。在盐田区开展综合试验区建设，有利于总结提炼和谐劳动关系示范城区创建的成果，进一步探索创新构建和谐劳动关系的新思路、新方法。

（三）盐田区建设综合试验区的总体思路

立足盐田区的区位优势、良好的经济社会发展环境以及和谐劳动关系示范城区创建工作打下的坚实基础，盐田区将建设综合试验区的总体目标确定为通过总结推广先进经验，优化创新工作机制，统筹整合各方资源，积极探索构建中国特色和谐劳动关系新路径，把盐田区建设成为“法治程度高、治理能力强、创业环境好、劳资互利共赢”的和谐劳动关系示范城区。这一总体目标将建设综合试验区和创建和谐劳动关系示范城区有机地结合起来，有利于保持构建和谐劳动关系的系统性、连续性。

2015 年 8 月 7 日，广东省人社厅正式批复同意《省市共建盐田区和谐劳动关系综合试验区工作方案》。8 月 18 日，省市共建盐田区和谐劳动关系综合试验区动员大会顺利召开，标志着盐田区和谐劳动关系综合试验区建设正式启动。盐田区建设综合试验区共分四个阶段：启动阶段，到 2015 年 8 月底，完成综合试验区的前期工作，形成综合试验区的建设方案、工作制度等；突破阶段，到 2016 年 6 月底，基本形成三大品牌、五大特色的构建模式；深化阶段，到 2018 年 6 月底，全面完成综合试验区的各项工作任务，实现劳动关系和谐发展的新跨越；总结阶段，到 2018 年底，总结形成省市共建和谐劳动关系综合试验区的盐田模式。

（四）盐田区建设综合试验区的主要内容

根据产业特点和工作实践，盐田区提出以围绕“一条主线”、创立“三大品牌”、打造“五大特色”、突出“十个重点”（“13510”）为主要内容，建设和谐劳动关系综合试验区。其中，围绕“一条主线”就是紧紧围绕“党委领导、政府负责、企业主体、多方共建、文化引领、机制保障、整体提升、和谐共赢”的主线。创立“三大品牌”就是打造依法治理、诚实守信、互利共赢的和谐劳动关系文化品牌，打造有效参与、协同共治的社会组织品牌和打造区域性、行业性集体协商品牌。打造“五大特色”就是：一是在黄金珠宝产业，探索形成技能人才培养评价新模式；二是在港口产业链，探索形成劳动关系自主协调新模式；三是在基因产业，探索形成高层次人才服务新模式；四是在旅游休闲产业，探索形成规范多元用工新模式；五是在综合保税区，探索形成产业转型升级劳动关系管理服务新模式。突出“十个重点”就是重点加强行业用工管理规范化、重点领域自主协调、转型升级服务保障、劳资纠纷预防、劳资纠纷调处、社会协同治理、高层次人才服务、技能人才培养评价、外来务工人员融入、和谐劳动关系文化十大机制建设。

三　关于加快建设和谐劳动关系综合试验区的几点思考

（一）党政主导，整体谋划，切实增强构建和谐劳动关系的推动力

构建中国特色和谐劳动关系是中国特色社会主义的重要内容。只有加强党的领导，才能建立健全更加科学完善的劳动关系法律体系和政策制度体系并积极采取措施强化执行；只有加强党的领导，才能统揽全局，把握方向，统筹整合多方力量，形成文化引领、多方共建、机制保障的良好格局；只有加强党的领导，才能统筹处理好维护职工权益和促进企业发展的关系，调动劳资关系双方的积极性、主动性。

基层党委政府要发挥好党政主导作用，一是要正确认识劳、资、政三方之间的关系，找到三方之间的边界和平衡点，找准政府的角色定位，严格依法行政，坚持运用法治思维和法治方式协调劳动关系和调处劳资纠纷，做好规则的制定者和秩序的维护者，既不能缺位，又不能越位；二是将构建和谐

劳动关系作为党委政府的重要任务，纳入经济社会发展总体规划，加强顶层设计，科学绘制和谐劳动关系构建蓝图；三是要将建立和谐劳动关系综合指标评价体系纳入政府绩效考核，每年定期发布地区劳动关系白皮书，接受人大、政协和公众对于构建和谐劳动关系的监督等。只有这样，党委政府才能真正转变“唯 GDP”的政绩观，把构建和谐劳动关系摆在更加突出的位置，采取有力措施让中央精神精准落地。

（二）企业主体，多方共建，切实增强构建和谐劳动关系的原动力

构建和谐劳动关系归根结底还是劳资双方自己的事。党政主导的最终落脚点还是推动劳资双方真正重视、积极参与，让企业更好地发挥主体作用。只有企业真正发挥主体作用，劳资双方共同参与、彼此信赖、互利共赢的和谐才是真正的和谐，才是可持续的和谐。构建和谐劳动关系，资方应当发挥主导作用，要积极贯彻落实劳动政策法规，主动加强对职工的人文关怀，主动提升自主协调劳动关系的意识和能力，注重培育企业的核心价值观和特色企业文化，引导企业与职工共享和谐红利。构建和谐劳动关系同样需要职工的积极参与，要教育引导职工树立正确的世界观、人生观和价值观，做到遵纪守法、爱岗敬业，发扬工匠精神，不断提升劳动技能。

政府要积极推动企业发挥主体作用。要加强劳动法制宣传教育，要严格依法行政，督促企业依法用工、职工依法理性维权；要树立区域行业标杆，使其带动和引领其他企业和职工参与构建和谐劳动关系。政府要支持和培育社会力量有序地参与和谐劳动关系建设。要对社会力量持开放包容的心态，不要因为担心社会组织偏离公益或互益机制轨道而因噎废食。社会组织能做企业想做，但单靠企业难以完全做到或无企业愿意牵头去做的事。社会组织在单个企业不能做、政府不宜直接调控的领域显示了独特的优势和内在价值，凸显了其存在的功能、取向和空间。社会组织可以更有效地代表劳、资利益，协调各方意见，平衡双方利益，提高企业和员工参与创建的积极性和主动性，形成全社会协同参与的合力。

（三）系统构建，源头治理，切实增强构建和谐劳动关系的持久力

构建和谐劳动关系是一项系统的复杂工程，绝不可能一蹴而就、毕其功于一役，必须坚持系统构建，源头治理。这既需要长期坚持的耐力，又需要破旧立新的勇气。构建和谐劳动关系要立足当前、着眼长远，既要有短期目标，更要有长远规划，既要有明确的方向，又要有清晰的路径，既要有顶层设计，又要有具体的举措。同时，构建和谐劳动关系非常关键的是要探索形成多层次、全方位、高效能的劳动关系协调体系和科学系统、运转协调的劳动关系长效运行机制去提供制度上和机制上的保障。

构建和谐劳动关系要着眼于劳动关系运行全过程，预防为主，端口前移。要切实加强行业监管，特别是对建筑、运输等行业要加强源头治理，严厉打击非法挂靠和转承包行为，将所有的从业人员依法纳入劳动法的调整保护范围。要常态性开展企业能力建设，提升企业的用工管理水平，提升其协调劳动关系和调处劳资纠纷的能力，真正从源头上预防劳资纠纷。和谐劳动关系建设的本源是引导劳资树立“合作共赢”的共同价值观，要积极传播和谐劳动关系文化，教育引导劳资双方心连心、同命运、共成长，共同打造和谐美好家园，形成共建共享和谐劳动关系的良好氛围。当和谐共赢成为劳资共识，积极向上的企业文化成为社会主流，和谐劳动关系才有稳定的社会基础。

（四）敢于创新，勇于突破，切实增强构建和谐劳动关系的生命力

盐田地处改革开放的最前沿，劳动关系最为复杂多变，新情况、新变化、新问题层出不穷，对在构建和谐劳动关系过程中遇到的各种问题感受尤为深刻。例如：对构建中国特色和谐劳动关系的理论研究不够深入，相关理论体系尚未真正建立；调整劳动关系的法律和政策制度体系不够科学健全；劳资政三方的关系和边界不清晰，协调劳动关系三方机制的作用发挥有限；如何建立中国特色的集体协商机制和民主管理机制存在争议；“一裁两审”劳动争议处理机制的弊病如何消除；劳动者和劳动关系的概念不清晰，导致

劳动关系认定难，劳务关系泛化；劳动者的工资优先权如何得到切实保障；等等。

综合试验区赋予盐田区两大使命，一是让中央精神在盐田精准落地，二是为构建有中国特色的和谐劳动关系探索新经验。和谐劳动关系综合试验区建设是一个崭新的课题，是探索构建中国特色和谐劳动关系新路径的重要载体。对于如何构建和谐劳动关系，国外劳动关系调整的理论和道路显然不可直接复制，国内相关研究比较薄弱，注定我们没有现成的经验可以借鉴。建设综合试验区，一定要充分认识到我国劳动关系的社会主义属性和社会主义初级阶段的基本国情，要从我国基本经济制度出发，不断探索和把握社会主义市场经济条件下劳动关系的运行规律，善于借鉴国外好的做法和研究成果，敢于创新突破，积极稳妥地探索具有中国特色劳动关系的体制机制，实现理论创新和突破。

B.8

开展职业培训，服务就业和企业

孙从争*

摘　要：在经济发展、服务就业、提升企业竞争力的新形势下，重新认识职业培训的功能和作用。职业培训事关一线劳动者职业生涯，有助于解决就业结构性矛盾，积极促进企业和谐发展，关系到城市核心竞争力的提升。把职业培训作为发展重点，发挥政府主导作用，支持和鼓励各类培训多元发展。职业培训要以人为本，突出能力导向和就业导向，适应国际化潮流，多层次多方位发展，积极构建面向全体劳动者的终身教育体系。

关键词：职业培训　多元化　终身教育　企业发展

职业培训的运行是伴随着社会政治和经济发展状况相应发展的。职业培训的实施，受到生产力和经济发展水平的制约，不同时期呈现出不同特点，也发挥着不同的效用。职业培训的发展，应充分考虑如何为就业服务、如何为企业服务。

一　职业培训发展的基本状况

职业培训随着经济改革、用工改革、技术革新以及产业调整等重大改革和变革也不断进行着变革和发展。

* 孙从争，深圳市人力资源和社会保障局。

（一）职业培训形成体系

职业培训以市场为导向，以能力为导向，以就业为导向。科技发展迅猛，技术日新月异，企业对人才的需要更迫切，员工学知识、学技术的热情更高涨。社会关注职业培训，支持职业培训，兴办职业培训。

职业培训不断深化，政府对职业培训管理从直接管理逐步转变为间接管理，重在信息服务和指导，重在规范培训市场秩序。竞争发展和利益机制在职业培训中发挥越来越重大的作用。市场经济条件下，国家建立了职业资格证书制度和职业技能鉴定制度。职业培训以开发和提高劳动者的职业能力为宗旨，形成了以职业需求预测、职业分类、职业标准制定、职业技能培训、职业技能鉴定、职业技能竞赛、职业指导等为核心内容的大培训格局。

深圳围绕技能人才培养、评价、服务三个主要环节，优化政策，深化改革，形成了政府主导和指导，以企业培训为主体、技工院校教育为依托，发挥公共实训平台作用和民办培训机构补充作用的技工教育和职业培训体系，推动技能人才队伍持续壮大，结构不断优化，素质有效提升。

截至 2015 年底，全市技能人才总量发展到 286 万人，当年新增 17. 2 万人；其中高技能人才发展到 69 万人，高技能人才占技能人才比例为 24%。全市职业培训总量 224 万人次；全市技工院校 8 所，在校生 3. 8 万人；民办职业培训机构发展到 316 家，年培训量 50 万人次；全市各类职业技能鉴定 174 批，12. 2 万人次参加鉴定。

（二）职业培训显现特点

深圳职业培训在发展中体现了法制化、社会化和多样化的特点。

1. 职业培训法制化

深圳重视职业培训法制化建设工作，经过多年努力，在职业培训法制化建设上走在了全国前列。在国家《劳动法》、《职业教育法》、《民办教育促进法》及其《实施条例》等法律法规指引下，深圳结合地方实际，出台了《职业训练条例》《职业技能鉴定条例》《成人教育管理条例》等一系列地方法规，职业培训工作基本走上法制化轨道。

2. 职业培训社会化

在深圳，职业培训成为一项由市场驱动的社会经济活动，其社会化程度相对较高。深圳职业培训机构以企业、行业组织和公民个人三类主体为主，社会各方办培训，各有侧重，各具特色。职业培训实现了多形式、多层次，职前职后相衔接，各类主体共同发挥作用。

3. 职业培训多样化

职业培训越来越注重个体要求与职业需求的统一。职业培训以劳动者个体需求为主，职业培训内容和形式的确立主要依据劳动者在就业或转岗方面表现出来的技能需求倾向。依据这些倾向，职业培训不断朝着战略新兴产业、未来产业和高端制造业发展。深圳职业培训覆盖面广泛，涵盖 350 个项目，技能鉴定工种覆盖三大产业约 20 个行业。企业积极开展培训，组织员工参加社会化和企业特有工种技能鉴定。职业资格证书含金量不断提高，深圳累计发证超过 70 万本，得到社会普遍认可。目前全市职业培训机构 316 家，年培训量 50 万人次。

（三）技能培训重点推进

技能培训是职业培训的关键，深圳市突出技能，多渠道、多方式、多层次开展各类培训，积极对接行业和企业发展。

1. 实施技能振兴计划

2015 年认定 33 家高技能人才培训基地、25 家技师工作站、4 家技能大师工作室，发放补助 270 万元。至此，深圳市高技能人才培训基地发展到 99 家、技师工作站发展到 75 家、技能大师（教学名师）工作室发展到 12 家。2015 年经评估确定年度 10 家优秀培训基地、5 家优秀技师工作站、1 家优秀大师工作室。

2. 规范职业培训市场

梳理 38 项业务事项，完善服务措施，提升服务质量；优化审批流程，加强信息化建设。通过建章立制和评估督导，培训市场得以规范有序，开展民办培训机构和技能鉴定机构评估。强化监管，切实贯彻考培分离原则，督促指导培训机构依法规范办学。

3. 优化实施培训补贴

完善补贴办法，优化补贴流程，分级分类补贴。开发政府协议培训项目，为家政服务业行业培养技能人才，政府补贴费用。简化补贴程序，补贴系统通过大数据比对提高效率，实现了常年受理，批次核发，滚动办理。2015 年，完成年度在岗提升培训人员 10 万人次的民生实事。先后向 115 万人发放技能补贴 2. 16 亿元。

（四）人才培养步伐加快

抓好技能人才培养、评价和服务，全面加快建设步伐。

1. 多渠道培养，突出高技能

发挥各方积极性，多渠道、多方式培养技能人才，发挥企业、各类院校、社会培训机构和技能竞赛等培养渠道和培养平台的作用，扩大培养规模，提升培养层次。2015 年新增高技能人才 8. 8 万人，高技能人才占比提升到 24%。

2. 多元化评价，突出有效性

深化多元化评价改革，开展行业组织承接水平评价类职业资格试点，遴选 8 个行业组织承接 8 个项目，2015 年行业组织评价 2300 多人次，总体运行平稳。推进企业技能人才培训评价工作，完善工作指引，优化流程。开展员工评价企业 53 个，评价工种 199 个，培训 13892 人，获发职业资格证书或专项能力证书 5027 人。

3. 多方位服务，突出公益性

构建高技能人才公共服务体系，以高训中心为主要载体，提供公共实训、技改项目扶持、技能成果展示、技艺交流等公共服务。认定表彰技能人才，通过技能标兵、优秀技师评选和竞赛认定技术能手等，激励广大技能人才和岗位成才。对第 43 届世界技能大赛获奖选手及教练团队报请市政府批准并予以表彰。

（五）职业培训展现新内涵

随着经济转型和产业升级，职业培训进入全新发展期。“终身教育”概念被提出、被认同，职业培训作用和地位越来越重要。

1. 培训更加丰富

职业培训涵盖内容更加广泛，技术技能培训、企业文化培训、智慧培训等都是重要内容。一是技术技能培训。这是职业培训的核心。技术技能培训包括上岗培训、专项培训、技术等级培训、在岗提升培训等，这类培训主要是为了提高员工的工作技能和业务熟练程度，提高企业生产效率和产品质量以及服务质量。二是企业文化培训。企业要留住人才，稳定队伍，增强团队凝聚力，企业文化培训必不可少。企业通过文化培训，改善员工工作态度，统一员工价值观，协调企业内部的人际关系，强化员工的归属感，有助于营造和谐劳动关系。三是智慧培训。这是职业培训的较高层次，属创新性培训。案例分析、情景演习能训练员工如何在管理、工作过程中发现问题、解决问题，提高其处理问题的能力，激发活力和创造力，不断积累为人处世的智慧，更好地实现人生发展。

2. 培训体现能动

职业培训能动性不断加强，职业培训自身的引导和启动作用越来越显现出来。市场经济下人们选择职业不再是一成不变，也无固定模式可言，从而要求每个人都要具有适应变化的能力。随着发展，劳动者个人不断进行专业学习深造和技能训练。职业培训也从长远或全局来考虑确定方向，充分发挥职业培训的能动性，全面地、综合地、有针对性地为提高劳动者素质服务。

3. 培训服务终身

技能是企业和劳动者保持优势的源泉，而技能的完善是永无止境的，培训的终身化成为趋势。随着经济不断发展，全民终身教育、全面开放式职业培训成为可能，职业培训手段不断现代化，形式不断多样化，培训成本逐步降低，所有社会成员都有根据个人意愿，随时随地接受各类培训的条件和可能性。借助互联网和多媒体技术的远程开放式培训大行其道。学习者不分地域、不限时间，按需参加各类培训学习，培训教育资源也可得到最大限度的共享。现代社会非学历职业培训已成为使社会成员不断跟上社会步伐，持续取得个人成就的十分重要的教育。

二　职业培训对经济社会发展的作用

职业培训事业的产生发展，与经济发展和社会建设水平及其相适应程度密切相关。

（一）职业培训对经济发展的促进

高质量的职业培训既是经济腾飞的强大武器，又是开发劳动力资源、实现充分就业、促进社会稳定的重要措施。有效的职业培训融经济、社会功能于一体，其核心就是合理配置人力资源，从而促进经济社会的发展。职业培训是劳动力再生产的过程，其发展变化受经济发展和经济体制改革的制约，同时在其适应经济发展和经济体制改革的条件下，其又成为推动这种改革的强大动力。市场经济条件下，价值规律、供求规律和竞争规律作用于职业培训，驱动职业培训向高效、高质和更深、更广的职业领域延伸。科技日新月异，技术改造、技术引进和新技术开发利用，以前所未有的速度和规模展开，但要把科技的能量释放出来，需要转化和成果推广，其中的关键环节是培训劳动者，使劳动者提升职业能力，可驾驭新技术，掌握新技能。

（二）职业培训对就业工作的促进

就业是政府高度重视的问题。就业工作的出发点，是力争保障公民充分就业，保障劳动者的劳动权利。职业培训是提高劳动者素质最直接的手段，职业培训使劳动者掌握一定的职业知识和技能，掌握就业本领，提高就业质量和工作质量。

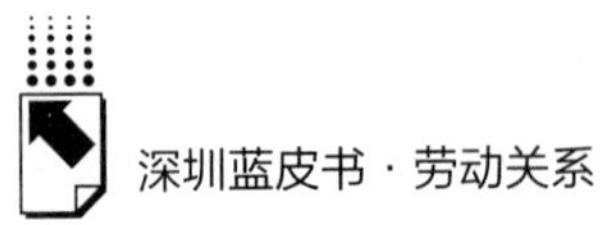

（三）职业培训对企业发展的作用

企业作为职业培训的主体，对职业培训起到了积极的推动作用。据不完全统计，深圳企业职业培训年培训量180万人次。职业培训对企业发展的作用也是较为明显的。

1. 提高劳动生产率

员工职业培训对企业发展来说是一项投资。调查显示，绝大多数企业认为职业培训效果是好的。有15.45%的企业认为效果很好，69.11%的企业认为效果较好。开展员工培训，可以提高劳动者技能与管理水平，提高劳动生产率，提高产品质量，直接给企业带来经济效益。对企业劳动保护、安全生产来说，职业培训可以使员工掌握科学知识和安全操作规程，极大地减少事故发生。对企业工资分配来说，职业培训也有促进作用，按劳分配和按岗分配，可促使员工积极参加培训，掌握更多更高的技能，为薪酬增加奠定基础。企业也根据员工培训情况，进一步进行工资分配调整。

2. 促进企业文化

凝聚企业人心是培训的又一重要作用。开展培训可以建设良好的企业文化，营造和谐稳定的劳动关系，增强企业凝聚力，促进企业发展壮大。职业培训不仅能使员工掌握更多技能，而且能使企业和员工双方增强了解和信任，便于员工更好地工作。职业培训能够改善员工工作态度，统一员工价值观，协调企业内部人际关系，从而使企业获得长足发展。反之，企业缺乏员工职业培训，企业生产设备便难以发挥更大效用，也不利于企业的管理。

3. 激发企业活力

职业培训能够激发企业的活力。职业培训抓得好的企业，员工普遍感到有压力，同时也充满活力，激发起培训学习的需求；不抓培训的企业，员工懒散，得过且过，原本有上进心的员工会埋怨企业不给其成长机会。职业培训提升了员工技能，教会员工如何在工作过程中发现问题、解决问题，提高员工处理问题的能力，激发员工的活力和创造力，能够提高团队工作效率。

三　职业培训发展中存在的问题

职业培训获得发展的同时，还面临着一些发展中亟待破解的问题。职业培训发展模式、人才培养结构、运行机制需加快改革。技能人才队伍总体存在着知识和技能结构老化，参加继续教育和提升培训比例低，高技能人才严重短缺，现有技能人才队伍迫切需要不断更新知识、提高技能等问题。如何根据不同岗位、不同层次的人才情况，实施梯度培养，全面提高技能人才队伍整体素质的问题很迫切。

（一）职业培训政策措施亟待进一步健全

职业培训发展亟须解决政策支持问题。一是要加大对职业培训的投入，包括公共实训基地建设和设施设备条件建设、师资培训和劳动者培训补贴等。二是要在使用、待遇等方面体现对技能人才的重视，给予其应有的地位。

（二）企业培训主体作用有待进一步发挥

培训与相应政策紧密关联，致使很多培训蜕变为应试培训，以致有所异化。亟待培训的一线员工尤其是新员工又缺乏培训的机会，需要优化政策和机制，进一步激发企业培训的活力，进一步发挥企业培训主体的作用，提高培训的适用性。

（三）技工教育办学模式亟待进一步创新

技工教育办学模式依然较传统，难以适应新形势之需要，办学活力需要进一步发挥，需进一步体现技工教育特色，突出办学的国际性和开放性，实现办学与企业的深度融合，突出技能培养。

（四）技能人才扶持还缺乏相应的针对性

对技能人才的扶持更多的还是普惠式激励，有效扶持、针对性扶持不足，尤其是对战略性新兴产业、支柱产业、未来产业技能人才的扶持力度不够，措施不强。

四 职业培训发展趋势和工作措施

面对日新月异的科学技术，面对日益激烈的经济竞争，同时面对职业培训发展中存在的问题，认真分析职业培训的发展趋势，提出职业培训应该采取的应对措施。

（一）职业培训适应经济发展新要求

知识经济要求职业培训是一种技能加智能教育，知识经济要求职业培训融入终身教育，知识经济要求职业培训培养适用和实用人才。

1. 树立新的理念

职业培训应与经济发展、社会建设密切配合，提供各类人才支持和知识贡献。知识经济中所指的知识主要是指能够作为一种经济资源和生产要素并能转化为现实生产力的科学技术知识、管理和行为知识、信息技术知识等，其核心是能够成为经济增长动力的知识，是能够带来巨大社会财富的知识。实现劳动力的知识化、技能化，唯有通过教育和培训，教育和培训能使各种知识资源被人类所掌握，并通过他们的生产实践转化为现实生产力。要发展职业培训，开发人力资源，形成人才优势。通过职业培训，将各种知识资源传授给劳动者，并通过他们的生产实践将其转化为现实生产力。必须对传统的职业培训进行系统的创新。职业培训要尊重劳动者的主体价值，尊重劳动者的个性特点，充分挖掘劳动者的潜能。从原有的“终身职业”观念转变到“终身教育”的观念，职业不断变化，培训适时跟进。

2. 健全培训体系

人才资源的激烈竞争已不容忽视，必须加大职业培训力度，从容迎接各种挑战。新的发展理念不断出现、技能不断更新，现代化管理方式全面推行，都要求尽快建立与之相适应的职业培训新体系。加强职业培训研究，健全职业培训体系。培训项目的设立选择面要拓宽，培训项目的设置将是小批量、多品种；企业和个人有更多样和更多次的选择机会。职业培训必须体现多样性，项目设置和课程设定要有足够的层次和类型，为培训市场和就业市场扩大选择余地。培训方式和项目设立要体现融通性，要与职业资格证书制度融合。职业资格证书制度提供了衡量劳动者技能高低的客观评价标准，也为劳动者针对性地学习和掌握多种技能提供了规范的量化标准。借鉴国际职业培训经验，参照国际职业培训标准，顺应培训标准国际化潮流。

3. 加强机制改革

健全职业培训法律法规，从法律、政策上确立技能人才的地位；促进职业培训机构调整改革，通过合并、联合、股份制等方式，提高办学规模，提高竞争能力；促进职业培训机构实行办学体制和教学体制的改革，吸收先进职业培训理念、培训内容和培训方式，创新培训模式；改革职业培训办学管理模式和审批制度，提高政府宏观管理及调控职业培训市场的能力；帮助和激励企业建立现代培训制度，发挥企业职业培训主力军作用；加大职业培训投入力度，提升高技能人才的培养能力，特别是要加大职业培训师资力量的培养，落实待遇，积聚力量，迎接挑战。

（二）职业培训顺应国际化

与世界接轨，职业培训要顺应国际化潮流。外企更大范围地进入，企业培训模式相应进入，其对人才的需求和要求有所改变。培训办学进一步面向市场，民办培训和国际合作培训进一步发展。

1. 培养创新能力

人才培养中有一种必不可少的素质就是创新能力。目前的培训教育使劳动者在基础知识水平和基本技能上有一定优势，但在创新能力上依然有较大差距。职业培训要突出“创新方法和技术”的训练与培养，加强“创新能力”的培养，促进“创新精神”的提高。

2. 关注综合素质

职业培训以职业素质培训为主，同时要关注综合素质的培训。作为知、情、意综合体完整的人，其教育培训培养，应以人性的全面发展、全面拥有为内容。强调综合素质教育，建立知的教育、意的教育和情的教育兼备的人性教育的系统工程。对综合素质的教育培训，不仅是对教育本来宗旨的澄清，也是作为对唯知主义取向的纠正，体现一种后现代教育思想和人文精神。

（三）职业培训多方位拓展

更大范围地做好职业培训，加强人力资源开发，成为事关经济发展后劲和增强国际竞争力的一项重大而紧迫的任务，必须大力发展职业培训事业，加快对劳动者各种能力的培养，造就大批高素质技能劳动者。

1. 注重职前培训

加强就业前培训，提高新生劳动力的就业能力。把先培训、后就业的原则落实到位，要促使大量新生劳动力经过必要的职业教育和培训后选择就业和实现就业，使得新生劳动力尽快和较好地适应就业岗位。

2. 做好在职提升

加强在职培训，培养和造就一支高素质的产业人才队伍。新形势下，经济发展和社会进步必然要求劳动者有更高、更强、更全面的职业能力。不断加强在职培训，提高员工队伍的工作能力，特别是提高应用新技术、新材料、新工艺的能力。指导企业完善职业培训制度，建立健全培训、考核、使用相结合并与待遇相联系的激励机制，实行竞争上岗、以岗定薪，推动企业员工队伍整体素质的提高，打造一支适应企业需求的技能人才队伍。

3. 加强再就业培训

提高失业人员再就业能力和适应职业变化的能力。必须把再就业培训作为切实做好企业改革、失业员工基本生活保障和再就业工作的重要内容，统筹安排，动员各方力量，共同做好再就业培训工作。增强再就业培训的针对性、实用性和有效性，提高培训后的再就业率。强化对劳动者创业意识和创业能力的培养，发展创业培训，以培训促创业，以创业促就业，形成良性循环。

（四）强化技能人才培养

“十三五”期间要以实施劳动者技能素质提升计划为引领，实现企业竞争力提升，开拓技工教育国际合作办学，试点企业新型学徒制，优化职业培训补贴，突出技能竞赛，力争新增技能人才60万人，将高技能人才比例提升到35%。加快建设技能人才培训的产业中心地带和构建一流职业培训体系。形成技工院校教育、各类职业培训、职业技能评价和职业技能竞赛等各板块齐头并进、创新发展的格局，为深圳新一轮发展有效提供技能支撑。

1. 建构技工院校发展新模式

技工院校作为高技能人才培养的骨干力量，不断创新办学机制，增强办学活力，提高培养质量，积极构建国际一流的技工教育体系。重在抓好“两大合作”，寻求重点突破，引领技工院校全面发展。一是国际合作。重在引进国外优质教育资源，通过课程转化、标准对接，优化培养方式，通过引进国外优质职业教育资源共建若干个特色学院或者专业、引进发达国家职业教育文凭和相应职业技能证书等，不断提高培养质量，完善现代技工教育体系。二是校企合作。重在落实企业新型学徒制，选择企业试点，工学交替，提高技能人才培养的适用性。以两大合作为重点突破，带动师资建设、课程建设、专业建设和整体发展，由此更加体现技工教育办学特色，引领高技能人才培养。积极扶持民办技工学校的发展，实现各项政策的公平和政府针对性资助，提升民办学校的办学能力和办学水平。

2. 寻求职业技能培训新突破

不断强化技能培训，健全面向全体劳动者的职业培训制度，构建终身职业培训制度，通过培训，提升劳动者职业技能，提升企业竞争力。重在实施“两大工程”。一是劳动者技能素质提升工程。突出抓好一线技能岗位劳动者的技能培训和素质提升，创新政策、整合资源，发挥培训补贴最大化效用，激发企业和员工两方面积极性，有针对、分层次地培养市场需要的各级

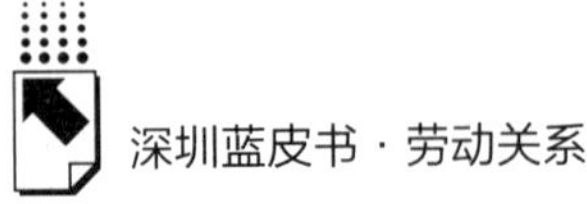

各类高技能人才，深化评价改革，推进技能素质提升工程落地和扩面，有效提升企业竞争力。二是职业技能竞赛品牌工程。通过打造“深圳技能大赛”品牌，突出带动和激励作用，带动行业、企业和职业院校多形式开展技能比武、岗位练兵和技能节，营造比学赶超氛围，扩大技能人才培养规模，提升培养质量。

3. 实现技能人才队伍新扶持

突出高技能人才培养，强化高端引领作用，优化政策，加快技能人才尤其是高技能人才队伍建设。重在落实“两大计划”。一是高技能人才海外研修计划。落实高技能人才海外研修计划，对接“2025 中国制造”，突出先进制造业等深圳市支柱产业、战略新兴产业和未来产业等领域急需的高技能人才，在高端制造、精密制造和智能制造领域有计划、分层次地选派一线优秀技能人才和一线骨干技工教育师资赴海外研修学习，通过实地培训提升能力、开阔视野，发挥引领和辐射作用。二是技能精英资助计划，年度遴选 30 名技能精英，每人资助 20 万元，重点扶持其开展技术改造和技艺革新、技能传承和技艺交流等，打造一批技能大师和鹏城工匠。

职业培训正面临着深刻的变革，亟待创新发展，加快发展。职业培训已超出了传授知识、训练技能的范畴，与就业、经济发展和社会建设有着密切的联系，它将成为决定一个人能否顺利就业和在较长时间内拥有一份职业，决定一个企业能否持久发展，决定一个地区经济能否持续快速发展，决定一个国家在国际竞争中能否领先的关键因素。

B.9

推动劳动关系矛盾“集成化解”平台建设的实践与研究

林伟斌　林要军　曾 洁　陈晓霞*

摘 要： 构建和发展和谐稳定的劳动关系是一项系统而复杂的工程，是多元主体、多种资源、多个手段融合的过程和结果。深圳市福田区深入贯彻国务院《关于构建和谐劳动关系的意见》，不断探索，勇于创新，将行政调解、人民调解、社会力量调解和法律服务、心理咨询服务融于一体，推动劳动关系矛盾“集成化解”的平台建设，提高了福田区劳资纠纷调处率，实现了将劳资纠纷化解在萌芽阶段、基层部门的目标。

关键词： 劳动关系　集成化解　平台建设

近年来，在深圳福田区产业结构转型升级、经济进入新常态的发展形势下，全区劳动关系利益诉求日益多样化，劳动关系调整工作难度与日俱增，构建和谐劳动关系所面临的挑战较以往任何时期都更加严峻。中央、广东省、深圳市纷纷出台相关政策，为各级部门推进新形势下劳动关系工作指明了方向，提出了要求。2014 年，福田区根据市政府关于“社会矛盾化解年”的精神，以经济转型时期的劳资关系矛盾为重点突破口，选择园岭街道办、福保街道办为试点，融行政调解、人民调解、社会力量调解和法律服务、心

* 林伟斌、林要军、曾洁、陈晓霞，深圳市福田区人力资源局。

理咨询服务于一体，搭建劳动关系矛盾“集成化解”的大平台。2015 年中共中央国务院发布《关于构建和谐劳动关系的意见》，更是进一步推动福田区扩大此平台建设的范围，完善了形式和内容，切实提高了福田区劳资纠纷调处率，实现劳资纠纷化解在企业、化解在基层、化解在萌芽状态。由于受各种因素影响，平台建设还有一些问题需要完善，这也是福田区劳动关系工作努力的重要内容。

一　平台建设的创设背景

劳动关系是最基本、最重要的社会关系之一，劳动关系和谐是社会和谐的基础。但劳动关系不是一成不变的，要受到经济、政治、社会等多种因素的叠加影响，伴随着不同时期而呈现出不同的特点。

（一）劳资纠纷整体呈现“五化”特点

近年来，福田区劳资纠纷、矛盾整体呈现总量膨胀化、上访集中化、投诉主体群体化、案发行业集中化、利益诉求多元化的“五化”特点。其主要表现为以下方面。一是案件总量和涉及人数保持在较高水平。二是所涉行业和内容高度集中。休闲娱乐、住宿餐饮、建筑装修等行业企业涉案较多。70% 以上案件主诉为拖欠员工工资，剩下的为劳动合同签订与解除、经济补偿金、超时加班等。特别是信访处理的集体访、重大集体访，仲裁处理的集体争议所涉诉求 100% 是拖欠员工工资，且员工被连续多月拖欠工资，企业经营者或法定代表人不逃不匿等恶意欠薪行为逐渐常态化。三是案件调处难度加大。一个案件往往需反复调处，持续时间较长，占用行政资源较多，不少员工还持有“大闹大解决，小闹小解决，不闹不解决”的错误观念。

（二）劳资纠纷的产生与各种因素密切相关

一是经济“定基调”。近年来，国内调整经济发展方式，面临的困难增加，经济下行态势明显，加之福田区产业转型升级力度很大，经营成本也持续上涨，许多企业无法适应新常态，陆续出现了经营不善、资金周转不灵、员工工资无法发放等系列连锁反应，导致劳资纠纷和争议多发、密发。

二是政府“力不足”。随着市、区二次事权划分，劳动关系调处工作重心下沉，本来就配备不足的工作力量更显捉襟见肘，而近年来各级领导越来越认识到劳动关系工作的重要性，对其要求也越来越精细，使薄弱的基层力量难以应对日益增大的管辖规模及各类对象多元化的要求，导致矛盾纠纷被迫上交至市、区调解部门集中处理。而这些责任经常落在一两个部门上，还会出现主体不当的情况，处置时、效、力都无法达到预期效果。另外，劳动关系工作往往被视为“事发救火”“事后诸葛”，预防环节被忽视或轻视。

三是用人单位“信不过”。尽管很多企业都组建了工会组织，但企业工会组织经常“空挂”，员工也没有其他表达诉求的平台和渠道，导致劳动者对企业缺乏信任感。因此当出现企业因经营困难停工停产、调整经营方向、优化整合生产线等情况时，员工往往首先表现出来的态度是不信任、不合作，认为只有政府部门才能解决劳资矛盾，甚至直接采取一些过激措施。

四是劳动者“理不清”。近年来劳动者的法律知识和维权意识增强，但其对劳动法律法规政策的理解不够全面，经常用自己“理解”的“法”站在政府部门、法律法规政策的对立面，以各种非理性方式对用人单位、政府部门施加影响。特别是在目前的就业市场中，“80后”“90后”已成主力军，他们的现代公民意识很强烈，就业需求较别的年代劳动者更强、更多，权利主张经常处于合法合理与非合法合理的模糊状态，较难说服。其在自我维权能力不足时即选择抱团维权，个体性争议往往演变成大规模的群体性事件。

（三）明确创设劳动关系系统工程的治理思路

实践证明，劳动关系和谐不能仅依靠一个主体实现，也不能只运用一种资源、一个手段完成，劳动关系和谐是多元主体、多种资源、多个手段融合的过程和结果。李克强总理在2014年《政府工作报告》中首次提出，“推进社会治理创新。注重运用法治方式，实行多元主体共同治理”，李总理的讲话指出了劳动关系工作改革的新思路。2014年福田区以“社会矛盾化解年”为主线，以经济转型期的劳资矛盾为突破口，选择园岭街道办、福保街道办为试点，融行政调解、人民调解、社会力量调解和法律服务、心理咨询服务于一体，努力搭建劳动关系矛盾“集成化解”的大平台。2015 年，中共中央国务院发布了《关于构建和谐劳动关系的意见》，更是进一步推动福田区扩大平台建设的范围，完善了形式和内容。各项数据表明，此模式切实提高了福田区劳资纠纷调处率，实现劳资纠纷化解在萌芽阶段、基层部门的目标。

二 推动“集成化解”平台建设的主要举措

劳动关系矛盾“集成化解”平台建设，坚持“基层为主、预防为主、调解为主”的原则，以区级平台为基础，延伸至福田区各街道办，将多个职能部门集成一体，并鼓励动员社会力量共同参与，融行政调解、人民调解、社会力量调解和法律服务、心理咨询服务于一体，采用事前、事中、事后全程监管服务，做到“化解在基层、大事不出街道、矛盾不上交”，就地将矛盾纠纷化解在萌芽状态、化解在基层一线。已开展劳动关系矛盾“集成化解”平台建设的街道办，结合实际，至少设立了一个参照“五统一”的标准配备的“和谐劳动关系综合服务站”，并形成一套集成各方力量的纠纷预防和化解机制。

（一）主打服务牌，突出事前防范作用

一是注重贴近需求。不定期重点走访有劳资隐患和纠纷的企业，听取各类企业在处理劳动关系方面的意见及需要，为其提供有针对性的预防化解纠纷的建议，及时掌握劳资动态，加强区域内构建和谐劳动关系和关爱员工的工作。

二是主动送法上门。根据近年来用人单位和劳动者咨询的热点难点问题及双方常见纠纷，梳理较有影响、有代表性并与企业和劳动者工作生活密切相关的案例，以简单明了的述说方式汇编成册、送册上门。同时坚持开展大

型普法宣传教育系列活动，在10个街道办事处轮流定点开展普法宣传活动，每个月在每个街道开发一个普法宣传阵地，作为常态化的定点宣传场所，长期提供普法书籍、宣传画报以及劳动法律法规咨询。

三是鼓励自我修复。福田区每月选一个街道举办“和谐劳动关系大培训”，以“企业劳动用工法律风险防范”等为切入点，培训对象主要是用人单位中高层管理人员和人事干部，重点讲解如何做好员工从入职到离职全过程的有效管理，结合典型案件以案说法，合法合理规避用人风险，保障劳动关系双方的权益，提高实际管理的能力。同时在企业数量较多、劳资关系较为紧张的行业，定期邀请中高层管理人员或人事干部召开劳动关系形势研讨会，了解该行业劳资关系现状，告知企业如何处理劳资互动过程中的疑难问题及注意事项。

（二）优化调解法，提升事中解决效能

一是启动“准司法”程序。福田区在园岭、福保、华强北、莲花等街道，设置了劳动人事争议仲裁派出庭，方便劳动者在“家门口”处理劳动争议，对案情简单、标的额较少的劳动人事争议纠纷力争在街道解决。仲裁派出庭设有独立场所，专门配备证据笔录同步演示系统、执法记录仪等设备，将调解方式充分贯穿仲裁办案全过程，同时为减少劳动者的等候时间，建立网上预申请制度，在线接收群众提交的仲裁立案或案前调解预约，大力推进案前调解，提高立案受理和处理效率。

二是运用“三位一体”模式。在区人力资源局增设“综合调解室”，组织劳动监察、信访和劳动人事仲裁联合办公，共同分析来访、来信、来电群众的相关情况，指导劳动者选择最有效的方式维权。制定了《劳动事项联合调解函》，促使双方当事人在协商基础上达成和解。2014 年 9 月至 2015 年 11 月期间，“综合调解室”调解疑难案件 98 宗，调解成功 93 宗，促使劳动监察和仲裁立案数大幅下降，且经过联调的劳动信访案件，调处时间由原来的平均 7 个工作日/宗缩短为 3 个工作日/宗。

三是开展“文书置换”工作。在区级、街道和社区平台将劳资纠纷调

解成功后，将劳资双方签订的《劳动争议调解协议书》置换成具有法律效力的《劳动人事争议仲裁调解书》，有效提高调解的执行力，减少当事人事后毁约的概率。同时积极尝试仲裁调解执行新机制，对经调解双方当事人达成调解协议，且已发生法律效力的仲裁文书，调解内容为劳动监察受案范围的，由劳动监察部门监督履行。

四是运用“警示约谈”方式。在收到当事人的投诉举报后，积极约见单位负责人或法定代表人，通过面对面交流分析矛盾焦点，宣传劳动法律法规，帮助企业完善内部的用人管理制度，建立内部协商机制。针对有违法事实但情节不严重的企业，街道部门及时发出整改指令书，指出企业违法事实，当发现企业有搬迁、拖欠工资、停工停产苗头时，果断介入，及时约谈，告知企业应承担的责任，指导用人单位合理合法处理纠纷。

（三）突出规范性，建立事后管控机制

1. 规范内部管理

一是坚持定期召开联席会议，沟通联合调解、业务工作和法律法规适用的情况，实现信息互通和资源共享，共同探讨和解决疑难案件，规范自由裁量，统一执法维度。二是不断规范有关工作制度，如制定《福田区劳资纠纷预警防范平台工作办法（暂行）》和《劳资纠纷预警信息登记表》等，明确工作人员处理程序和操作技巧。三是坚持规范信息上报，平时信息“按时上报”，敏感信息“及时上报”，重大信息“紧急上报”。联合调解过程中一旦发现各类矛盾纠纷的苗头，及时汇总汇报，对较复杂的短时间内难以解决的矛盾纠纷和问题隐患，报送的同时做好稳控工作，确保隐患不升级。四是规范队伍建设，整合区、街道和社区调解队伍，分别按照行政调解、人民调解和司法调解对应的法律规定进行调解，促使矛盾纠纷在最短的时限内得以解决。

2. 规范企业用工

一是充分利用劳动保障监察系统对辖区企业进行分类管理，及时采集更新辖区企业信息并做明确标识，不定期聘请劳动法律法规方面的专家对 C

类企业进行现场指导。二是针对发生过劳资纠纷，特别是劳资纠纷群体性事件的用人单位，将其列为劳动保障监察日常巡查、专项检查和专题培训、研讨会的重点对象，加大对其劳动用工情况的监控力度，并指导其建立与员工协商的多种渠道。三是在调解投诉、争议问题的过程中，除解决企业最紧迫的纠纷矛盾问题外，监察员、信访员、仲裁员、社工、律师等适时指导企业如何实现和劳动者良性互动，告知其劳动者心理和社会需求等，鼓励其做劳动者的“贴心人”，为劳动者营造一个温馨的“家”。

3. 规范补贴服务

目前福田区提供针对本市户籍就业困难人员的灵活就业补贴、职业技能培训、定向培训补贴等，包括针对从业人员的青年见习培训补贴、自主创业人员补贴、技能鉴定补贴等，进一步保障了基础就业，并专门针对农村劳动力提供职业介绍补助，有效推动素质就业和异地务工人员更好更快地融入深圳。

4. 规范欠薪保障

在处理重大劳资纠纷过程中，对符合《深圳经济特区欠薪保障条例》申请的，及时协调有关部门受理、审核、批复垫付欠薪申请，保障员工的劳动报酬权益，缓解员工因被欠薪而出现的生活困难。同时结合实践及时修订《福田区欠薪应急救助专项资金使用管理办法》，并出台《福田区欠薪应急救助专项资金使用管理办法实施细则》，专门用于救助辖区内因用人单位欠薪而面临生存、生活困难的劳动者。另外，针对恶意欠薪行为，及时启动“两法衔接”联合打击机制，向公安部门移送相关线索，并将有关情况通报检察院，有效遏制了恶意欠薪行为的发生。

三　形成有效的劳动纠纷预防和化解机制

（一）切实有效地发挥了“化解在基层、大事不出街道、矛盾不上交”的作用

福田区自推广劳动关系矛盾“集成化解”平台创设以来，已有 7 个街道

设立了“和谐劳动关系综合服务站（中心）”，另外3个街道正在积极筹备之中。其中，园岭街道作为全区劳动关系矛盾“集成化解”平台建设的试点单位，最早设立了“和谐劳动关系综合服务站”，不仅软硬件配备标准化程度高，还紧紧贴合了该街道劳动关系工作的实际和特点，形成一套具备园岭特色的纠纷预防和化解机制，用成熟的“园岭经验”使辖区多年来劳资纠纷发生率在福田区所占比例最小，成为福田区劳动关系改革创新工作的先进单位。

据统计：2014 年 9 月至 2015 年 11 月期间，福田区共调处劳资纠纷 183 宗，涉及 704 人次，追回工资 1022 万余元；另外，全区 30 人以上劳资纠纷 7 宗，同比下降 78.1%，劳动信访受理案件 3106 宗，涉及 4792 人次，同比分别下降 16.1%、3.3%。劳动关系矛盾“集成化解”平台切实有效地发挥了“化解在基层、大事不出街道、矛盾不上交”的作用。

（二）先行试点，成效显著，获得政府最高效、最规范、最便捷和最满意服务的评价

2014 年 9 月 28 日，园岭街道办“和谐劳动关系综合服务站”正式挂牌，成立了街道劳动争议依法处置工作组，街道分管或值班领导担任组长，成员由劳动监察、综治办、司法所、工会等的负责人组成。建立《园岭街道构建和谐劳动关系工作制度》，明确“和谐劳动关系综合服务站”发挥法治宣传、问题解答、隐患排查、信息采集、纠纷调处等职能，实现劳动关系矛盾“一线化解”“提前干预”的功能。2014 年 9 月至 2015 年 11 月期间，园岭街道辖区共发生劳资纠纷 67 宗，成功化解了 64 宗，涉及员工 82 人，追回拖欠工资 27 万余元，用最小的成本为劳动者追回合法权益。

1. 提供高效便捷的服务

如深圳市某印刷有限公司拖欠员工工资，老板及其家人已全部失联，涉及员工 14 人，拖欠工资 17 万余元及房租 40 万元，该街道马上启动应急处置方案，以“和谐劳动关系综合服务站”为核心平台，迅速联系辖区派出所协助，与房东一并和员工进行协调。经调解，第二天房东即支付员工 50% 工资，并承诺剩余 50% 的工资一个半月后支付完毕。园岭街道行动迅

速、积极调解、多方联动，使劳动者在最短时间内、在最方便的网点、找最少的部门，获得政府最高效、最规范、最便捷和最满意的服务，这就是园岭街道劳动关系矛盾“集成化解”平台的宗旨和实效。

2. 提前防范重点行业劳动争议

印刷行业是园岭街道辖区重点产业之一，自2015年以来，由于受外部经济不景气和内部人力成本上升等多重因素的影响，八卦岭工业区印刷行业订单大幅下降，近80%的企业面临倒闭困境，如不主动提前联动介入，将引发连锁反应。面对如此严峻的劳资形势，园岭街道提前研判、部署，充分发挥“和谐劳动关系综合服务站”平台反应迅速、处置高效、多方共治等作用，顺势而为将劳资纠纷化解在街道、社区，确保辖区劳动关系平稳可控。一是与物业公司达成共识，由物业管理处每月向园岭街道提供拖欠水电费或物业管理服务费和增减的企业名单，便于劳动监察员及时掌握信息，做好政策引导和预防工作。二是召开两场印刷行业负责人座谈会，及时梳理企业面临难题，动态全面掌握劳资关系，提前做好防控措施。三是聘请中山大学行业专家教授，为印刷行业举办行业形势发展研判培训，上百家企业负责人主动参加。培训中，专家通过案例讲解，深入解析行业转型未来发展方向，与企业负责人一起探讨企业在“互联网+”风潮下如何转型升级。参加培训的企业负责人受益匪浅，部分企业正在尝试通过兼并重组等方式升级转型，应对新常态下的经济形势。四是每年坚持开展“送法进厂”活动，除进企业派发劳动法律法规宣传资料外，2015年创新推广“服务卡上墙”活动，印制“和谐劳动关系服务卡”牌匾300份，装订在每栋工厂楼宇出入口醒目位置，卡上有劳资纠纷调解服务热线和维权指引，极大方便了厂区员工理性维权，同时也震慑了企业法人违法违规的用工行为。

四　需要关注与改进的问题

福田区劳动关系矛盾“集成化解”平台建设的具体实践与经验做法，收到了显著成效，其经验做法被陆续刊登在《督查专报》《信息快报》《福田信息》等刊物上，受到社会各界的好评，也得到广东省、深圳市、福田区有关领导的肯定。“集成化解”平台建设从实际运作、改革效果及劳动关系发展形势来看，仍存在一些需要关注、研究与改进的问题。

（一）集成程度不够

目前劳动关系矛盾“集成化解”平台主要涉及区、街道两个层面，但这两个层面间的互联互通、共享共建较为欠缺，信息梗阻等情况很常见，另外区内各职能部门间及街道内部各部门间资源、流程、人员的整合未能达到预期效果；“处置劳资纠纷仅仅是某部门的工作”的观念仍占主导，“劳动关系治理是一项系统工程，并不是人力资源管理部门的单一职能”的观念尚未被完全接受并指导实际工作，可见从纵向和横向上看，要真正做到集成一体、形成合力还有相当长一段距离。

（二）专业力量不足

建设一支专业化、高素质的队伍，一直以来是我们努力的方向，但也是攻而不下的难点。据了解，各街道“集成化解”平台的工作量较大，主要由少量的工作人员承担，其中非在编人员所占比例高达70%以上，他们不仅流动性大，且专业水平和综合素质参差不齐，难以适应新时期劳动关系工作的要求，导致工作质量极不稳定。区级平台同样也存在人员规模、专业素质与劳动关系工作实际需求、未来发展趋势不相匹配的情况。

（三）宣传力度不大

近年来，虽然劳动关系工作越来越被各级领导和职能部门所重视，但各项劳动数据依然处于高位，其中一个原因是劳动者很容易出现非理性维权的行为，不愿到就近的基层部门和平台反映诉求。据了解，这除了劳动者对劳动法律法规理解不到位等原因外，还有基层诉求渠道、平台不被广大劳动者所知悉等客观原因。园岭街道辖区劳资纠纷能够做到及时化解在基层，与该街道开展大力宣传、劳动者口口相传是密切相关的。

（四）平台搭建不多

一是平台数量不多。个别街道一个平台包打天下，承担了相当多的职能和任务，人员忙于各种“灭火”，难以专业从事劳动关系工作。二是平台发挥作用不大。个别部门不是从工作和群众需要出发，而是为了应付检查被动搭建“任务平台”，这样的“摆设平台”能发挥的功效有多少，是不言而喻的。三是平台进入实际操作的不多。大部分平台仅做了标准化配备，未结合本区域实际情况，开展各具特色、切实有效的工作。

（五）覆盖范围不广

目前劳动关系矛盾“集成化解”平台虽然经过了试点、推广阶段，但从范围和效果来看，尚处在初期，还未达到搭建纵深发展、横向联通、立体结构的目标，要实现劳动服务的“最后一公里”至工业园区、企业的构想，各级部门还需要不断拓宽范围，提高工作的专业化、规范化。

五　完善平台建设的基本思路

近年来，由于国内经济不断下行，许多行业与企业状态低迷，预计经济下滑态势将持续较长时间，这也必然对劳动关系产生较大冲击，劳资争议仍将保持高发态势，不排除总量、涉及人数及金额出现较大增幅的可能。和谐劳动关系，既关乎社会稳定，也关系社会发展，是社会建设的重要部分。作为深圳市中心城区，福田区政治经济的战略地位可见一斑，为此，福田区将继续坚持深入做好劳动关系工作，有针对性地推动劳动关系的“转型升级”，真正打通劳动关系服务“最后一公里”。

（一）健全联动机制，提升“集成”含金量

近年来，为响应各级各部门关于劳资纠纷处置的最新要求，福田区陆续出台《福田区劳资纠纷联合预防和分类处置办法》《福田区推进劳资争议调

解和劳资纠纷化解工作的实施方案》等，旨在进一步厘清责任主体，处置各类纠纷，前移战线，突出调解、预防和联动，以解决多年来困扰矛盾纠纷协调解决者的困惑，这为劳动关系工作提供了许多良好条件。2016年，福田区在实际工作中，要彻底改变“原来怎么处理现在还怎么处理”的观念，充分按照该区系列文件政策的指导意见，不断优化、运用各类联动机制，真正实现各项主体、各类元素、各种资源合理配置整合。

（二）引入专业力量，增强“多元”共治力

党的十八大报告倡导，要进一步加强社会管理创新，“加快形成党委领导、政府负责、社会协同、公众参与、法治保障的社会管理体制”。作为社会治理的制度创新，多元共治不是政府退出，而是政府减少对微观事务的干预，政府、社会各归各位，实现“强政府、大社会”。适时引入律师、社工、人力资源师、心理咨询师、物业管理员等第三方社会力量，使其充分发挥机构专业性、中立性、辅助性等自身特性，帮助政府部门解决“人少事多”、公信力缺乏等问题。实施继续教育，不断提升劳动关系工作者的业务能力、劳动法律法规政策知识水平、职业道德水平和创新能力，打造一支专业化和高素质的队伍。帮助指导企业经营者依法用工，建立健全工会组织和自我协商机制，使矛盾纠纷化解平台延伸至企业，充分发挥其对苗头发现得早、通报得早、消灭得早的天然优势。

B.10
构建和谐劳动关系城区的探索与思考

余似锦　戢太雷*

摘　要： 劳动关系是最重要的社会关系之一，构建和谐劳动关系是和谐社会的重要内容。近年来，深圳市龙岗区将和谐劳动关系构建作为全区重点工作，坚持整体布局、重点突破，在和谐劳动关系城区工作上先行先试，先后被列为全国首批企业社工试点区、劳动人事争议处理效能示范区等，有力地促进了全区经济社会的发展。

关键词： 和谐劳动关系城区　社会创新　探索思考

构建和发展和谐劳动关系，是推进和谐社会建设的核心内容之一，也是实现劳资双方共同应对复杂多变经济形势的客观需要。劳资纠纷是经济社会发展到一定阶段的必然产物，其产生具有客观性。近年来，龙岗区以构建和谐劳动关系城区为主线，以服务和保障为主题，夯实工作基础，不断推动工作创新，营造和谐的劳资氛围，全区劳动关系趋向良好。2014 年以来，龙岗区劳资纠纷预防化解工作实现两个 80%，即 80% 以上的纠纷通过调解方式化解，近 80% 的劳资纠纷化解在街道、社区和企业。

---

* 余似锦、戢太雷，深圳市龙岗区人力资源局。

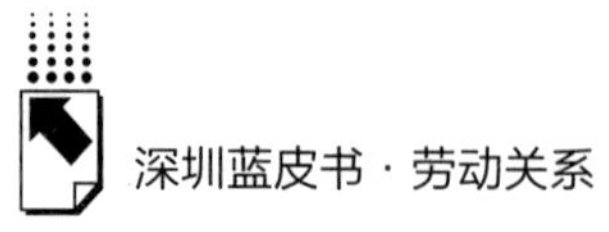

一　龙岗区劳动关系状况分析

（一）劳资双方的基本情况

1. 企业情况

一是企业量大。龙岗区是深圳的产业大区，有市场主体 32 万家，各类工业企业 3.68 万家。二是低端。工业企业中，规模以上只有 2100 多家，绝大多数是中小型企业，容易引发劳资纠纷。三是竞争力弱。大部分企业处于产业链下游，科技含量低，议价能力差，市场竞争力小，抗压能力差。

2. 劳动者情况

一是劳动者总量大。劳动者超过 300 万人，75% 为 35 岁以下，70% 集中在第二产业。二是维权意识强。新生代农民工接收信息多且快，价值取向多元，维权意识愈来愈强，但整体素质和技能水平仍处于较低水平。三是流动性大。新生代农民工更多地关注工作环境、职业发展，自我期望值大，工作耐受力低，看问题片面自我，易提出法外诉求。

（二）劳动关系情况

1. 总体情况

近年来，龙岗区劳资矛盾一直在高位运行，但下降趋势明显，劳动关系平稳可控。2015 年，全区共发生劳资纠纷总数 17468 件，同比下降 12.67%，通过调解处理 13822 件，占全区劳资纠纷 79.13%，其中街道调解 6554 件，占 37.52%，社区调解 4561 件，占 26.11%，企业调解 2462 件，占 14.09%，区一级调解 245 件，占 1.40%；通过监察处理 174 件，占 1.00%；通过仲裁裁决 3472 件，占 19.88%。全区共处理劳动争议案件 6711 件，劳动人事争议仲裁调解率达 46.47%，全区法定审限内结案率达 100%，累计结案率达 92.57%。

2. 重大劳资纠纷情况及主要特点

2015 年，龙岗区累计发生重劳案件 63 件，同比下降 5.97%。重大劳资纠纷具有以下特点。一是引发原因多元化趋势明显。员工诉求从单一的支付工资转向支付经济补偿金、提成工资、加快支付进度、优化企业内部管理水平等。以 2015 年 1～10 月为例，该时间段发生的群体性劳资纠纷中，除 36 件涉及拖欠工资之外，涉及企业内部管理以及要求提高工资福利待遇 7 家，涉及企业搬迁 7 家，涉及公司结业 2 家，涉及提高加班工资 2 家，反映用人单位未签合同以及克扣工资 1 家，涉及劳务派遣纠纷 1 家。其中不乏企业投资者转移资金投向，将流动资金用于民间借贷（高利贷），或转投房地产项目，造成资金链断裂，进而引发群体性劳资纠纷的情况。二是企业欠薪较为突出。从劳资隐患排查情况来看，企业欠薪类劳资纠纷隐患约占全部隐患的 70% 以上，部分企业资金链断裂或资金周转不灵，因承受不起各种压力而倒闭。三是劳资双方利益博弈特征明显。因企业转型、股权变化、内部管理调整，员工要求增加福利待遇、支付缺乏法律依据的经济补偿金等非侵权类纠纷则越来越多。这类纠纷中劳资双方的利益根本对立，相互博弈，难以调和。

（三）主要问题

1. 企业经营者刻意规避法律，将矛盾转嫁政府

一是企业经营者参考中院的判例，在市内、区内搬迁，给员工工作、生活和子女教育造成不便，企图迫使员工主动离职，从而达到分化员工、预先规避负担员工年限经济补偿金的风险。二是企业经营者采取提前将财产转移的方式，制造企业亏空的假象，然后不逃不匿，推说无力支付工资，甚至主动将员工引导到政府，要求政府协助解决工资问题，以“合法的形式掩盖其非法的目的”，自己当“甩手掌柜”。

2. 劳动者信“访”不信“法”，寻求通过向基层行政部门和企业施压，获取利益最大化

2015 年，全区累计发生重劳案件 63 件，其中涉及集体上访 51 件，占比

高达80.95%。劳动者普遍存在信“访”不信“法”的心态，寻求通过向基层行政部门和企业施压，获取利益最大化，导致重大劳资纠纷的发生。劳动者抓住政府维护社会稳定的现实需求，不履行劳资纠纷处理程序，不尊重法律法规的刚性规定，一律要求急办、快办、立办，试图通过越级上访、压力传导的方式，迫使基层行政部门做出不符合规定的处理，其中不乏“涉诉涉法”等非信访受理案件或要求政府为企业违法行为“埋单”等法外诉求案件。

3. 企业生产经营的生态环境不容乐观

一是企业资金周转日趋困难。一方面随着物价上涨、最低工资标准连年提高，企业生产经营成本剧增，盈利能力下降甚至亏损，需要更多的资金支持；另一方面银行等金融机构出于自身利益及风险控制考虑，对企业惜贷、限贷甚至抽贷。部分企业为维持生存，不得以转向更高利率的民间借贷，进一步增加企业成本，从而导致破产结业或资金链断裂，引发重大劳资纠纷。二是中小企业盈利空间不断被龙头企业压缩，产业发展的生态环境不断恶化。龙头企业为确保自身利益和竞争优势，在品质、交货时限等方面提高要求，同时不断压低产品价格，转嫁生产经营成本，下游企业为“抱住大腿”而不得不微利甚至亏损接单，长此以往，中小企业的生产经营将难以为继，从而导致企业破产或搬迁。

4. 相关法律法规不够健全

一是法律赋予劳动监察的执法手段有限。对于因经济效益不佳而惯性拖欠工资的企业，由于其行为不属于有支付能力但拒不支付的恶意欠薪行为，相关部门虽可责令支付或处罚，但震慑力不足，收效甚微。二是相关问题规定不明确，实践中存在不同理解。如市内搬迁、提前结业的经济补偿金如何处理问题。三是平衡劳资双方力量的法律规范和平台不完善。比如企业民主管理、纠纷调解协商等领域，缺乏有效的法律规范和支持平台。

二　龙岗区构建和谐劳动关系城区的探索

随着龙岗区产业转型、城市更新不断深入，劳资纠纷易发、多发，劳资矛盾触点多、燃点低，劳资关系处于“阵痛期”。龙岗区高度重视劳动关系工作，依法治理劳动关系，夯实基础性工作，开展创新性服务，在劳动关系多个领域率先开始探索。

（一）抓统筹促长远，夯实和谐劳动关系城区基础

一是强化顶层设计。先后出台《关于进一步深化劳资纠纷预防调解工作的意见》《关于龙岗区劳资纠纷预防与处置工作的实施意见》《推进构建和谐劳动关系城区的实施意见》等系列文件，为劳资关系处理、构建和谐劳动关系城区做好统筹规划，提供制度保障，以达到依法治理劳动关系的目的。

二是强化和谐劳动关系创建。以园区为突破口，深化和谐劳动关系创建活动。制定了劳动关系和谐企业与和谐工业园区具体标准、和谐劳动关系园区奖励办法，规范申报、评审、日常管理和监督检查等一系列程序。2014年以来，龙岗区多次开展全区和谐劳动关系示范园区评审，并对获评的示范园区从税收、租金、政策多方面给予优惠，极大地推动了全区园区、企业参与和谐劳动关系创建的积极性。

三是强化和谐劳动关系城区研究。2013 年，龙岗区编制了和谐劳动关系城区指标体系，围绕劳动合同、工资收入、社会保险、劳动保护、文化建设、民主管理、企业工会和企业党建等重点，深化细化相关指标。2015 年，龙岗区引入第三方公司，对全区 500 家企业 10000 余名员工进行了实地调查，形成龙岗区和谐劳动关系评价报告。

（二）抓基础促落实，从源头上维护劳动关系和谐

一是积极开展风险预警探索。率先引入第三方机构出台《劳资纠纷风险评估报告》，建立了“123 红黄绿”预警机制。该机制通过收集引发劳资纠纷的风险要素，分别进行识别、衡量和预警，视具体情况做好“红黄绿”三级研判预警，防范隐患，化解矛盾。

二是主动完善欠薪保障制度。除高效使用深圳市欠薪保障基金外，龙岗

区还修订了《龙岗区处理重大群体性劳资事件应急专项资金管理暂行办法》，设立区级欠薪应急专项基金，用于《深圳经济特区欠薪保障条例》垫付范围之外的欠薪案件，扩大了对劳务合法权益的保障力度和广度，2014年全区使用应急资金垫付案件宗数同比上年上升250%，涉及金额同比上升2700%。

三是持续推进劳动争议大调解建设。自1998年以来，龙岗区专注于劳动争议调解工作，重点推进以和谐劳动关系为核心、社会化管理为目标、四级调解网络为基础、社区和企业为重心，以行政、人民、仲裁、司法调解“四位一体”和政府、企业、员工、社会多方共建为路径的劳动争议大调解体系。目前，全区1个调解中心、8个街道、105个社区、1862家企业以及5家行业协会共成立1981个调解组织，区—街道—社区—企业四级劳动争议调解网络实现了广覆盖。近年来，龙岗区通过加强四级调解机构实际运作，不断提升调解效能；加强企业调解委员会建设力度，不断拓展企业调委会覆盖面；强化调解队伍建设，拓展调解员发展通道，提高调解员实操能力；优化“四位一体”大调解格局，激发各部门、街道参与调解工作的积极性，有效地把绝大部分（80%左右）的劳资纠纷化解在基层。2015年，龙岗区又出台《劳动争议调解“以案定补”实施办法》，首次探索对成功调解矛盾纠纷且符合相关资质认证的调解员，以“以案定补”的形式进行补贴，建立激励机制，提高调解员待遇。

四是加强隐患排查和分级分类处置。制定《龙岗区劳资纠纷隐患排查与化解工作制度》，重点开展劳资矛盾隐患排查和化解工作。2014年和2015年，全区连续两年开展了劳资矛盾隐患排查“百日行动”，并形成了长效机制，每月进行统计通报。将群体性劳资纠纷分为一般群体性劳资纠纷和劳资纠纷群体性事件，并梳理出相应的处置流程，促使劳资纠纷隐患早预警、早介入、早化解。

（三）抓机制、促率先，从创新上推进劳动关系和谐

一是打造全国首批企业社工试点区。2013年，龙岗区在全国率先开展

企业社工综合服务，引导社工发挥第三方优势，参与劳资纠纷预防调解，并被国家民政部认定为全国首批企业社会工作试点地区；2015 年，又在全国率先开展社区股份公司引入和谐劳动关系社工综合服务项目，并入选深圳市金鹏改革创新奖。

二是创建全国劳动人事争议处理效能示范区。2015 年，龙岗区被国家人社部选为全国劳动人事争议处理效能建设示范区。5 月 12 日，国家人社部仲裁调解司在龙岗区召开全国劳动人事争议处理效能建设示范工作启动会议，龙岗的调解仲裁工作得到了人社部和各省市的高度评价。2015 年全区劳动人事争议仲裁调解率达 46.47%，全区法定审限内结案率达 100%，累计结案率达 92.57%。在实践中，龙岗区总结出“四个做法”提高效能。第一，做实机构，做强队伍，提高仲裁软实力。出台《龙岗区聘任制专职仲裁员综合管理改革方案》，建立“劳动案件处理数量”“仲裁人员配置”与“财政经费保障”的三方动态调整的新型管理模式。兼职仲裁员队伍建设初见成效。目前，全区已有 30 名兼职仲裁员。第二，做优机制，提升仲裁工作效能。推行“开标准庭、办标准案”的“双标”建设，实现了全区仲裁工作的规范化、制度化、流程化；实行巡回仲裁庭制度，将仲裁庭开设在用人单位、开设在劳动争议发生现场，将法治宣传、法治教育等融入劳动仲裁之中。第三，做精管理，巩固仲裁办案质量。严把案件质量关，由专人承担案件质量督查工作，确保案件质量；严把业务培训关，组织专、兼仲裁员定期参加省、市组织的仲裁员证年检培训，并每年定期组织两次全区系统的全体工作人员脱产培训；严把裁审衔接关，制定《裁审衔接工作制度》，定期与区法院召开联席会议，交流案件处理经验，保持案件裁审一致。第四，做新路径，实现仲裁办案信息化。全面启用市仲裁办案信息系统，开展线上线下专人督查督办，保证实际办案与系统办案同步，领导跟踪督办，实时监控。

三是推动以企业为责任主体的劳资纠纷源头稳控体系改革。改革以和谐劳动关系示范园区、企业创建为内容，以企业调解委员会为载体，激发企业自治意识；通过打造社工、社区、社会三大平台，彰显企业主体地位；以政府指引、企业能动相结合，不断探索建立企业责任体系。该改革项目以坂田街道为试点，全区推广，链接劳资纠纷预防、调解、处置各个节点，初步探索出了一条产业转型升级下劳动关系的新路径。这项改革也被列为深圳市社会建设创新重点培育项目。

四是开展和谐劳动关系“十三五”规划。率先启动《龙岗区构建和谐劳动关系“十三五”规划》项目，为构建和谐劳动关系城区提供更科学的制度保障。这也是全国第一个区级政府构建和谐劳动关系的“十三五”规划。龙岗区不断完善劳动关系和谐指数，和第三方公司开展和谐劳动关系评估。

（四）抓实效、促合力，从机制上保障劳动关系和谐

一是切实形成共建和谐劳动关系城区的合力。以服务和保障为目标，着力解决和异地务工人员利益相关的交通、教育、卫生、文化等问题，激发社会力量参与劳资纠纷预防，形成社会、企业广泛参与的良好局面。

二是抓好打击恶意欠薪。与公安机关保持常态化的执法协作，出台《深圳市龙岗区劳动监察欠薪垫付业务操作规范》，简化操作流程。自2012年至今，已有117人被刑事立案，24人被追究刑事责任，有力地打击和震慑了拒不支付劳动报酬犯罪分子。

三是建立健全形势分析研判机制。每季度定期举办全区劳动关系形势分析会、劳动关系突出情况报告会、三方协调联席会等，就劳动关系的问题进行及时分析和研判。

三 构建和谐劳动关系城区的几点启示

和谐劳动关系城区建设是一项新生事物，目前全国已有部分地区开展和谐劳动关系创建工作，龙岗也处于基本的实践探索阶段，经过几年来的不断努力与大力推进，已建立完善的运行机制，并取得显著成效。构建和谐劳动关系城区主要有以下几点思考与启示。

（一）和谐劳动关系城区要突出社会和企业的主体地位

拥有和谐劳动关系的社会绝不是指没有劳资矛盾的社会，它应该是一个有矛盾同时又有能力和办法予以化解的社会。因此，龙岗区在构建和谐劳动关系城区的进程中，除了继续完善维护社会稳定的劳动关系协调长效机制以外，必须着眼于提高全社会特别是企业多方位化解劳资矛盾的能力。龙岗区一直强调推动企业劳动争议调解委员会建设，先后实现了500人、100人以上企业调解委员会的全覆盖，企业调解委员会的组建程序、工作职责、人员构成及产生办法等也实现了统一规范。企业调解委员会作为劳资双方平等协商的平台，增强了双方互动、增进了双方互信。

（二）和谐劳动关系城区要充分发挥工商联、行业协会等社会组织的积极作用

工商联、企业家协会、个私协会都是代表和维护企业利益的社会组织，是政府联系各类企业的桥梁纽带，在构建和谐劳动关系中有着十分积极的作用。要重视培育和发展行业组织，发挥行业协会在协商订立行业集体合同、协商调解劳动争议、协调企业通过自律维护市场公平竞争等方面的独特作用。在和谐劳动关系构建中，龙岗区特别注重引导社区股份公司参与劳动关系建设。社区股份公司因为厂房出租，并参与辖区社会管理，与辖区企业联系密切。一旦辖区企业出现重大劳资纠纷或者老板欠薪逃匿等重大事件，社区股份公司将会受到直接影响。因此在构建和谐劳动关系过程中，社区股份公司发挥着重要的作用。2015年，龙岗区引导社区股份公司参与和谐劳动关系社工综合服务项目，引入社工第三方的力量，更好地在社区范围内营造和谐劳动关系，并使社区股份公司采用推荐本地大中专毕业生考取助理社工证的方式参与本项目，增强本土化社工力量，既提高社工队伍的稳定性，又能解决本地户籍大中专毕业生的就业问题，更好地促进基层和谐稳定。目前，全区51个社区股份公司参与和谐劳动关系社工综合服务项目，累计签约社工66名，其

中坂田街道、龙岗街道实现了社区股份公司和谐劳动关系社工综合服务站建设全覆盖。

（三）和谐劳动关系城区要借助各部门的力量

和谐劳动关系是一项系统工程，涉及方方面面。劳动关系是最重要的社会关系之一。我们认为，劳动关系同时也是社会的“晴雨表”。实践证明，只有劳动关系和谐，企业发展才有动力，经济才有活力，社会才能和谐。经济发展，员工收入提高，生活改善；社会发展，员工最关心、最直接、最现实的诉求（例如住房、医疗、教育、文化生活等等）解决了，劳资矛盾自然缓和，社会和谐度提升，和谐劳动关系城区的实现才不会是空中楼阁。因此，龙岗区将劳动关系纳入全区规划，整体设计，系统推进。在刚刚编制的全区和谐劳动关系构建“十三五”规划中，教育、卫生医疗、住房、文化、交通等关乎民生的内容都是重要部分。

（四）和谐劳动关系城区要依托和谐劳动关系园区建设

和谐劳动关系城区的实现需要借助一定的载体。和谐劳动关系示范园区（工业园区）为和谐劳动关系城区提供了平台，二者互为表里、相互促进。和谐劳动关系城区为和谐劳动关系园区建设提供目标和方向，和谐劳动关系园区为和谐劳动关系城区提供了基础和载体。

（五）和谐劳动关系城区要善用互联网思维

“互联网+”、大数据为和谐劳动关系构建提供了新的手段和实现路径。首先，建立用人单位劳动关系大数据库。以机构代码证为基础，按照“一企一码一档”的标准设立企业电子档案；以员工社保账号（对应身份证号）为基础，收集员工的工资标准、工资发放、社保缴纳、工作年限等基本信息。其次，打破各部门间的信息壁垒，深度整合各相关部门的信息资源。根据影响劳资纠纷的关键因素，设计数据模块，整合人力资源、经济促进、社会保险、市场监督、综治维稳、工会、信访、供水、供电、出租屋管理办、税务、银行等部门的电子政务系统资源，及时掌握企业法人变更、股权变更、水电用量变化及费用缴交、纳税、社保费用缴纳、厂房租金缴纳、诉讼案件、搬迁等信息。最后，建立“劳资纠纷防控”数据管理网络平台。设立隐患排查、纠纷预警、案件处置、信息反馈、数据分析等功能模块，提高劳资纠纷排查化解工作效率，实现劳资纠纷隐患的高效预警，快速组织、协调各单位力量介入处置，将劳资纠纷隐患化解在萌芽状态，确保劳动关系的和谐稳定。

B.11
深圳市2015年劳务派遣情况调查与研究

吴丽莎*

摘　要：　2015 年是深圳全面贯彻落实《劳务派遣暂行规定》、严格控制劳务派遣用工数量、依法调整劳务派遣用工比例的关键之年。本文通过开展全市劳务派遣情况的调查，介绍了深圳劳务派遣市场的运行状况与特点，分析了劳务派遣用工存在的主要问题，提出了下一步完善劳务派遣用工管理的思路与建议。

关键词：　劳务派遣　管理现状　完善思路

2015 年是全面贯彻落实《劳务派遣暂行规定》、严格控制劳务派遣用工数量、依法调整劳务派遣用工比例的关键之年。从 2016 年 1 月开展的全市劳务派遣调查情况来看，劳务派遣市场运行规范有序，劳务派遣员工权益得到有效保障，劳动关系整体稳定。

一　劳务派遣基本情况

（一）总体情况

截至 2015 年底，深圳市依法取得劳务派遣经营许可和备案的企业 656 家，其中许可 622 家，备案 34 家。

* 吴丽莎，深圳市人力资源和社会保障局。

全市劳务派遣用工单位7362家。劳务派遣员工341154人。其中，签订劳动合同人数341154人，参加工会的劳务派遣员工35663人。参加社会保险具体情况：参加养老保险300552人，医疗保险323732人，工伤保险323167人，失业保险321234人，生育保险317899人，异地参保42852人。

（二）劳务派遣单位、用工单位、劳务派遣员工情况特点

1. 劳务派遣机构数量相对不多，总体规模较小且实力不强，大型劳务派遣机构初显

2015年深圳市劳务派遣机构新增210家，同比增长47.09%。但与北京、上海、广州等市相比，深圳市劳务派遣机构总量不大。

注册资本200万元的劳务派遣单位达到328家，占50%，反映出整体实力不够雄厚。派遣员工超过1000人的机构有55家，占机构总数的8.38%，合计有派遣员工274337人，占派遣员工总数的80.41%；派遣员工超过10000人的机构有8家，合计有派遣员工143500人，占比42.06%。可见，少数劳务派遣机构占据了大部分劳务派遣市场。

深圳市本土劳务派遣机构很少在市外设立子公司、分公司。相反，非本土的知名劳务派遣机构大多都在深圳市设立了子公司、分公司或开设劳务派遣业务，一些国内外知名的劳务派遣机构加大了在深圳市的布局力度，如国外的德科（瑞士）、任仕达（荷兰）等，国内的中智、北京外企、上海外服、易才、中国四达、红海、锐旗等。

2. 混业经营较为普遍，且有相当一部分劳务派遣单位没有开展业务

深圳市劳务派遣单位中，专营劳务派遣（专一开展劳务派遣业务）的企业437家，兼营劳务派遣（除劳务派遣业务外，还有其他业务）的企业219家。在兼营劳务派遣企业中，106家机构主营业务是人力资源管理咨询、事务代理等人力资源业务，113家机构主营业务集中于房地产（含物业管理）、建筑、计算机服务、金融、制造、住宿餐饮、文化教育等方面。派遣员工数量为零的机构150家，占22.87%，还没计划开展劳务派遣业务，还没洽谈到业务、转行、倒闭等都是派遣员工数量为零的重要原因。

3. 劳务派遣用工单位以内资企业为主，使用岗位总体符合法律规定

全市劳务派遣用工单位 7362 家，涉及制造业、建筑业、房地产业、住宿餐饮业、公共管理和社会组织（机关事业单位）等 14 个行业。从用工单位性质看，民营企业数量最多，有 3383 家，占 45.95%；其次为外商投资企业，有 1120 家，占 15.21%。

派遣员工所在岗位按属性划分，辅助性岗位占 71.31%，临时性岗位占 13.5%，替代性岗位占 9.6%，非“三性”岗位占 5.59%。可见，劳务派遣用工没有突破劳务派遣只能在“临时性、辅助性、替代性”岗位上实施的要求，总体符合法律规定。

4. 劳务派遣员工总量下降，“80后”“90后”后是劳务派遣市场的主力军，高端劳务派遣初显

《劳务派遣暂行规定》明确：用工单位使用劳务派遣员工的比例应于两年内降至其用工总量的 10%，而这“两年之期”将于 2016 年 3 月 1 日正式到期。用工比例规定对劳务派遣业务的影响开始显现。2015 年末，全市有派遣员工 341154 人，同比下降 12.19%，反映出深圳市用工单位正在按照法律规定，积极调整用工方式。深圳市劳务派遣员工以“80 后”“90 后”为主，分别占比 39.86%、36.88%，平均年龄为 30 岁左右，比较年轻，符合深圳市属于年轻人城市的特点。

尽管深圳市劳务派遣员工学历仍以中专高中、初中及以下学历为主，但某些技术性较强及专业化水平较高的行业、岗位也开始使用派遣员工。据统计，具有研究生以上学历的派遣员工 5005 人，占比 1.47%；工资在 10000 元以上的派遣员工 5630 人，占比 1.65%。这反映出，劳务派遣已经不局限于低端制造业等领域，逐渐扩展到涵括企业高管、技术骨干等高端职位。

（三）深圳市劳务派遣现状评价

1. 劳务派遣行业规范有序发展，市场的优胜劣汰机制已开始发挥作用

2008 年 1 月 1 日实施的《劳动合同法》，首次以法律形式对劳务派遣进行了规定，劳务派遣在深圳市得到迅猛发展，劳务派遣机构及员工的数量快

社长致辞

我们是图书出版者，更是人文社会科学内容资源供应商；

我们背靠中国社会科学院，面向中国与世界人文社会科学界，坚持为人文社会科学的繁荣与发展服务；

我们精心打造权威信息资源整合平台，坚持为中国经济与社会的繁荣与发展提供决策咨询服务；

我们以读者定位自身，立志让爱书人读到好书，让求知者获得知识；

我们精心编辑、设计每一本好书以形成品牌张力，以优秀的品牌形象服务读者，开拓市场；

我们始终坚持“创社科经典，出传世文献”的经营理念，坚持“权威、前沿、原创”的产品特色；

我们“以人为本”，提倡阳光下创业，员工与企业共享发展之成果；

我们立足于现实，认真对待我们的优势、劣势，我们更着眼于未来，以不断的学习与创新适应不断变化的世界，以不断的努力提升自己的实力；

我们愿与社会各界友好合作，共享人文社会科学发展之成果，共同推动中国学术出版乃至内容产业的繁荣与发展。

社会科学文献出版社社长

中国社会学会秘书长

谢寿光

2016 年 1 月

社会科学文献出版社
SOCIAL SCIENCES ACADEMIC PRESS (CHINA)

社会科学文献出版社成立于1985年，是直属于中国社会科学院的人文社会科学专业学术出版机构。

成立以来，特别是1998年实施第二次创业以来，依托于中国社会科学院丰厚的学术出版和专家学者两大资源，坚持“创社科经典，出传世文献”的出版理念和“权威、前沿、原创”的产品定位，社科文献立足内涵式发展道路，从战略层面推动学术出版五大能力建设，逐步走上了智库产品与专业学术成果系列化、规模化、数字化、国际化、市场化发展的经营道路。

先后策划出版了著名的图书品牌和学术品牌“皮书”系列、“列国志”、“社科文献精品译库”、“全球化译丛”、“全面深化改革研究书系”、“近世中国”、“甲骨文”、“中国史话”等一大批既有学术影响又有市场价值的系列图书，形成了较强的学术出版能力和资源整合能力。2015年社科文献出版社发稿5.5亿字，出版图书约2000种，承印发行中国社科院院属期刊74种，在多项指标上都实现了较大幅度的增长。

凭借着雄厚的出版资源整合能力，社科文献出版社长期以来一直致力于从内容资源和数字平台两个方面实现传统出版的再造，并先后推出了皮书数据库、列国志数据库、“一带一路”数据库、中国田野调查数据库、台湾大陆同乡会数据库等一系列数字产品。数字出版已经初步形成了产品设计、内容开发、编辑标引、产品运营、技术支持、营销推广等全流程体系。

在国内原创著作、国外名家经典著作大量出版，数字出版突飞猛进的同时，社科文献出版社从构建国际话语体系的角度推动学术出版国际化。先后与斯普林格、博睿、牛津、剑桥等十余家国际出版机构合作面向海外推出了“皮书系列”“改革开放30年研究书系”“中国梦与中国发展道路研究丛书”“全面深化改革研究书系”等一系列在世界范围内引起强烈反响的作品；并持续致力于中国学术出版走出去，组织学者和编辑参加国际书展，筹办国际性学术研讨会，向世界展示中国学者的学术水平和研究成果。

此外，社科文献出版社充分利用网络媒体平台，积极与中央和地方各类媒体合作，并联合大型书店、学术书店、机场书店、网络书店、图书馆，逐步构建起了强大的学术图书内容传播平台。学术图书的媒体曝光率居全国之首，图书馆藏率居于全国出版机构前十位。

上述诸多成绩的取得，有赖于一支以年轻的博士、硕士为主体，一批从中国社科院刚退出科研一线的各学科专家为支撑的300多位高素质的编辑、出版和营销队伍，为我们实现学术立社，以学术品位、学术价值来实现经济效益和社会效益这样一个目标的共同努力。

作为已经开启第三次创业梦想的人文社会科学学术出版机构，我们将以改革发展为动力，以学术资源建设为中心，以构建智慧型出版社为主线，以“整合、专业、分类、协同、持续”为各项工作指导原则，全力推进出版社数字化转型，坚定不移地走专业化、数字化、国际化发展道路，全面提升出版社核心竞争力，为实现“社科文献梦”奠定坚实基础。

经　济　类

经济类皮书涵盖宏观经济、城市经济、大区域经济，
提供权威、前沿的分析与预测

经济蓝皮书

2016 年中国经济形势分析与预测

李　扬 / 主编　　2015 年 12 月出版　　定价 :79.00 元

◆　本书为总理基金项目，由著名经济学家李扬领衔，联合中国社会科学院等数十家科研机构、国家部委和高等院校的专家共同撰写，系统分析了 2015 年的中国经济形势并预测 2016 年我国经济运行情况。

世界经济黄皮书

2016 年世界经济形势分析与预测

王洛林　张宇燕 / 主编　　2015 年 12 月出版　　定价 :79.00 元

◆　本书由中国社会科学院世界经济与政治研究所的研究团队撰写，2015 年世界经济增长继续放缓，增长格局也继续分化，发达经济体与新兴经济体之间的增长差距进一步收窄。2016 年世界经济增长形势不容乐观。

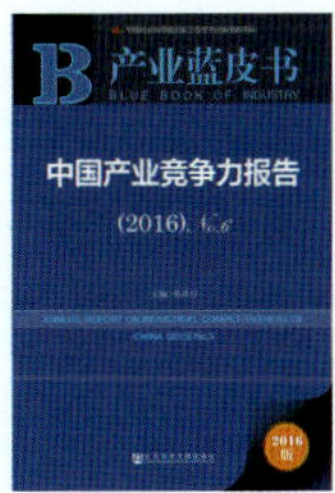

产业蓝皮书

中国产业竞争力报告（2016）NO.6

张其仔 / 主编　　2016 年 12 月出版　　定价 :98.00 元

◆　本书由中国社会科学院工业经济研究所研究团队在深入实际、调查研究的基础上完成。通过运用丰富的数据资料和最新的测评指标，从学术性、系统性、预测性上分析了 2015 年中国产业竞争力，并对未来发展趋势进行了预测。

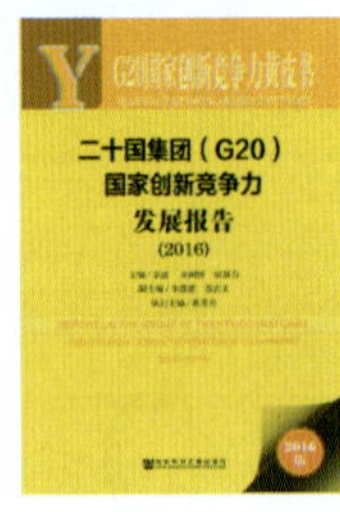

G20 国家创新竞争力黄皮书

二十国集团（G20）国家创新竞争力发展报告（2016）

李建平　李闽榕　赵新力 / 主编　　2016 年 11 月出版　估价 :138.00 元

◆　本报告在充分借鉴国内外研究者的相关研究成果的基础上，紧密跟踪技术经济学、竞争力经济学、计量经济学等学科的最新研究动态，深入分析 G20 国家创新竞争力的发展水平、变化特征、内在动因及未来趋势，同时构建了 G20 国家创新竞争力指标体系及数学模型。

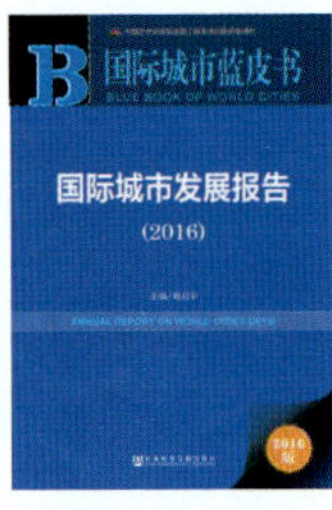

国际城市蓝皮书

国际城市发展报告（2016）

屠启宇 / 主编　　2016 年 2 月出版　　定价 :79.00 元

◆　本书作者以上海社会科学院从事国际城市研究的学者团队为核心，汇集同济大学、华东师范大学、复旦大学、上海交通大学、南京大学、浙江大学相关城市研究专业学者。立足动态跟踪介绍国际城市发展实践中，最新出现的重大战略、重大理念、重大项目、重大报告和最佳案例。

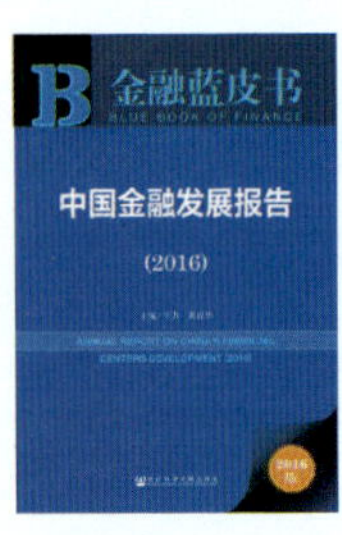

金融蓝皮书

中国金融发展报告（2016）

李　扬　王国刚 / 主编　2015 年 12 月出版　定价 :79.00 元

◆　本书由中国社会科学院金融研究所组织编写，概括和分析了 2015 年中国金融发展和运行中的各方面情况，研讨和评论了 2015 年发生的主要金融事件。本书由业内专家和青年精英联合编著，有利于读者了解掌握 2015 年中国的金融状况，把握 2016 年中国金融的走势。

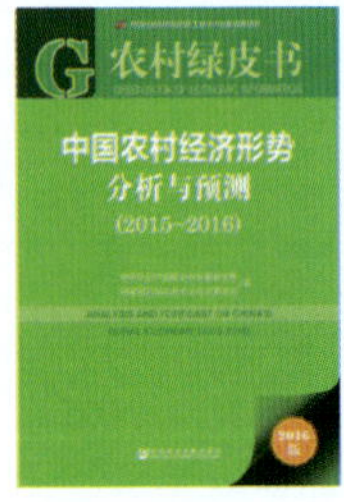

农村绿皮书

中国农村经济形势分析与预测（2015 ~ 2016）

中国社会科学院农村发展研究所　国家统计局农村社会经济调查司 / 著
2016 年 4 月出版　估价 :69.00 元

◆　本书描述了 2015 年中国农业农村经济发展的一些主要指标和变化，以及对 2016 年中国农业农村经济形势的一些展望和预测。

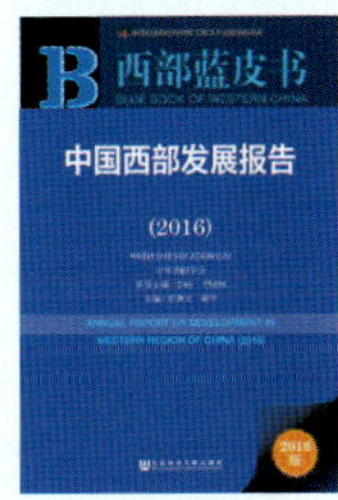

西部蓝皮书

中国西部发展报告（2016）

姚慧琴　徐璋勇 / 主编　　2016 年 7 月出版　　估价 :89.00 元

◆　本书由西北大学中国西部经济发展研究中心主编，汇集了源自西部本土以及国内研究西部问题的权威专家的第一手资料，对国家实施西部大开发战略进行年度动态跟踪，并对 2016 年西部经济、社会发展态势进行预测和展望。

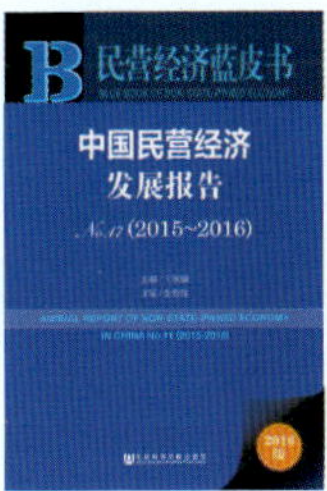

民营经济蓝皮书

中国民营经济发展报告 NO.12（2015 ~ 2016）

王钦敏 / 主编　2016 年 4 月出版　估价 :75.00 元

◆　改革开放以来，民营经济从无到有、从小到大，是最具活力的增长极。本书是中国工商联课题组的研究成果，对 2015 年度中国民营经济的发展现状、趋势进行了详细的论述，并提出了合理的建议。是广大民营企业进行政策咨询、科学决策和理论创新的重要参考资料，也是理论工作者进行理论研究的重要参考资料。

经济蓝皮书夏季号

中国经济增长报告（2015 ~ 2016）

李　扬 / 主编　2016 年 8 月出版　估价 :69.00 元

◆　中国经济增长报告主要探讨 2015~2016 年中国经济增长问题，以专业视角解读中国经济增长，力求将其打造成一个研究中国经济增长、服务宏微观各级决策的周期性、权威性读物。

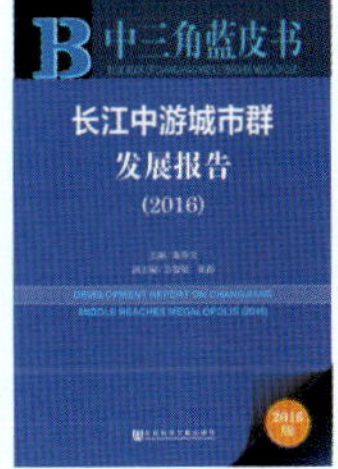

中三角蓝皮书

长江中游城市群发展报告（2016）

秦尊文 / 主编　2016 年 10 月出版　估价 :69.00 元

◆　本书是湘鄂赣皖四省专家学者共同研究的成果，从不同角度、不同方位记录和研究长江中游城市群一体化，提出对策措施，以期为将“中三角”打造成为继珠三角、长三角、京津冀之后中国经济增长第四极奉献学术界的聪明才智。

社 会 政 法 类

社会政法类皮书聚焦社会发展领域的热点、难点问题，
提供权威、原创的资讯与视点

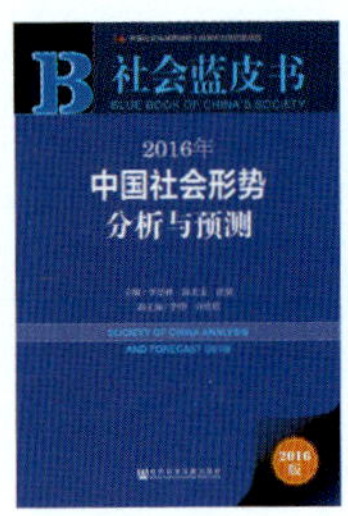

社会蓝皮书

2016 年中国社会形势分析与预测

李培林　陈光金　张　翼 / 主编　2015 年 12 月出版　定价 :79.00 元

◆　本书由中国社会科学院社会学研究所组织研究机构专家、高校学者和政府研究人员撰写，聚焦当下社会热点，对 2015 年中国社会发展的各个方面内容进行了权威解读，同时对 2016 年社会形势发展趋势进行了预测。

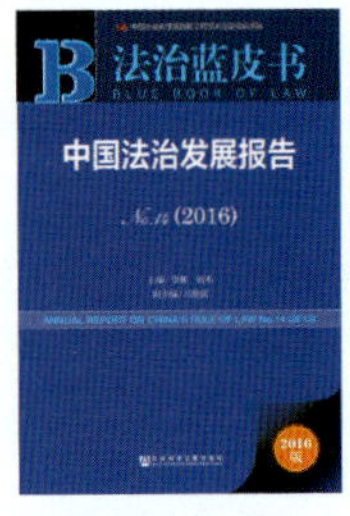

法治蓝皮书

中国法治发展报告 NO.14（2016）

李　林　田　禾 / 主编　　2016 年 3 月出版　　定价 :118.00 元

◆　本年度法治蓝皮书回顾总结了 2015 年度中国法治发展取得的成就和存在的不足，并对 2016 年中国法治发展形势进行了预测和展望。

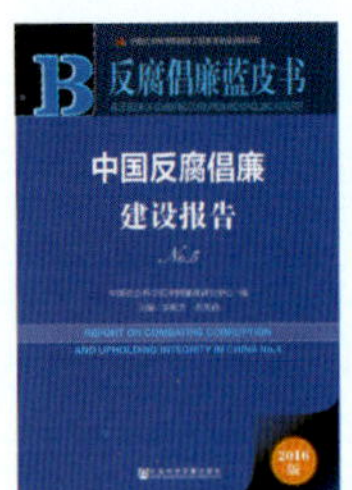

反腐倡廉蓝皮书

中国反腐倡廉建设报告 NO.6

李秋芳　张英伟 / 主编　2017 年 1 月出版　　估价 :79.00 元

◆　本书抓住了若干社会热点和焦点问题，全面反映了新时期新阶段中国反腐倡廉面对的严峻局面，以及中国共产党反腐倡廉建设的新实践新成果。根据实地调研、问卷调查和舆情分析，梳理了当下社会普遍关注的与反腐败密切相关的热点问题。

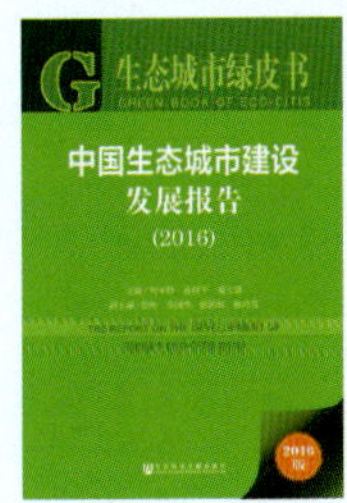

生态城市绿皮书

中国生态城市建设发展报告（2016）

刘举科　孙伟平　胡文臻 / 主编　2016 年 6 月出版　估价 :98.00 元

◆　报告以绿色发展、循环经济、低碳生活、民生宜居为理念，以更新民众观念、提供决策咨询、指导工程实践、引领绿色发展为宗旨，试图探索一条具有中国特色的城市生态文明建设新路。

公共服务蓝皮书

中国城市基本公共服务力评价（2016）

钟　君　吴正杲 / 主编　2016 年 12 月出版　估价 :79.00 元

◆　中国社会科学院经济与社会建设研究室与华图政信调查组成联合课题组，从 2010 年开始对基本公共服务力进行研究，研创了基本公共服务力评价指标体系，为政府考核公共服务与社会管理工作提供了理论工具。

教育蓝皮书

中国教育发展报告（2016）

杨东平 / 主编　2016 年 4 月出版　定价 :79.00 元

◆　本书由国内的中青年教育专家合作研究撰写。深度剖析 2015 年中国教育的热点话题，并对当下中国教育中出现的问题提出对策建议。

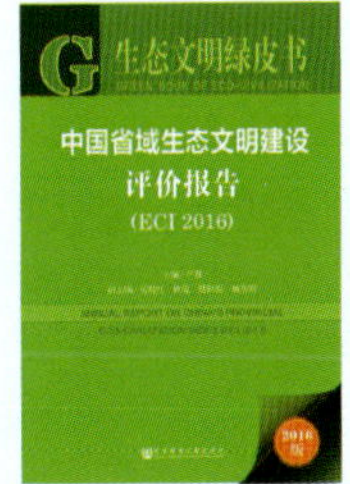

生态文明绿皮书

中国省域生态文明建设评价报告（ECI 2016）

严耕 / 主编　2016 年 12 月出版　估价 :85.00 元

◆　本书基于国家最新发布的权威数据，对我国的生态文明建设状况进行科学评价，并开展相应的深度分析，结合中央的政策方针和各省的具体情况，为生态文明建设推进，提出针对性的政策建议。

行业报告类

行业报告类皮书立足重点行业、新兴行业领域，
提供及时、前瞻的数据与信息

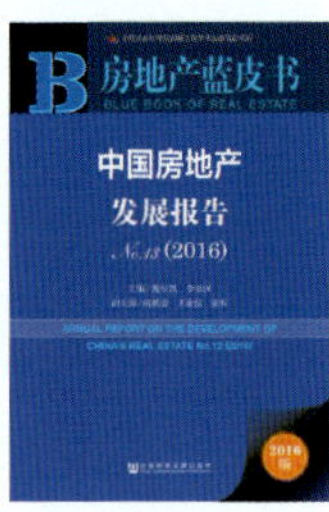

房地产蓝皮书

中国房地产发展报告 NO.13（2016）

魏后凯　李景国 / 主编　　2016 年 5 月出版　　估价 :79.00 元

◆　蓝皮书秉承客观公正、科学中立的宗旨和原则，追踪 2015 年我国房地产市场最新资讯，深度分析，剖析因果，谋划对策，并对 2016 年房地产发展趋势进行了展望。

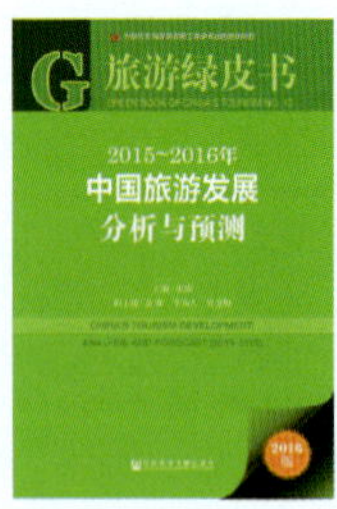

旅游绿皮书

2015 ～ 2016 年中国旅游发展分析与预测

宋　瑞 / 主编　　2016 年 4 出版　　定价 :89.00 元

◆　本书中国社会科学院旅游研究中心组织相关专家编写的年度研究报告，对 2015 年旅游行业的热点问题进行了全面的综述并提出专业性建议，并对 2016 年中国旅游的发展趋势进行展望。

互联网金融蓝皮书

中国互联网金融发展报告（2016）

李东荣 / 主编　　2016 年 8 月出版　　估价 :79.00 元

◆　近年来，许多基于互联网的金融服务模式应运而生并对传统金融业产生了深刻的影响和巨大的冲击，“互联网金融”成为社会各界关注的焦点。 本书探析了 2015 年互联网金融的特点和 2016 年互联网金融的发展方向和亮点。

资产管理蓝皮书

中国资产管理行业发展报告（2016）

智信资产管理研究院 / 编著　　2016 年 6 月出版　　估价 :89.00 元

◆　中国资产管理行业刚刚兴起，未来将中国金融市场最有看点的行业，也会成为快速发展壮大的行业。本书主要分析了 2015 年度资产管理行业的发展情况，同时对资产管理行业的未来发展做出科学的预测。

老龄蓝皮书

中国老龄产业发展报告（2016）

吴玉韶 党俊武 / 编著

2016 年 9 月出版　估价 :79.00 元

◆　本书着眼于对中国老龄产业的发展给予系统介绍，深入解析，并对未来发展趋势进行预测和展望，力求从不同视角、不同层面全面剖析中国老龄产业发展的现状、取得的成绩、存在的问题以及重点、难点等。

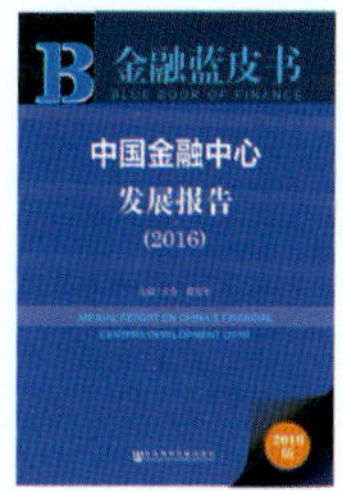

金融蓝皮书

中国金融中心发展报告（2016）

王　力　黄育华 / 编著　　2017 年 11 月出版　　估价 :75.00 元

◆　本报告将提升中国金融中心城市的金融竞争力作为研究主线，全面、系统、连续地反映和研究中国金融中心城市发展和改革的最新进展，展示金融中心理论研究的最新成果。

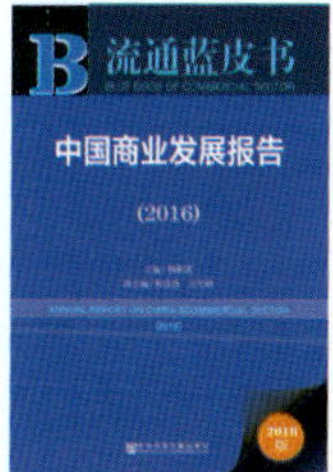

流通蓝皮书

中国商业发展报告（2016）

荆林波 / 编著　2016 年 5 月出版　　估价 :89.00 元

◆　本书是中国社会科学院财经院与利丰研究中心合作的成果，从关注中国宏观经济出发，突出了中国流通业的宏观背景，详细分析了批发业、零售业、物流业、餐饮产业与电子商务等产业发展状况。

国别与地区类

国别与地区类皮书关注全球重点国家与地区，
提供全面、独特的解读与研究

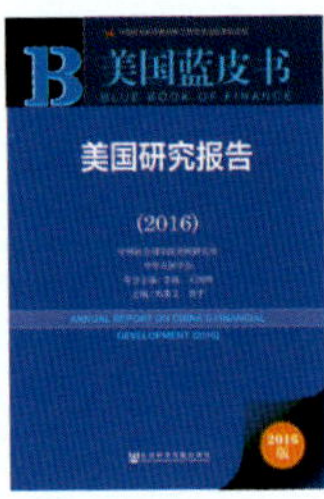

美国蓝皮书

美国研究报告（2016）

黄　平　郑秉文 / 主编　2016 年 7 月出版　估价 :89.00 元

◆　本书是由中国社会科学院美国所主持完成的研究成果，它回顾了美国 2015 年的经济、政治形势与外交战略，对 2016 年以来美国内政外交发生的重大事件以及重要政策进行了较为全面的回顾和梳理。

拉美黄皮书

拉丁美洲和加勒比发展报告（2015~2016）

吴白乙 / 主编　2016 年 5 月出版　估价 :89.00 元

◆　本书对 2015 年拉丁美洲和加勒比地区诸国的政治、经济、社会、外交等方面的发展情况做了系统介绍，对该地区相关国家的热点及焦点问题进行了总结和分析，并在此基础上对该地区各国 2016 年的发展前景做出预测。

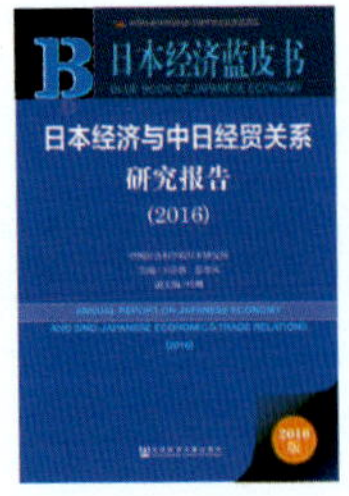

日本经济蓝皮书

日本经济与中日经贸关系研究报告（2016）

王洛林　张季风 / 编著　2016 年 5 月出版　估价 :79.00 元

◆　本书系统、详细地介绍了 2015 年日本经济以及中日经贸关系发展情况，在进行了大量数据分析的基础上，对 2016 年日本经济以及中日经贸关系的大致发展趋势进行了分析与预测。

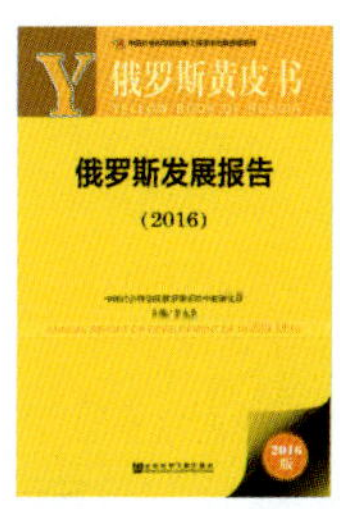

俄罗斯黄皮书

俄罗斯发展报告（2016）

李永全 / 编著　2016 年 7 月出版　估价 :79.00 元

◆　本书系统介绍了 2015 年俄罗斯经济政治情况，并对 2015 年该地区发生的焦点、热点问题进行了分析与回顾；在此基础上，对该地区 2016 年的发展前景进行了预测。

国际形势黄皮书

全球政治与安全报告（2016）

李慎明　张宇燕 / 主编　2015 年 12 月出版　定价 :69.00 元

◆　本书旨在对本年度全球政治及安全形势的总体情况、热点问题及变化趋势进行回顾与分析，并提出一定的预测及对策建议。作者通过事实梳理、数据分析、政策分析等途径，阐释了本年度国际关系及全球安全形势的基本特点，并在此基础上提出了具有启示意义的前瞻性结论。

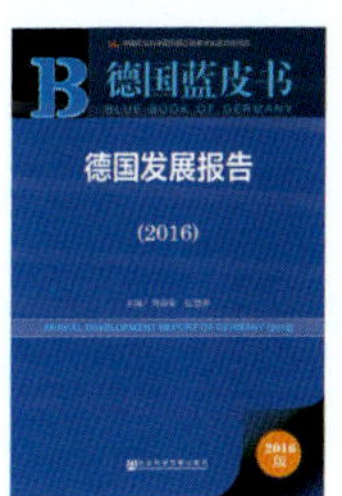

德国蓝皮书

德国发展报告（2016）

郑春荣　伍慧萍 / 主编　2016 年 6 月出版　估价 :69.00 元

◆　本报告由同济大学德国研究所组织编撰，由该领域的专家学者对德国的政治、经济、社会文化、外交等方面的形势发展情况，进行全面的阐述与分析。

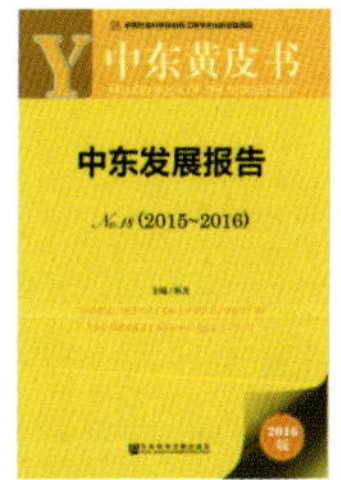

中东黄皮书

中东发展报告 NO.18（2015 ～ 2016）

杨光 / 主编　2016 年 10 月出版　估价 :89.00 元

◆　报告回顾和分析了一年来多以来中东地区政治经济局势的新发展，为跟踪中东地区的市场变化和中东研究学科的研究前沿，提供了全面扎实的信息。

地方发展类

地方发展类皮书关注中国各省份、经济区域，提供科学、多元的预判与资政信息

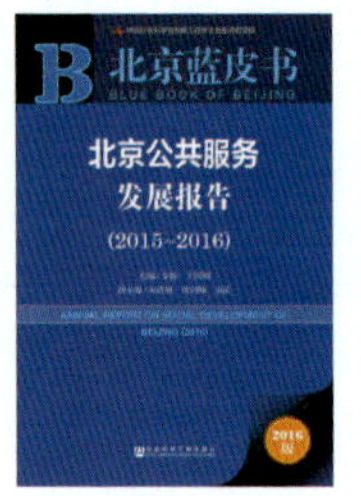

北京蓝皮书

北京公共服务发展报告（2015~2016）

施昌奎 / 主编　2016 年 2 月出版　定价 :79.00 元

◆　本书是由北京市政府职能部门的领导、首都著名高校的教授、知名研究机构的专家共同完成的关于北京市公共服务发展与创新的研究成果。

河南蓝皮书

河南经济发展报告（2016）

河南省社会科学院 / 编著　2016 年 3 月出版　定价 :79.00 元

◆　本书以国内外经济发展环境和走向为背景，主要分析当前河南经济形势，预测未来发展趋势，全面反映河南经济发展的最新动态、热点和问题，为地方经济发展和领导决策提供参考。

京津冀蓝皮书

京津冀发展报告（2016）

文魁　祝尔娟 / 编著　2016 年 4 月出版　估价 :89.00 元

◆　京津冀协同发展作为重大的国家战略，已进入顶层设计、制度创新和全面推进的新阶段。本书以问题为导向，围绕京津冀发展中的重要领域和重大问题，研究如何推进京津冀协同发展。

文化传媒类

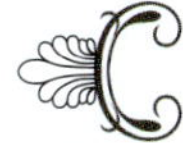

文化传媒类皮书透视文化领域、文化产业，
探索文化大繁荣、大发展的路径

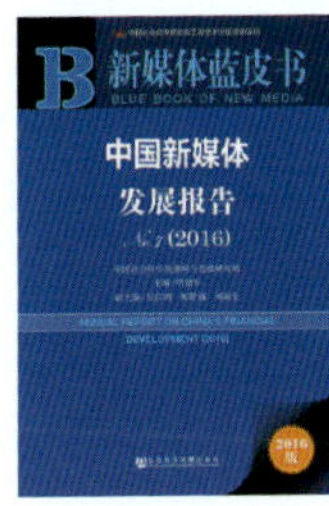

新媒体蓝皮书

中国新媒体发展报告 NO.7（2016）

唐绪军 / 主编　　2016 年 6 月出版　　估价 :79.00 元

◆　本书是由中国社会科学院新闻与传播研究所组织编写的关于新媒体发展的最新年度报告，旨在全面分析中国新媒体的发展现状，解读新媒体的发展趋势，探析新媒体的深刻影响。

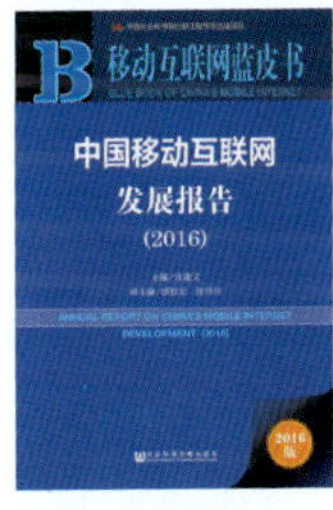

移动互联网蓝皮书

中国移动互联网发展报告（2016）

官建文 / 编著　　2016 年 6 月出版　　估价 :79.00 元

◆　本书着眼于对中国移动互联网 2015 年度的发展情况做深入解析，对未来发展趋势进行预测，力求从不同视角、不同层面全面剖析中国移动互联网发展的现状、年度突破以及热点趋势等。

文化蓝皮书

中国文化产业发展报告（2015~2016）

张晓明　王家新　章建刚 / 主编　　2016 年 2 月出版　　定价 :79.00 元

◆　本书由中国社会科学院文化研究中心编写。从 2012 年开始，中国社会科学院文化研究中心设立了国内首个文化产业的研究类专项资金——“文化产业重大课题研究计划”，开始在全国范围内组织多学科专家学者对我国文化产业发展重大战略问题进行联合攻关研究。本书集中反映了该计划的研究成果。

经济类

G20国家创新竞争力黄皮书
二十国集团（G20）国家创新竞争力发展报告（2016）
著(编)者:李建平 李闽榕 赵新力
2016年11月出版 / 估价:138.00元

产业蓝皮书
中国产业竞争力报告（2016）NO.6
著(编)者:张其仔 2016年12月出版 / 估价:98.00元

城市创新蓝皮书
中国城市创新报告（2016）
著(编)者:周天勇 旷建伟 2016年8月出版 / 估价:69.00元

城市竞争力蓝皮书
中国城市竞争力报告（1973~2015）
著(编)者:李小林 2016年1月出版 / 定价:128.00元

城市蓝皮书
中国城市发展报告 NO.9
著(编)者:潘家华 魏后凯 2016年9月出版 / 估价:69.00元

城市群蓝皮书
中国城市群发展指数报告（2016）
著(编)者:刘士林 刘新静 2016年10月出版 / 估价:69.00元

城乡一体化蓝皮书
中国城乡一体化发展报告（2015～2016）
著(编)者:汝信 付崇兰 2016年7月出版 / 估价:85.00元

城镇化蓝皮书
中国新型城镇化健康发展报告（2016）
著(编)者:张占斌 2016年5月出版 / 估价:79.00元

创新蓝皮书
创新型国家建设报告（2015～2016）
著(编)者:詹正茂 2016年11月出版 / 估价:69.00元

低碳发展蓝皮书
中国低碳发展报告（2015~2016）
著(编)者:齐晔 2016年3月出版 / 定价:98.00元

低碳经济蓝皮书
中国低碳经济发展报告（2016）
著(编)者:薛进军 赵忠秀 2016年6月出版 / 估价:85.00元

东北蓝皮书
中国东北地区发展报告（2016）
著(编)者:马克 黄文艺 2016年8月出版 / 估价:79.00元

发展与改革蓝皮书
中国经济发展和体制改革报告NO.7
著(编)者:邹东涛 王再文
2016年1月出版 / 估价:98.00元

工业化蓝皮书
中国工业化进程报告（2016）
著(编)者:黄群慧 吕铁 李晓华 等
2016年11月出版 / 估价:89.00元

管理蓝皮书
中国管理发展报告（2016）
著(编)者:张晓东 2016年9月出版 / 估价:98.00元

国际城市蓝皮书
国际城市发展报告（2016）
著(编)者:屠启宇 2016年2月出版 / 定价:79.00元

国家创新蓝皮书
中国创新发展报告（2016）
著(编)者:陈劲 2016年9月出版 / 估价:69.00元

金融蓝皮书
中国金融发展报告（2016）
著(编)者:李扬 王国刚 2015年12月出版 / 定价:79.00元

京津冀产业蓝皮书
京津冀产业协同发展报告（2016）
著(编)者:中智科博（北京）产业经济发展研究院
2016年6月出版 / 估价:69.00元

京津冀蓝皮书
京津冀发展报告（2016）
著(编)者:文魁 祝尔娟 2016年4月出版 / 估价:89.00元

经济蓝皮书
2016年中国经济形势分析与预测
著(编)者:李扬 2015年12月出版 / 定价:79.00元

经济蓝皮书・春季号
2016年中国经济前景分析
著(编)者:李扬 2016年5月出版 / 估价:79.00元

经济蓝皮书・夏季号
中国经济增长报告（2015～2016）
著(编)者:李扬 2016年8月出版 / 估价:99.00元

经济信息绿皮书
中国与世界经济发展报告（2016）
著(编)者:杜平 2015年12月出版 / 定价:89.00元

就业蓝皮书
2016年中国本科生就业报告
著(编)者:麦可思研究院 2016年6月出版 / 估价:98.00元

就业蓝皮书
2016年中国高职高专生就业报告
著(编)者:麦可思研究院 2016年6月出版 / 估价:98.00元

临空经济蓝皮书
中国临空经济发展报告（2016）
著(编)者:连玉明 2016年11月出版 / 估价:79.00元

民营经济蓝皮书
中国民营经济发展报告 NO.12（2015～2016）
著(编)者:王钦敏 2016年5月出版 / 估价:75.00元

农村绿皮书
中国农村经济形势分析与预测（2015～2016）
著(编)者:中国社会科学院农村发展研究所
国家统计局农村社会经济调查司
2016年4月出版 / 估价:69.00元

农业应对气候变化蓝皮书
气候变化对中国农业影响评估报告 NO.2
著(编)者:矫梅燕 2016年8月出版 / 估价:98.00元

企业公民蓝皮书
中国企业公民报告 NO.4
著(编)者:邹东涛　2016年5月出版 / 估价:79.00元

气候变化绿皮书
应对气候变化报告（2016）
著(编)者:王伟光 郑国光　2016年11月出版 / 估价:98.00元

区域蓝皮书
中国区域经济发展报告（2015～2016）
著(编)者:梁昊光　2016年5月出版 / 估价:79.00元

全球环境竞争力绿皮书
全球环境竞争力报告（2016）
著(编)者:李建平 李闽榕 王金南
2016年12月出版 / 估价:198.00元

人口与劳动绿皮书
中国人口与劳动问题报告 NO.17
著(编)者:蔡昉 张车伟　2016年11月出版 / 估价:69.00元

商务中心区蓝皮书
中国商务中心区发展报告 NO.2（2015）
著(编)者:魏后凯 单菁菁　2016年1月出版 / 定价:79.00元

世界经济黄皮书
2016年世界经济形势分析与预测
著(编)者:王洛林 张宇燕　2015年12月出版 / 定价:79.00元

世界旅游城市绿皮书
世界旅游城市发展报告（2015）
著(编)者:宋宇　2016年1月出版 / 定价:128.00元

西北蓝皮书
中国西北发展报告（2016）
著(编)者:孙发平 苏海红 鲁顺元
2016年3月出版 / 定价:79.00元

西部蓝皮书
中国西部发展报告（2016）
著(编)者:姚慧琴 徐璋勇　2016年7月出版 / 估价:89.00元

县域发展蓝皮书
中国县域经济增长能力评估报告（2016）
著(编)者:王力　2016年10月出版 / 估价:69.00元

新型城镇化蓝皮书
新型城镇化发展报告（2016）
著(编)者:李伟 宋敏 沈体雁　2016年11月出版 / 估价:98.00元

新兴经济体蓝皮书
金砖国家发展报告（2016）
著(编)者:林跃勤 周文　2016年7月出版 / 估价:79.00元

长三角蓝皮书
2016年全面深化改革中的长三角
著(编)者:张伟斌　2016年10月出版 / 估价:69.00元

中部竞争力蓝皮书
中国中部经济社会竞争力报告（2016）
著(编)者:教育部人文社会科学重点研究基地
南昌大学中国中部经济社会发展研究中心
2016年10月出版 / 估价:79.00元

中部蓝皮书
中国中部地区发展报告（2016）
著(编)者:宋亚平　2016年12月出版 / 估价:78.00元

中国省域竞争力蓝皮书
中国省域经济综合竞争力发展报告（2014～2015）
著(编)者:李建平 李闽榕 高燕京
2016年2月出版 / 定价:198.00元

中三角蓝皮书
长江中游城市群发展报告（2016）
著(编)者:秦尊文　2016年10月出版 / 估价:69.00元

中小城市绿皮书
中国中小城市发展报告（2016）
著(编)者:中国城市经济学会中小城市经济发展委员会
中国城镇化促进会中小城市发展委员会
《中国中小城市发展报告》编纂委员会
中小城市发展战略研究院
2016年10月出版 / 估价:98.00元

中原蓝皮书
中原经济区发展报告（2016）
著(编)者:李英杰　2016年6月出版 / 估价:88.00元

自贸区蓝皮书
中国自贸区发展报告（2016）
著(编)者:王力 王吉培　2016年10月出版 / 估价:69.00元

社会政法类

北京蓝皮书
中国社区发展报告（2016）
著(编)者:于燕燕　2017年2月出版 / 估价:79.00元

殡葬绿皮书
中国殡葬事业发展报告（2016）
著(编)者:李伯森　2016年5月出版 / 估价:158.00元

城市管理蓝皮书
中国城市管理报告（2016）
著(编)者:谭维克 刘林　2017年2月出版 / 估价:118.00元

城市生活质量蓝皮书
中国城市生活质量报告（2016）
著(编)者:张连城 张平 杨春学 郎丽华
2016年7月出版 / 估价:89.00元

城市政府能力蓝皮书
中国城市政府公共服务能力评估报告（2016）
著(编)者:何艳玲　2016年7月出版 / 估价:69.00元

创新蓝皮书
中国创业环境发展报告（2016）
著(编)者:姚凯 曹祎遐　2016年5月出版 / 估价:69.00元

慈善蓝皮书
中国慈善发展报告（2016）
著(编)者:杨团　2016年6月出版 / 估价:79.00元

地方法治蓝皮书
中国地方法治发展报告 NO.2（2016）
著(编)者:李林　田禾　2016年3出版 / 定价:108.00元

党建蓝皮书
党的建设研究报告 NO.1（2016）
著(编)者:崔建民　陈东平　2016年1月出版 / 定价:89.00元

法治蓝皮书
中国法治发展报告 NO.14（2016）
著(编)者:李林 田禾　2016年3月出版 / 定价:118.00元

反腐倡廉蓝皮书
中国反腐倡廉建设报告 NO.6
著(编)者:李秋芳　张英伟　2017年1月出版 / 估价:79.00元

非传统安全蓝皮书
中国非传统安全研究报告（2015～2016）
著(编)者:余潇枫 魏志江　2016年5月出版 / 估价:79.00元

妇女发展蓝皮书
中国妇女发展报告 NO.6
著(编)者:王金玲　2016年9月出版 / 估价:148.00元

妇女教育蓝皮书
中国妇女教育发展报告 NO.3
著(编)者:张李玺　2016年10月出版 / 估价:78.00元

妇女绿皮书
中国性别平等与妇女发展报告（2016）
著(编)者:谭琳　2016年12月出版 / 估价:99.00元

公共服务蓝皮书
中国城市基本公共服务力评价（2016）
著(编)者:钟君 吴正杲　2016年12月出版 / 估价:79.00元

公共管理蓝皮书
中国公共管理发展报告（2016）
著(编)者:贡森 李国强 杨维富
2016年4月出版 / 估价:69.00元

公共外交蓝皮书
中国公共外交发展报告（2016）
著(编)者:赵启正 雷蔚真　2016年5月出版 / 估价:89.00元

公民科学素质蓝皮书
中国公民科学素质报告（2015~2016）
著(编)者:李群 陈雄 马宗文　2016年1月出版 / 定价:89.00元

公益蓝皮书
中国公益发展报告（2016）
著(编)者:朱健刚　2016年5月出版 / 估价:78.00元

国际人才蓝皮书
海外华侨华人专业人士报告（2016）
著(编)者:王辉耀 苗绿　2016年8月出版 / 估价:69.00元

国际人才蓝皮书
中国国际移民报告（2016）
著(编)者:王辉耀　2016年5月出版 / 估价:79.00元

国际人才蓝皮书
中国海归发展报告（2016）NO.3
著(编)者:王辉耀 苗绿　2016年10月出版 / 估价:69.00元

国际人才蓝皮书
中国留学发展报告（2016）NO.5
著(编)者:王辉耀 苗绿　2016年10月出版 / 估价:79.00元

国家公园蓝皮书
中国国家公园体制建设报告（2016）
著(编)者:苏杨 张玉钧 石金莲 刘锋 等
2016年10月出版 / 估价:69.00元

海洋社会蓝皮书
中国海洋社会发展报告（2016）
著(编)者:崔凤 宋宁而　2016年7月出版 / 估价:89.00元

行政改革蓝皮书
中国行政体制改革报告（2016）NO.5
著(编)者:魏礼群　2016年4月出版 / 估价:98.00元

华侨华人蓝皮书
华侨华人研究报告（2016）
著(编)者:贾益民　2016年12月出版 / 估价:98.00元

环境竞争力绿皮书
中国省域环境竞争力发展报告（2016）
著(编)者:李建平 李闽榕 王金南
2016年11月出版 / 估价:198.00元

环境绿皮书
中国环境发展报告（2016）
著(编)者:刘鉴强　2016年5月出版 / 估价:79.00元

基金会蓝皮书
中国基金会发展报告（2015~2016）
著(编)者:中国基金会发展报告课题组　2016年4月出版 / 定价:75.00元

基金会绿皮书
中国基金会发展独立研究报告（2016）
著(编)者:基金会中心网 中央民族大学基金会研究中心
2016年6月出版 / 估价:88.00元

基金会透明度蓝皮书
中国基金会透明度发展研究报告（2016）
著(编)者:基金会中心网 清华大学廉政与治理研究中心
2016年9月出版 / 估价:85.00元

教师蓝皮书
中国中小学教师发展报告（2016）
著(编)者:曾晓东 鱼霞　2016年6月出版 / 估价:69.00元

教育蓝皮书
中国教育发展报告（2016）
著(编)者:杨东平　2016年4月出版 / 定价:79.00元

科普蓝皮书
中国科普基础设施发展报告（2015）
著(编)者:郑念　任嵘嵘　2016年4月出版 / 定价:98.00元

科学教育蓝皮书
中国科学教育发展报告（2016）
著(编)者:罗晖 王康友 2016年10月出版 / 估价:79.00元

劳动保障蓝皮书
中国劳动保障发展报告（2016）
著(编)者:刘燕斌 2016年8月出版 / 估价:158.00元

老龄蓝皮书
中国老年宜居环境发展报告（2015）
著(编)者:党俊武 周燕珉 2016年1月出版 / 定价:79.00元

连片特困区蓝皮书
中国连片特困区发展报告（2016）
著(编)者:游俊 冷志明 丁建军
2016年5月出版 / 估价:98.00元

民间组织蓝皮书
中国民间组织报告（2016）
著(编)者:黄晓勇 2016年12月出版 / 估价:79.00元

民调蓝皮书
中国民生调查报告（2016）
著(编)者:谢耘耕 2016年5月出版 / 估价:128.00元

民族发展蓝皮书
中国民族发展报告（2016）
著(编)者:郝时远 王延中 王希恩
2016年4月出版 / 估价:98.00元

女性生活蓝皮书
中国女性生活状况报告 NO.10（2016）
著(编)者:韩湘景 2016年4月出版 / 估价:79.00元

汽车社会蓝皮书
中国汽车社会发展报告（2016）
著(编)者:王俊秀 2016年5月出版 / 估价:69.00元

青年蓝皮书
中国青年发展报告（2016）NO.4
著(编)者:廉思 等 2016年4月出版 / 估价:69.00元

青少年蓝皮书
中国未成年人互联网运用报告（2016）
著(编)者:李文革 沈杰 季为民
2016年11月出版 / 估价:89.00元

青少年体育蓝皮书
中国青少年体育发展报告（2016）
著(编)者:郭建军 杨桦 2016年9月出版 / 估价:69.00元

区域人才蓝皮书
中国区域人才竞争力报告 NO.2
著(编)者:桂昭明 王辉耀
2016年6月出版 / 估价:69.00元

群众体育蓝皮书
中国群众体育发展报告（2016）
著(编)者:刘国永 杨桦 2016年10月出版 / 估价:69.00元

群众体育蓝皮书
中国社会体育指导员发展报告（1994~2014）
著(编)者:刘国永 王欢 2016年4月出版 / 定价:78.00元

人才蓝皮书
中国人才发展报告（2016）
著(编)者:潘晨光 2016年9月出版 / 估价:85.00元

人权蓝皮书
中国人权事业发展报告 NO.6（2016）
著(编)者:李君如 2016年9月出版 / 估价:128.00元

社会保障绿皮书
中国社会保障发展报告（2016）NO.8
著(编)者:王延中 2016年4月出版 / 估价:99.00元

社会工作蓝皮书
中国社会工作发展报告（2016）
著(编)者:民政部社会工作研究中心
2016年8月出版 / 估价:79.00元

社会管理蓝皮书
中国社会管理创新报告 NO.4
著(编)者:连玉明 2016年11月出版 / 估价:89.00元

社会蓝皮书
2016年中国社会形势分析与预测
著(编)者:李培林 陈光金 张翼
2015年12月出版 / 定价:79.00元

社会体制蓝皮书
中国社会体制改革报告（2016）NO.4
著(编)者:龚维斌 2016年4月出版 / 估价:79.00元

社会心态蓝皮书
中国社会心态研究报告（2016）
著(编)者:王俊秀 杨宜音 2016年10月出版 / 估价:69.00元

社会责任管理蓝皮书
中国企业公众透明度报告（2015~2016）NO.2
著(编)者:黄速建 熊梦 肖红军 2016年1月出版 / 定价:98.00元

社会组织蓝皮书
中国社会组织评估发展报告（2016）
著(编)者:徐家良 廖鸿 2016年12月出版 / 估价:69.00元

生态城市绿皮书
中国生态城市建设发展报告（2016）
著(编)者:刘举科 孙伟平 胡文臻
2016年9月出版 / 估价:148.00元

生态文明绿皮书
中国省域生态文明建设评价报告（ECI 2016）
著(编)者:严耕 2016年12月出版 / 估价:85.00元

世界社会主义黄皮书
世界社会主义跟踪研究报告（2015～2016）
著(编)者:李慎明 2016年3月出版 / 定价:248.00元

水与发展蓝皮书
中国水风险评估报告（2016）
著(编)者:王浩 2016年9月出版 / 估价:69.00元

体育蓝皮书
长三角地区体育产业发展报告（2016）
著(编)者:张林 2016年4月出版 / 估价:79.00元

体育蓝皮书
中国公共体育服务发展报告（2016）
著(编)者:戴健　2016年12月出版 / 估价:79.00元

土地整治蓝皮书
中国土地整治发展研究报告 NO.3
著(编)者:国土资源部土地整治中心
2016年5月出版 / 估价:89.00元

土地政策蓝皮书
中国土地政策发展报告（2016）
著(编)者:高延利 李宪文　2015年12月出版 / 定价:89.00元

危机管理蓝皮书
中国危机管理报告（2016）
著(编)者:文学国 范正青　2016年8月出版 / 估价:89.00元

形象危机应对蓝皮书
形象危机应对研究报告（2016）
著(编)者:唐钧　2016年6月出版 / 估价:149.00元

医改蓝皮书
中国医药卫生体制改革报告（2016）
著(编)者:文学国　房志武　2016年11月出版 / 估价:98.00元

医疗卫生绿皮书
中国医疗卫生发展报告 NO.7（2016）
著(编)者:申宝忠 韩玉珍　2016年4月出版 / 估价:75.00元

政治参与蓝皮书
中国政治参与报告（2016）
著(编)者:房宁　2016年7月出版 / 估价:108.00元

政治发展蓝皮书
中国政治发展报告（2016）
著(编)者:房宁 杨海蛟　2016年5月出版 / 估价:88.00元

智慧社区蓝皮书
中国智慧社区发展报告（2016）
著(编)者:罗昌智 张辉德　2016年7月出版 / 估价:69.00元

中国农村妇女发展蓝皮书
农村流动女性城市生活发展报告（2016）
著(编)者:谢丽华　2016年12月出版 / 估价:79.00元

宗教蓝皮书
中国宗教报告（2016）
著(编)者:邱永辉　2016年5月出版 / 估价:79.00元

行业报告类

保健蓝皮书
中国保健服务产业发展报告 NO.2
著(编)者:中国保健协会 中共中央党校
2016年7月出版 / 估价:198.00元

保健蓝皮书
中国保健食品产业发展报告 NO.2
著(编)者:中国保健协会
中国社会科学院食品药品产业发展与监管研究中心
2016年7月出版 / 估价:198.00元

保健蓝皮书
中国保健用品产业发展报告 NO.2
著(编)者:中国保健协会
国务院国有资产监督管理委员会研究中心
2016年5月出版 / 估价:198.00元

保险蓝皮书
中国保险业创新发展报告（2016）
著(编)者:项俊波　2016年12月出版 / 估价:69.00元

保险蓝皮书
中国保险业竞争力报告（2016）
著(编)者:项俊波　2016年12月出版 / 估价:99.00元

采供血蓝皮书
中国采供血管理报告（2016）
著(编)者:朱永明 耿鸿武　2016年8月出版 / 估价:69.00元

彩票蓝皮书
中国彩票发展报告（2016）
著(编)者:益彩基金　2016年4月出版 / 估价:98.00元

餐饮产业蓝皮书
中国餐饮产业发展报告（2016）
著(编)者:邢颖　2016年4月出版 / 估价:69.00元

测绘地理信息蓝皮书
测绘地理信息转型升级研究报告（2016）
著(编)者:库热西·买合苏提　2016年12月出版 / 估价:98.00元

茶业蓝皮书
中国茶产业发展报告（2016）
著(编)者:杨江帆 李闽榕　2016年10月出版 / 估价:78.00元

产权市场蓝皮书
中国产权市场发展报告（2015～2016）
著(编)者:曹和平　2016年5月出版 / 估价:89.00元

产业安全蓝皮书
中国出版传媒产业安全报告（2015~2016）
著(编)者:北京印刷学院文化产业安全研究院
2016年3月出版 / 定价:79.00元

产业安全蓝皮书
中国文化产业安全报告（2016）
著(编)者:北京印刷学院文化产业安全研究院
2016年4月出版 / 估价:89.00元

产业安全蓝皮书
中国新媒体产业安全报告（2016）
著(编)者:北京印刷学院文化产业安全研究院
2016年5月出版 / 估价:69.00元

大数据蓝皮书
网络空间和大数据发展报告（2016）
著(编)者:杜平 2016年5月出版 / 估价:69.00元

电子商务蓝皮书
中国电子商务服务业发展报告 NO.3
著(编)者:荆林波 梁春晓 2016年5月出版 / 估价:69.00元

电子政务蓝皮书
中国电子政务发展报告（2016）
著(编)者:洪毅 杜平 2016年11月出版 / 估价:79.00元

杜仲产业绿皮书
中国杜仲橡胶资源与产业发展报告（2016）
著(编)者:杜红岩 胡文臻 俞锐
2016年5月出版 / 估价:85.00元

房地产蓝皮书
中国房地产发展报告 NO.13（2016）
著(编)者:魏后凯 李景国 2016年5月出版 / 估价:79.00元

服务外包蓝皮书
中国服务外包产业发展报告（2016）
著(编)者:王晓红 刘德军
2016年6月出版 / 估价:89.00元

服务外包蓝皮书
中国服务外包竞争力报告（2016）
著(编)者:王力 刘春生 黄育华
2016年11月出版 / 估价:85.00元

工业和信息化蓝皮书
世界网络安全发展报告（2016）
著(编)者:洪京一 2016年4月出版 / 估价:69.00元

工业和信息化蓝皮书
世界信息化发展报告（2016）
著(编)者:洪京一 2016年4月出版 / 估价:69.00元

工业和信息化蓝皮书
世界信息技术产业发展报告（2016）
著(编)者:洪京一 2016年4月出版 / 估价:79.00元

工业和信息化蓝皮书
世界制造业发展报告（2016）
著(编)者:洪京一 2016年4月出版 / 估价:69.00元

工业和信息化蓝皮书
移动互联网产业发展报告（2016）
著(编)者:洪京一 2016年4月出版 / 估价:79.00元

工业设计蓝皮书
中国工业设计发展报告（2016）
著(编)者:王晓红 于炜 张立群
2016年9月出版 / 估价:138.00元

黄金市场蓝皮书
中国商业银行黄金业务发展报告（2015~2016）
著(编)者:平安银行 2016年3月出版 / 定价:98.00元

互联网金融蓝皮书
中国互联网金融发展报告（2016）
著(编)者:李东荣 2016年8月出版 / 估价:79.00元

会展蓝皮书
中外会展业动态评估年度报告（2016）
著(编)者:张敏 2016年5月出版 / 估价:78.00元

节能汽车蓝皮书
中国节能汽车产业发展报告（2016）
著(编)者:中国汽车工程研究院股份有限公司
2016年12月出版 / 估价:69.00元

金融监管蓝皮书
中国金融监管报告（2016）
著(编)者:胡滨 2016年4月出版 / 估价:89.00元

金融蓝皮书
中国金融中心发展报告（2016）
著(编)者:王力 黄育华 2017年11月出版 / 估价:75.00元

金融蓝皮书
中国商业银行竞争力报告（2016）
著(编)者:王松奇 2016年5月出版 / 估价:69.00元

经济林产业绿皮书
中国经济林产业发展报告（2016）
著(编)者:李芳东 胡文臻 乌云塔娜 杜红岩
2016年12月出版 / 估价:69.00元

客车蓝皮书
中国客车产业发展报告（2016）
著(编)者:姚蔚 2016年5月出版 / 估价:85.00元

老龄蓝皮书
中国老龄产业发展报告（2016）
著(编)者:吴玉韶 党俊武 2016年9月出版 / 估价:79.00元

流通蓝皮书
中国商业发展报告（2016）
著(编)者:荆林波 2016年5月出版 / 估价:89.00元

旅游安全蓝皮书
中国旅游安全报告（2016）
著(编)者:郑向敏 谢朝武 2016年5月出版 / 估价:128.00元

旅游绿皮书
2015～2016年中国旅游发展分析与预测
著(编)者:宋瑞 2016年4月出版 / 定价:89.00元

煤炭蓝皮书
中国煤炭工业发展报告（2016）
著(编)者:岳福斌 2016年12月出版 / 估价:79.00元

民营企业社会责任蓝皮书
中国民营企业社会责任年度报告（2016）
著(编)者:中华全国工商业联合会
2016年7月出版 / 估价:69.00元

民营医院蓝皮书
中国民营医院发展报告（2016）
著(编)者:庄一强　2016年10月出版 / 估价:75.00元

能源蓝皮书
中国能源发展报告（2016）
著(编)者:崔民选 王军生 陈义和
2016年8月出版 / 估价:79.00元

农产品流通蓝皮书
中国农产品流通产业发展报告（2016）
著(编)者:贾敬敦 张东科 张玉玺 张鹏毅 周伟
2016年5月出版 / 估价:89.00元

期货蓝皮书
中国期货市场发展报告(2016)
著(编)者:李群 王在荣　2016年11月出版 / 估价:69.00元

企业公益蓝皮书
中国企业公益研究报告（2016）
著(编)者:钟宏武 汪杰 顾一 黄晓娟 等
2016年12月出版 / 估价:69.00元

企业公众透明度蓝皮书
中国企业公众透明度报告(2016) NO.2
著(编)者:黄速建 王晓光 肖红军
2016年5月出版 / 估价:98.00元

企业国际化蓝皮书
中国企业国际化报告（2016）
著(编)者:王辉耀　2016年11月出版 / 估价:98.00元

企业蓝皮书
中国企业绿色发展报告 NO.2（2016）
著(编)者:李红玉 朱光辉　2016年8月出版 / 估价:79.00元

企业社会责任蓝皮书
中国企业社会责任研究报告（2016）
著(编)者:黄群慧 钟宏武 张蒽 等
2016年11月出版 / 估价:79.00元

企业社会责任能力蓝皮书
中国上市公司社会责任能力成熟度报告（2016）
著(编)者:肖红军 王晓光 李伟阳
2016年11月出版 / 估价:69.00元

汽车安全蓝皮书
中国汽车安全发展报告（2016）
著(编)者:中国汽车技术研究中心
2016年7月出版 / 估价:89.00元

汽车电子商务蓝皮书
中国汽车电子商务发展报告（2016）
著(编)者:中华全国工商业联合会汽车经销商商会
北京易观智库网络科技有限公司
2016年5月出版 / 估价:128.00元

汽车工业蓝皮书
中国汽车工业发展年度报告（2016）
著(编)者:中国汽车工业协会 中国汽车技术研究中心
丰田汽车（中国）投资有限公司
2016年4月出版 / 估价:128.00元

汽车蓝皮书
中国汽车产业发展报告（2016）
著(编)者:国务院发展研究中心产业经济研究部
中国汽车工程学会 大众汽车集团（中国）
2016年8月出版 / 估价:158.00元

清洁能源蓝皮书
国际清洁能源发展报告（2016）
著(编)者:苏树辉 袁国林 李玉崙
2016年11月出版 / 估价:99.00元

人力资源蓝皮书
中国人力资源发展报告（2016）
著(编)者:余兴安　2016年12月出版 / 估价:79.00元

融资租赁蓝皮书
中国融资租赁业发展报告（2015～2016）
著(编)者:李光荣 王力　2016年5月出版 / 估价:89.00元

软件和信息服务业蓝皮书
中国软件和信息服务业发展报告（2016）
著(编)者:洪京一　2016年12月出版 / 估价:198.00元

商会蓝皮书
中国商会发展报告NO.5（2016）
著(编)者:王钦敏　2016年7月出版 / 估价:89.00元

上市公司蓝皮书
中国上市公司社会责任信息披露报告（2016）
著(编)者:张旺 张杨　2016年11月出版 / 估价:69.00元

上市公司蓝皮书
中国上市公司质量评价报告（2015～2016）
著(编)者:张跃文 王力　2016年11月出版 / 估价:118.00元

设计产业蓝皮书
中国设计产业发展报告（2016）
著(编)者:陈冬亮 梁昊光　2016年5月出版 / 估价:89.00元

食品药品蓝皮书
食品药品安全与监管政策研究报告（2016）
著(编)者:唐民皓　2016年7月出版 / 估价:69.00元

世界能源蓝皮书
世界能源发展报告（2016）
著(编)者:黄晓勇　2016年6月出版 / 估价:99.00元

水利风景区蓝皮书
中国水利风景区发展报告（2016）
著(编)者:兰思仁　2016年8月出版 / 估价:69.00元

私募市场蓝皮书
中国私募股权市场发展报告（2016）
著(编)者:曹和平　2016年12月出版 / 估价:79.00元

碳市场蓝皮书
中国碳市场报告（2016）
著(编)者:宁金彪　2016年11月出版 / 估价:69.00元

体育蓝皮书
中国体育产业发展报告（2016）
著(编)者:阮伟 钟秉枢　2016年7月出版 / 估价:69.00元

土地市场蓝皮书
中国农村土地市场发展报告（2015~2016）
著(编)者:李光荣　2016年3月出版 / 定价:79.00元

网络空间安全蓝皮书
中国网络空间安全发展报告（2016）
著(编)者:惠志斌 唐涛　2016年4月出版 / 估价:79.00元

物联网蓝皮书
中国物联网发展报告（2016）
著(编)者:黄桂田 龚六堂 张全升
2016年5月出版 / 估价:69.00元

西部工业蓝皮书
中国西部工业发展报告（2016）
著(编)者:方行明 甘犁 刘方健 姜凌 等
2016年9月出版 / 估价:79.00元

西部金融蓝皮书
中国西部金融发展报告（2016）
著(编)者:李忠民　2016年8月出版 / 估价:75.00元

协会商会蓝皮书
中国行业协会商会发展报告（2016）
著(编)者:景朝阳 李勇　2016年4月出版 / 估价:99.00元

新能源汽车蓝皮书
中国新能源汽车产业发展报告（2016）
著(编)者:中国汽车技术研究中心
日产（中国）投资有限公司 东风汽车有限公司
2016年8月出版 / 估价:89.00元

新三板蓝皮书
中国新三板市场发展报告（2016）
著(编)者:王力　2016年6月出版 / 估价:69.00元

信托市场蓝皮书
中国信托业市场报告（2015～2016）
著(编)者:用益信托工作室
2016年1月出版 / 定价:198.00元

信息安全蓝皮书
中国信息安全发展报告（2016）
著(编)者:张晓东　2016年5月出版 / 估价:69.00元

信息化蓝皮书
中国信息化形势分析与预测（2016）
著(编)者:周宏仁　2016年8月出版 / 估价:98.00元

信用蓝皮书
中国信用发展报告（2016）
著(编)者:章政 田侃　2016年4月出版 / 估价:99.00元

休闲绿皮书
2016年中国休闲发展报告
著(编)者:宋瑞
2016年10月出版 / 估价:79.00元

药品流通蓝皮书
中国药品流通行业发展报告（2016）
著(编)者:佘鲁林 温再兴
2016年8月出版 / 估价:158.00元

医院蓝皮书
中国医院竞争力报告（2016）
著(编)者:庄一强 曾益新　2016年3月出版 / 定价:128.00元

医药蓝皮书
中国中医药产业园战略发展报告（2016）
著(编)者:裴长洪 房书亭 吴滌心
2016年5月出版 / 估价:89.00元

邮轮绿皮书
中国邮轮产业发展报告（2016）
著(编)者:汪泓　2016年10月出版 / 估价:79.00元

智能养老蓝皮书
中国智能养老产业发展报告（2016）
著(编)者:朱勇　2016年10月出版 / 估价:89.00元

中国SUV蓝皮书
中国SUV产业发展报告（2016）
著(编)者:靳军　2016年12月出版 / 估价:69.00元

中国金融行业蓝皮书
中国债券市场发展报告（2016）
著(编)者:谢多　2016年7月出版 / 估价:69.00元

中国上市公司蓝皮书
中国上市公司发展报告（2016）
著(编)者:中国社会科学院上市公司研究中心
2016年9月出版 / 估价:98.00元

中国游戏蓝皮书
中国游戏产业发展报告（2016）
著(编)者:孙立军 刘跃军 牛兴侦
2016年5月出版 / 估价:69.00元

中国总部经济蓝皮书
中国总部经济发展报告（2015～2016）
著(编)者:赵弘　2016年9月出版 / 估价:79.00元

资本市场蓝皮书
中国场外交易市场发展报告（2014~2015）
著(编)者:高峦　2016年3月出版 / 定价:79.00元

资产管理蓝皮书
中国资产管理行业发展报告（2016）
著(编)者:智信资产管理研究院
2016年6月出版 / 估价:89.00元

文化传媒类

传媒竞争力蓝皮书
中国传媒国际竞争力研究报告（2016）
著(编)者:李本乾 刘强
2016年11月出版 / 估价:148.00元

传媒蓝皮书
中国传媒产业发展报告（2016）
著(编)者:崔保国 2016年5月出版 / 估价:98.00元

传媒投资蓝皮书
中国传媒投资发展报告（2016）
著(编)者:张向东 谭云明
2016年6月出版 / 估价:128.00元

动漫蓝皮书
中国动漫产业发展报告（2016）
著(编)者:卢斌 郑玉明 牛兴侦
2016年7月出版 / 估价:79.00元

非物质文化遗产蓝皮书
中国非物质文化遗产发展报告（2016）
著(编)者:陈平 2016年5月出版 / 估价:98.00元

广电蓝皮书
中国广播电影电视发展报告（2016）
著(编)者:国家新闻出版广电总局发展研究中心
2016年7月出版 / 估价:98.00元

广告主蓝皮书
中国广告主营销传播趋势报告 NO.9
著(编)者:黄升民 杜国清 邵华冬 等
2016年10月出版 / 估价:148.00元

国际传播蓝皮书
中国国际传播发展报告（2016）
著(编)者:胡正荣 李继东 姬德强
2016年11月出版 / 估价:89.00元

纪录片蓝皮书
中国纪录片发展报告（2016）
著(编)者:何苏六 2016年10月出版 / 估价:79.00元

科学传播蓝皮书
中国科学传播报告（2016）
著(编)者:詹正茂 2016年7月出版 / 估价:69.00元

两岸创意经济蓝皮书
两岸创意经济研究报告（2016）
著(编)者:罗昌智 董泽平 2016年12月出版 / 估价:98.00元

两岸文化蓝皮书
两岸文化产业合作发展报告（2016）
著(编)者:胡惠林 李保宗 2016年7月出版 / 估价:79.00元

媒介与女性蓝皮书
中国媒介与女性发展报告(2015~2016)
著(编)者:刘利群 2016年8月出版 / 估价:118.00元

媒体融合蓝皮书
中国媒体融合发展报告（2016）
著(编)者:梅宁华 宋建武 2016年7月出版 / 估价:79.00元

全球传媒蓝皮书
全球传媒发展报告（2016）
著(编)者:胡正荣 李继东 唐晓芬
2016年12月出版 / 估价:79.00元

少数民族非遗蓝皮书
中国少数民族非物质文化遗产发展报告（2016）
著(编)者:肖远平（彝） 柴立（满）
2016年6月出版 / 估价:128.00元

视听新媒体蓝皮书
中国视听新媒体发展报告（2016）
著(编)者:国家新闻出版广电总局发展研究中心
2016年7月出版 / 估价:98.00元

文化创新蓝皮书
中国文化创新报告（2016）NO.7
著(编)者:于平 傅才武 2016年7月出版 / 估价:98.00元

文化建设蓝皮书
中国文化发展报告（2016）
著(编)者:江畅 孙伟平 戴茂堂
2016年4月出版 / 估价:108.00元

文化科技蓝皮书
文化科技创新发展报告（2016）
著(编)者:于平 李凤亮 2016年10月出版 / 估价:89.00元

文化蓝皮书
中国公共文化服务发展报告（2016）
著(编)者:刘新成 张永新 张旭 2016年10月出版 / 估价:98.00元

文化蓝皮书
中国公共文化投入增长测评报告（2016）
著(编)者:王亚南 2016年4月出版 / 定价:79.00元

文化蓝皮书
中国少数民族文化发展报告（2016）
著(编)者:武翠英 张晓明 任乌晶
2016年9月出版 / 估价:69.00元

文化蓝皮书
中国文化产业发展报告（2015~2016）
著(编)者:张晓明 王家新 章建刚
2016年2月出版 / 定价:79.00元

文化蓝皮书
中国文化产业供需协调检测报告（2016）
著(编)者:王亚南 2016年5月出版 / 估价:79.00元

文化蓝皮书
中国文化消费需求景气评价报告（2016）
著(编)者:王亚南 2016年5月出版 / 估价:79.00元

文化品牌蓝皮书
中国文化品牌发展报告（2016）
著(编)者:欧阳友权　2016年4月出版 / 估价:89.00元

文化遗产蓝皮书
中国文化遗产事业发展报告（2016）
著(编)者:刘世锦　2016年5月出版 / 估价:89.00元

文学蓝皮书
中国文情报告（2015～2016）
著(编)者:白烨　2016年5月出版 / 估价:69.00元

新媒体蓝皮书
中国新媒体发展报告NO.7（2016）
著(编)者:唐绪军　2016年7月出版 / 估价:79.00元

新媒体社会责任蓝皮书
中国新媒体社会责任研究报告（2016）
著(编)者:钟瑛　2016年10月出版 / 估价:79.00元

移动互联网蓝皮书
中国移动互联网发展报告（2016）
著(编)者:官建文　2016年6月出版 / 估价:79.00元

舆情蓝皮书
中国社会舆情与危机管理报告（2016）
著(编)者:谢耘耕　2016年8月出版 / 估价:98.00元

地方发展类

安徽经济蓝皮书
芜湖创新型城市发展报告（2016）
著(编)者:张志宏　2016年4月出版 / 估价:69.00元

安徽蓝皮书
安徽社会发展报告（2016）
著(编)者:程桦　2016年4月出版 / 估价:89.00元

安徽社会建设蓝皮书
安徽社会建设分析报告（2015～2016）
著(编)者:黄家海 王开玉 蔡宪
2016年4月出版 / 估价:89.00元

澳门蓝皮书
澳门经济社会发展报告（2015～2016）
著(编)者:吴志良 郝雨凡　2016年5月出版 / 估价:79.00元

北京蓝皮书
北京公共服务发展报告（2015～2016）
著(编)者:施昌奎　2016年2月出版 / 定价:79.00元

北京蓝皮书
北京经济发展报告（2015～2016）
著(编)者:杨松　2016年6月出版 / 估价:79.00元

北京蓝皮书
北京社会发展报告（2015～2016）
著(编)者:李伟东　2016年7月出版 / 估价:79.00元

北京蓝皮书
北京社会治理发展报告（2015～2016）
著(编)者:殷星辰　2016年6月出版 / 估价:79.00元

北京蓝皮书
北京文化发展报告（2015～2016）
著(编)者:李建盛　2016年4月出版 / 定价:79.00元

北京旅游绿皮书
北京旅游发展报告（2016）
著(编)者:北京旅游学会　2016年7月出版 / 估价:88.00元

北京人才蓝皮书
北京人才发展报告（2016）
著(编)者:于淼　2016年12月出版 / 估价:128.00元

北京社会心态蓝皮书
北京社会心态分析报告（2015～2016）
著(编)者:北京社会心理研究所
2016年8月出版 / 估价:79.00元

北京社会组织管理蓝皮书
北京社会组织发展与管理（2015～2016）
著(编)者:黄江松　2016年4月出版 / 估价:78.00元

北京体育蓝皮书
北京体育产业发展报告（2016）
著(编)者:钟秉枢 陈杰 杨铁黎
2016年10月出版 / 估价:79.00元

北京养老产业蓝皮书
北京养老产业发展报告（2016）
著(编)者:周明明 冯喜良　2016年4月出版 / 估价:69.00元

滨海金融蓝皮书
滨海新区金融发展报告（2016）
著(编)者:王爱俭 张锐钢　2016年9月出版 / 估价:79.00元

城乡一体化蓝皮书
中国城乡一体化发展报告•北京卷（2015～2016）
著(编)者:张宝秀 黄序　2016年5月出版 / 估价:79.00元

创意城市蓝皮书
北京文化创意产业发展报告（2016）
著(编)者:张京成 王国华　2016年12月出版 / 估价:69.00元

创意城市蓝皮书
青岛文化创意产业发展报告（2016）
著(编)者:马达 张丹妮　2016年6月出版 / 估价:79.00元

创意城市蓝皮书
青岛文化创意产业发展报告（2016）
著(编)者:马达 张丹妮　2016年6月出版 / 估价:79.00元

创意城市蓝皮书
台北文化创意产业发展报告（2016）
著(编)者:陈耀竹 邱琪瑄 2016年11月出版 / 估价:89.00元

创意城市蓝皮书
无锡文化创意产业发展报告（2016）
著(编)者:谭军 张鸣年 2016年10月出版 / 估价:79.00元

创意城市蓝皮书
武汉文化创意产业发展报告（2016）
著(编)者:黄永林 陈汉桥 2016年12月出版 / 估价:89.00元

创意城市蓝皮书
重庆创意产业发展报告（2016）
著(编)者:程宇宁 2016年4月出版 / 估价:89.00元

地方法治蓝皮书
南宁法治发展报告（2016）
著(编)者:杨维超 2016年12月出版 / 估价:69.00元

福建妇女发展蓝皮书
福建省妇女发展报告（2016）
著(编)者:刘群英 2016年11月出版 / 估价:88.00元

福建自由贸易区蓝皮书
中国（福建）自由贸易区实验区发展报告（2015~2016）
著(编)者:黄茂兴 2016年4月出版 / 定价:108.00元

甘肃蓝皮书
甘肃经济发展分析与预测（2016）
著(编)者:朱智文 罗哲 2016年1月出版 / 定价:79.00元

甘肃蓝皮书
甘肃社会发展分析与预测（2016）
著(编)者:安文华 包晓霞 谢增虎 2016年1月出版 / 定价:79.00元

甘肃蓝皮书
甘肃文化发展分析与预测（2016）
著(编)者:安文华 周小华 2016年1月出版 / 定价:79.00元

甘肃蓝皮书
甘肃县域和农村发展报告（2016）
著(编)者:刘进军 柳 民 王建兵
2016年1月出版 / 定价:79.00元

甘肃蓝皮书
甘肃舆情分析与预测（2016）
著(编)者:陈双梅 张谦元 2016年1月出版 / 定价:79.00元

甘肃蓝皮书
甘肃商贸流通发展报告（2016）
著(编)者:杨志武 王福生 王晓芳
2016年1月出版 / 定价:79.00元

广东蓝皮书
广东全面深化改革发展报告（2016）
著(编)者:周林生 涂成林 2016年11月出版 / 估价:69.00元

广东蓝皮书
广东社会工作发展报告（2016）
著(编)者:罗观翠 2016年6月出版 / 估价:89.00元

广东蓝皮书
广东省电子商务发展报告（2016）
著(编)者:程晓 邓顺国 2016年7月出版 / 估价:79.00元

广东社会建设蓝皮书
广东省社会建设发展报告（2016）
著(编)者:广东省社会工作委员会
2016年12月出版 / 估价:99.00元

广东外经贸蓝皮书
广东对外经济贸易发展研究报告（2015~2016）
著(编)者:陈万灵 2016年5月出版 / 估价:89.00元

广西北部湾经济区蓝皮书
广西北部湾经济区开放开发报告（2016）
著(编)者:广西北部湾经济区规划建设管理委员会办公室
广西社会科学院广西北部湾发展研究院
2016年10月出版 / 估价:79.00元

巩义蓝皮书
巩义经济社会发展报告（2016）
著(编)者:丁同民 2016年4月出版 / 定价:58.00元

广州蓝皮书
2016年中国广州经济形势分析与预测
著(编)者:庾建设 沈奎 谢博能 2016年6月出版 / 估价:79.00元

广州蓝皮书
2016年中国广州社会形势分析与预测
著(编)者:张强 陈怡霓 杨秦 2016年6月出版 / 估价:79.00元

广州蓝皮书
广州城市国际化发展报告（2016）
著(编)者:朱名宏 2016年11月出版 / 估价:69.00元

广州蓝皮书
广州创新型城市发展报告（2016）
著(编)者:尹涛 2016年10月出版 / 估价:69.00元

广州蓝皮书
广州经济发展报告（2016）
著(编)者:朱名宏 2016年7月出版 / 估价:69.00元

广州蓝皮书
广州农村发展报告（2016）
著(编)者:朱名宏 2016年8月出版 / 估价:69.00元

广州蓝皮书
广州汽车产业发展报告（2016）
著(编)者:杨再高 冯兴亚 2016年9月出版 / 估价:69.00元

广州蓝皮书
广州青年发展报告（2015～2016）
著(编)者:魏国华 张强 2016年7月出版 / 估价:69.00元

广州蓝皮书
广州商贸业发展报告（2016）
著(编)者:李江涛 肖振宇 荀振英
2016年7月出版 / 估价:69.00元

广州蓝皮书
广州社会保障发展报告（2016）
著(编)者:蔡国萱 2016年10月出版 / 估价:65.00元

广州蓝皮书
广州文化创意产业发展报告（2016）
著(编)者:甘新　2016年8月出版 / 估价:79.00元

广州蓝皮书
中国广州城市建设与管理发展报告（2016）
著(编)者:董皞 陈小钢 李江涛　2016年7月出版 / 估价:69.00元

广州蓝皮书
中国广州科技和信息化发展报告（2016）
著(编)者:邹采荣 马正勇 冯 元　2016年8月出版 / 估价:79.00元

广州蓝皮书
中国广州文化发展报告（2016）
著(编)者:徐俊忠 陆志强 顾涧清　2016年7月出版 / 估价:69.00元

贵阳蓝皮书
贵阳城市创新发展报告•白云篇（2016）
著(编)者:连玉明　2016年10月出版 / 估价:89.00元

贵阳蓝皮书
贵阳城市创新发展报告•观山湖篇（2016）
著(编)者:连玉明　2016年10月出版 / 估价:89.00元

贵阳蓝皮书
贵阳城市创新发展报告•花溪篇（2016）
著(编)者:连玉明　2016年10月出版 / 估价:89.00元

贵阳蓝皮书
贵阳城市创新发展报告•开阳篇（2016）
著(编)者:连玉明　2016年10月出版 / 估价:89.00元

贵阳蓝皮书
贵阳城市创新发展报告•南明篇（2016）
著(编)者:连玉明　2016年10月出版 / 估价:89.00元

贵阳蓝皮书
贵阳城市创新发展报告•清镇篇（2016）
著(编)者:连玉明　2016年10月出版 / 估价:89.00元

贵阳蓝皮书
贵阳城市创新发展报告•乌当篇（2016）
著(编)者:连玉明　2016年10月出版 / 估价:89.00元

贵阳蓝皮书
贵阳城市创新发展报告•息烽篇（2016）
著(编)者:连玉明　2016年10月出版 / 估价:89.00元

贵阳蓝皮书
贵阳城市创新发展报告•修文篇（2016）
著(编)者:连玉明　2016年10月出版 / 估价:89.00元

贵阳蓝皮书
贵阳城市创新发展报告•云岩篇（2016）
著(编)者:连玉明　2016年10月出版 / 估价:89.00元

贵州房地产蓝皮书
贵州房地产发展报告NO.3（2016）
著(编)者:武廷方　2016年6月出版 / 估价:89.00元

贵州蓝皮书
贵州册亨经济社会发展报告 (2016)
著(编)者:黄德林　2016年3月出版 / 定价:79.00元

贵州蓝皮书
贵安新区发展报告（2016）
著(编)者:马长青 吴大华　2016年4月出版 / 估价:69.00元

贵州蓝皮书
贵州法治发展报告（2016）
著(编)者:吴大华　2016年5月出版 / 估价:79.00元

贵州蓝皮书
贵州民航业发展报告（2016）
著(编)者:申振东 吴大华　2016年10月出版 / 估价:69.00元

贵州蓝皮书
贵州民营经济发展报告（2016）
著(编)者:杨静 吴大华　2016年3月出版 / 定价:79.00元

贵州蓝皮书
贵州人才发展报告（2016）
著(编)者:于杰 吴大华　2016年9月出版 / 估价:69.00元

贵州蓝皮书
贵州社会发展报告（2016）
著(编)者:王兴骥　2016年5月出版 / 估价:79.00元

海淀蓝皮书
海淀区文化和科技融合发展报告（2016）
著(编)者:陈名杰 孟景伟　2016年5月出版 / 估价:75.00元

海峡西岸蓝皮书
海峡西岸经济区发展报告（2016）
著(编)者:福建省人民政府发展研究中心
福建省人民政府发展研究中心咨询服务中心
2016年9月出版 / 估价:65.00元

杭州都市圈蓝皮书
杭州都市圈发展报告（2016）
著(编)者:董祖德 沈翔　2016年5月出版 / 估价:89.00元

杭州蓝皮书
杭州妇女发展报告（2016）
著(编)者:魏颖　2016年4月出版 / 估价:79.00元

河北经济蓝皮书
河北省经济发展报告（2016）
著(编)者:马树强 金浩 刘兵 张贵
2016年5月出版 / 估价:89.00元

河北蓝皮书
河北经济社会发展报告（2016）
著(编)者:郭金平　2016年1月出版 / 定价:79.00元

河北食品药品安全蓝皮书
河北食品药品安全研究报告（2016）
著(编)者:丁锦霞　2016年6月出版 / 估价:79.00元

河南经济蓝皮书
2016年河南经济形势分析与预测
著(编)者:胡五岳　2016年2月出版 / 定价:79.00元

河南蓝皮书
2016年河南社会形势分析与预测
著(编)者:刘道兴 牛苏林　2016年4月出版 / 定价79.00元

河南蓝皮书
河南城市发展报告（2016）
著(编)者:谷建全 王建国 2016年5月出版 / 估价:79.00元

河南蓝皮书
河南法治发展报告（2016）
著(编)者:丁同民 闫德民 2016年6月出版 / 估价:79.00元

河南蓝皮书
河南工业发展报告（2016）
著(编)者:龚绍东 赵西三 2016年5月出版 / 估价:79.00元

河南蓝皮书
河南金融发展报告（2016）
著(编)者:河南省社会科学院 2016年6月出版 / 估价:69.00元

河南蓝皮书
河南经济发展报告（2016）
著(编)者:张占仓 2016年3月出版 / 定价:79.00元

河南蓝皮书
河南农业农村发展报告（2016）
著(编)者:吴海峰 2016年4月出版 / 估价:69.00元

河南蓝皮书
河南文化发展报告（2016）
著(编)者:卫绍生 2016年3月出版 / 定价:78.00元

河南商务蓝皮书
河南商务发展报告（2016）
著(编)者:焦锦淼 穆荣国 2016年4月出版 / 估价:88.00元

黑龙江产业蓝皮书
黑龙江产业发展报告（2016）
著(编)者:于渤 2016年10月出版 / 估价:79.00元

黑龙江蓝皮书
黑龙江经济发展报告（2016）
著(编)者:朱宇 2016年1月出版 / 定价:79.00元

黑龙江蓝皮书
黑龙江社会发展报告（2016）
著(编)者:谢宝禄 2016年1月出版 / 定价:79.00元

湖南城市蓝皮书
区域城市群整合（主题待定）
著(编)者:童中贤 韩未名 2016年12月出版 / 估价:79.00元

湖南蓝皮书
2016年湖南产业发展报告
著(编)者:梁志峰 2016年5月出版 / 估价:98.00元

湖南蓝皮书
2016年湖南电子政务发展报告
著(编)者:梁志峰 2016年5月出版 / 估价:98.00元

湖南蓝皮书
2016年湖南经济展望
著(编)者:梁志峰 2016年5月出版 / 估价:128.00元

湖南蓝皮书
2016年湖南两型社会与生态文明发展报告
著(编)者:梁志峰 2016年5月出版 / 估价:98.00元

湖南蓝皮书
2016年湖南社会发展报告
著(编)者:梁志峰 2016年5月出版 / 估价:88.00元

湖南蓝皮书
2016年湖南县域经济社会发展报告
著(编)者:梁志峰 2016年5月出版 / 估价:98.00元

湖南蓝皮书
湖南城乡一体化发展报告（2016）
著(编)者:陈文胜 刘祚祥 邝奕轩 等
2016年7月出版 / 估价:89.00元

湖南县域绿皮书
湖南县域发展报告 NO.3
著(编)者:袁准 周小毛 2016年9月出版 / 估价:69.00元

沪港蓝皮书
沪港发展报告（2015～2016）
著(编)者:尤安山 2016年4月出版 / 估价:89.00元

京津冀金融蓝皮书
京津冀金融发展报告（2015）
著(编)者:王爱俭 李向前 2016年3月出版 / 定价:89.00元

吉林蓝皮书
2016年吉林经济社会形势分析与预测
著(编)者:马克 2015年12月出版 / 定价:79.00元

吉林省城市竞争力蓝皮书
吉林省城市竞争力报告（2015）
著(编)者:崔岳春 张磊 2016年3月出版 / 定价:69.00元

济源蓝皮书
济源经济社会发展报告（2016）
著(编)者:喻新安 2016年4月出版 / 估价:69.00元

健康城市蓝皮书
北京健康城市建设研究报告（2016）
著(编)者:王鸿春 2016年4月出版 / 估价:79.00元

江苏法治蓝皮书
江苏法治发展报告 NO.5（2016）
著(编)者:李力 龚廷泰 2016年9月出版 / 估价:98.00元

江西蓝皮书
江西经济社会发展报告（2016）
著(编)者:张勇 姜玮 梁勇 2016年10月出版 / 估价:79.00元

江西文化产业蓝皮书
江西文化产业发展报告（2016）
著(编)者:张圣才 汪春翔 2016年10月出版 / 估价:128.00元

经济特区蓝皮书
中国经济特区发展报告（2016）
著(编)者:陶一桃 2016年12月出版 / 估价:89.00元

辽宁蓝皮书
2016年辽宁经济社会形势分析与预测
著(编)者:曹晓峰　梁启东
2016年1月出版 / 定价:79.00元

拉萨蓝皮书
拉萨法治发展报告（2016）
著(编)者:车明怀　2016年7月出版 / 估价:79.00元

洛阳蓝皮书
洛阳文化发展报告（2016）
著(编)者:刘福兴 陈启明　2016年7月出版 / 估价:79.00元

南京蓝皮书
南京文化发展报告（2016）
著(编)者:徐宁　2016年12月出版 / 估价:79.00元

内蒙古蓝皮书
内蒙古反腐倡廉建设报告 NO.2
著(编)者:张志华 无极　2016年12月出版 / 估价:69.00元

浦东新区蓝皮书
上海浦东经济发展报告（2016）
著(编)者:沈开艳 周奇　2016年1月出版 / 定价:69.00元

青海蓝皮书
2016年青海经济社会形势分析与预测
著(编)者:陈玮　2015年12月出版 / 定价:79.00元

人口与健康蓝皮书
深圳人口与健康发展报告（2016）
著(编)者:陆杰华 罗乐宣 苏杨
2016年11月出版 / 估价:89.00元

山东蓝皮书
山东经济形势分析与预测（2016）
著(编)者:李广杰　2016年11月出版 / 估价:89.00元

山东蓝皮书
山东社会形势分析与预测（2016）
著(编)者:涂可国　2016年6月出版 / 估价:89.00元

山东蓝皮书
山东文化发展报告（2016）
著(编)者:张华 唐洲雁　2016年6月出版 / 估价:98.00元

山西蓝皮书
山西资源型经济转型发展报告（2016）
著(编)者:李志强　2016年5月出版 / 估价:89.00元

陕西蓝皮书
陕西经济发展报告（2016）
著(编)者:任宗哲 白宽犁 裴成荣
2015年12月出版 / 定价:69.00元

陕西蓝皮书
陕西社会发展报告（2016）
著(编)者:任宗哲 白宽犁 牛昉
2015年12月出版 / 定价:69.00元

陕西蓝皮书
陕西文化发展报告（2016）
著(编)者:任宗哲 白宽犁 王长寿
2015年12月出版 / 定价:69.00元

陕西蓝皮书
丝绸之路经济带发展报告（2015~2016）
著(编)者:任宗哲 白宽犁 谷孟宾
2015年12月出版 / 定价:75.00元

上海蓝皮书
上海传媒发展报告（2016）
著(编)者:强荧 焦雨虹　2016年1月出版 / 定价:79.00元

上海蓝皮书
上海法治发展报告（2016）
著(编)者:叶青　2016年5月出版 / 估价:69.00元

上海蓝皮书
上海经济发展报告（2016）
著(编)者:沈开艳　2016年1月出版 / 定价:79.00元

上海蓝皮书
上海社会发展报告（2016）
著(编)者:杨雄　周海旺　2016年1月出版 / 定价:79.00元

上海蓝皮书
上海文化发展报告（2016）
著(编)者:荣跃明　2016年1月出版 / 定价:79.00元

上海蓝皮书
上海文学发展报告（2016）
著(编)者:陈圣来　2016年5月出版 / 估价:69.00元

上海蓝皮书
上海资源环境发展报告（2016）
著(编)者:周冯琦 汤庆合 任文伟
2016年1月出版 / 定价:79.00元

上饶蓝皮书
上饶发展报告（2015～2016）
著(编)者:朱寅健　2016年5月出版 / 估价:128.00元

社会建设蓝皮书
2016年北京社会建设分析报告
著(编)者:宋贵伦 冯虹　2016年7月出版 / 估价:79.00元

深圳蓝皮书
深圳法治发展报告（2016）
著(编)者:张骁儒　2016年5月出版 / 估价:69.00元

深圳蓝皮书
深圳经济发展报告（2016）
著(编)者:张骁儒　2016年6月出版 / 估价:89.00元

深圳蓝皮书
深圳劳动关系发展报告（2016）
著(编)者:汤庭芬　2016年6月出版 / 估价:79.00元

深圳蓝皮书
深圳社会建设与发展报告（2016）
著(编)者:张骁儒 陈东平　2016年6月出版 / 估价:79.00元

深圳蓝皮书
深圳文化发展报告(2016)
著(编)者:张骁儒　　2016年5月出版 / 估价:69.00元

四川法治蓝皮书
四川依法治省年度报告 NO.2（2016）
著(编)者:李林 杨天宗 田禾
2016年3月出版 / 定价:108.00元

四川蓝皮书
2016年四川经济形势分析与预测
著(编)者:杨钢　　2016年1月出版 / 定价:98.00元

四川蓝皮书
四川城镇化发展报告（2016）
著(编)者:侯水平 陈炜　　2016年4月出版 / 定价:75.00元

四川蓝皮书
四川法治发展报告（2016）
著(编)者:郑泰安　　2016年5月出版 / 估价:69.00元

四川蓝皮书
四川企业社会责任研究报告（2015~2016）
著(编)者:侯水平 盛毅　　2016年4月出版 / 估价:79.00元

四川蓝皮书
四川社会发展报告（2016）
著(编)者:郭晓鸣　　2016年4月出版 / 估价:79.00元

四川蓝皮书
四川生态建设报告（2016）
著(编)者:李晟之　　2016年4月出版 / 估价:79.00元

四川蓝皮书
四川文化产业发展报告（2016）
著(编)者:向宝云 张立伟　　2016年4月出版 / 定价:79.00元

体育蓝皮书
上海体育产业发展报告（2015~2016）
著(编)者:张林 黄海燕　　2016年10月出版 / 估价:79.00元

体育蓝皮书
长三角地区体育产业发展报告（2015~2016）
著(编)者:张林　　2016年4月出版 / 估价:79.00元

天津金融蓝皮书
天津金融发展报告（2016）
著(编)者:王爱俭 孔德昌　　2016年9月出版 / 估价:89.00元

图们江区域合作蓝皮书
图们江区域合作发展报告（2016）
著(编)者:李铁　　2016年4月出版 / 估价:98.00元

温州蓝皮书
2016年温州经济社会形势分析与预测
著(编)者:潘忠强 王春光 金浩　　2016年4月出版 / 估价:69.00元

扬州蓝皮书
扬州经济社会发展报告（2016）
著(编)者:丁纯　　2016年12月出版 / 估价:89.00元

长株潭城市群蓝皮书
长株潭城市群发展报告（2016）
著(编)者:张萍　　2016年10月出版 / 估价:69.00元

郑州蓝皮书
2016年郑州文化发展报告
著(编)者:王哲　　2016年9月出版 / 估价:65.00元

中医文化蓝皮书
北京中医药文化传播发展报告（2016）
著(编)者:毛嘉陵　　2016年5月出版 / 估价:79.00元

珠三角流通蓝皮书
珠三角商圈发展研究报告（2016）
著(编)者:王先庆 林至颖　　2016年7月出版 / 估价:98.00元

遵义蓝皮书
遵义发展报告（2016）
著(编)者:曾征 龚永育　　2016年12月出版 / 估价:69.00元

国别与地区类

阿拉伯黄皮书
阿拉伯发展报告（2015~2016）
著(编)者:罗林　　2016年11月出版 / 估价:79.00元

北部湾蓝皮书
泛北部湾合作发展报告（2016）
著(编)者:吕余生　　2016年10月出版 / 估价:69.00元

大湄公河次区域蓝皮书
大湄公河次区域合作发展报告（2016）
著(编)者:刘稚　　2016年9月出版 / 估价:79.00元

大洋洲蓝皮书
大洋洲发展报告（2015~2016）
著(编)者:喻常森　　2016年10月出版 / 估价:89.00元

德国蓝皮书
德国发展报告（2016）
著(编)者:郑春荣 伍慧萍
2016年5月出版 / 估价:69.00元

东北亚黄皮书
东北亚地区政治与安全（2016）
著(编)者:黄凤志 刘清才 张慧智 等
2016年5月出版 / 估价:69.00元

东盟黄皮书
东盟发展报告（2016）
著(编)者:杨晓强 庄国土　　2016年3月出版 / 定价:89.00元

东南亚蓝皮书
东南亚地区发展报告（2015～2016）
著(编)者:厦门大学东南亚研究中心　王勤
2016年4月出版 / 估价:79.00元

俄罗斯黄皮书
俄罗斯发展报告（2016）
著(编)者:李永全　2016年7月出版 / 估价:79.00元

非洲黄皮书
非洲发展报告 NO.18（2015～2016）
著(编)者:张宏明　2016年9月出版 / 估价:79.00元

国际形势黄皮书
全球政治与安全报告（2016）
著(编)者:李慎明　张宇燕
2015年12月出版 / 定价:69.00元

韩国蓝皮书
韩国发展报告（2016）
著(编)者:牛林杰 刘宝全
2016年12月出版 / 估价:89.00元

加拿大蓝皮书
加拿大发展报告（2016）
著(编)者:仲伟合　2016年4月出版 / 估价:89.00元

拉美黄皮书
拉丁美洲和加勒比发展报告（2015～2016）
著(编)者:吴白乙　2016年5月出版 / 估价:89.00元

美国蓝皮书
美国研究报告（2016）
著(编)者:郑秉文 黄平
2016年6月出版 / 估价:89.00元

缅甸蓝皮书
缅甸国情报告（2016）
著(编)者:李晨阳　2016年8月出版 / 估价:79.00元

欧洲蓝皮书
欧洲发展报告（2015～2016）
著(编)者:周弘 黄平 江时学
2016年7月出版 / 估价:89.00元

日本经济蓝皮书
日本经济与中日经贸关系研究报告（2016）
著(编)者:王洛林 张季风
2016年5月出版 / 估价:79.00元

日本蓝皮书
日本研究报告（2016）
著(编)者:李薇　2016年5月出版 / 估价:69.00元

上海合作组织黄皮书
上海合作组织发展报告（2016）
著(编)者:李进峰 吴宏伟 李伟
2016年7月出版 / 估价:98.00元

世界创新竞争力黄皮书
世界创新竞争力发展报告（2016）
著(编)者:李闽榕 李建平 赵新力
2016年5月出版 / 估价:148.00元

土耳其蓝皮书
土耳其发展报告（2016）
著(编)者:郭长刚 刘义　2016年7月出版 / 估价:69.00元

亚太蓝皮书
亚太地区发展报告（2016）
著(编)者:李向阳　2016年5月出版 / 估价:69.00元

印度蓝皮书
印度国情报告（2016）
著(编)者:吕昭义　2016年5月出版 / 估价:89.00元

印度洋地区蓝皮书
印度洋地区发展报告（2016）
著(编)者:汪戎　2016年5月出版 / 估价:89.00元

英国蓝皮书
英国发展报告（2015～2016）
著(编)者:王展鹏　2016年10月出版 / 估价:89.00元

越南蓝皮书
越南国情报告（2016）
著(编)者:广西社会科学院 罗梅 李碧华
2016年8月出版 / 估价:69.00元

越南蓝皮书
越南经济发展报告（2016）
著(编)者:黄志勇　2016年10月出版 / 估价:69.00元

以色列蓝皮书
以色列发展报告（2016）
著(编)者:张倩红　2016年9月出版 / 估价:89.00元

中东黄皮书
中东发展报告 NO.18（2015～2016）
著(编)者:杨光　2016年10月出版 / 估价:89.00元

中亚黄皮书
中亚国家发展报告（2016）
著(编)者:孙力 吴宏伟　2016年8月出版 / 估价:89.00元

皮书起源

“皮书”起源于十七、十八世纪的英国，主要指官方或社会组织正式发表的重要文件或报告,多以“白皮书”命名。在中国,“皮书”这一概念被社会广泛接受,并被成功运作、发展成为一种全新的出版形态，则源于中国社会科学院社会科学文献出版社。

皮书定义

皮书是对中国与世界发展状况和热点问题进行年度监测，以专业的角度、专家的视野和实证研究方法，针对某一领域或区域现状与发展态势展开分析和预测，具备原创性、实证性、专业性、连续性、前沿性、时效性等特点的公开出版物，由一系列权威研究报告组成。

皮书作者

皮书系列的作者以中国社会科学院、著名高校、地方社会科学院的研究人员为主，多为国内一流研究机构的权威专家学者，他们的看法和观点代表了学界对中国与世界的现实和未来最高水平的解读与分析。

皮书荣誉

皮书系列已成为社会科学文献出版社的著名图书品牌和中国社会科学院的知名学术品牌。2011 年，皮书系列正式列入“十二五”国家重点出版规划项目；2012~2015 年，重点皮书列入中国社会科学院承担的国家哲学社会科学创新工程项目；2016 年，46 种院外皮书使用“中国社会科学院创新工程学术出版项目”标识。

中国皮书网

www.pishu.cn

发布皮书研创资讯，传播皮书精彩内容
引领皮书出版潮流，打造皮书服务平台

栏目设置：

- □ 资讯：皮书动态、皮书观点、皮书数据、皮书报道、皮书发布、电子期刊
- □ 标准：皮书评价、皮书研究、皮书规范
- □ 服务：最新皮书、皮书书目、重点推荐、在线购书
- □ 链接：皮书数据库、皮书博客、皮书微博、在线书城
- □ 搜索：资讯、图书、研究动态、皮书专家、研创团队

中国皮书网依托皮书系列“权威、前沿、原创”的优质内容资源，通过文字、图片、音频、视频等多种元素，在皮书研创者、使用者之间搭建了一个成果展示、资源共享的互动平台。

自 2005 年 12 月正式上线以来，中国皮书网的 IP 访问量、PV 浏览量与日俱增，受到海内外研究者、公务人员、商务人士以及专业读者的广泛关注。

2008 年、2011 年，中国皮书网均在全国新闻出版业网站荣誉评选中获得“最具商业价值网站”称号；2012 年，获得“出版业网站百强”称号。

2014 年，中国皮书网与皮书数据库实现资源共享，端口合一，将提供更丰富的内容，更全面的服务。

皮书大事记
（2015）

☆　2015年11月9日，社会科学文献出版社2015年皮书编辑出版工作会议召开，会议就皮书装帧设计、生产营销、皮书评价以及质检工作中的常见问题等进行交流和讨论，为2016年出版社的融合发展指明了方向。

☆　2015年11月，中国社会科学院2015年度纳入创新工程后期资助名单正式公布，《社会蓝皮书：2015年中国社会形势分析与预测》等41种皮书纳入2015年度“中国社会科学院创新工程学术出版资助项目”。

☆　2015年8月7~8日，由中国社会科学院主办，社会科学文献出版社和湖北大学共同承办的“第十六次全国皮书年会（2015）：皮书研创与中国话语体系建设”在湖北省恩施市召开。中国社会科学院副院长李培林，国家新闻出版广电总局原副总局长、中国出版协会常务副理事长邬书林，湖北省委宣传部副部长喻立平，中国社会科学院科研局局长马援，国家新闻出版广电总局出版管理司副司长许正明，中共恩施州委书记王海涛，社会科学文献出版社社长谢寿光，湖北大学党委书记刘建凡等相关领导出席开幕式。来自中国社会科学院、地方社会科学院及高校、政府研究机构的领导及近200个皮书课题组的380多人出席了会议，会议规模又创新高。会议宣布了2016年授权使用“中国社会科学院创新工程学术出版项目”标识的院外皮书名单，并颁发了第六届优秀皮书奖。

☆　2015年4月28日，“第三届皮书学术评审委员会第二次会议暨第六届优秀皮书奖评审会”在京召开。中国社会科学院副院长李培林、蔡昉出席会议并讲话，国家新闻出版广电总局原副局长、中国出版协会常务副理事长邬书林也出席本次会议。会议分别由中国社会科学院科研局局长马援和社会科学文献出版社社长谢寿光主持。经分学科评审和大会汇评，最终匿名投票评选出第六届“优秀皮书奖”和“优秀皮书报告奖”书目。此外，该委员会还根据《中国社会科学院皮书管理办法》，审议并投票评选出2015年纳入中国社会科学院创新工程项目的皮书和2016年使用“中国社会科学院创新工程学术出版项目”标识的院外皮书。

☆　2015年1月30~31日，由社会科学文献出版社皮书研究院组织的2014年版皮书评价复评会议在京召开。皮书学术评审委员会部分委员、相关学科专家、学术期刊编辑、资深媒体人等近50位评委参加本次会议。中国社会科学院科研局局长马援、社会科学文献出版社社长谢寿光出席开幕式并发表讲话，中国社会科学院科研成果处处长薛增朝出席闭幕式并做发言。

速增长。据统计，截至2013年5月底，深圳市企业经营范围中包含有“劳务派遣”的企业有3012家。2012年12月28日，全国人大常委会颁布了《关于修改〈中华人民共和国劳动合同法〉的决定》，规定了经营劳务派遣业务必须经过行政许可，同时对劳务派遣的“三性”、机构设立条件、同工同酬3个方面进行了严格的规定，一定程度上提高了劳务派遣行业的准入门槛，减少了缺乏专业实力的企业进入市场的现象；人力资源和社会保障部也连续颁布了《劳务派遣行政许可实施办法》《劳务派遣暂行规定》，进一步明确派遣用工方式的适用范围和比例；广东省人力资源和社会保障厅制定了《广东省劳务派遣行政许可工作指引》等相关规定，对劳务派遣行政许可工作进行规范；深圳市也根据相关法律法规政策，细化行政许可工作流程，统一审批标准，出台《深圳市劳务派遣单位监管办法》，建立完善劳务派遣许可制度和监管制度，规范劳务派遣行政许可，严格行政管理，加大监督力度。经过两年多时间的规范和治理，目前深圳市劳务派遣行业发展已步入法制化轨道，劳务派遣机构大都能够主动咨询和申办劳务派遣经营许可，违法经营的机构已没有生存空间。而且劳务派遣机构利用法律漏洞谋取利益的浮躁心理已逐渐被打消，更加注重于规范业务管理和提升服务品质，进而促进了劳务派遣市场的健康、有序发展。

目前，劳务派遣机构倒闭的现象已经出现。与之相对应的是，少部分大型劳务派遣机构在市场上占主导地位。这部分劳务派遣机构无论是在派遣员工总量、业务规模，还是业务拓展能力等方面都占据着市场的主导地位。例如，深圳市劳务派遣员工超过10000人的机构只有8家，但派遣员工数量占比为42.06%。

2. 劳务派遣总量不大，没有成为企业用工主渠道，派遣行为和用工行为得到规范

深圳市劳务派遣不论从企业数量、派遣员工数量、用工单位数量还是劳务派遣业务收入，与北京市、上海市、广州市、苏州市等市相比，总量都比较小。而且相对于深圳市近千万劳动者，全市34万劳务派遣员工所占比例为3.8%，用工规模不大，劳动合同用工仍是深圳市基本用工形式，劳务派

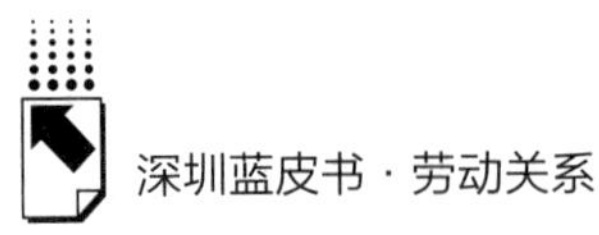

遣用工只是补充形式。而且约95%的劳务派遣工在“三性”岗位工作，非“三性”岗位员工1.9万人，占5.6%，劳务派遣制度在深圳市没有被过度使用。

3. 劳务派遣员工权益得到有效保障，劳动关系较为稳定

深圳市劳务派遣单位和用工企业普遍能遵守《劳动合同法》《劳务派遣暂行规定》等法律法规的一般性规定。获得许可的劳务派遣单位均与用工单位签订了劳务派遣协议，对劳务派遣员工的劳动报酬支付、工作岗位、休息休假、劳保用品的发放等都有详细的约定，并将协议内容告知劳动者。据调查，2015年下半年，劳务派遣员工劳动合同签订率达到100%，劳动合同期限为2年以及2年以上5年以下的约占比90%，成为劳务派遣合同签订期限的主流。同时，有8580人签订了无固定期限合同，同比增长10.9%。绝大多数劳务派遣员工的权利和义务受到法律调整和保护，劳动关系比较稳定，就业稳定性较高。从工资支付情况看，劳务派遣员工工资能够实现按月发放，没有拖欠的情况发生。深圳市企业劳务派遣员工的劳动报酬主要受市场规律调整，其在工资调整机制、加班费、绩效奖和社保、福利待遇等方面与正式工基本无差异，因同工不同酬争议申请劳动仲裁的案件极少，也没有发生由企业劳务派遣违法行为引发的严重影响社会稳定的群体性事件。

二　深圳规范劳务派遣管理的主要做法

（一）细化劳务派遣用工管理政策措施，加大对劳务派遣和用工行为的规范指导力度

一是研究制定本地区劳务派遣管理政策规定，围绕基层工作中反映的突出问题，适时召开劳务派遣行政许可和用工管理疑难问题研讨会，研究制定切实可行的政策措施和审批标准，完善许可制度和监管制度，推进用工管理的规范化、制度化建设。二是引导用工单位转变用工思路，采用服务外包、

岗位外包、流程外包、劳动事务代理外包等模式减少使用劳务派遣工，在法定时限内降至合法比例，不仅满足企业发展需求，而且保障就业形势平稳。三是督促指导用工单位建立健全内部统一的劳动报酬分配制度，对被派遣劳动者实行与本单位同岗位劳动者相同的劳动报酬分配办法，落实被派遣劳动者同工同酬的权利。

（二）建立完善监督检查机制，加强对劳务派遣市场的监管和应急处理

一是做好审批监管和日常行政管理。明确分工管辖，规范工作流程和文书，统一审批标准，对申请开展劳务派遣业务的企业严格把关，建立劳务派遣用工管理台账，月度、季度、半年度报表制度以及劳务派遣机构负责人“约谈”机制等，做好后续行政监管工作，依法清理和取缔不具备法定资质、违法派遣、损害劳务派遣员工权益的劳务派遣机构。二是开展劳务派遣用工情况调查。每半年度开展一次全市劳务派遣情况调查，掌握全市劳务派遣单位数量、规模，用工单位基本情况及劳务派遣行业分布情况，被派遣劳动者签订劳动合同、获得劳动报酬、参加社会保险等情况，建立管理台账，动态监测。三是配合深圳市商事登记制度改革，制订出台《劳务派遣单位监管办法》，加强事中、事后监管，完善劳务派遣单位监管体系，做好劳务派遣经营许可后续监管工作。

（三）培育扶持行业协会发展，推进劳务派遣机构标准化建设

结合对劳务派遣机构进行诚信管理与评价和规范发展的要求，以及结合深圳市“标准化战略”的推动，2015 年初，市人力资源和社会保障局与行业协会合作，启动了劳务派遣行业监管标准申报立项工作，将“劳务派遣机构服务规范”和“劳务派遣机构等级划分与评定”两项标准，向市场监管局申报立项，于 5 月获得批准，现已进入正式制定标准阶段，按计划于今年底出台，争取使深圳市对劳务派遣市场的规范化管理工作走到全国的前列。

三　深圳市劳务派遣用工存在的主要问题

经过两年多时间的宣传和规范，深圳市劳务派遣行业管理已步入规范化轨道，大部分劳务派遣机构都能够主动咨询和申办劳务派遣经营许可，违法经营的机构已逐渐没有生存空间。但由于法律法规不完善、监管手段不足等原因，劳务派遣行业还存在以下问题。

（一）劳务派遣单位总体规模偏小，承担责任能力差

现行法律法规对经营劳务派遣业务除了有注册资本达到200万元的明确要求外，对劳务派遣机构的经营场所、设施设备、工作人员资格资质等均无明确规定。劳务派遣行业的进入门槛低，导致现有劳务派遣单位总体规模偏小，上规模的企业少。深圳市注册资本为200万元的劳务派遣单位占总数的50%。而且企业在验资后抽资的行为非常普遍，一旦发生工伤、职业病、拖欠工资等劳资纠纷，200万元将会显得杯水车薪。

改革后的商事登记制度放宽了对住所要求，虚拟住所也可登记，给劳务派遣经营许可工作及后续监管带来了困难。尽管2013年修订的《劳动合同法》提高了劳务派遣机构的准入门槛，但是，劳务派遣机构的风险抵御能力仍然偏弱。

（二）劳务派遣退出机制不健全，非法劳务派遣监察执法手段缺乏

据调查，深圳市没有开展劳务派遣业务的持证派遣机构达到150家，占持证劳务派遣单位总数的22.9%。这些企业大多抱着取得市场准入先机，待条件成熟后再开展劳务派遣业务的想法，其中很多无法在今后激烈的市场竞争中开拓业务。对于这些持证又不开展经营的单位，人力资源部门不仅要进行审批还要进行监管，其占用了本来就很有限的行政资源，亟待建立退出机制。

还有一些企业，在申请劳务派遣经营许可时具备许可条件，取得了许可

证，但后来因为种种原因（如法定代表人逃匿、经营状况出现异常、变更后的住所不再符合许可条件等等）使其许可条件全部灭失或部分灭失，如何撤销劳务派遣经营许可也是一个难题。

另外在查处非法劳务派遣过程中，人力资源部门由于缺乏对无营业执照或经营许可证的劳务派遣主体的监管和打击的有效手段，往往只能采取驱逐、责令关停等方式，无法有效惩戒和整治相关的违法行为。

（三）异地派遣用工行为难以监管

外地劳务派遣单位跨地区派遣劳动者到深圳市工作的现象较为普遍。以深圳市宝安区为例，通过对用工单位的抽样调查，该区约有劳务派遣员工20 万人以上，但目前统计到的该区 139 家劳务派遣机构的数据显示，劳务派遣员工仅 5 万余人。由此可见，除了部分劳务派遣机构仍未申请经营许可外，还有相当一部分的劳务派遣员工属于异地派遣机构派遣。

深圳市派遣到外地的员工人数也在增长，2015 年下半年全市派遣员工异地参保人数为 42852 人，同比增加 23253 人，但与 2015 年上半年相比，环比减少了 2507 人。可见，受大环境的影响，异地参保的派遣员工也有所减少。但是，异地参保的派遣员工比重依然较高，给行业主管部门的监督管理带来一定的困难。“异地劳务派遣”因在工资发放标准、员工社保等方面存在一定隐患，极易引发群体性劳资纠纷。对异地派遣的监管缺乏手段和依据，各地区主管部门之间缺少监管和执法的协作机制，使异地派遣的监管成为一大难题。

（四）劳务派遣服务普遍同质化

劳务派遣专业性非常强，需要劳务派遣机构具备专业的服务能力和服务水平。其不仅需要具备相应的人力资源管理知识，还需要具备劳动法律、社保法律等相关法律知识。

然而，由于法律没有对劳务派遣的其他资质设置过多的限制条件，也没有对劳务派遣服务能力和服务水平做出更多的评价，因此，劳务派遣机构服务内容趋同性明显。其主要是在派遣员工招聘、劳动合同签订、代缴社保和个人所得税等较为低端的服务内容方面趋于同质化，对于法律及政策咨询、风险防范等附加值较高的服务内容却鲜有涉及。因此，为占领市场，劳务派遣机构不惜以低价格甚至零管理费来吸引客户。价格战日趋激烈，导致恶性竞争，不利于劳务派遣市场的健康发展。

同时，混业经营较为普遍，混业经营的劳务派遣机构没有更多精力开展劳务派遣服务，导致服务不专业，也是服务趋于同质化的重要原因。

（五）劳务派遣市场面临转型“阵痛”

国家法律法规和有关政策对劳务派遣的限制，特别是10%用工比例的刚性限制，使劳务派遣面临着转型困境。深圳市发布了《关于依法调整劳务派遣用工比例的通告》，将过渡期内的有关规定和相关的法律责任等内容通告了用工单位和劳务派遣机构。应该说，众多劳务派遣机构、用工单位已经在努力调整用工。

目前，用工调整方式主要有：将原来的派遣员工转为自己的正式员工；不再招用新的派遣员工，将原来招用的派遣员工慢慢消化，以逐步降低派遣人数和比例；采用与其他同行企业合并等方式以减少派遣员工用工人数；终止与劳务派遣单位的合作关系，不再使用派遣人员等等。无论哪一种方式，都会冲击劳务派遣机构多年来形成的组织架构、内设流程和核心人员构成，因此，在此背景下，劳务派遣机构面临着转型“阵痛”。在转型过程中，可能会出现派遣员工被解约的风险，可能会引发劳资纠纷等社会问题。

同时，出现了“劳务派遣”与“人力资源外包”相混淆的模糊地带。但目前的法律法规和有关政策并没有明确地界定劳务派遣用工的标准和条件，因此，可能会出现打“擦边球”的现象。

四　完善劳务派遣管理的思路与建议

目前劳务派遣行业存在种种问题的根本性原因归结起来主要有三点：一

是劳务派遣方面的法律法规多为原则性规定，缺乏配套的细则，造成现行立法严而不实，并进而导致可操作性不强；二是对劳务派遣单位缺乏行之有效的监管手段，监察力度不足；三是劳务派遣员工维护自身合法权益的渠道不畅通，维权难。为使深圳市劳务派遣机构规范有序健康发展，本文提出如下建议。

（一）完善劳务派遣管理地方性政策和制度

在国家、广东省没有出台相关配套规定的情况下，探索制定深圳市的具体实施细则或办法，进一步细化劳务派遣“三性”岗位、适用范围、机构准入条件、退出机制等，为全国统一的劳务派遣立法做出探索、积累经验。

建立健全劳务派遣市场行业规范。以标准化建设为契机，建立健全规范统一的劳务派遣服务内容和标准。发挥行业协会行业自律的作用，对不守诚信、服务质量差、恶意低价、扰乱市场秩序等行为，由行业协会进行行业谴责、通报批评等。建立劳务派遣机构等级评价机制，通过评价机制，达到树立行业典型、塑造行业品牌的目的，引导劳务派遣机构增强创新服务能力，完善内部管理制度，提高自身服务质量和服务水平。

建立健全劳务派遣单位黑名单制度。对无故克扣劳务派遣员工工资、福利，任意要求员工加班加点及不签订劳动合同等不法行为，依法查处和曝光，并列入行业黑名单。

（二）加强普法宣传培训工作

建立劳务派遣公益培训机制，对每个劳务派遣单位中层以上管理人员，有计划有步骤分层次进行劳动、社保和人力资源管理等方面的法律法规和专业知识轮训；鼓励和引导劳务派遣机构为管理人员参加技能培训创造条件。引导劳务派遣单位在选用管理人员时，优先考虑有一定教育基础、专业技能和掌握相应的政策法规知识的人员。通过培训，不断提升深圳市劳务派遣机构管理人员和业务人员素质，提高服务质量和服务水平，推进劳务派遣机构规范化、标准化建设。

建立健全劳务派遣员工人文关怀和心理疏导机制，及时帮助派遣员工解决思想情绪和心理健康上的问题，强化心理疏导工作。

（三）加大劳动监督执法力度

要做好劳务派遣用工管理工作，仅靠许可部门的审批监管和日常行政管理是远远不够的，必须加强劳动用工执法检查。实行书面审查和日常巡查相结合的监管制度，将劳务派遣单位、用工单位列为劳动监察日常巡查工作的重点，对其遵守劳动法律法规，尤其是劳务派遣用工相关情况进行调查，发现违法情况及时进行教育、责令改正；在巡查过程中同步开展普法工作，监督和引导企业规范使用劳务派遣。

在过渡期前后，重点加强对劳务派遣机构和用工单位恶意辞退派遣员工、拖欠派遣员工工资、不支付经济补偿金等侵害派遣员工合法权益行为的监督。

优化政府在线平台、手机 APP 和 12333 电话服务平台，进一步畅通举报投诉渠道。

建立并完善劳务派遣群体性事件预防预警机制。坚持“预防为主”的方针，建立人力资源和社会保障部门牵头、多部门联动、社会参与的预防机制；完善应急预案，明确分级响应，并督促劳务派遣机构、用工单位落实主体责任，及时妥善处置群体性事件；对来信来访来电中发现的苗头性、倾向性问题，及时进行分析研判和果断处置。

（四）加强协调联动

加强与工商、税务等部门的沟通协调，建立联合执法监督机制，完善企业信用信息征集和黑名单制度。

加强与司法机关的联动，对监督检查过程中发现的违法问题依法处理、处罚，对涉嫌犯罪的，依法移送司法机关处理。

建立跨地区执法监管协作机制。加强与兄弟省市单位的合作，相互之间定期通报信息，分别加强对劳务派遣机构和其分支机构及用工单位的监管。

当发现有不按规定为异地派遣人员缴纳社保或者发放劳动报酬、进行工伤认定等情况时，能够联动执法，分别对劳务派遣机构、分支机构、用工单位进行处罚，切实维护跨地区被派遣劳动者的合法权益。

以贯彻落实《广东省企业集体合同条例》为契机，推动工会加大工作力度，提高劳务派遣机构工会组建率和劳务派遣员工入会率，采取积极措施把劳务派遣员工组织到工会中来，探索建立覆盖劳务派遣员工的集体协商模式，保障劳务派遣员工的集体谈判和协商权利，切实维护他们的合法权益。

工会组织篇

Union Organizations

B.12

创新工会工作体制机制，在源头治理劳资纠纷中探索新突破

王同信*

摘　要：　深圳市总工会在源头建立治理劳资纠纷试验区，就是要在工会工作体制机制上进行改革创新，使工会组织有能力维护职工权益，有实力作用于企业和社会，形成促进劳资和谐共赢的新规则、新秩序、新机制。深圳工会有责任率先改革和转型，为源头治理劳资纠纷闯出一条新路。

关键词：　改革创新　源头治理　试验区　探索新路

* 王同信，深圳市总工会。

一　建设源头治理劳资纠纷试验区的出发点

2014年4月，深圳市总工会五届十一次全会明确提出“要恪守市场经济条件下工会工作的规律，建设有用工会、实力工会，办好源头治理劳资纠纷试验区”的工作思路。这是因为，深圳在我国市场经济和工业化进程中始终处在“领头羊”位置，率先发展的结果是劳资矛盾多发、先发。而市场经济和工会是一对天然的“孪生子”，在与市场经济相伴而生中，作为一种稳定机制，工会可以不断矫正市场失灵，保持劳资平衡，使劳动关系始终处于有序、规范的状态，从而保证经济社会发展的基本稳定。可以说没有一个有力量的工会，市场经济就不能正常运转；没有一个有作为的工会，市场经济就不会发展成熟。这就是全会上提出的有用工会、实力工会的本义，也是深圳建设源头治理劳资纠纷试验区的出发点。所谓源头治理劳资纠纷试验区，就是要在工会工作体制机制上进行改革创新，使工会组织有能力维护职工权益，有实力作用于企业和社会，形成促进劳资和谐共赢的新规则、新秩序、新机制。

近年来，深圳市总工会根据中央群团工作会议和习近平总书记系列重要讲话精神，始终坚持群众化的改革方向，主动适应和满足职工群众的组织化要求，使工会工作始终保持和增强政治性、先进性、群众性，这是工会组织改革创新的本质要求。坚持关口前移、主动作为，大力开展源头治理劳资纠纷试验区工作，在体制机制创新上寻求新突破，努力争当全省工会工作的排头兵。深圳工会有责任率先改革和转型，为源头治理劳资纠纷闯出一条新路。

二　推进源头治理试验区建设的改革举措

实现劳资纠纷的源头治理，工会具有不可替代的作用，其落脚点就在于打通工会联系职工的通道，提升职工组织化程度，推动劳资对话、沟通、协商、合作。这是试验区工作的重点，也是有用工会、实力工会的体现。深圳市工会总坚持以改革创新统领工作全局，试验区工作在密切与职工群众的联系，克服工会机关化、行政化倾向上下功夫，变以往的自上而下“层层动员、层层部署”为“共抓落实”，最大限度凝聚市、区、街道三级工会的工作合力；变以往的“自上而下发号召下指标”为“主动作为”，紧紧围绕“职工需要、职工参与、职工信赖、职工认可”来谋划和推动工作；变以往的“什么都要做”为“有所为有所不为”，突出重点，聚焦工会基本职责，突出维权和服务；变以往的“重上级工会评价”为“主要看职工认可满意”，真正实现把工会建设的权力和考核评判的责任交给职工。

（一）市、区、街道三级工会联动，为源头治理劳资纠纷凝心聚力

工会是群众组织，不是行政机关，办好源头治理劳资纠纷试验区不能靠“自上而下”行政命令式的运作方式，而是要“一竿子插到底”，直接深入到职工群众中，由市、区、街道三级工会直接抓一批企业的民主建会、抓会员服务，加强与职工群众的联系，把工作做到企业和职工当中。一是市总工会专门成立了试验区工作领导小组，其成员包括市、区、街道三级工会主要领导和市总工会相关业务部门负责人，形成了推进试验区工作的整体合力，做到统一领导、协调配合、步调一致，同时主动向当地党政领导汇报设立试验区的主要目的和主要工作，得到了党政领导和相关部门的高度重视和大力支持，有多个区的党政主要领导要求市总工会在本区设立试验区。二是领导小组成员带头转观念、转作风，市总工会领导和相关部门人员每周都要去试验区工作，与试验区党政部门以及工会干部并肩作战。三是集中资源向试验区倾斜。市总工会专门拨付450万元作为试验区工作经费，并要求相关区、街道总工会拨付配套资金共同支持试验区开展工作。四是鼓励支持各区、新区工会根据自身的实际和特点，因地制宜地推动试验区建设。比如，福田区总工会依托“大数据中心”和“综合治理服务中心”，推动构建党政部门与工会“多元共治”机制。宝安区总工会和龙华新区总工会在两个试验区周边设立工作站点，把试验区好的经验做法推广到这些站点中，形成“一区多站”的工作格局。

（二）加强企业工会民主建会，提升职工群众组织化程度

如何使工会为广大职工所接受和认可，是当前工会工作亟待解决的问题。实践证明，通过企业工会民主选举，把职工中有能力、有情怀的精英骨干推选到工会主席的岗位，是保证企业工会真正具有代表性，能够发挥凝聚力的关键。市总工会在试验区工会组织建设上通过依法推进民主建会，解决好工会如何产生、如何运作的问题。一是抓一批规模以上企业的民主建会，包括和平试验区的 34 家和银星试验区的 11 家。通过“一个主体、四个参与”的工作模式推动民主建会，即以工会积极分子和工人骨干为主体，广泛动员会员职工参与工会的筹备建立、民主选举、管理运作和开展集体协商。试验区以前所未有的力度直接指导了日立金融、福永理光、富士施乐等一批重点企业完成换届改选。以宝安和平试验区为例，5 家重点企业的换届选举中，涉及职工 11198 人，会员 8237 人，会员参与率达 95% 以上，日立金融工会的换届，历时四个月，共举行各种筹备会议、会员代表会议、选举会议 16 次，99% 的员工参与了工会选举。在重点企业工会换届选举中，工会认同度得到提高，工人开始对工会选举较真了。二是在小微企业当中建立工会小组。以和平试验区为例，80 个工业园区内的工会小组正在逐步建立，这些工会小组负责监督小微企业执行劳动法律法规，及时发现问题并与有关部门沟通，做到职工维权有人管，小问题可以及早发现，大问题不激化、不出社区。同时，以工会小组为基础的企业劳动监督工作与当地劳动社保部门预警系统联网，相比较以往依靠业主监督企业的做法，有效提高了劳资纠纷和违法事件的预警能力。劳动社保部门说，这才是工会要干的事情。春节前，两个试验区工会联合劳动社保部门，针对企业社保缴纳、工资支付及用工情况，对 48 家重点企业进行了检查，发现企业普遍存在社保缴交不足额、不齐全，一些小微企业不缴社保的问题，及时向劳动社保部门发出检查建议书。三是通过举办各种职工培训、会员服务等活动，积极发现和发展工会积极分子，并建立 QQ 群、微信群，加强工会积极分子的组织和交流。

（三）改革工会组织体系，建立相对独立的试验区工联会

现有的工会体系是“上大下小、头重脚轻”，工会各项工作的落实往往力不从心。为改变这种局面，市总工会把试验区工会联合会的改造，作为改革工会组织体系，夯实基层基础的重要一环，其特点有以下几点。一是相对独立的组织形式。试验区工联会改变了过去依附于社区党支部和工作站的状况，直接接受上级工会的领导，独立开展工作，指导服务企业工会，培育企业工会干部和工会积极分子。二是真正落实联合制、代表制。由具有代表性的重点企业工会主席担任工联会副主席，并承担实体性工作。三是以“职工之家”为阵地，以群众化的工作方法，围绕职工群众开展工作，并以此为平台，统合各种社会组织为职工服务。四是以一批职业化工会干部作为骨干。从一年多来的工作实践看，在工业社区建立一个相对独立的工会联合会是市总工会组织体系建构中一个非常必要的改革措施，工会联合会已经成为联系上下的枢纽和落实各项工作的支点。

（四）推进“聚力计划”，提升劳资对话协商能力

劳动关系不仅是劳动与资本的相互依存关系，更是人与人相互认同、相互依赖的关系，既然是人与人的关系，那就需要沟通、对话，而沟通和对话的前提是规则和方法。对企业来说无规则就无秩序，对员工来说无规则则诉求难以达成。由此出发，深圳市总工会经过探讨与研讨，开发了“聚力计划”并在试验区推行。“聚力计划”重点体现的是劳资平等协商的理念，纠正了工会过去大而化之的集体协商工作状态，直接作用于企业劳动关系本身，以明确的规则和有效的方法提升劳资对话的沟通能力。这个计划源于德国劳资协商六步法，具有很强的实践性和实效性。深圳市总工会投入73.8万元专项资金，通过互动式集中研讨、企业现场培训和集体协商实务分析等方式，对试验区内18家企业行政高管、工会主席、工人代表共计108人，用四个月的时间进行系统培训。在已经进行的第一轮集中培训中，企业管理层反映最为强烈，他们原以为这又是一次党委政府部门动员式的培训，意义

不大，而参加培训后发现，“聚力计划”针对性很强，方法科学，大家普遍反映大有收获；36名普通工人，非常难得地被上级工会邀请住在酒店里集中学习，不仅有机会和管理层一起探讨问题，而且更关键的是学会了一套方法来归纳整理自己的意见，在理性的沟通对话中实现自己的利益诉求，这让他们非常兴奋，同时也感觉到了作为工人代表的责任。

（五）建立一支专业性强的职业化工会工作者队伍

试验区工作成败与否，队伍建设是关键。市总工会把工作重点放在培养造就一支有理念、敢担当、懂方法、善做群众工作的工会干部队伍上，面向全国招聘了10名学历高、素质好、工人情怀深厚的职业化工会工作者，派驻到试验区工会联合会任职履责。为了使工作更加贴近职工实际，他们首先到工厂与工人同吃同住同劳动两周，之后又进行了两周的集中培训，其工作目标的设立是按照试验区内劳动关系的状态来确定，并根据职工的生产生活规律安排工作作息时间表，周六、周日上班，下午和晚上上班，平日休息，以便及时为工人和企业工会服务。一年多来，试验区工会干部在参与企业工会建设、处理劳资纠纷、开展工人服务等方面，工作勤勉、责任心强，在方方面面得到很高的评价。工会是追求公平正义的组织，从来不乏有人为之奉献与奋斗，只需要在工会工作体制机制上做出变革，营造真正干事创业的平台，就能激发工会积极分子的涌现，并吸引更多的人在工会干部这个岗位上实现自我价值。

三　着力探索“互联网＋”工会工作发展新路径

把互联网的优势运用到工会试验区建设、工会组织建设、职工维权处理和服务职工等工会重点工作当中，形成线上线下的双层互动。面对信息化和新媒体广泛应用的新趋势，市总工会积极推进“一中心两平台”建设，即建立市总工会信息中心、改版《深圳工运》、推出“深圳工会”微信公众号。2015年3月，市总工会官方微信“深圳工会”上线。这是一个集“工会资讯发布”“指尖上的职工之家”“工会工作掌上宝典”三大功能为一体的新媒体平台，是职工了解工会、参与工会和工会干部深入职工、服务职工的桥梁。

其核心任务是运用“互联网+”思维、新媒体思维、大宣传思维，通过新媒体平台，推动工会组织形式、运行机制、活动方式的转变和创新，实现工会与广大职工群众的网络互动、信息互联、工作互通，构建起网上网下相互促进的工会工作新格局，进而增强工会的组织力量。上线一年来，其用户总数近9万人，各类微活动参与人数达56万人次，获得“全国十佳创意设计工会新媒体”称号并位居第一名，同时入选全国最有影响力工会新媒体前20强。

（一）以职工为中心，打造工会维权和服务职工新平台

无论是发布工会资讯，还是进行热点新闻调查，或是开展微活动，市总工会都紧紧围绕职工群众所需所急所盼，直面工会工作存在的普遍性问题，不绕圈子，不忽悠职工，以职工喜闻乐见、便于参与的形式和方法，为职工群众提供贴心对路的服务，同时引导职工依法理性维权，真正达到舆论引导、宣传教育、精准服务的效果。广大工友“粉丝”们纷纷跟帖点赞。有的说，原以为“深圳工会”就是流于形式、走走过场的官方微信，但接触之后才发现，“里面都是干货，真的是站在百万打工子弟角度想问题办事情”；还有的说，“深圳工会”就像自己的老朋友一样，每晚下班之后一定会打开手机看看里面的新消息。

（二）求专求精，形成独具特色的工会工作新品牌

近年来，全国各地工会推出的新媒体平台多达2200多个，在深圳，各种微信公众号数量更是呈井喷式增长，在如此激烈的竞争环境下，“深圳工会”微信公众号能够脱颖而出，不是靠行政命令来下达任务，也不是靠“文山会海”来发号施令，而是遵循新闻传播规律和新媒体发展规律，在创新和质量上下功夫，通过市场化、专业化方式，形成富有深圳工会特色、吸引广大职工互动和参与的品牌效应。

一是坚持原创性。以原创性作品作为立足之本，从主题策划、内容生产、运营推广等方面探索创新。创作源于生活，信息中心的工作人员长期深

入基层，扎根于工会各项工作和活动的实践中，获得鲜活的创作源泉，用镜头和笔表达职工群众工作生活的点点滴滴。

二是追求精品。把工作标准放在高位，提升策划意识，注重品牌概念，推送出一系列主题鲜明、辨识度高、系统性强的作品。比如，工会推出"一张图读懂工会"系列，对工会知识进行深入浅出的图解；又如，"小明务工记""静静有问题"等栏目，用漫画的形式与职工互动对话，为职工答疑解难。

三是突出深圳工会特色。在深圳乃至广东，职工维权工作任务很重。市总工会立足微信的特点和传播规律，紧贴新闻热点，采用接地气、暖人心等的有效方式发出职工声音，表明工会立场。市总工会通过线上问卷和线下随机采访相结合的方式，开展"深圳职工高温津贴调查"，并通过"深圳工会"微信公众号，将调查结果以及工会组织的立场传递出去。由于高温补贴的发放涉及广大职工群众的切身利益，也高度契合新闻媒体热点，"深圳工会"发布的文章很快被中央、省、市多家新闻媒体和门户网站转载，由此引发社会各方对职工劳动保护和职业健康问题的深度关注。这种宣传和工作效果，是传统工会工作方式无法比拟的。

（三）线上线下互融共促，推动工会工作模式和工作方式的创新

把互联网的优势运用到工会组织建设、职工维权处理和服务职工等工会重点工作当中，形成线上线下的双层互动。如中秋节期间，市总工会精心策划了以"深圳工会·一起过中秋"为主题的微活动，邀请3000名农民工及其子女前往深圳著名景区游园。票务的发放，有一部分是按照传统的做法，通过基层工会分发，而其他更多的部分是通过网络在线登记、随机抽选、实名发放的方式进行。在此过程中发现，有三个试验区的职工工作做得最深入，和平社区试验区的工作做得最为扎实，把线上工作转化为线下工会组织建设的成果，来自和平社区的农民工回到企业后，纷纷主动参加工会的各项工作和活动，成为工会积极分子。实践证明，"互联网+"是工会工作方式的一种创新，但它绝不能代替扎实有效的基层工会组织建设。只有在建立线

上平台的同时，对线下工作模式和工作方法进行改造，形成完整的线上线下工作链条，才能开创“互联网+”时代工会工作新局面。

四　试验区的阶段性成果令人倍感振奋

深圳市总工会源头治理劳资纠纷试验区工作从准备到实施，取得了阶段性的成果。实践证明市总工会办试验区的决策是对的，方向和路子也是对的，这让我们倍感振奋。

（一）工人组织化的提升带来企业职工队伍的稳定

在以往的工作中，我们常常能感受到企业方对工会工作多有顾忌，甚至是抵制，总是担心建工会会影响工人稳定，谈集体协商会激发工人不断要求涨工资，但在试验区，工人组织化的提升带来的是企业职工队伍的稳定，工人流动率开始下降，大大减缓了企业招工困难。不仅如此，工会建设极大促进了劳资沟通，带来了劳资的相互理解和融合，工会的所作所为，是以合作共赢的劳动关系促进企业成长，这让企业看到了工会不可替代的作用，转变了以往的态度，开始更积极、更主动地与工会进行合作。企业是劳动关系的主要责任方，资方自觉认识到劳资聚力、劳资合作的重要性，是劳资纠纷源头治理的起点。

（二）劳资源头治理既实现了劳资“聚力”，也增强了党政部门和社会各方面的力量

市总工会直接抓的三个试验区所在的宝安区、龙岗区和龙华新区，是深圳的人口大区，占全市总人口接近一半，外来务工人员占各区总人口比例均在90%以上，社会服务的难度和压力非常大，劳资矛盾是社会的重点和难点问题，当地党政和社会各方面迫切要求工会在劳动关系治理中发挥作用。市总工会在三个区推进试验区工作，得到了三个区委区政府的高度重视，区领导亲自过问试验区工作，龙岗区还下发了支持工会工作的“1+6”文件，于2015年12月专门召开了工会工作会议，区委书记直接请求市总工会在龙岗增设市级试验区。

试验区工作的推进，让党政部门看到了工会在劳资源头治理中，不仅可以实现劳资“聚力”，也可以“聚力”党政部门和社会各方面的力量，虽然只是获得了初步的阶段成果，但已经得到了党政高度的认同。在春节前，宝安和平试验区所在的福永街道办事处，进行机关单位年度考核，福永街道总工会在24个部门互评和22位领导测评中，获得第一名，这在深圳工会工作的历史上是十分少见的。

（三）加强了工会工作的基层基础工作

以往企业工会总是希望上级工会多一些支持和关心，但由于种种原因，上级工会与企业工会的联系并不紧密。在市总工会的试验区，市、区、街道三级工会凝心聚力，帮助企业工会，支持企业工会开展工作，这让企业工会的同志感到腰杆硬起来了，已经开展工作的两个试验区，都建立了大型企业的工会主席和工会积极分子参与社区工会工作的机制，工会工作的基层基础得到了加强，职工认同度显著提高。

（四）工会在与劳工NGO的较量中开始显示力量

三个试验区中工业园区密布，农民工聚集，劳工NGO势力庞杂。试验区刚刚开办，NGO组织就把活动宣传摆在了工联会门口。试验区工会毫不惧色，敢于短兵相接。在福永试验区易佰特集体劳资事件处理中，劳工NGO就尝试主导事态的发展，然而随着社区工联会对事件的介入，其成功争取到了工人的信任，很多辞工的工人在拿到结算工资后专程来到工联会表达感谢，更邀请社区工联会专干参加他们的“庆功宴”。通过试验区的工作，工会的组织基础将进一步得到夯实。

市总工会试验区还处在初创阶段，但任重道远。下一步，市总工会将在改革创新上下大功夫，抓好一批重点企业的工会建设，让它们成为有用、有实力的工会，要继续大力推进“聚力”计划，并把积极分子队伍的建设摆上重要议事日程，同时加强各项服务职工的工作。市总工会要积极建设源头治理劳资纠纷试验区，真正落实习总书记的要求，使工会得到广大职工的认同，为构建和谐劳动关系发挥不可替代的作用。

B.13

保持和增强政治性、先进性、群众性，争当促进劳动关系公平正义的先锋组织

——对学习贯彻中央群团工作会议精神的思考

冯 力*

摘 要： 群团组织作为党联系人民群众的桥梁和纽带，肩负着巩固党执政的阶级基础和群众基础的政治责任。党中央、省委、市委的一系列决策部署，为深圳工会工作未来发展带来新的生机、创造新的条件，也提出了新的要求。如何深入学习贯彻习近平总书记系列讲话和中央群团工作会议精神，努力保持和增强工会组织的政治性、先进性、群众性，争当促进劳动关系公平正义的先锋组织，是深圳工会当前面临的一项重大时代课题。

关键词： 工会组织 贯彻精神 时代课题

2015年7月，党中央召开了党的群团工作会议，这在党的历史上还是第一次。这次会议既是一次工作会，更是一次群团工作改革创新动员会。习近平总书记在中央群团工作会议上的重要讲话，从推进党和国家事业长远发展的全局高度，系统阐明了党的群团工作一系列重大理论和实践问题，具有很强的战略性、思想性和针对性，是指导新形势下党的群团工作的纲领性文件。11月9日，由习近平总书记主持召开的中央全面深化改革领导小组第

* 冯力，深圳市总工会。

十八次会议，审议通过了《全国总工会改革试点方案》以及上海、重庆等地群团改革试点方案。12 月 9 日，广东省委副书记、市委书记马兴瑞同志主持召开市委常委会，专门听取了工青妇等群团组织的工作汇报。

群团组织作为党联系人民群众的桥梁和纽带，肩负着巩固党执政的阶级基础和群众基础的政治责任。党中央、省委、市委的一系列决策部署，为深圳工会工作未来发展带来新的生机、创造新的条件，也提出了新的要求。如何深入学习贯彻中央群团工作会议以及习近平系列讲话精神，努力保持和增强工会组织的政治性、先进性、群众性，争当促进劳动关系公平正义的先锋组织，是深圳工会当前面临的一项重大时代课题。

一　站在为党做好职工群众工作的高度，深刻领会中央群团工作会议的精神实质

贯彻落实好中央群团工作会议精神，首先要深刻理解、全面掌握会议的丰富内涵和精神实质。

（一）为党做好职工群众工作是新时期工会最重要的政治使命

习近平总书记指出，做好群众工作，保持党和群众的血肉联系，是当前全党重大而紧迫的政治任务。党的群众工作是通过群团组织开展的。工会组织是党联系职工群众的桥梁和纽带。工会联系群众的数量最多，涉及面最广泛，在经济社会发展中的作用最突出，也是最重要的群众组织，在群团组织当中具有举足轻重的地位。深圳地处改革开放前沿，社会思想文化和意识形态领域面临着严峻复杂的形势。在新形势下，深圳工会要始终把自己置于党的领导之下，保持政治清醒，增强政治定力，严守政治纪律和政治规矩，在思想上、政治上、行动上始终同党中央保持高度一致，把党的理论和政治方针路线转化为工会工作的行动指南，把党的决策部署变成职工群众的自觉行动，更好地发挥联系职工群众的优势，进一步为党做好职工群众工作。

（二）党对工会工作寄予厚望，深圳工会改革转型刻不容缓

中央群团工作会议对工会工作传递了一个更高的要求和期盼。但与党的要求和职工群众的期盼相比，深圳工会仍然存在一些突出问题。一是工会组织不同程度存在着机关化、行政化、贵族化、娱乐化（简称“四化）的现象，难以凝聚职工，特别是对新生代职工吸引力不够，还有很多职工游离于工会组织之外。二是工会组织体系“上大下小、上强下弱”的问题制约了基层工会作用的发挥，一方面使上级工会失去接触职工群体的正常渠道，无法及时回应职工群体的困难和要求，另一方面职工也无法把工会作为自身利益表达和维护的制度化渠道。三是一些工会干部存在“等靠要”思想，认为工会工作没做好，是因为没有得到足够的重视支持；有的认为自己本来就在边缘部门，就是“猪尾巴”，“有了不压秤，没了不好看”；还有的一说到工作就是要人要编制。上述问题的存在，使工会组织难以完成党赋予的团结和稳定职工队伍的重要政治任务，必须推进工会工作的科学、务实、转型。

（三）保持和增强政治性、先进性、群众性，是新形势下工会工作必须坚持的正确方向

工会干部不仅要有责任感、紧迫感，更要有明确的方向。这个方向就是习近平总书记讲的保持和增强群团组织的政治性、先进性、群众性。正如习近平总书记所说，政治性是群团组织的灵魂，先进性是群团工作的力量之源，群众性是群团组织的根本特点。这“三性”抓住了群团工作的本质属性和规律特点，深刻回答了群团事业坚持什么原则、朝着什么目标努力的问题。一直以来，深圳工会致力于探索适应市场经济的工会发展新路。2012年初，市总工会在总结梳理以往工作经验的基础上，确定了“民主选举产生、规范化运作、向职工群众负责”的基层工会民主建会工作思路，并积极付诸行动，初步奠定了基层工会体制机制改革的基础。然而，在全面深化改革的背景下，深圳工会迫切需要解决“四化”问题以及职工组织化程度低、企业工会能力不足、协调劳动关系机制不健全、职工群众维权诉求不能

得到很好满足、职工文化建设亟待提升等深层次问题，为维护职工权益和平衡劳资关系提供一整套完备管用的新规则、新秩序、新机制。要实现这个目标，零打碎敲不行，单兵突进也不行，必须是组织体系、运行机制、工作方式上的全面改革，在源头治理劳资纠纷上形成总体效应，使工会工作保持和增强政治性、先进性、群众性。

二　扎扎实实贯彻落实好中央群团工作会议精神，努力当好促进劳动关系公平正义的先锋组织

2015年9月召开的深圳工会第六次代表大会，把工作重点放在下大功夫着力解决突出问题上，并形成了整体工作目标、工作重点和具体措施，明确提出了“建设有用工会、实力工会，办好源头治理劳资纠纷试验区”的工作思路。所谓有用工会，就是在夯实党的阶级基础和群众基础上有用，在稳定劳动关系上有用，在回应职工维权要求，满足职工最关心、最直接、最现实的利益问题和最困难、最操心、最忧虑的实际问题上有用。所谓实力工会，是指工会作为一种制衡的力量，在实现劳资平衡、促进市场经济健康发展、创新社会治理等方面发挥独特的作用，有能力保持和增强工会组织的政治性、先进性、群众性。源头治理劳动关系，最早是马兴瑞书记在2013年底对广东工会提出的要求，深圳市总工会经过充分的研究，认为深圳工会组织可以在这方面进行探索，于是提出了创办源头治理劳资纠纷试验区的设想，并把它作为深圳工会开展体制机制改革创新的综合平台和重要抓手，使有用工会、实力工会成为一个有机的整体，涵盖工会工作的各个方面。现在看来，这个工作思路是符合中央群团工作会议精神的，也是对工会工作规律认识的深化。

（一）找准服务党政工作大局的着力点，积极推动和谐劳动关系建设

为党和国家工作大局服务，始终是群团工作的价值所在。与其他群团组

织不同，工会组织围绕中心任务建功立业的主战场在劳动关系领域。尤其是对深圳这个典型的企业社会来说，劳动关系是最基本、最重要的社会关系。企业劳动关系和谐了，社会和谐稳定才有坚实的基础。所以说，构建和谐劳动关系是深圳工会围绕中心、服务大局的根本切入点和着力点。

1. 认清当前深圳市劳动关系发展新形势

随着经济发展进入新常态，在增速放缓、结构优化、动力转换等因素相互作用与叠加影响下，深圳劳动关系不确定性风险不断增多，劳资矛盾不可避免地呈现长期性、复杂性、高风险性的明显特征。从劳资纠纷性质和内容看，一些历史欠账问题逐步暴露与现实利益矛盾集中爆发相互交织，个体权利争议大量存在与集体利益争议逐渐增多同时并存，劳动关系问题与其他经济社会问题相互关联，使得劳动关系更加敏感复杂。从劳资纠纷的诱因看，部分劳动者权益受到侵害，一些劳动者合理利益诉求得不到满足，导致了劳资纠纷高发、多发。由此可见，企业没有履行好劳动关系主体责任仍然是劳资矛盾产生的主要原因，也是当前劳动关系问题的症结所在。从职工集体行动看，他们在劳资争议事件中越来越呈现计划性、对抗性和隐蔽性，游离于工会组织的领导和控制之外。这些“无组织化”特征不同程度加大了劳资纠纷的处理难度。

2. 构建和谐劳动关系必须坚持公平正义的理念

市场经济和工会是一对天然的“孪生子”。工会作为一种制衡的力量，在矫正市场失灵、保持劳资平衡、确保市场经济平稳运行等方面发挥独特的作用，是市场经济条件下企业治理和社会治理的重要组成部分。从这个意义上说，工会工作是一项追求公平正义的事业。党中央《关于加强和改进党的群团工作的意见》提出，群团组织要加强服务群众和维护群众合法权益工作，重点帮助群众解决日常工作生活中最关心、最直接、最现实的利益问题和最困难、最操心、最忧虑的实际问题。党中央、国务院《关于构建和谐劳动关系的意见》（中央10号文件）也明确将坚持以人为本、共建共享作为构建和谐劳动关系的工作原则。这些工作要求都是着眼于促进社会公平正义而提出的。在构建和谐劳动关系过程中，深圳工会既要代表好、维护好、发展好职工权益，让广大职工更好地分享企业发展成果，也要充分调动和发挥劳资双方的积极性，主动适应经济发展新常态，促进企业健康持续发展，为促进劳资和谐共赢提供支撑点。

3. 要以法治精神增强构建和谐劳动关系的能力

市场经济是法治经济，市场经济条件下构建和谐劳动关系必须依法构建，在法治轨道上解决劳动关系深层次问题。经过 30 多年的不懈努力，我国已初步建立了一整套较为完备的劳动保障法律体系，这为依法构建和谐劳动关系、维护职工权益提供了重要制度保障。但从目前的情况看，有相当大一部分企业特别是小微企业的劳资纠纷，是由劳动保障法律法规落实不到位，甚至连底线标准都没有达到导致的。根据中央 10 号文件精神，工会参与和谐劳动关系的建设，在健全劳动保障法律法规、增强企业依法用工意识、提高职工依法维权的能力、依法处理劳资纠纷等方面都大有可为。而能否有所作为，归根结底取决于工会干部能否恪守法治精神以及运用法治思维和方式履职维权。我们也要看到，由于劳资矛盾不是一时一地出现的特殊情况，而是随时随地存在的普遍现象，对于普遍性问题就必须从制度层面加以解决。所以，工会构建和谐劳动关系的能力还体现在制度机制的建立完善上。实践证明，劳动合同制度、集体协商制度、企业民主管理制度、协调劳动关系三方机制等制度的建立完善是构建和谐劳动关系的关键环节，我们必须通盘考虑、大力推进，形成有机统一的制度体系，使其成为管用的新规则、新秩序、新机制。

4. 把开展集体协商作为工会推动和谐劳动关系建设的核心工作

在“资强劳弱”的格局下，集体协商在构建和谐劳动关系中具有不可或缺的重要制度价值，它能够给予劳动者以团体的力量，使其在处理劳资事务上与企业进行充分博弈。深圳工会的集体协商实践证明，在集体协商这个制度平台上，劳资双方都可以畅通地表达意见诉求，企业也可以清楚地了解职工的诉求和愿望，企业的各项决策能够及时让职工知晓并得到他们的理解和支持。当然，成功推进集体协商，实现真谈实谈，不仅需要劳资双方在理念认识上有所提升，还需要有一套管用的方式方法。

（二）围绕增强政治性、先进性、群众性的目标，坚定不移推进深圳工会改革创新

中央群团工作会议强调，群团组织要坚持与时俱进、改革创新，通过创造性工作增强发展活力，赢得群众信任。一直以来，深圳工会始终秉持敢闯敢试的特区精神，创造出“蛇口模式”“宝安模式”“理光经验”等多个具有深圳特色和时代特点的新鲜经验。在新的历史时期，我们应当以更大的责任担当，围绕切实增强和保持政治性、先进性和群众性的目标，把工会工作体制机制的改革创新推向前进。

1. 改革创新要增强问题意识，坚持问题导向

所谓改革，就是要破解前进道路上面临的深层次矛盾和问题。全面推进工会组织的改革创新，必须有发现问题的敏锐、正视问题的清醒和解决问题的自觉。习近平总书记在讲话中，深刻剖析了一些群团组织存在的机关化、行政化、贵族化、娱乐化问题，明确指出“四化”的核心问题是脱离群众。对照深圳的实际，“四化”问题在深圳工会系统中不同程度地存在。对此，深圳工会必须认真对待、深入研究分析。一是在工作模式上，上级工会应避免过分依赖行政手段，打破层层下达指标任务的行为惯性，直接走到基层，把工作做到职工群众中去，这是克服行政化、机关化问题的关键所在。二是在组织体系上，要解决工会组织“上大下小”、基层工会组织薄弱的问题，深圳工会仍然需要下大功夫、花大力气。三是在作用发挥上，深圳工会要解决的问题是如何突出维权主业，采取有针对性的措施回应职工群众的需求，提高他们对工会的认同度和参与度。这也是工会“去娱乐化”的重要方面。四是在队伍建设上，要建立一支稳定高效的职业化、专业化工会干部队伍，深圳工会仍然需要做出积极的探索和实践。

2. 改革创新要把源头治理劳资纠纷试验区作为重要平台

开展源头治理劳资纠纷试验区建设，是深圳构建和谐劳动关系的必然选择，也是深圳工会主动作为、改革创新的重要举措。自 2014 年 9 月以来，宝安区和平社区、龙华新区银星工业园、龙岗区嶂背社区三个市一级试验区

陆续开始运作。经过一年多的努力，试验区工作取得了阶段性成果。

（1）探索直接抓基层的管理体制和工作模式。与行政工作相比，工会工作不是靠一级抓一级，而是要一级做给一级看，以上率下。试验区的建设以市、区两级工会为主体，集中人、财、物的投放使用，同时充分调动各级工会的积极性，形成一个领导有力、支持有力、保障有力的管理体制。在这种管理体制下，市总工会的机关干部带着事关工会工作全局、事关职工福祉的紧要问题，把目光投到基层，力量放到基层，指导下到基层，资源倾斜到基层，在进试验区、下基层常态化的实践中寻找和检验真正解决问题的好办法，使试验区成为工会领导机关直接抓基层的“样板”。通过试验区的工作，市总工会的工作思路和重点工作得到了有效的落实。例如，深圳工会在试验区加大对企业工会经费返还力度的做法，不仅解决了企业工会经费不足的问题，而且促进了工会经费收缴工作的扩面增量。截至2015年底，和平社区试验区缴交工会经费企业数、经费总额比试验区成立前分别增长了100%、70%。

（2）构建纵横交织、有效覆盖的网络化组织体系。深圳工会对基层工会组织进行改革，形成一个以试验区工联会为核心、以大企业民主建会为支点、以小微企业工会小组为覆盖面、职业化工会工作者和工人积极分子相结合的网络化基层组织体系。在这个组织体系中，试验区工联会处于承上接下的枢纽地位。它一手抓大企业的民主建会，一手抓小微企业工会小组和工人兴趣协会的建立，立体化、多层面扩大工会组织覆盖面，最大限度把职工吸引到工会组织中来。这其中，发展工人积极分子是必不可少的重要环节。以和平社区为例，试验区工联会通过开展各项工作和活动，建立起11个工人兴趣协会，培养了以7人为核心、60人为组长、数以百计的工人积极分子队伍。他们当中的大多数从过去对工会不了解，到现在相信工会，有事愿意找工会，其中不乏有志于参与试验区工联会管理的人才。试验区工联会顺势而为，通过联合制、代表制的方式，吸引职工群众中的优秀人物担任工联会副主席、常委和委员，这包括了13家大企业工会主席以及4名来自中小企业、基层一线的员工，从而使工会组织“神经末梢”更加灵敏，

“毛细血管”更加畅通。

（3）以建设性劳动关系促进企业发展。推动劳资双方对话、协商、合作，形成建设性劳动关系，是试验区建设的一项重要任务。它不仅需要解决各方认识上的问题，而且要以强有力的企业工会能力建设作为支撑。3 月市总工会开发了以推动劳资对话、沟通、协商、合作为目标的“聚力计划”，旨在通过采用国际先进的对话参与式培训方法，对试验区多家企业进行集中培训研讨和单个企业跟进辅导，使企业管理者、工会干部和员工代表掌握系统的、有针对性的对话沟通方式、方法和工具，并付诸实践。从近半年的实践看，参加“聚力计划”的 18 家企业雇主对劳动关系的重视程度得到提高，职工的工会意识和理性规则意识以及企业工会的工作水平都得到很大的转变和提升。其中，和平社区的莱尔德公司主动将本企业 1000 多名劳务派遣工转为正式员工。

（4）建设一支有工人情怀和工会立场、善做群众工作、专业化的工会干部队伍。在三个试验区中，有一支素质高、业务强、作风好的职业化工会工作者队伍，他们活跃在职工群众当中，以满腔热情和高度负责的态度，凝聚和引导职工，竭尽所能为职工群众服务。这种爱岗敬业、甘于奉献的职业精神和能干事、干成事的履职能力，不仅来自于他们朴素的工人情怀，也来自于他们对群众化工作模式和方法的自觉践行。在入职之初，按照市总工会的安排，他们先到企业与职工同吃同住同劳动两周，然后再进行一段时间的集中培训，为了解职工、增进与职工的感情打下基础；在工作时间安排上，他们顺应职工作息特点，做到“工人休息、工会上班”，以便及时为职工和企业工会服务；在工作方法上，他们改变了过去下指标、派任务的模式，采用职工喜闻乐见的方式，如充分利用户外宣传，使用微信、QQ、小报纸等手段，举办各类职工活动，扩大工会影响力。

3. 改革创新要全面统筹、协同推进，实现可持续性

新形势下的工会改革创新，不是某个领域或某个方面的单项改革，而是全方位整体推进的全面改革。工会在全力抓好源头治理劳资纠纷试验区建设的同时，也要统筹兼顾地推进各项重点工作。比如，基层工会建设要

从保持数量增长向提高质量、发挥作用转变，按照“一个主体、四个参与”的原则推进企业工会民主建会，即以工人精英为主体，广泛动员职工会员参与工会的筹备建立、民主选举、管理运作和集体协商。又如，要扎实推进职工素质提升工程，全面提升职工群众岗位技能和科学文化素质。2015 年 5 月，市第三职业技术学校与德国莱茵 TÜV 集团签署《合作备忘录》，计划五年内共同培养质量管理、检测认证、卓越运营等方面的国际化质量管理人才 10000 名。这是一项重大创新举措，对于推动深圳质量建设、建设创新型城市具有十分重要的意义。再如，工伤探视工作是市总的一项重点工作，深圳工会要敢于直面困难、主动作为，通过工伤探视的常态化、制度化，督促用人单位改善劳动条件和工作环境，切实保障职工的职业健康和职业安全。在这里特别强调的是，工会改革创新要有可持续性，就必须符合劳动关系治理规律。治理不同于管理，它强调的是多方参与、协同治理的多主体治理体系，以及政治权力机制、市场交换机制、民主治理机制和社会自治机制等多重机制和方式交互作用的治理机制。这就要求深圳工会必须恪守市场经济条件下工会工作规律，遵循工会组织的性质和特点来开展工会改革工作，对劳动关系进行源头治理、科学治理。尤其是深圳工会要通过把企业工会建设好，在现代企业治理结构中凸显工会的重要性，使职工发展权益的维护有制度性保障。总之，深圳工会要确保各项改革措施的系统性、整体性、协同性，通过明确的责任分工和扎实有效的工作举措，推动各项改革创新措施的落实。

（三）进一步加强工会干部队伍建设，为贯彻落实中央群团工作会议精神提供强有力保障

在新形势下，深圳工会能否贯彻落实好中央群团工作会议精神，开创工会工作改革创新的新局面，关键在工会干部。深圳工会六大提出，全市工会干部队伍建设要“向职业精神要动力，向改革创新要活力，向文化建设要环境，向团队能力要保障”。深圳工会要紧紧围绕这一工作部署，进一步加强工会干部队伍建设，推动各级工会干部转观念、改作风、提能力。

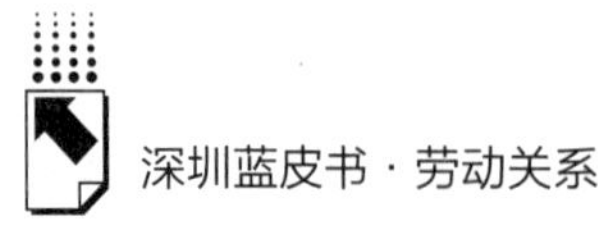

1. 坚持德才兼备、以德为先

坚持德才兼备、以德为先，既是党选拔任用群团干部的标准，也是群团干部提高自身能力素质的根本要求。“德”决定着自身的品质、形象、威信；“才”决定着一个人的能力、本领、水平。在德与才关系上，德是基础，才是条件；德是核心，才是关键；德是本质，才是属性。德好才不好，干不成大事；才好德不好，小才干小坏事，大才干大坏事。工会干部如何才能做到德才兼备、以德为先？首先，要做对工会事业负责任、敢担当的干部。工会干部是否德才兼备，不是看嘴上怎么说，而是要看他的行动，看他的事业心、责任感，看他是否敢担当、能担当。每一个工会干部都履行好自己的职责，管好自己的事，完成好党交给的任务，就是对工作负责，对自己负责。负责任的干部也一定是勇于担当的人，有干事创业的锐气，能够主动想事、努力办成事，而不是“等靠要”，更不是由别人推着来干。其次，要做有本事胜任工会工作的干部。每个职位都有相应的能力素质标准，要使干部的才能和职位相匹配，把岗位的需要、德才的要求、个人的素质综合起来考虑，做到人岗相适，人尽其才。工会干部要胜任本职工作，必须增强学习的自觉性，切实提高自身的履职能力，包括专业能力、助力企业发展的能力、劳资沟通的能力、参与企业管理的能力。最后，要做务实肯干的干部。深圳工会要切实履行好党赋予工会的重大政治任务，不辜负广大职工群众的期盼，必须有一大批务实肯干的干部，倡导求实务实的工作风气。

2. 把握好情、理、法

深圳工会要做追求公平正义的工会，工会工作能够在劳资平衡上切实发挥作用，为党做好群众工作，工会干部必须讲究方法，将情、理、法相结合，综合施策。所谓“情”，是指“工人情怀”，满怀对职工群众的深厚感情。有了这种感情，工会干部才会一如既往、持续不懈地为职工群众服务。同时，对于工会干部尤其是企业工会干部来说，这种“情”也包含了对企业的认同。工会干部能够关注企业的发展，为企业提出建设性建议，也是工人情怀的表现。所谓“理”，就是公正和公理。目前，大量的劳资纠纷反映的是利益性问题，只有晓之以理，才能以理服人。工会干部在协调处理劳资利益矛盾和冲突时，要出于公心，把握分寸，综合运用法律、政策等手段以及教育、协商、调解等方法，采取职工群众喜闻乐见的方式。所谓“法”，就是善用法治思维和法治方法。法治思维一般是指工会干部要具备相应的法治意识、观念，但更重要的是，要培养从内心价值观和态度上对法治的认同和尊崇，使其内化为日常生活方式。法治方式是运用法治思维处理和解决问题的行为方式，它要求工会干部在处理日常事务时，对有法律依据的，要严格按照法律和制度来执行；没有法律依据的，也要按照法律的基本原理进行比照处理，使之符合法的精神、合乎法理。

3. 正确处理好工作效率和工作质量的关系

市总工会明确提出，工会各项工作要提速、提质、提效。这里面包含了工作效率与工作质量的关系问题。如果只讲效率，不顾及质量，那么这个效率就是盲目的，在达到一定程度时就会超速出轨；如果只讲质量，不强调效率，就会丧失良机、耽误工作、迟缓发展。首先，要把工作标准定在高位，做每一件事都要一丝不苟，防止在重点工作、重大活动上有马虎的现象。其次，要加强规范运作。一方面，要通过加强各项制度规章建设，在制度和机制上防止不规范行为的发生。另一方面，通过加大督查督办力度，提高各项重点工作落实的质量和效益。最后，要切实转变工作作风，树立大局意识，追求务实的工作作风，营造单纯、简约、真诚、和谐的人际关系。

B.14 工会处理群体性劳资纠纷的研究与思考

李　青*

摘　要： 近年来，在产业结构调整和经济转型的大背景下，深圳企业频繁发生由搬迁、股权置换等问题引发的群体性劳资纠纷，各级工会组织积极应对，旗帜鲜明地维护职工的利益，在妥善处理劳动争议中，不仅仅着眼于事件的解决，而且彰显工会的立场，既引导工人依法理性维权，也教育企业尊重工人、尊重工会。本文分析了群体性劳资纠纷产生的原因和难点，提出了工会预防化解和处置群体性劳资纠纷的工作思路。

关键词： 工会组织　群体性争议　原因分析　工作思路

一　一宗群体性劳动争议的事情经过

2014 年 10 月，深圳丰华（化名，下同）公司约 670 名员工因补缴社保和住房公积金等事项进行了群体性停工，经过劳动、社保、工会等部门历时一个多月的共同努力，丰华公司制定出让员工基本接受的社保、住房公积金补缴方案，事件才暂时得以平息。其间市区工会组织劳资双方多次协商，为事件的妥善解决发挥了重要作用。2015 年 6 月，丰华公司因企业搬迁再次发生停工事件，约 251 名员工不同意随公司搬迁，提出补缴入职以来应缴而未缴的社会保险、补发入职以来克扣的加班工资、支付经济补偿金等诉求，

* 李青，深圳市总工会。

其间还有境内外组织和人员介入与插手，经过政府各部门和各级工会两个多月的努力，事件才得以解决。群体性事件虽然解决了，但由此产生的诸多问题及处理过程是值得认真总结和深入思考的。工会组织有必要分析群体性劳资纠纷产生的原因、处理难点及带有规律性的问题，进一步总结完善工会组织在处理群体性劳资纠纷时的思路与措施。

二 发生群体性劳资纠纷的主要原因

近年来，企业在产业结构调整和转型升级的过程中极易发生群体性劳资纠纷，据有关部门统计，群体性劳资纠纷数量呈不断上升的态势，究其原因主要有以下几方面。

（一）企业长期漠视与员工沟通，导致员工对其不信任

大部分企业对集体协商、对话沟通、劳动关系协调不够重视，企业劳动关系协调机制不健全，更未实现沟通协商的常态化。《广东省人力资源和社会保障厅关于做好企业转型升级过程中劳资纠纷预防处理工作的意见》（下称《意见》）对企业转型升级过程中如何预防和处理劳资纠纷做了相关规定。《意见》要求企业在转型升级前应向职工说明企业转型升级的原因、时间、步骤、相关变动事项和企业的发展前景等，如涉及用工管理和有关劳动关系、社保关系处置等重大事项，应提前如实告知职工，听取职工意见，依法保障职工的知情权、参与权、表达权和监督权。而大多数企业特别是发生群体性劳动争议的企业，在发生转型升级等重大事项时，没有提前告知全体员工，也未就公司目前的状况做出详细的说明，无视员工的知情权，从而让员工感到不被尊重，不愿继续与企业共进退，导致发生争议后也难以沟通。

（二）企业规避支付员工经济补偿导致纠纷频发

部分低端产业企业及一些来料加工企业，因产业结构升级调整会选择迁出深圳、向其他地区转移，这些外迁企业不愿承担支付经济补偿所带来的高

额成本，往往采取给员工放长假或提出随同前往外地的方式迫使员工自行辞职，从而达到规避支付经济补偿金的结果。员工对此当然不满，认为其合法权益得不到保障，纷纷提出解除劳动合同、要求经济补偿，或提出更高标准的补偿诉求，企业不愿给付，劳资双方僵持不下，难以达成一致。当前劳动者权利意识和维权能力又不断提高，他们普遍认为，个体抗争难以维护合法权益，寻求法律途径时间太长，很容易选择抱团集体反映诉求的方式，这就是在企业搬迁时，由员工要求经济补偿引发的群体性事件呈日趋增多之势的重要原因。

（三）历史欠账不断累积导致纠纷不可避免

伴随着企业搬迁、转型、股权变更等重大事项的发生，员工的未来将存在极大的不确定性，必然产生员工岗位变更，劳动条件、劳动标准变化以及裁员失业等一系列重大影响。从一些企业发生群体性事件中发现，长期以来一线员工的工资普遍偏低，其工资增长速度依然与经济的增长速度不相吻合。

同时还有部分企业在以往的管理中又存在侵犯员工合法权益的行为，积累了许多历史遗留问题，劳动者在企业搬迁、重组并购、转型升级过程中，就会向企业一并提出补发拖欠的工资、补缴未缴或少缴的社会保险等问题，这些都将成为群体性劳资纠纷的“导火索”与“触发点”。近年来，在不少企业搬迁、转型、股权变更时，员工不仅要求企业履行法定义务，还要求其给予更多的经济补偿，众多劳动者认为，这是弥补企业过去违法或不公的极好机会。

三　处理群体性劳资纠纷难度明显增大

（一）企业协调机制弱化，劳资利益博弈趋势显现

在劳动密集型企业搬迁、转型、股权变更过程中，员工往往在要求享受

足额工资报酬、补缴社会保险、补发克扣的加班费等基本维权诉求的基础上，进而提出增加工资、提高经济补偿金、提高福利待遇等其他要求，更高层次的重大劳资纠纷逐渐增多，这些重大劳资纠纷所涉及的不单纯是劳动者法定权益实现的问题，更多的是法定权利实现与合理利益分享纠合在一起，劳资利益博弈越来越明显。另外，当群体性劳资纠纷发生后，企业则束手无策，导致纠纷得不到及时调处，显示出企业劳动争议调解手段与机制的严重缺失。如何将劳资利益博弈引向规范有序的轨道，这是各级工会组织要积极面对的难点问题。

（二）职工组织性不强，使得劳资纠纷久拖不决

政府部门在处理利益之争时，行政权力不再是唯一迅速而有效的处理手段，组织劳资进行协商谈判开始成为处理群体性劳动争议的主要方式。但是，在一些群体性劳资纠纷的现场，政府部门工作人员总是面临“一盘散沙”的局面，政府部门力求组织劳资谈判，可是没有人愿意站出来代表职工收集诉求和进行交涉，或者推举的职工代表不是朝令夕改，就是集体谈判的水平较低，工人的目标是争取利益最大化，而这些代表的专业素质、谈判水平及职业道德都很难达到整体员工的满意度，使群体性事件的处理总是陷入进退两难、久拖不决的窘境。

（三）企业历史欠账过多，成为解决纠纷的最大障碍

部分“三来一补”等劳动密集型企业在其长期的经营中始终实行低工资策略，对员工的社保、公积金的缴纳不重视，存在没有按法律规定足额缴交，甚至不交等问题，当然也有员工自身不愿意缴交的问题。由于历史的原因，有关部门都过于强调追求 GDP，相关政府部门对企业的一些违法违规行为没有引起足够重视，助长了企业长期存在违法违规行为，使企业形成了一个固态思维，把违反相关规定节省的成本当成了地方政府的政策支持，并把此作为自己成本优势的一个重要方面。然而这种状态随着工人权利意识的增强、劳资纠纷频发而被打破，面对需要解决历史欠账时，企业没有做好足

够的准备。如丰华公司作为资方就长期存在着没有按照工人应发工资标准缴纳社保和公积金的行为，但在员工提出企业要对过往行为做出补偿时（比如补缴两年前的社保），相关的养老保险政策又不能支持其诉求，这就使得劳动争议发生后问题难以迅速得以解决。

四　工会能够在处理群体性劳动争议中发挥重要作用

（一）工会维护员工权益得力，为群体性事件的及时解决产生积极作用

丰华公司劳资纠纷事件可以分为两阶段，第一阶段是2014年底工人的罢工，第二阶段为2015年6月的第二次罢工。对于这两个阶段，市、区、街道三级工会都及时介入，参与事件的调处，并采取有效措施控制事态进一步扩大。其主要做法有以下方面。一是及时介入。发生罢工事件后，工会能第一时间介入，区和街道的工会干部及时进厂，到员工中去面对面交流，听取职工的诉求、收集职工的意见。二是耐心释法。设立了员工法律咨询服务点，开展法律法规的宣传活动，引导其理性思考，合法维权。三是努力调解。市区工会、维稳办、劳动、社保、公安部门进行了反复沟通，对整个事件的发生和调处情况做了全面了解，并研究解决方案；市总工会指导区总工会积极做公司负责人的思想工作，要求其必须承担法定的补偿责任；市区工会以维护职工合法权益为出发点，积极搭建劳资双方协商沟通平台；工会在厂内设立固定工会服务点，指派律师和心理咨询师定期在厂内驻点值班，为员工提供贴心服务，让工人从心里认可工会。事实表明，工会的工作取得了较好的成效，在现行法律法规下为员工争取了最大的利益，员工对调处的结果基本满意，事件得以有效解决。

（二）工会有效开展工作，最大化争取广大职工群众的信任

工会只有在工资纠纷的调处中积极维护员工合法权益，才能争取职工群

众信任。一些民间维权组织和个人在介入劳资纠纷事件时，为了影响员工，往往会给员工很大的希望，无论员工的要求是否合理、方式是否得当，他们都会承诺在先，能不能得到实际解决则不在其考虑范畴。这在一定程度上会导致调解工作开展起来比较困难。工会的工作是把工人的利益放在首位的，只要工会在开展工作中客观、准确地向工人展示维护其利益的行为，最终事件的发展又确实印证了工会的分析和行动，工人就自然而然对工会产生认同。丰华公司劳资纠纷事件就是这样，员工一开始似乎是不听工会的话，经过市、区、街道三级工会的共同努力，员工慢慢认可了工会为他们所做的工作，也认识到工会是站在他们的立场上客观地为他们争取最大利益的，所以在事件发展的两个阶段中，员工最后都主动来寻求工会帮助，也认识到工会才是真正为他们着想的娘家人。

（三）工会充分履行职责，起到党沟通职工群众的桥梁纽带作用

习近平总书记在党的群团工作会议上明确指出“群团组织必须始终站在党和人民的立场上，坚持为党分忧、为民谋利，把思想政治工作贯穿所开展的各种活动，多做组织群众、宣传群众、教育群众、引导群众的工作，多做统一思想、凝聚人心、化解矛盾、增进感情、激发动力的工作”。市总工会始终贯彻上述精神，在调处丰华公司群体性事件中，首先对可能发生的情况做了分析研判，同时提出如何妥善解决群体性劳动争议的建议：一是建议区政府相关部门在处置事件时多考虑员工的合法利益，尽量采取协商谈判的方式平稳处理，避免员工采取极端手段维权；二是要求区总工会和街道总工会在代表员工维护其合法权益的同时，关注员工的生活状况和条件，遇到生活上有困难的员工要及时提供帮助；三是建议区相关部门加强联动，采取有效措施，防止员工被误导和操纵。

五　工会预防化解和处置群体性劳资纠纷的思路

近年来，在产业结构调整和经济转型的大背景下，深圳企业频繁发生由

搬迁、股权置换等问题引发的群体性劳资纠纷，各级工会组织应积极应对，旗帜鲜明地维护职工的利益，在妥善处理劳动争议中，不仅仅着眼于事件的解决，充当消防员的角色，而且要在解决事件的过程中，彰显工会的立场，培养工人的规则意识和工会意识，通过事件的解决，既能引导工人依法理性维权，也能教育企业尊重工人、尊重工会。

（一）源头治理频发的群体性劳资纠纷

劳资纠纷常发、多发，调处的难度越来越大将是未来相当长一段时间的常态，治理“三欠”（欠薪、欠缴社保和欠缴住房公积金）将是今后工会工作的重点。工会应该未雨绸缪，及时掌握企业劳动关系的动态，着重解决影响劳动关系和谐稳定的突出问题，全面构建和谐劳动关系的有效机制。一是搭建信息平台。充分发挥各级工会信息收集平台的作用，高度重视舆论的收集工作，督促基层工会切实履行好“第一知情人”“第一报告人”的职责，同时要善用网络媒体、微信等平台，给员工提供表达、沟通、了解和互信的机会，让员工在遇到劳资纠纷矛盾时，愿意将工会当作值得信任的力量，帮助促进事件解决。二是建立协商机制。积极推动企业劳资双方就工资标准、工作时间、劳动安全、生产条件等关系员工切身利益的问题，开展真正意义上的集体协商，按照“防调结合，以防为主”的工作原则，因地制宜，畅通企业内部劳资双方沟通渠道，调动劳资双方化解纠纷的主动性和积极性。三是及时反映员工意见与问题。充分听取广大员工的意见，积极向政府有关部门反映员工最迫切需要解决的问题，建议有关部门在社保和公积金政策的制定、协调时要进行社会稳定的风险评估，保证决策的科学性，同时要求相关部门认真研究企业欠缴社保和住房公积金的处理办法，防止今后员工在社保和公积金问题上追索利益引发大面积或反复性的劳资纠纷。

（二）有效解决损害职工利益的历史欠账

由于长期以来过度重视地方经济发展，一些政府部门对企业不缴或少缴社保、严重超时加班、拖欠加班工资监管不力，出现被动执法、选择性执法的情况，侵犯员工权益的行为没有及时得到纠正，以牺牲员工权益作为经济发展的代价，阻碍了劳动法律法规的全面贯彻实施，职工的利益长期受到损害，形成很多的历史欠账，给社会的和谐发展带来了不稳定因素。随着人口老龄化和人口红利的逐渐消失，新生代农民工对利益诉求的高度关注以及法治社会的发展，滞后的管理模式必须改变，企业对员工的历史欠账也应该得到彻底解决。

丰华公司劳资纠纷就具有明显的代表性，公司属劳动密集型企业，其员工年龄普遍偏大、退休问题比较突出。由于企业少缴或不缴社会保险的历史问题，不少即将退休的老职工因为国家社保的规定可能无法领取或少领退休金，而政策的不明朗给调处相关劳资纠纷事件增加了很大难度。根据深圳社保的有关规定，补缴社保是有规定的期限，即使企业同意全额补缴，也只能补两年的社会保险。这一规定在实践中使得企业的违法成本过低，并严重损害了员工充分享受社会保险的权利。各级工会组织要与企业开展协商，妥善解决相关的历史遗留问题，另外要积极向人大和政府有关部门提出尽快就社保的缴交问题修改现行地方法规或政策指引。

（三）提高工会参与处理职工群体性事件的能力

当群体性劳动争议发生时，大部分企业对员工要求经济补偿的请求，采取拒不支付的态度，这就给处置纠纷带来很大困难，劳资冲突就不可避免升级，但有一个好的工会组织和工会干部，可以使一些劳资纠纷不发生、少发生，即使发生了，其激烈程度也会有所降低，解决的过程也更加有序规范。因此各级工会在推动劳资纠纷预防、预警、处置一体化建设时，更要努力提高其参与处理群体性事件的能力。一是建立群体性劳资纠纷排查化解制度。实行每季度定期信访隐患排查工作，在“两会”、重大节日和重大活动前夕均做好信访隐患排查工作，根据排查情况，及时与各区及基层工会沟通，采取有效措施，使群体性劳资纠纷在源头上得到控制与平息。二是建立群体性事件的报告制度。市总工会定期召开各区信访联席会或工作会议，交流经验、互通信息、排查隐患，分析探讨工会信访疑难问题，部署工作。强化各区建立重大、群体性事件的报告制度。严格落实职工群体性事件处置预案的各项规定，妥善解决职工群众的问题与诉求，有效化解劳动争议和群体性事件。三是举办劳动争议调处专题培训班。市区工会每年举办多期劳动争议调处培训班或座谈会，坚持理论与实践相结合的原则，培训内容包括工会工作思路、劳动法律适用、劳动争议处理技巧与方法及工作要求，同时，邀请有实操经验的工会干部开展案例教学。通过规范化辅导培训，提高工会干部应对群体性事件和调处劳动争议的能力，使其在维护职工合法权益、构建和谐劳动关系中切实发挥作用。

B.15

让农民工实现体面劳动

——关于农民工问题的几点思考

潘 洋*

摘 要： 党中央、国务院提出对进城农民工要“公平对待，合理引导，完善管理，搞好服务”。中华全国总工会对农民工工作进行了一系列总体部署，深圳市总工会按照全总的要求，把农民工工作摆在工会工作更加突出的位置，让农民工体面地、有尊严地发挥主力军的作用，让工会成为新时期加强社会建设的重要平台。本文就农民工进城务工对社会经济发展的影响、如何帮助农民工实现体面劳动、工会在关爱农民工方面要有所作为等方面提出思考与建议。

关键词： 农民工 体面劳动 思考建议

当前，深圳市场经济改革已经步入深水区，社会发展正处在新的历史节点上，工会工作也面临新的机遇和挑战。在城市的劳动大军中，农民工已占据半壁江山，他们对城市的发展起着举足轻重的作用。党中央、国务院早已提出对进城农民工要“公平对待，合理引导，完善管理，搞好服务”。中华全国总工会对农民工工作进行了一系列总体部署，深圳市总工会按照全总的要求，把农民工工作摆到工会工作更加突出的位置，让农民工逐步享受市民

* 潘洋，深圳市总工会。

待遇、提升发展空间，依靠诚实劳动开创美好未来，让农民工体面地、有尊严地发挥主力军的作用，让工会成为新时期加强社会建设的重要平台。

一　农民工进城务工对社会经济发展的重要影响

农民工是特殊历史时期出现的特殊的社会群体，其出现是由我国实行的户籍管理制度决定的。在20世纪末，我国正值改革开放初期，出现了闻名中外的“打工潮”，当时政府鼓励各地大量招商引资，城市大规模的工程建设项目及大批外商投资企业、“三来一补”企业需要大量的一线工人，城市发展需要劳动力支援。我国农村人口众多，农耕面积小，农民收入有限，城市建设的劳动力缺口，正好由农村富余劳动力补上，所以在劳动力调配方面，出现了农村支援城市的局面，农民工群体的出现，是我国产业结构调整和社会转型的必然，也是社会进步的写照。

（一）农民工的发展历程

自1989年以来，成千上万的农民陆续涌入全国各个城市，开始了自己的打工生涯，他们用自己辛勤的劳动和汗水，为城市的发展注入了生机与活力，对城市建设是功不可没的。同时农民工的生存状况也受到全社会的关注，互联网上很多文章都做了详细的报道与分析，引起了中央和各级政府的高度重视和充分肯定。随着市场经济的深度发展，农民工进城务工，解决了城市用工荒的问题，与城市户籍职工相比，农民工是低成本的劳动力，他们工资低，福利少，还减少了城市在管理、公益、福利、培训等方面的基本支出。他们支撑着城市的环卫、家政、建筑等行业，城市里的高楼大厦、立交桥、火车站、公路、地铁等建筑物和设施，都是农民工一砖一瓦修建起来的，他们已成为城市建设和服务的一支重要力量。同时他们加入了城市的消费族群，把接近一半的收入用来在城市里直接消费，也拉动了城市消费，是当今城市发展不可或缺的一部分。

与此同时，农民工在城市生活工作中也有几大尴尬境遇。一是身份界定难。农民工是介于农民和工人之间的角色，他们虽然和城市职工一样干活，却在福利待遇、休息休假、合法权利等方面无法与正式工人相比。二是签订合同难。企业对集体合同的履约不到位，对农民工的劳动关系管理不规范，不签或随意乱签劳动合同的现象突出。三是提升技术难。农民工受教育程度不高，学习能力不强，缺乏系统的教育和专业技术培训，社会就业信息极不对称，致使找工难，找好工作更难。四是安全生产保护难。一些企业工作环境恶劣，在劳动安全措施、工伤保险以及为农民工购买意外伤害保险方面做得不到位。有资料显示，我国每年因工致残的人员中农民工占绝大多数。五是薪酬维权难。农民工工资水平普遍偏低，企业欠薪情况屡屡发生，农民工在获取他们应得的劳动报酬方面，还常常得不到保障，维权之路漫长艰辛。还有的老板扣押证件，强行收取“保证金”，延长劳动时间，克扣加班工资，等等。六是融入城市难。农民工有其特有的群体特征，他们在城市里相对比较封闭，生活空间有限，他们看重血缘、亲缘和地缘关系，喜欢小群体活动，不知道或不愿意参加正式组织，如党组织、工会组织、团组织、妇联组织等。

（二）农民工在企业的际遇

随着我国经济体制改革的不断深化，农民进城务工队伍不断壮大，超过1.5亿的农民工分布在各行业、企业、商户及家庭，在城市发展建设中发挥着不可替代的作用。然而，从这几年的调研情况看，农民工的现状堪忧。

一是进城务工的农民工政治待遇缺位，劳动技能单一，工资收入偏低，休闲方式单调。最令他们揪心的是，子女教育方面融不进城市，家庭问题比较突出。究其原因，从宏观上讲，国家尚未建立农民工的法律保障体系。从社会认知度上讲，社会尚未对农民工形成平等正确的认识心态。从微观意识上讲，农民工自身也存在着文化水平、综合素质和职业技能上的不足。他们多数来自经济欠发达或贫困地区，因受教育程度、生活生存的规律性与城市居民不同，他们比较注重物质方面的追求，不懂体谅企业的难处，缺乏产业工人应有的纪律和担当，缺乏城市文明生活的习惯，缺乏为理想、为祖国奋斗的远大目标，等等，致使其融入城市的阻碍大。

二是农民工在企业工作也存在一些不尽人意之处。他们干工作较为随意，损坏机器就辞工，来去自由，缺乏纪律约束，缺乏职业道德，缺乏对工作的专一，缺乏对集体决定的服从，缺乏对专家技术权威的敬畏。他们和城市居民不一样，城市工人只有打工一条路，别无选择，所以一般都会很珍惜工作机会，对企业忠诚，期盼水涨船高，企业好自己也就好。而农民工有退路，亦工亦农，家里有田地，如果没有工作，可以回家种田，照样有饭吃。农民工还缺乏务工常识，对城市管理、社会规范、交通安全、职业道德等基本规则知之甚少，只能从事简单的劳务性工作或从事体力劳动。他们愿意学习但缺乏学习机会，对外部信息了解和接收的能力弱，与陌生人沟通交流能力弱，在竞争中通常处于劣势，所以就业难度越来越大。

（三）新生代农民工的机遇

所谓新生代农民工，是指20世纪80年代和90年代出生的农民工，他们不同于父辈，以有没有发展前景为准则，以能留在城市为目标，对未来发展有信心，对未来充满了希望，对工作的选择会从兴趣出发。他们大多没有从事过农耕劳作，对农村陌生，对城市熟悉。他们愿意到环境好、地位高、收入高的岗位工作，对上司态度、工作氛围要求高，稍不如意就跳槽。他们一般是儿童时期在农村，由爷爷奶奶带大，学习阶段在父母身边，在城市就读边远学校、民营学校或农民工子弟学校，大部分在城市接受教育，和城里的孩子一样呼吸城市空气成长，他们的文化素质整体较高，对再教育的需求也较高。他们中的大多数已经不适应农村生活，他们努力留在城市，希望融入城市，他们流动的动机在很大程度上已经不是谋求生存，而是寻找更好的机会，希望通过学习、培训、升职、婚恋等多方努力，向追求平等、追求现代生活转变。他们将渐渐脱离草根阶层，向精英阶层转变。他们在综合技能、文化水平上和父母辈不可同日而语，他们的生活方式和思维理念更贴近城市，他们对城市表现出较强的认同感，把城市看作未来的归属。经过长时间的推移、知识的沉淀，新生代农民工出现了两极分化的情况，部分学习能力强的孩子能够利用努力学习的专业技术，在企业谋求到体面的工作，结婚生子，过上幸福生活。部分学习一般的孩子，没有学到什么职业技术，较难进入城市正式就业岗位序列，有相当一部分人总是在跳槽，一年到头收入所剩无几，甚至入不敷出。他们也想创业，也想做老板，可是创业时遇到资金、技术、创新等困难。农民工缺乏社会经验，缺乏充足资金，缺乏人际关系，缺乏竞争力，因此，创业成功率不高。

随着信息网络技术的发展和城市的智能化转型，新生代农民工也开始学习、享受网络技术带来的工作技术和生活便利，向先进生产行业、高科技领域进军。我国经济发展已经开始从劳动密集型向技术密集型生产方式转变，新生代农民工已经成为产业工人的后备力量。传统的纺织业、机械工业、钢铁、有色金属、矿产业、建筑业等行业的生产模式将逐步向工业化、标准化、规模化、信息化等生产模式转变，推动产业升级，优化劳动力结构，大幅提高劳动生产率。21 世纪，整个社会在飞速发展，人们在追求进步、追求卓越，只要肯学习，刻苦钻研技术，通过专业培训考核，传统意义上的农民工可以转变成为新型产业工人。未来经济的转型发展，不仅会推动大量农民工向产业工人成功转化，还将为新型城镇化建设的良性发展做好人才储备。

（四）农民工对未来的期望

“其实不想走，其实我想留”，这句歌词真实道出了农民工群体的心声，进城打工是起步，留在城市体面生活是目标。可是，进城容易留城难，独在异乡为异客，他们不想成为城市的过客，从求生存到求发展，从就业到创业，从流动到定居，农民工经历了两代人的努力和期盼，个中的艰辛是难以想象的。农民工的具体期望包括以下几方面。

一是要有合理的分配保障机制。工资收入每年保持适度增长，确保工人按时足额领到工资，杜绝拖欠工人工资的现象。希望享受同工同酬，享受城市福利。

二是依法享受社会保障。希望政府制定符合农民工特点的有关规定，监督企业给农民工购买“五险一金”，按照法律规定为农民工缴纳社会保险。

三是加强职业技术培训。整合社会培训机构，多管齐下建立农民工继续教育培训系统，帮助农民工用最低学费学到最实用的专业知识和新技能，对转型企业农民工免费进行转岗技术培训。

四是改革教育体制。尽快建立农民工教育待遇市民化，有教无类，让适龄孩子享受同等教育机会，让孩子掌握到真才实学，做到学以致用。

五是保证居者有其屋。让农民工告别地下室蜗居的日子，政府在制定住房租购方面能惠及农民工群体，让农民工在城市有安身之处，安居乐业。

六是建立农民工的利益表达机制。希望党和政府、工青妇等组织，多为农民工排忧解难，让农民工参与社区自治和管理，将他们纳入居住所在地的政治、文化、生活服务网络。

七是加快户籍制度改革步伐，出台城乡一体的户籍管理制度，逐步实行以一定年限、稳定收入、固定住所为依据，允许农民工申报城镇户口，把符合落户条件的人逐步转为城镇居民。

八是建立一个农民工创业资金扶持体系，对农民工创业给予有力支持鼓励。希望政府有关部门关注农民工的业余文化生活，举办一些贴近草根阶层、接地气的文化娱乐活动。

总之，农民工希望国家富强、社会稳定，希望自己的辛勤劳动能够获得社会的认可，希望能得到一些最基本的人文关怀，希望工会组织主动关爱农民工，吸收他们加入工会组织，维护他们的合法权益，希望全社会能营造善待农民工的社会氛围。

二　如何帮助农民工实现体面劳动

农民工既是农民也是工人的双重身份让他们进退两难。“90后”不喜欢“农民工”这三个字，认为带有强烈的歧视色彩。他们提出了抗议，希望废除这个称谓，这也形象地反映了大部分农民工渴望取消双重身份，平等地、有尊严地生活，实现真正意义上的体面劳动。

理论界曾经提出“农村城镇化”“农民工市民化”，其内涵就是逐步改善农村面貌，逐步改善农民生活，使进城务工农民能享受与所在地城镇居民等同的公共服务，从保障农民工生存权和发展权视角，提升其人文素养，提升其工作技能，加大培训力度，加大心理适应、精神文明方面的教育，增加其对城市的适应与认同程度；呼吁多方探讨农民工城市融入问题，推动相关部门对农民工问题进行研究，使农民工实现从城市农民工到产业工人和市民的职业和身份转变。

（一）实现体面劳动应当以人为本

以人为本是时代精神的体现，也是尊重和保障人权的重要内容。目前，市场竞争激烈，劳资矛盾凸显，农民工要求公平正义的方式逐渐趋于复杂化，应引起社会的广泛关注。社会经济不断发展，GDP 不断增长，广大的劳动者是直接受益者，可是这种受益如果是用放弃尊严、超强度劳动才能获得的，那么对劳动者是不公平的。政府相关部门和社会各界人士，应坚持社会公平正义，多花些精力关心农民工的工作条件和生活条件，为农民工融入城市创造平等的竞争机制，使其在劳动就业、社会保障、精神文化、居住环境、自主创业等方面逐步与城市居民缩小差异；监督企业注重安全的劳动环境，制定公开透明的分配制度，给农民工设计升职的渠道，让农民工人人都有培训保障、人人都有发展的平台，保证广大劳动者在公正、安全和有尊严的条件下工作，为农民工实现自我价值创造条件。

（二）实现体面劳动企业管理者要换位思考

体面劳动是建立在合法的劳动权益之上的，是对劳动者权益的有效保护，企业应该创造条件确保农民工安全工作，让农民工在劳动生产过程中得到应有的尊重，这关系到企业的兴衰、职工的利益、经济的发展。企业管理者要体谅农民工的难处，他们从农村到城市，远离家乡熟悉的自然环境，迁徙到陌生的城市，对新环境不熟悉，好奇与恐惧并存，同时又羡慕城市生活，期盼得到帮助，对那些帮助过自己、尊重自己的人心存感激，产生朴素的报答之念。进入企业后，他们因为一下子受到纪律约束，受到上下班时间的限制，很多人不适应，有时会因为迟到早退、违反纪律而被主管扣工资，心存不满和委屈。他们对工厂机器不熟悉，对劳动环境担忧，还担心公司高管的严格管理，等等。因此，企业应保证他们所在的工作环境安全，有足够的保护设施，不会被无理解雇，不会有不公平待遇，不会挨打受骂，加班加点能拿到足额的加班费，工资能和企业的利润增长挂钩，享受相应的福利，让他们与企业共同成长，共享企业发展的成果。企业要致力于推动农民工劳有所得、劳有所保、劳有所乐、劳有所尊，让农民工体面劳动，体现自身价值。

（三）实现体面职业安全是第一位

没有生命安全，一切都是徒劳的。政府应该本着对人民的利益负责的精神，从改革发展稳定大局出发，重视企业安全生产工作，牢固树立安全生产责任重于泰山的意识，严格认真履行安全生产监督管理职责。相关部门要按照宪法规定的原则，责成企业对工人生命负责，改善劳动条件，保护劳动者在生产过程中的安全，对造成重大安全事故企业要重罚，追究到底，以儆效尤。每年发生的重大安全事故，让我们更感觉到生命的宝贵、安全的重要，面对严峻的安全生产形势，工会责无旁贷，应预先介入，认真监督，积极作为，努力维护员工的生命安全和身心健康。工会要将劳动保护工作提到议事日程，纳入其维权工作的总体目标，利用自身优势，依靠企业员工自己去查找隐患、发现问题、排查风险，发挥其劳动保护监督组织网络和检查员队伍的作用，认真了解劳动环境安全情况。工会要大力宣传安全知识，营造文化氛围，开展“安康杯”竞赛活动，通过安全知识竞赛、征文等活动，寓教于乐，让农民工在娱乐中学习、接受安全知识，成为真正的参与者、实践者和受益者。

三　工会在关爱农民工方面应当有所作为

各级工会要顺应时代要求，尽可能扩大工会的组织基础。近年来，深圳市总工会积极配合广东省工会“农民工入会集中行动”，大规模组织农民工集体入会行动，把组建工会工作延伸到农民工群体中，争取把农民工都组织到工会中来，把他们培养为工人队伍的新成员，使其成为工人阶级的新鲜血液，从而扩大党的群众基础，更好地巩固党的执政地位，促进社会健康和谐发展。

（一）最大限度地把农民工组建到工会来

各级工会将工作重心下移，靠前行动，把工作的落脚点放到街道社区。市总工会已经在各街道社区聘请了工会职业化干部，这些干部直接面对企业指导工会工作，通过社区工会指导基层工会搞好自身建设，提高工会活动质量、增强活力，增加对农民工的吸引力，从解决他们最关心、最直接、最现实的利益问题入手，与农民工“面对面”交流感情，“心贴心”反映问题，“实打实”排忧解难，把农民工维权、服务、教育等各项工作落到实处，尽可能多地把农民工吸引到工会组织中来；注意在农民工群体中选拔精英分子，把他们培养为工会主席、工会委员、工会积极分子，创造性地开展工作，广泛动员农民工加入工会组织，着手筹备工会的成立、换届选举、民主管理、企务公开和集体协商工作。全国总工会已经开始行动，把优秀农民工精英分子推选上工会领导岗位，建设一支心系职工、善于维权、开拓进取的骨干队伍。

然而，由于农民工的流动性大，工会组织很难覆盖这一群体，一些农民工游离于工会会员与非会员之间，他们在原企业加入了工会，跳槽到另一家企业往往就没有办理会员转接手续，新企业没有他们的入会档案，不承认他们的会员资格，而他们又认为自己已经是工会会员了，以为自己可以享受新单位的工会福利。有些企业没有成立工会，也让这些农民工失去了会员身份，找不到组织，失去了利益表达的渠道。所以，企业工会要激发活力，不断增强凝聚力和感召力，加强自身建设，加强企业文化建设，营造温馨的气氛，形成独特的企业文化，以增强农民工对企业的归属感，使农民工自觉地由社会回归企业。因此，最大限度地使广大农民工加入工会组织是工会做好维权工作的关键一步，目前，深圳市农民工工会会员有300多万人，占本市工会会员的60%以上，是深圳社会建设的新生劳动大军，做好农民工入会工作，意义非凡。

（二）着力培养新工人、新市民

随着“十三五”规划的出台，企业深化改革方案也呼之欲出，如何围绕企业工作重心，提高职工队伍整体素质，引导全市广大工人为经济社会转型发展建功立业，成了摆在工会面前的一大课题。实践证明，新时期的最大竞争就是人才的竞争，也是职工素质的竞争。职工素质的优劣，直接关系到企业竞争力的高低，也直接关系到职工切身利益。所以，培养一支高素质的职工队伍，是企业生存和发展的重要基础，是职工快速成长的动力源泉。工会要以培养“新工人、新市民”为目标，积极调动农民工的积极性，挖掘他们的聪明才智，继续抓好大培训、大练兵、大比武，完善劳动竞赛方案，实施“圆梦计划”，充分发挥农民工学校的作用，努力提高农民工的整体素质，包括岗位技能、文化素质和精神修养，激发他们的创新潜能。要多层次地开展岗位练兵、技术比武和发明创造等竞赛活动，开展“名师带高徒”活动，提倡自学成才，营造读书成风的企业文化环境，培养优秀的专业技术人才，打造一大批“首席技师”“金牌工人”，树立明星品牌，提升农民工形象。而广大的农民工兄弟，只要肯学肯干肯钻研，练就一身真本领，掌握一手好技术，就有大好前程，就能立足岗位，不断成长成才，在劳动中发现乐趣，在劳动中受到尊重，在劳动中体现价值，在劳动中展现风采。

工会干部要成为农民工的娘家人，要了解农民工的现状，了解农民工的需求，了解农民工的愿望，为他们真正融进城市创造条件，帮助他们成为新工人、新市民，帮助他们改变命运。配合中共中央、国务院对农民工的一系列利民措施，多为他们干实事，引导他们参加素质培训、技术培训，使其自学成才。鼓励他们发扬敢闯敢试的精神，刻苦学习，掌握过硬的本领，为社会创造财富，为自己增加收入，为家庭改善生活，享受社会的和谐与稳定。工会要站在社会发展的高度，从企业经济利益出发，从发展大局出发，打造一支思想品德优秀、掌握先进操作技能、遵守职业道德、具有创新能力的新型农民工队伍，将“农民工素质提升体系”的建立提到议事日程，推动企业全面发展。

（三）履行工会的服务职能，当好农民工权益的代言人

企业工会要旗帜鲜明地维护农民工的合法权益，多为他们谋福利。在构建和谐社会的新形势下，工会要从政治、经济、社会、法律等方面促进社会公平正义，维护农民工合法权益，保障劳动者能按时按额度领到工资。所以，推动工资随着企业发展逐步增长，是稳定农民工队伍、实现共建共享、促进企业发展的现实需要。工会要依照两个“普遍”的要求，发挥好源头维护作用，健全以职工代表大会为基本形式的民主管理制度，推行企务公开，把集体协商作为工会的核心工作，定期开展工资集体谈判，完善合作机制，必要时，启动工会法律援助，运用法律武器，更好地为农民工维权。广泛开展法治宣传教育，引导职工依法维护自身权益、依法表达合理诉求。

工会干部要了解农民工对工会组织的期待，主动参与就业、分配、社保等立法和有关改革政策方案的制定，改善就业环境，提高就业质量，积极推动劳动法律制度的落实，主动配合各级人大执法检查、政府监察、政协视察活动，督促企业依法用工、规范管理。加强协调劳动关系三方机制建设，推动建立完善政府与工会联席会议制度。完善劳资纠纷预防、预警和调处机制，依法妥善处置重大劳资纠纷，认真抓好防范抵御工作。发挥职工服务中心网络的作用，适应农民工多元化需求，把送温暖、金秋助学、工伤探视、医疗互助、心灵驿站等工作范围扩大到农民工群体，逐步实现与社会管理和公共服务体系的有效对接，让农民工实现体面劳动。

（四）履行劳动保护监督职责，确保农民工的职业安全

广东省工会系统建立职工工伤探视扶助制度，规定工会必须探望受伤职工，虽然未特别提到农民工，但事实上最大的受益者应该是农民工。工伤探视工作由工会实施，引起了企业的重视，工会此举倒逼企业必须重视劳动安

全保护。深圳市外资、私营企业众多，农民工队伍庞大，经常有农民工在受工伤和患职业病后得不到及时的治疗和合理赔偿，由此引发劳动关系矛盾的事件时有发生。近几年，工会开始试点工伤探视新模式，即工会干部和专职社工联合开展探视，工会的这一探索，促使企业加强工伤关怀，许多企业老板主动到医院探望慰问工伤职工，让职工感受到了企业的温暖。从目前情况看，一些用人单位违反国家有关规定，未对员工进行岗前的安全生产培训，没有让员工参加工伤保险，劳动安全保障不到位，容易发生重大安全生产事故，所以，维护职工的安全健康权益仍是工会的重要责任。各有关部门应继续加强对企业的安全生产监督管理，各类生产企业、高危行业、各单位要加强对职工的安全意识教育，各级工会要切实维护因工受伤职工的合法权益。工伤探视涵盖了工会的各项职责，做好工伤探视工作，不仅能为农民工带来温暖，也能彰显工会的存在价值。

（五）办好源头治理劳资纠纷试验区

改革开放以来，随着经济体制、利益格局和社会结构的深刻变动，我国的劳动关系也相应地发生了一些新的变化。工会组织作为推动和谐劳动关系建设的重要力量，应当主动适应社会发展的形势，主动适应劳动关系、职工队伍的新变化和新特点，拓宽工作思路、创新工作方式。办好源头治理劳资纠纷试验区，是工会在体制机制上进行的重要改革，对于探索劳资共赢、构建和谐劳动关系具有重大和深远的意义。目前，市总工会已选取了龙岗区龙城街道嶂背社区、宝安区福永街道和平社区、龙华新区观澜街道银星高科技工业园等作为市一级的试验区，以全新的制度设计和有效的创新举措，率先在源头治理劳资纠纷上实现新突破。其从加强企业工会民主建会、建立劳资对话协商和互信合作的平台、做实做强试验区工会联合会、预防化解和参与处置重大劳资纠纷等方面推进此项工作的开展。

（六）树典型、选劳模，精英分子当领导

榜样的力量是无穷的，工会要发挥树典型、选劳模的优势，把农民工的

精英分子选到工会领导岗位上来。大力弘扬新时期劳模精神和工人阶级伟大品格，深入推进社会公德、职业道德、家庭美德、个人品德建设，对勤奋劳动、诚实劳动、创新劳动的典型人物进行广泛宣传，把他们树为劳模，以点带面，树立良好的舆论导向，理直气壮地、广泛地宣传劳模，让他们比电影明星还要闪耀。工会要建设崇尚劳模、学习劳模的企业文化，引领社会思潮、弘扬社会正气、培养文明风尚，支持鼓励劳模打造一个工作室作为活动载体，采取如“劳模创新示范点”“劳模先进工作法”“劳模论坛”“劳模网上荣誉室”“劳模关爱机制”等的管理模式。在农民工中开展学习劳模、赶超劳模的活动，引领劳动者队伍素质的整体提升。组织劳模事迹报告会、文明社区工会演讲会，创造科学有效的工作方法，引导农民工牢固树立劳动光荣、劳动崇高、劳动伟大、劳动美丽的观念，进一步焕发劳动热情、释放创造潜能，通过诚实劳动创造美好的生活。

平凡孕育伟大，劳动创造世界，劳动是一切幸福的源泉。各级工会要教育引导农民工，通过学习培训，锻炼一个聪明的脑袋，靠自己的双手，勤奋工作，为自己创造美好的未来。一个美好的社会，就是依靠有使命感、有社会责任感的每个人的参与而逐渐形成的。新形势要求工会继承工人阶级的光荣传统，发扬工人阶级的伟大品格和崇高精神，诚实劳动、立足岗位、发挥才干、创新技能、坚守信念、追求梦想，在历史的新起点上，书写更加灿烂辉煌的篇章。

劳动关系和谐度测评篇

Evaluation of Labor Relations Harmony Index

B.16
深圳市全利丰五金塑胶制品有限公司劳动关系和谐度测评报告

邓才生*

摘　要：　本文利用劳动关系定量评估模型所获取的数据，客观分析了该公司在企业发展、劳动合同签订、劳动工资发放、社会保险支付、职业培训与劳动安全、劳动争议及其处理、工会组织及其民主建设、企业文化建设、对员工的人文关怀等方面的情况。

关键词：　劳动关系　和谐度评估

* 邓才生，深圳市全利丰五金塑料制品有限公司。

一 企业概况

坐落于深圳市龙岗区平湖新厦大道25号的深圳全利丰五金塑胶制品有限公司（以下简称“全利丰”）是一家港资企业，公司主要从事高品质塑胶玩具、毛绒玩具、电子玩具、礼品、赠品和家庭用品的生产，产品远销欧美、加拿大、亚洲等市场。该公司成立于1982年，是改革开放后首批在内地投资设厂的企业之一。目前全利丰集团已在深圳平湖和江西龙南兴建有大型生产基地，集团旗下厂房及配套设施建筑面积已达350000平方米。“全利丰”属于外资企业，也是劳动密集型企业，2015年的营业收入在5000万~1亿元，员工数相比往年较稳定。但是，由于受到国内经济下行及国际经济危机的影响，该企业2015年净利润与2014年净利润相比有所下降。为了适应新常态，目前企业也在面临转型，减少隐形成本，开拓更多的销售渠道。

课题组到该公司进行劳动关系和谐度的评估，发放调查问卷30份，收回30份，全部为有效。通过自评，反复测算，和谐劳动关系得分总分为9.1分。

二 劳动关系现状

“全利丰”员工关系一向和谐，这与公司的民主化管理有关。该公司1998年就成立了工会，这在当时是极为罕见的。工会定期召开会议，讨论与员工权益相关的问题。厂部设有厂长信箱，厂长每个月处理工人来信，对于工人的合理化建议，工厂管理层一般在下个月就能加以采用。2015年“全利丰”在公司工会组织下，与所有员工签订了劳动合同。特别引人注意的是，公司员工劳动合同签约率达到了100%。其中，50%的员工与公司签订了1~3年的劳动合同，40%的员工与公司签订了无固定期限的劳动合同，1年以下及3年以上员工劳动合同签约率分别占3%与7%（见图1）。劳动合同签订合理规范，符合劳动法律法规。

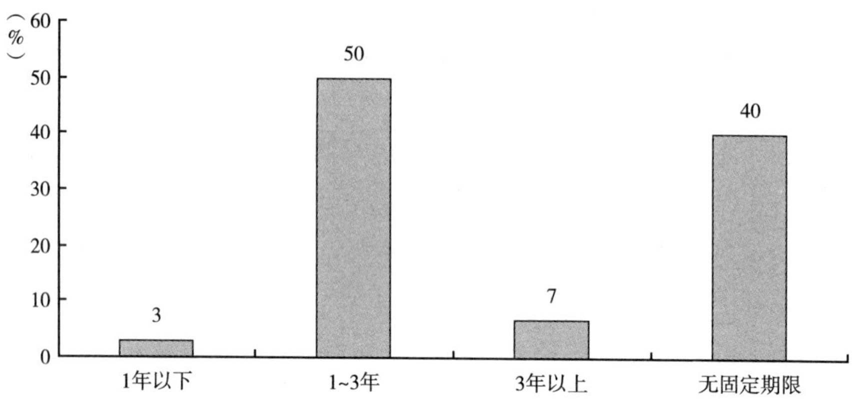

图1　劳动合同签约期限

就员工工资情况看，员工问卷调查统计结果显示，“全利丰”从未拖欠员工工资，每月都按时发放工资，员工对此甚为满意。从员工工资收入来看，77%的员工每月工资在1800～3000元，23%的员工在3001～5000元（见图2）。

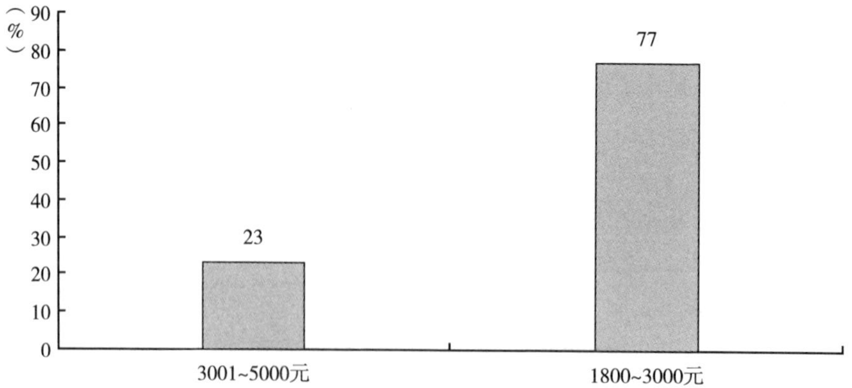

图2　员工月工资收入

同时，40%的员工工资有正常的增长，17%的员工工资是无增长或微增长。由于国内经济整体下行和国际经济持续萧条的影响，公司开工不足，员工工作时间有不同程度地减少，43%的员工工资收入有不同程度地下降

（见图3）。在同行业内公司员工的整体收入保持在平均水平，员工对个人工资收入基本满意，社会保险分配合理。“全利丰”2015年养老保险参保率为73%，有27%的员工未参加养老保险（见图4）。此外，对于国家规定的五险公司都有为员工购买。公司按照国家规定，做到了全额按时缴纳各类保险费用。至于未参加养老保险的，从劳动关系和谐度评估表中分析发现是部分员工不愿意参保。此外，公司还给员工购买了商业险和补充保险。公司在员工福利方面，依法按照国家规定为员工着想，员工福利作为劳动关系和谐度评估一项重要指标得到了较高的分值。

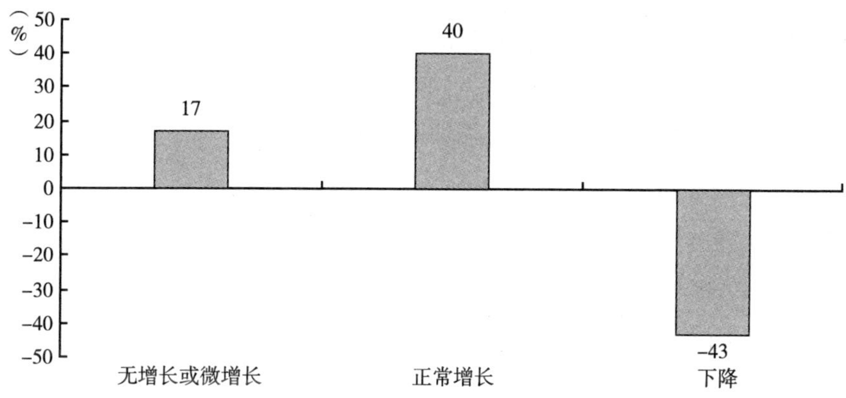

图3　员工工资收入增长情况

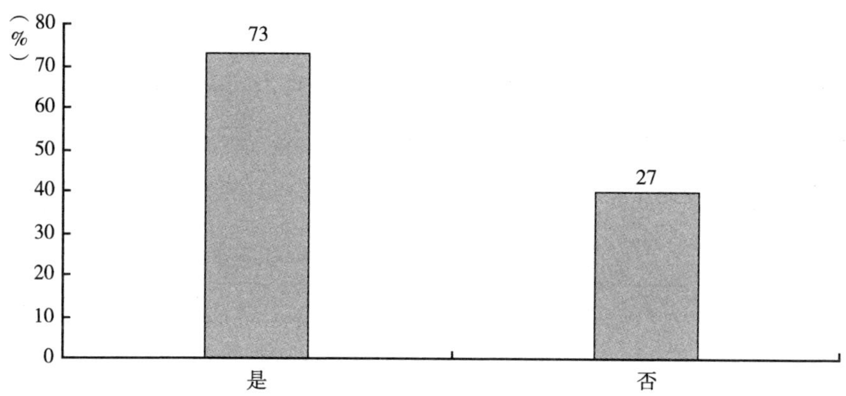

图4　员工养老保险参与率

职业培训与职业安全。“全利丰”在员工职业培训与职业安全方面比较重视，在企业内部专门成立了“全利丰大学”，给员工提供一个学习晋升的机会以及为全体员工提供了岗前及在岗培训。同时，公司工会组织各类文艺活动及关爱职工慰问活动，公司大部分职工属于女性，所以公司在关爱女性职工方面做得很好，大部分职工在生日都会通过公司的生日宴会庆祝活动得到祝福，公司还组织宝宝乐园关爱职工亲属孩子活动等。

此外，公司还不定期举办“健康讲座”，关爱职工健康，其职业病的防护措施有效，员工对工作环境高度认可。2015 年公司工伤事故率为 0，从劳动关系和谐度评估测评表可知，“全利丰”在职业培训、人文关怀、工作环境上给予员工很大的帮助，让企业每一个角落都充满爱。

劳动争议处理。从劳动关系和谐度评估表看，2015 年“全利丰”没有发生过严重的劳动争议事件，当然，小的争议不可避免。在发生小的劳动争议时，工会也会采取合理的调解办法。员工调查表显示，77% 的员工在发生劳动争议时会找工会帮忙，23% 的员工在发生劳动争议时会向劳动部门投诉或仲裁（见图 5）。

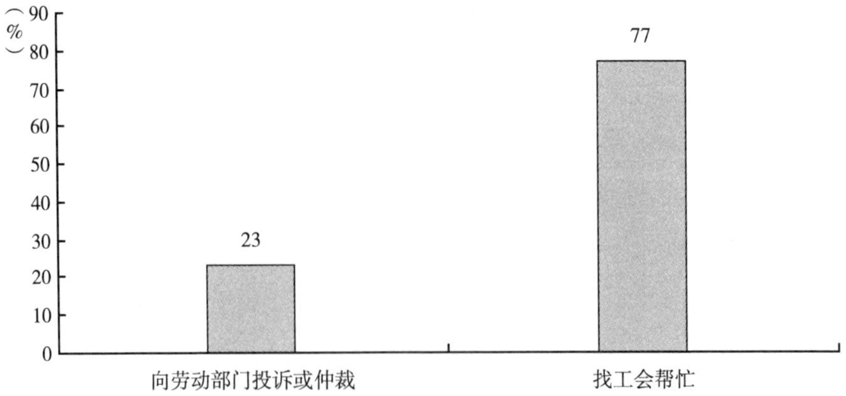

图 5　发生劳动争议时员工采取的方式

三　参评印象

“全利丰”是劳动关系制度健全、设施齐全的公司之一。厂区环境优美，作业场所整洁。厂区设有长100余米的法规宣传栏，各种劳动法规、厂规厂纪工整地书写贴墙，供员工学习。厂内设有配套的生活设施、休闲娱乐设施、图书馆、培训中心等。公司从成立至今，一直以“A Partner You Trust”（您信赖的伙伴）为座右铭，本着“为顾客创取利益，让自己永续发展”的经营理念，以“追求卓越品质，满足顾客需求，创造双赢局面，实现持续发展”为宗旨，以“勤诚进爱，创质守廉”为目标营造企业文化，凭借精益求精的产品质量和诚信守法的经营原则，不断满足顾客的需要，善尽社会责任，关爱员工，重视环保，赢得了顾客及供应商的信赖与支持，取得了飞速的发展。

B.17

比亚迪股份有限公司劳动关系和谐度测评报告

古 迹 张克峰*

摘 要： 本文采用劳动关系和谐度定量分析方法，对比亚迪股份有限公司2015年度在劳动合同、劳动工资、劳动社保、劳动环境与安全卫生、劳动争议处理、人文关怀、教育培训、工会组织建设等方面进行了细致、全面的测评，对其成绩进行点赞，对存在的问题提出了对策建议。

关键词： 劳动关系 成绩 问题 对策建议

创立于1995年的比亚迪股份有限公司，于2002年7月在香港主板发行上市，是一家拥有IT、汽车和新能源三大产业群的高新技术民营企业。目前，比亚迪在全国范围内，已在广东、北京、陕西、上海等地共建有九大生产基地，基地总面积将近700万平方米，并在美国、欧洲、日本、韩国、印度、中国台湾、中国香港等地设有分公司或办事处，现在员工总数已超过15万人。2011年6月30日，比亚迪股份有限公司在深圳交易所上市发行，正式回归A股。2015年度，公司实现总收入800.14亿元，同比增长37.49%；实现归属于上市公司股东的净利润28.29亿元，同比增长552.63%。

* 古迹，深圳市社会科学院特聘研究员；张克峰，深圳市德育教育中心。

课题评估组继2013年对该公司进行劳动关系情况调查和劳动关系和谐度试评以后，于2015年继续对该公司进行了追踪评估。该部有130名员工，课题组发放问卷50份，收回问卷45份，均为有效问卷。通过自评和初步测算，和谐劳动关系得分总分为8.41分。

一　劳动合同

企业方调查问卷显示，员工劳动合同的签订率为100%。这与员工方调查问卷所反映的统计结果基本一致。员工方反映劳动合同的期限是以三年期为主的，这符合国家法律规定，也和比亚迪这个高科技企业的人才成长规律和需求相适应，于国家、于社会、于企业和个人皆有利，对发展和谐劳动关系也有利。比亚迪劳动合同签订情况见图1。

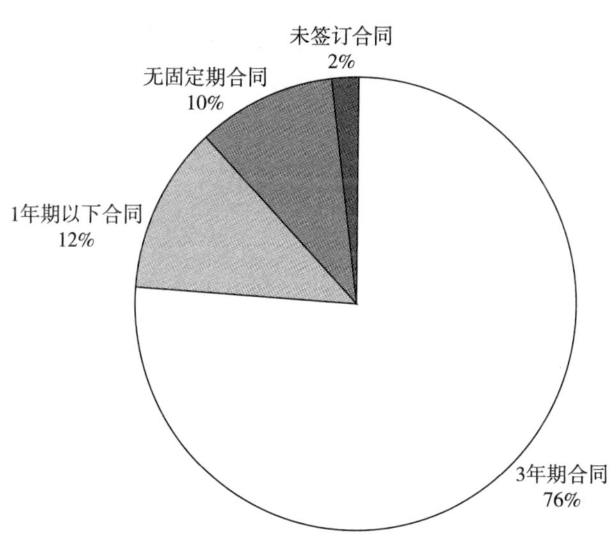

图1　劳动合同签订情况

在签订劳动合同规范性上，该公司和员工相互尊重、充分沟通和平等协商，双方较为满意（见图2）。

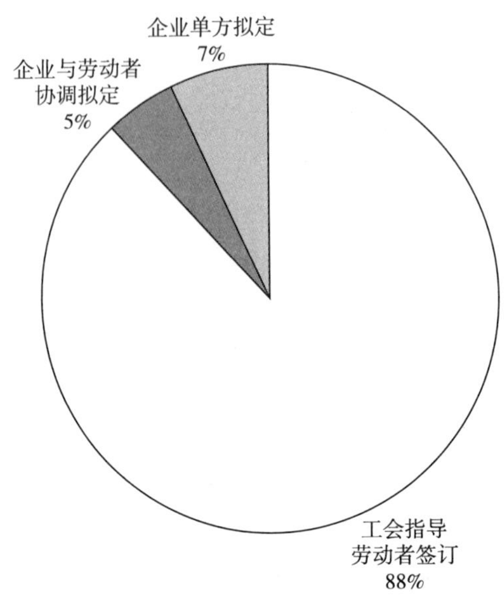

图 2　劳动合同签订的规范性

二　工资支付

在工资支付的及时性上，企业方问卷和员工方问卷都反映不存在拖欠工资的问题。该公司员工工资收入结构见图 3。

比亚迪公司倡导“家文化”，并且积极实践。公司在生活区内安装了健身器材，并且规划了专门的运动场地；为了丰富员工的业余生活，定期播放露天电影；此外，定期组织员工参加培训，为员工自我发展提供机会；同时，根据员工年龄、学历的层级，研究员工的心理特征，不断调整公司的管理方法，追求“以人为本”，达到企业与职工共同成长的双赢目标。

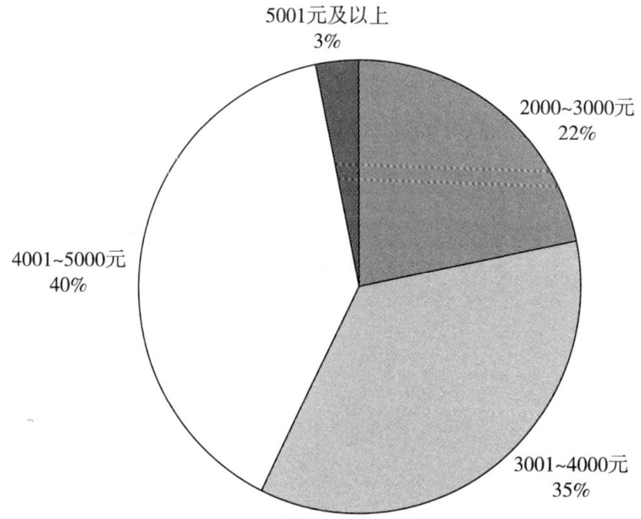

图3　员工工资收入结构

三　保险购买

依法应该为员工购买的社会保险，公司都已购买且双方均已承担各自的费用，情况甚好。同时公司还给全体男女员工分别购买了《职工医疗保险》和《女职工安康险》，提高员工医疗保障水平，维护员工切身利益。政府规定的社保5个险种购买情况见图4。

四　员工培训

比亚迪坚持以人为本的人力资源方针，尊重人，培养人，善待人，为员工建立一个公平、公正、公开的工作和发展环境。该部130名员工结合业务需要，按岗位和技能水平分层次接受培训，每人每年不少于3个课时。公司还给员工提供条件，组织多元培训和学历教育（见图5）。

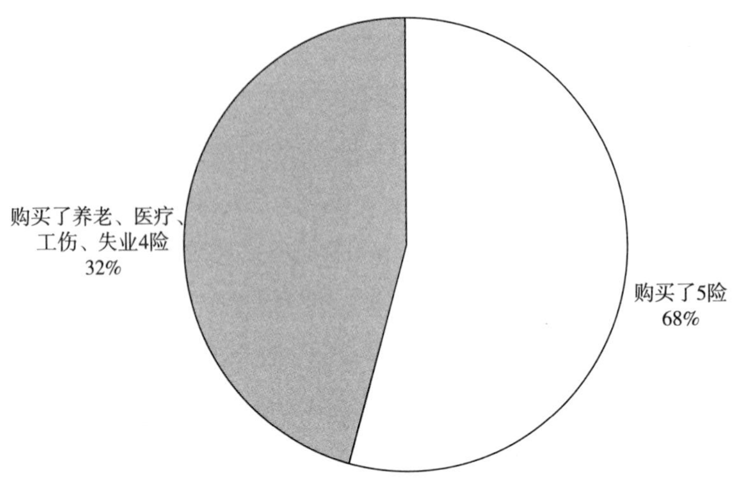

图4 社会保险购买情况

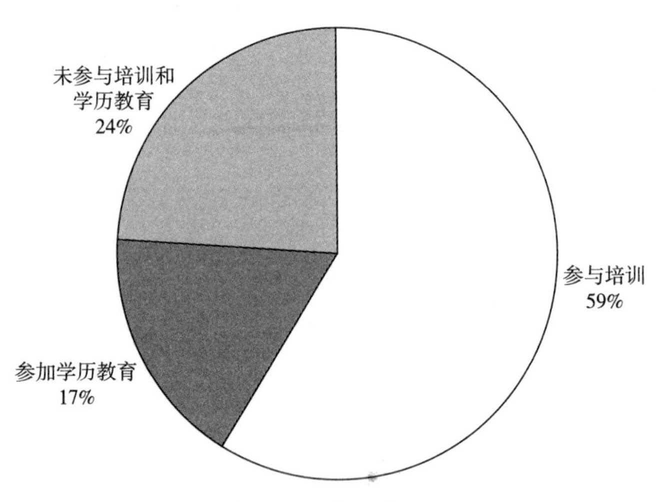

图5 员工接受培训情况

五 员工生活

比亚迪股份有限公司在持续发展的同时，始终致力于企业文化建设，矢志与员工一起分享公司成长带来的快乐。公司逐步打造“平等、务实、激情、创新”的企业核心价值观，并始终坚持“技术为主，创新为本”的发展理念，努力做到“事业留人，待遇留人，感情留人”。

公司每年为女员工做一次妇检，对女工进行妇女卫生常识、预防艾滋病等知识教育，提高女员工的健康意识和自我预防能力。公司出资奖励晚婚晚育员工，鼓励员工模范遵守国家有关规定；严格执行国家有关休假制度，凡有规定的假日，一律给予带薪休假，男员工也伴随妻子休陪产假，婚假、丧假、探亲假一律按规定执行。

六　文化活动

比亚迪公司拓展适合企业实际和员工特点的多形式、多途径的文体娱乐活动，包括篮球、乒乓球训练或比赛，让员工自编自演文艺节目，组织员工开展登山比赛和发动女员工学练瑜伽健身活动，引导员工积极参加光明集团和街道的文体活动，使员工在娱乐中陶冶情操，和睦相处，奋发作为。由于公司领导对企业文化建设的重视，员工对文化建设的关注度也很高（见图6）。

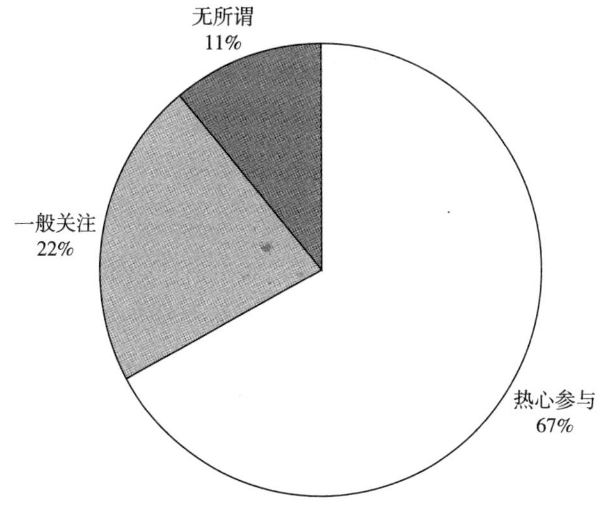

图6　员工对企业文化建设的关注情况

比亚迪公司还实行科学的工作制度，规定只要员工完成预定的生产任务和工作计划，就不死抠上、下班规定，让员工把时间用到更好地提高效率效益方面和更需要的地方去。在这里，“提高效能加人文关怀就是企业生命”的创业观念和企业文化体现在制度建设的方方面面。

根据人力资源部总经理刘焕明的意见和新生代农民工占员工总数70%以上的实际，课题组建议，该公司应继续发扬人性化管理方式，丰富人性化管理经验，进一步把人性化管理渗透到员工工作和生活的各个方面，促进和谐劳动关系健康稳步发展。一是了解新生代农民工的需求，有针对性地做好心理疏导工作，切实帮助他们解决一些实际问题。二是优化工作和生活环境，如期完成总部办公大楼和员工宿舍新建项目，把个别生产车间的有害气体和噪音控制在合理的范围内，下大力气绿化、美化、净化厂区和宿舍区环境，建设现代生态文明型的比亚迪，让员工在优雅、舒适的环境下把聪明才智发挥到极致。三是继续完善员工工资正常增长机制和民主议事制度，进一步提高员工主人翁地位，改善员工福利待遇，切实维护员工根本利益。四是大力发挥党群组织和工会组织的作用，为进一步发展和谐劳动关系，实现比亚迪2016年生产经营目标做出新的贡献。五是按照评估模型体系要求，定期组织评估，把和谐部门和单位的先进典型推开、叫响、树高，以此推动比亚迪和谐劳动关系的可持续发展。

B.18

花园格兰云天大酒店劳动关系和谐度评估报告及对策建议

汤庭芬　高光明*

摘　要：　本文采用深圳和谐劳动关系定量评估模型，归纳了该企业在劳动合同签订、工资支付、社会保险、职业安全与卫生、劳动争议处理、工会组织建设及作用发挥等方面所取得的成绩，理出了其在和谐劳动关系构建中存在的问题，分析了问题产生的原因，提出了解决问题的对策及建议。

关键词：　劳动关系　成绩　问题　原因　对策建议

花园格兰云天大酒店（Grand Skylight Garden Hotel）是深圳市格兰云天酒店管理有限公司旗下的一家四星级精品商务酒店，隶属于上市公司深圳中航集团地产股份有限公司。酒店位于福田区中心公园旁，地处深圳市中心区与繁华商业区华强北交界处。

该企业是课题组一直在跟踪评估的企业。2015 年度课题组继续对该公司进行了企业劳动关系和谐度的评估，评估方式主要有问卷调查、座谈会和个别访谈等。课题组分发员工调查问卷 50 份，回收 49 份员工有效调查问卷，同时发放企业家问卷和企业劳动关系和谐度定量评估表格一份；召开员

---

* 汤庭芬，深圳市社会科学院；高光明，深圳市福尔泽文化交流中心。

工座谈会、企业管理者座谈会 4 次，个别访谈 12 次。现将评审的结果逐一分析如下。

一　问卷分析

我们发放的三种问卷涵盖了我们研制的劳动关系和谐模型所拟定的 9 个一级指标及其 32 个二级指标的内容。从回收的 49 份员工有效调查问卷和企业家调查问卷看，双方反映的意见基本一致，劳动关系总体和谐。

（1）“劳动合同”方面，员工劳动合同的签订率为 100%，此项可以被评为高分，其自评也为高分是合理的；在“合同期限”方面，有的是 3 年期的，有的是 6 年期的，因此，自评为高等分值（见图 1）。

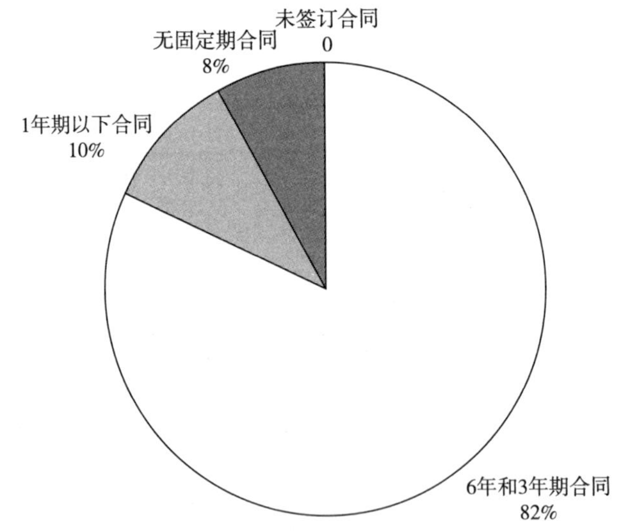

图 1　劳动合同签订情况

在合同签订的规范性上，反映企业单方拟定条款的员工数为 1%，员工在工会指导下签订合同占 51%，企业与劳动者协调签订合同占 48%，详见图 2。

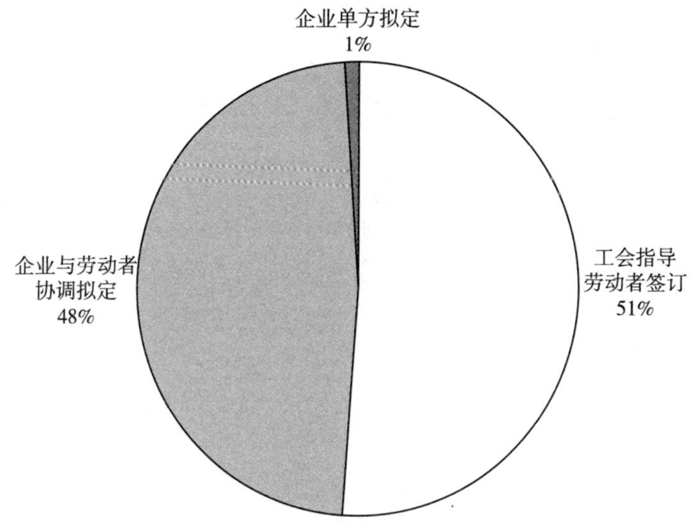

图 2　劳动合同签订的规范性

（2）“工资支付”方面，工资增长与去年同期相比，与去年同期同行业平均工资相比，自评均为中等偏上的分值；工资发放情况被打高分，基本符合实际。根据问卷反映的情况，所有员工工资均获得按时支付。工资水平方面，2500 元及以下的占 40%，2501～3500 元的占 28%，3501～4500 元的占 24%，4501～5500 元的占 4%，5501 元及以上的占 4%，详见图 3。

从月工资分配比例看，员工的月工资额主要集中在 2500～4500 元（占比 68%），这与同城同类企业比，尚属较高水平。

（3）“社会保险”方面，5 个基本险种的购买和缴费均符合相关法律法规的要求，因此被打了高档分，详见图 4。

（4）“职业安全与卫生”方面，近两年，酒店没有发生任何工伤事故，评给高分。职业病防治也做得好，对此项打的是高档分。

（5）“劳动争议处理”方面，酒店经营至今，未发生过任何劳动争议案件，自评较高分值体现实情，给予认可。企业管理者与员工的关系，比较平和的占 80%，关系一般的占 18%，不太融合的占 2%，详见图 5。

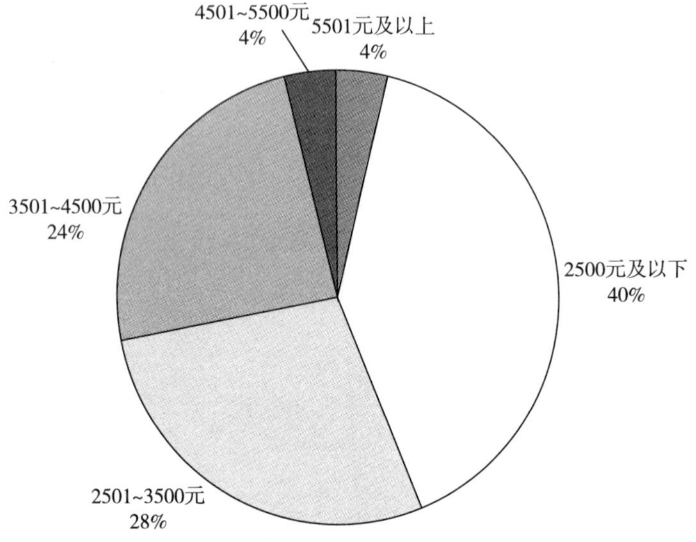

图3　员工工资结构

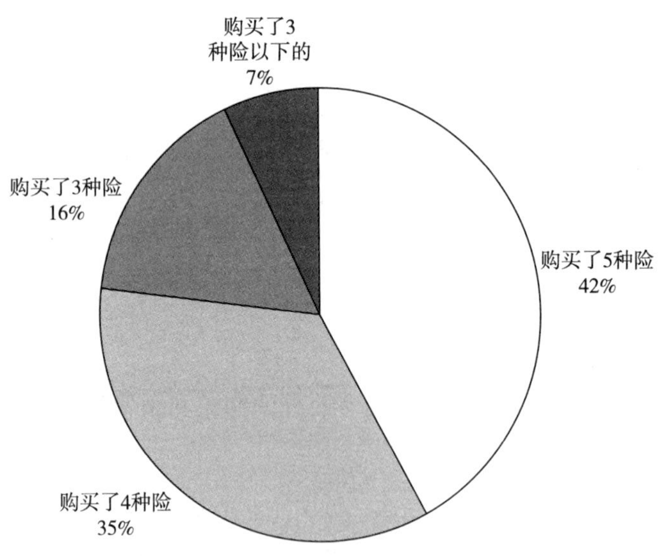

图4　购买社会保险情况

（6）“工会组织”方面，所属3个二级指标的分值，是工会承担员工维权代言人和员工之家角色的结果，表示完全认同。

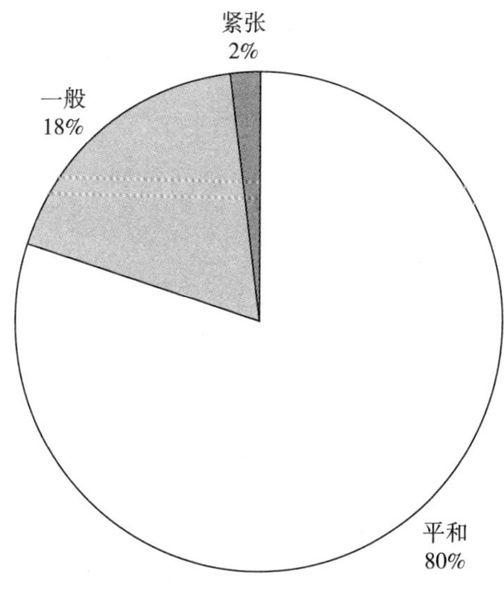

图5　员工与管理者关系

另外，在“职业培训与安全卫生”方面，企业也做了一些工作；2015年度，没有劳动纠纷。

通过自评和集体议定，最后测算该酒店劳动关系和谐度的总分为8.6分，酒店较好地保持了劳动关系和谐稳定，是一家比较和谐的企业。

二　存在的问题及原因分析

在问卷分析及座谈会、个别访谈中，我们发现该企业在和谐劳动关系构建中也存在一些问题，其主要表现在以下几方面。

（1）企业文化建设比较薄弱。调研发现，企业更多关注的是利润增长，对企业文化建设特别是企业的核心价值观、经营理念及员工的业余文化生活缺乏足够的重视。

存在这一问题的主要原因：一是企业主受单纯经济观念的影响，认为企业发展的根本在于降低成本和提高效益，这种观念产生的直接后果是不顾服务质量，价格欺诈，诚信的商业道德缺失；二是经营管理者对本企业文化建设该如何入手，由哪个部门负责，企业文化包含哪些内容没有明确的认识和清晰的思路。

（2）“用工荒”问题十分突出。2015 年，伴随着经济形势的不景气，花园格兰云天大酒店出现了人才严重短缺的尴尬，也就是行业俗称的“用工荒”，主要表现为招聘的高难度和在岗员工的高流失率。据该企业管理者反映，本年度职工的流失率在 30% 以上。造成这一问题的原因当然是多方面的，如员工薪酬太低、劳动强度太大、工作时间不稳定、管理制度不健全、用人机制不灵活、激励机制不合理，等等。但是最主要的还是企业经营利润下滑、新生代劳务工就业价值观念的变化和人力资源成本居高不下。

三　对策建议

（1）加强企业文化建设。首先是构建企业的核心价值观。核心价值观和经营理念是企业发展的灵魂所在，它决定着企业的发展战略和未来的发展方向。其次是要高度重视员工的业余文化生活。要采取相应的措施丰富员工的业余文化生活，如组织员工积极参加“深圳市外来青工文化节”“外来劳务工技能大赛”，在企业内部设立图书阅览室，组织员工开展登山、竞赛、郊游、沙龙等活动。通过这些活动，提升员工素质，增强他们对企业和整个城市的认同感，让他们以新都市人的身份融入企业，融入深圳社会，从而增强企业的凝聚力，促进企业与员工的和谐，使企业和谐、稳定、健康发展。

（2）消除“用工荒”隐患、解决“用工荒”问题，最快、最行之有效的办法莫过于提高薪酬水平。但这对于像花园格兰云天大酒店这样本来利润就不丰厚的企业来说，确实是一个难以化解的难题。

我们建议，应对“用工荒”问题，还可以采取如下措施。一是建立人才储备库，利用各种渠道对人才进行储备，如与有酒店管理和旅游专业的各类院校建立合作关系，联合培养所需要的人才。

二是重视在岗员工的培训与职业生涯规划。影响企业发展最根本的因素之一是管理及服务人员的素质问题。因此，要高度重视培训工作，以此提高员工的爱岗敬业精神。同时，现在的员工多为“80后”“90后”，他们在追求高薪酬的同时，更多的是要求自身价值的体现和职业生涯的发展。因此，管理者必须帮助员工规划好职业生涯的发展路径及其目标，让他们感觉在本企业有盼头、有奔头、有成就感，以此来激发他们的积极性和创造性。

三是坚决贯彻执行中央关于“以人为本”的精神，确定“以人为中心”的管理理念，确保企业员工招得来，留得住，用得好。

（3）建立健全构建和谐劳动关系的规章制度。首先是健全员工申诉制度，确保员工反映意见渠道的畅通；其次是建立定期交流制度，通过员工与员工、员工与管理层、员工与企业主之间的沟通交流，及时掌握员工的思想动态，有效地化解矛盾；最后是建立员工离职思想交流制度，充分了解员工离职的原因，及时修正管理者的管理不当行为，最大限度地控制员工特别是老员工、熟练工的流失率。

总之，要及时发现问题，分析原因，寻找对策，形成良好的工作运行生态链：企业爱员工、员工爱顾客、顾客爱酒店。如此良性循环，才能使劳资双方合作共赢，共同发展！

B.19

深圳市卫光生物制品股份有限公司劳动关系和谐度评估

艾宏扬　周　捷*

摘　要：本文详述了深圳市卫光生物制品股份有限公司 2015 年度在和谐劳动关系诸要素——劳动合同、劳动工资、社会保险、劳动环境与安全卫生、劳动纠纷处理、人文关怀、教育培训、工会组织建设及民主建设、企业文化建设方面所取得的成效，提出了进一步强化生物医药企业安全生产的建议。

关键词：劳动关系　和谐度评估

2015 年深圳市卫光生物制品股份有限公司（以下简称"卫光生物"）迎来 30 年华诞，该公司的前身为深圳市卫武光明生物制品有限公司，这是一家国家级高新技术企业，创建于 1985 年，主要从事血液制品的生产和销售以及药物研发。公司位于深圳市光明富力工业区，拥有符合国家 GMP 标准的血液制剂生产车间。该车间占地面积 5500 平方米，建筑面积 16800 平方米。

"卫光生物"以生产经营"静脉人免疫球蛋白、人血白蛋白"见长，并自主攻关国际领先科技项目狂犬疫苗。2010 年至今，公司共承

* 艾宏扬，深圳市社会科学院特聘研究员；周捷，深圳市福尔泽文化发展有限公司。

担国家、省、市等各级科技项目15项，获得专利授权19项，申请国际PCT 1项、美国和印度专利各1项。公司始终坚持创造社会价值、造福人类健康，在血液制品、疫苗、诊断试剂、重组蛋白等领域深耕细作，成为国内领先的综合型大型生物制药企业。“卫光生物”先后获得“国家高新技术企业”“广东省食品医药行业科技质量工作先进奖”“深圳市科技创新奖”“深圳市绿色企业”“深圳市首届质量百强企业”“光明新区质量奖”“光明新区标杆企业”“光明新区纳税大户”等荣誉。2015年，“卫光生物”再接再厉，销售收入可达5亿元，较去年增长12.3%，利润总额可达1.3亿元，较去年增长10%。“卫光生物”已于2015年9月递交了IPO申请，上市已进入倒计时。

在着力推进经济发展方式转变的过程中，该公司的劳动关系如何呢?

课题组在2015年度进行了跟踪调查，按照课题组研制的企业劳动关系和谐模型数学图表（共含9个一级指标的权重和32个二级指标的权重、标准和分值）对照检查，评估结果如下。

一　劳动合同

企业方问卷显示，劳动关系签订率为100%。根据员工问卷反映的统计结果，1年期和3年期的劳动合同占劳动合同总份数的94%，1年期以下的占比2%，无固定期限劳动合同占比4%（见图1）。

二　劳动报酬

该公司能按时足额发放工资，没有拖欠、克扣现象。员工问卷的统计结果如下：3500～5500元的占25%，5501～7500元的占26%，7501～10000元的占45%，10001元及以上的占4%（见图2）。

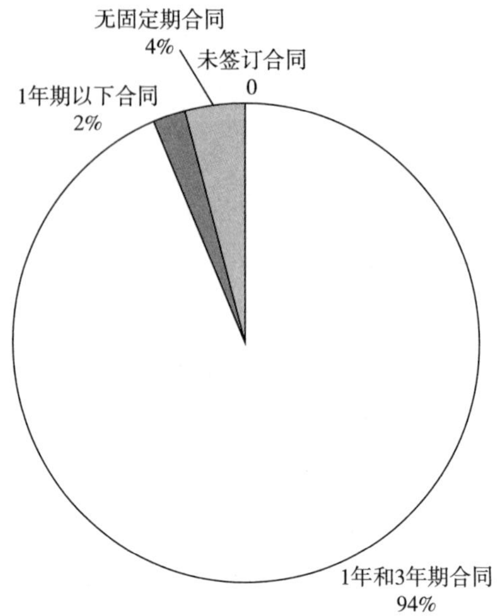

图 1　劳动合同签订情况

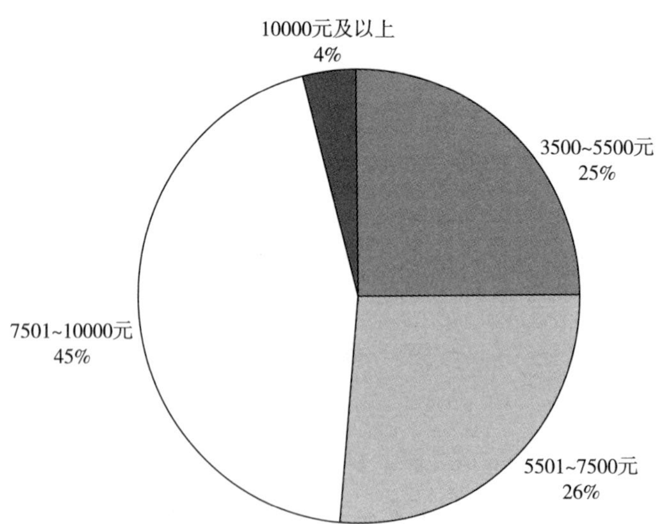

图 2　工资结构

三　在员工培训方面

公司还给员工提供条件，组织多元培训和学历教育，鼓励和支持员工对未来发展目标进行思考和追求（见图3）。公司每年投入培训费用达100万元。例如“卫光生物”公司为400多名员工按岗位和技能水平分层次安排培训，每人每年不少于3个课时。

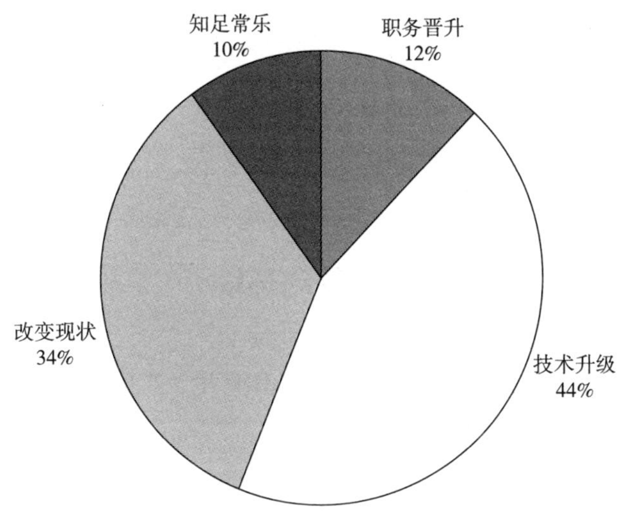

图3　员工对未来发展的思考及价值追求

四　社会保险

5个险种公司都有购买。同时公司还给全体男女员工分别购买了职工医疗保险和女职工安康险，提高员工医疗保障水平，维护员工切身利益。政府规定的社保5个险种购买情况见图4。

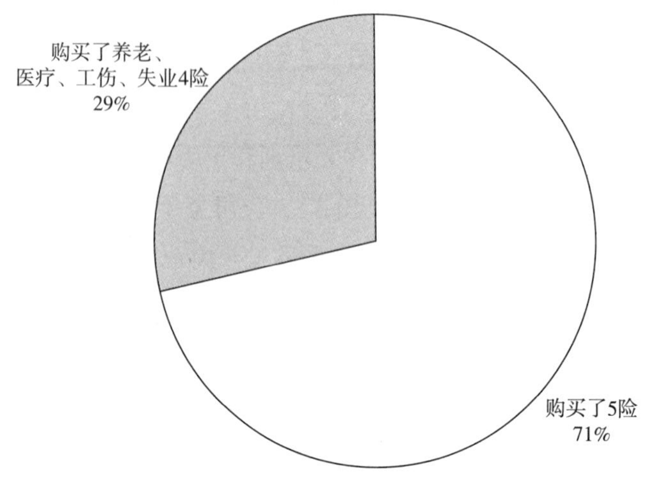

图4　社会保险购买情况

五　劳动环境

为了给员工创造一个优良的生活和工作环境，“卫光生物”采取了一系列措施。

首先，公司强化其环境风险管理，建立了环境风险排查制度，有效避免了突发环境事件的发生；制定环境建设巡查监督管理规章并定期排查，及时发现并排除事故隐患；委托第三方监测机构对员工工作环境状况进行监测；安装工作环境在线监测系统；举办突发消防安全和环境事件应急演练等。

其次，公司坚持按国家标准对公司生产过程中产生的污染物包括水污染物、大气污染物、固体废物和噪音进行处理。公司尤其重视一线员工的生产环境，如在废气治理方面，改进锅炉生产工艺，将燃料由煤全部改为清洁能源天然气；将锅炉和第五实验室的废气通过排气管高空排放；为了减少生产车间的噪音，公司对鼓风机等噪声源采取加装消音弯头、更换水泵、建隔音墙等措施，竭力为员工安全生产和生活提供优良的环境。

六　关爱员工生活

公司每年出资为女员工做一次妇检，对女工进行妇女卫生常识、预防艾滋病等知识教育，提高女员工的健康意识和自我预防能力。公司出资奖励晚婚晚育员工，给予每人每年年终晚婚奖 50 元，鼓励员工模范遵守国家有关规定；严格执行国家有关休假制度，凡有规定的假日，一律给予带薪休假，晚婚休假时间由正常的 3 日延长至 13 日，男员工也伴随妻子休陪产假，婚假、丧假、探亲假一律按规定执行。公司的单身员工占公司总员工的六成，公司现在已经解决 70 名员工的住房问题，一人一单间，面积有 10 平方米、26 平方米和 29 平方米的，室内生活设施齐备，为其朋友来访或家人团聚提供了方便。同时，从员工问卷所反映的住房情况来看，自购住房员工占较大比例，说明公司在社会保险和非工资性福利待遇方面做得比较好。员工问卷所反映的住房情况见图 5。

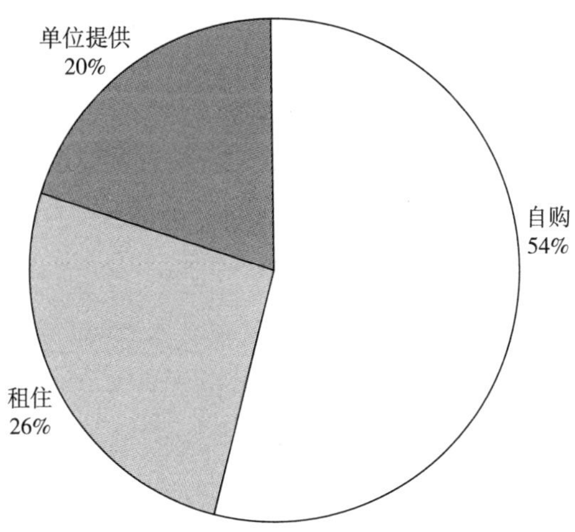

图 5　员工住房情况

七 在员工关怀方面

无论是在岗的员工还是退休员工，只要生病，工会或所属部门派员前往慰问，送上标准为400元的慰问品，做手术的补助1000元，患重大疾病的一次性补助2000～3000元，退休员工一次性赠送价值800元的纪念品。公司实行丧葬慰问，员工本人因故去世的发3000元，员工直系亲属去世的发1000元。

八 在开展文化活动方面

公司拓展适合企业实际和员工特点的多形式、多途径的文体娱乐活动，包括篮球、乒乓球训练或比赛，让员工自编自演文艺节目，组织员工开展登山比赛和瑜伽健身活动，引导员工积极参加光明集团和街道的文体活动，使员工在娱乐中陶冶情操，和睦相处，奋发作为。由于公司领导对企业文化建设的重视，员工对文化建设的关注度也很高（见图6）。

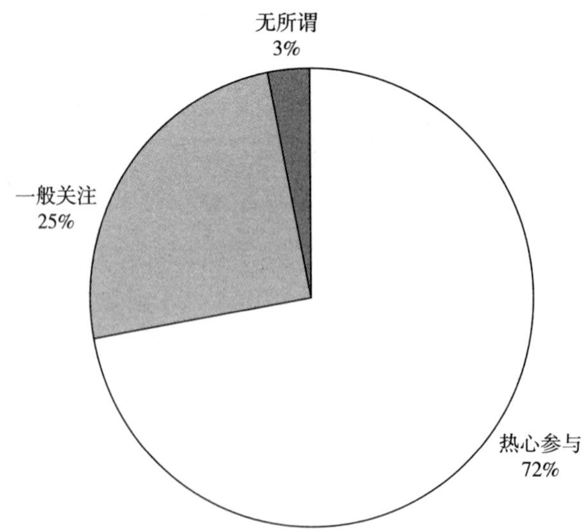

图6 员工对企业文化建设的关注情况

九　强化安全管理的建议

虽然，“卫光生物”在和谐劳动关系构建中做了很多工作，取得了很好的成就，被评为省市“劳动关系和谐企业”。但是，由于公司是进行药物生产的企业，生物制药生产过程中涉及病毒、细菌等多种病原体的传播载体，这些具有极大生物危险的感染性致病因子，无论是直接感染，还是间接传播到环境中去，都会对员工、社会产生潜在的危险。因此，需要特别建议，公司应进一步强化安全意识措施。第一，要克服思想意识上对安全工作的不重视，不断强化员工的安全生产意识，督促员工照章办事。第二，建立和完善各种安全管理制度，做到制度化、规范化、法制化。第三，加强员工的生物安全知识培训，不厌其烦地给他们灌输安全生产知识，采用各种措施提升员工的安全素质，最大限度控制物的不安全因素，做到安全之弦永不放松，从而让每个员工“开心上班、平安回家”，使企业安全、和谐、稳步、健康发展。

专题研究篇

Topical Reports

B.20

配合“一带一路”战略，创新粤港澳自贸区劳动争议解决机制的理论设想

刘　阳*

摘　要：因法律制度不同，香港雇佣合约的解除方式与中国内地法律规定存在较大差异。笔者以案例分析的方式剖析了香港劳资纠纷解决过程中纪律与申诉条款所发挥的积极作用，提出以制定并颁布粤港澳自贸区示范性劳动合同的方式引入香港雇佣合约中纪律与申诉条款，配合国家“一带一路”战略，创新粤港澳自贸区劳资争议解决机制，推动粤港澳经济深度融合的理论观点。

关键词：“一带一路”战略　粤港澳自贸区　DGP 条款

* 刘阳，深圳大学国际交流学院。

香港劳工处有雇用合约样本，一般为通用表格，这种样本通常是为了适合大多数情况而设计的，当中一定有些细节不是每种情况都适用，香港劳雇双方商定后可以把不适用的删去后再签署。笔者建议由粤港澳自贸区管理局仿效香港劳工处颁布《粤港澳自贸区劳动合同示范文本》，并在其中引入香港雇佣合约中的DGP条款。这种"示范文本"是粤港澳自贸区用人单位和劳动者签订劳动合同时的签约指引，它是任意性指导而不是具备法律强制力的法规或文件，试用一段时间后，若"示范文本"尤其是纪律与申诉条款（Disciplinary and Grievance Procedures，简称DGP条款）能够被绝大多数的粤港澳自贸区企业及其员工所接受，可以依法赋予DGP条款的法律效力，依法推动粤港澳自贸区劳资争议解决机制的创新。

一　DGP条款及其作用

以英国为代表的普通法国家或地区在劳资纠纷争议解决中高度重视法律程序的作用。2002年发生的"香港国泰航空公司劳资纠纷案"就是个很好的例证。纪律与申诉程序在普通法地区又被称为"纪律查询条款"，是雇员因违反公司纪律被公司辞退前的程序要求，没有履行"纪律与申诉程序"或"纪律查询"义务，就以雇员违反公司纪律而将其辞退是对雇员的不公平做法。若雇员以程序错误状告公司，公司通常需要赔偿该雇员一个月的薪资。

香港高等法院主审法官A. T. 雷耶斯在约翰辛普森·沃哈姆等22名原告起诉香港国泰航空公司案一审判决书第51段写道："我（主审法官）认为，以提供代通知金的方式无因解雇雇员是不妥当的，不能用这种做法（指以提供代通知金的方式无因解雇雇员）规避DGP程序。以提供代通知金的方式无因解雇雇员产生的一个潜在问题就是，这有可能导致不当解雇。"判决指出，香港国泰航空公司必须公平合理地对待所有公司的高管，并保证他们有申诉的机会。判决书第75和第76段则对什么是严重行为不端，以及公司高管依据DGP程序被解职的条件进行了解释。按照DGP程序规则第

8.5条，解雇处分通常是为严重触犯公司纪律或是那些虽无大错但是屡教不改的雇员所准备的。作为一名公司高管，若是其在第一次触犯公司纪律时就被解除职务，那么一定是这位高管有严重的行为不端。按照DGP程序规则，严重行为不端包括：①一贯玩忽职守，或玩忽职守导致严重结果；②蓄意违反公司纪律或者拒绝服从公司合法并合理的命令；③公司认为其行为有损公司的利益；④蓄意违背公司的利益。针对劳雇双方的争议，法官在判决书第80段写道："与DGP程序规则要求相反的是，没有一名原告（飞行机师）有机会解释公司所宣称其异常高的病假缺勤率或所谓的反社会行为，他们没有机会向检查小组反映问题，也没有机会提出裁决请求，这一切正义的基本原则，也违背了雇佣合约中所包含的DGP程序规则。"① 2009年11月，香港高等法院对约翰辛普森·沃哈姆等22名原告诉国泰航空公司做出一审判决：……原告与香港国泰航空公司的雇佣关系被不当地终止了；因为被告并没有遵守DGP程序，因此认定，雇佣合约属不当终止，被告应向每一原告多支付一个月的薪水作为补偿。

二 制定粤港澳自贸区示范性劳动合同并引入DGP条款的现实意义

引入DGP条款不仅有助于规范粤港澳自贸区企业劳动合同解除程序，而且有助于强化粤港澳自贸区企业的管理人员在劳动合同管理中的程序意识，尤其有助于强化粤港澳自贸区企业管理人员以国际社会通行方式进行人力资源的管理，保障企业员工的权益。

（一）内地与香港在劳动合同即时解雇上的差异

香港《雇佣条例》第9条规定：如果雇员在与其雇佣有关的事宜上，

① Rick Glofcheski, *Employment Law and Practice in Hong Kong*, Sweet & Maxwell/Thomson Reuters, 2010.

雇员发生下列不当行为，雇主可以无须事先通知或以工资替代通知而终止雇佣契约：①故意不服从雇主合法合理的命令；②行为不当，而该等行为是该雇员尽心尽力工作所不应有的；③欺诈或不忠实；④经常玩忽职守；⑤任何其他雇主有权根据普通法终止合约。一般而言，只要雇员的行为使雇主认为他已经不愿意再受雇佣合约的约束时，雇主就可即时解雇。香港法庭始终是以一个勤勉的雇员是不是应该发生这样的行为来判定即时解雇是否有合理性，而不去考虑该雇员的行为是否实际上给雇主造成了损失。在法庭看来，前一个不当行为的发生，已经使雇佣合约失去了被继续履行的基础。一旦这一基础不存在，解雇就应当被认为是合理的。例如香港一名雇员因为上班时忘了带钱包，便从钱柜中私下取 15 英镑急用。当时，他在钱柜内留下一张便条，说明他拿走的具体数额，并写明第二天立即归还。后来雇主将其当即解雇。该案在一审的时候，法庭认定雇员的行为并非不诚实，雇主的解雇不具备充分理由。后来雇主提出上诉，上诉法庭裁定雇员的行为构成不忠实，雇主的解雇并无不当。又如香港原告雇员在被告处工作 20 年，长期以来一直是自行安排清洁办公室与电梯的时间。但有一天被告雇主要求其每天清洁有关地点时，原告以这一安排与以往惯例不符而加以拒绝，结果遭被告即时解雇。该案诉到最高法院后，法庭认定被告的即时解雇成立，原告败诉。[①]上述判例规则是香港目前所实行的自由雇佣制度的法律基础，也是香港雇员普遍感到“一职难保”的主要原因。内地《劳动合同法》第 39 条规定劳动者有下列情形之一的，用人单位可以解除劳动合同：①在试用期间被证明不符合录用条件的；②严重违反用人单位的规章制度的；③严重失职，营私舞弊，给用人单位造成重大损害的；④劳动者同时与其他用人单位建立劳动关系，对完成本单位的工作任务造成严重影响，或者经用人单位提出，拒不改正的；⑤因本法第 26 条第 1 款第 1 项规定的情形致使劳动合同无效的；⑥被依法追究刑事责任的。对于即时解雇，香港《雇佣条例》与内地《劳动合同法》第 39 条相比，最大的差别在于香港《雇佣条例》第 9 条第 5 款

① 王飞：《香港的即时解雇与构定解雇制度》，《中国劳动》2002 年第 4 期。

“任何其他雇主有权根据普通法终止合约的情况”的规定。香港由于实行自由雇佣制度，客观上为人才流动创造了有利条件，但随意解雇雇员也损害了劳动者的就业权。①

（二）内地与香港在预告解雇上的差异

解雇预告期是指用人单位通知员工解雇至解雇正式生效的期间。“代预金”是指雇主解雇劳工时支付的与预告期间相应的劳动报酬，用以代替解雇预告期。世界上除了奥地利等少数国家外，其余国家均允许以与预告期间相应的劳动报酬来替代解雇预告期。允许在解雇预告期与“代预金”之间选择被视为一种国际惯例。从表面上看，劳动者在此期间不用工作可以全身心寻找工作，“代预金”好像是劳动者不劳而获的利益，以致大多数港人将“代预金”制度视为一种重要的企业福利待遇。② 但雇主的这种选择权也会使“解雇预告制度”流于形式，导致即时解雇的泛滥。台湾著名劳动法学者黄钦越强调：“关于此项规定（代预金）非常值得检讨，盖在实务上雇主常常利用此项规定，故意不予以预告而仅发给预告期间之工资，结果对劳工之权益造成损害，往往并非预告期间之工资所能弥补。”国际劳工组织158号《终止雇佣公约》第11条规定：“工人被解雇时，应有权在合理的期限内得到通知或代替通知的补偿，除非他犯了严重的不当行为，即不当行为的性质在通知期内要求雇主继续他的工作变得不合理。”内地与香港在劳工法中均根据本地实际情况植入了国际劳工组织相关法律规定，但因法律文化的差异，内地与香港在解雇以及解雇权限制方面又存在巨大差异。①两地通知解雇的法律规定不同。香港《雇佣条例》第7条规定，试用期内首月无须通知期，也无须代通知金。在试用期内第一个月后，包括雇佣合约有明确规定和无明确规定两种情况，都不得少于7天的通知期。雇佣合约有明确规定通知期的，可领取相当于雇员可赚取的工资，雇佣合约无明确规定的，可领

① 刘阳：《〈基本法〉框架下香港劳工法改革发展方向》，《甘肃社会科学》2011年第6期。

② 刘阳：《香港劳工权益保障问题专题研究》，光明日报出版社，2013，第80～81页。

取不少于7天的工资。无试用期或者在试用期之后，包括雇佣合约有明确规定和无明确规定两种情况。前者依照协定的通知期，但不少于7天，后者不少于1个月的通知期，工资在雇佣合约中有明确规定的，发给相当于通知期内可以赚取的工资，若雇佣合约无明确规定的，应发给不少于一个月的工资。内地《劳动合同法》第40条规定有下列情形之一的，用人单位提前30日以书面形式通知劳动者本人或者额外支付劳动者一个月工资后，可以解除劳动合同：①劳动者患病或者非因工负伤，在规定的医疗期满后不能从事原工作，也不能从事由用人单位另行安排的工作的；②劳动者不能胜任工作，经过培训或者调整工作岗位，仍不能胜任工作的；③劳动合同订立时所依据的客观情况发生重大变化，致使劳动合同无法履行，经用人单位与劳动者协商，未能就变更劳动合同内容达成协议的。可见，内地与香港在预告解雇上的根本差别还在于是否须有解雇理由。

三 “一带一路”战略下，粤港澳自贸区劳资争议解决机制的创新

2013年秋，习近平总书记分别提出建设“新丝绸之路经济带”和“21世纪海上丝绸之路”的战略构想。“一带一路”战略，是中国全方位对外开放和对外合作的顶层设计，是以亚洲国家为重点方向、以陆上和海上经济合作走廊为依托、以人文交流作为纽带、以共商共建共享为原则、促进中国和各国交流的大通道。中国香港的经验不仅对内地具有示范性，而且对东盟马来西亚、缅甸和实行普通法的印度、巴基斯坦以及属于英联邦成员的斯里兰卡等国均具有较大影响力。现阶段“一带一路”战略的重要内容包括基础设施的互联互通以及加强“一带一路”国家的经贸往来，但是伴随“一带一路”战略的推进，粤港澳与“21世纪海上丝绸之路”经济带沿线国家，例如马来西亚、缅甸以及其他东盟国家企业间的合作将更为密切，企业间的合资、合作必然对跨国企业间人才管理制度的融合提出更高要求。据统计，2015年上半年，中国企业共对“一带一路”沿线48个国家进行了直接投

资，投资额70.5亿美元，增长22%，增幅领先于其他地区。[①] 中国企业对“一带一路”沿线国家进行资本输出的同时也进行企业管理方式的输出，如果中国企业输出的是落后的人才管理方式和理念，对“一带一路”战略实施势必产生负面影响。受传统思想的影响，中国企业管理者在企业管理，尤其是企业人力资源管理中重实体、轻程序的现象是比较普遍的。这种传统的企业管理模式随着“一带一路”战略的推进，必须尽快实现转变。

进入21世纪，随着劳动者权益保护运动在全球的开展，香港国泰航空公司飞行机师劳动合同解除争议案的司法判决为妥善解决内地与香港社会各界对现行劳动合同解除争议提供了新思路，同时也为深港两地劳动合同管理制度的融合对接提供了新的视角，粤港澳自由贸易区的建立，加速了粤港澳经济深度融合的步伐，对包括粤港澳劳动管理在内的制度融合对接提出更高的要求。随着“一带一路”战略的推进，会有更多的企业走出国门，首先在粤港澳自贸区制定并颁布示范性劳动合同，并引入DGP条款不仅是解决自2008年中国实施《劳动合同法》以来，劳动合同解除赔偿案件居高不下的有效办法，也将是粤港澳劳动法律制度对接的有益尝试；当然，也必将为树立我国企业良好的国际形象，助力国家实施的“一带一路”战略发挥建设性作用。

参考文献

Rick Glofcheski, *Employment Law and Practice in Hong Kong*, Sweet & Maxwell/Thomson Reuters2010.

刘阳：《〈基本法〉框架下香港劳工法改革发展方向》，《甘肃社会科学》2011年第6期。

① 张羽：《“一带一路”推动福建与沿线国家双向投资倍增》，中新网，http://finance.chinanews.com/cj/2015/05-04/7251633.shtml。

B.21

盐田区和谐劳动关系示范城区指标体系研究报告

翟玉娟　刘定权*

摘　要：2015年，中共中央、国务院下发了《关于构建和谐劳动关系的意见》，深圳市盐田区以机构机制建设等九大举措改善区域内劳动关系，当年又成为广东省第二个省市共建和谐劳动关系综合试验区，开展和谐劳动关系示范城区评价指标体系设计研究工作，通过开发具有科学性和实用性的指标体系，对盐田劳动关系示范城区的成果进行总结检验，“盐田模式”的探索和研究，为全省乃至全国和谐劳动关系建设提供新经验，为探索和谐劳动关系建设的新机制寻求新突破。

关键词：劳动关系示范区　指标体系　总结检验

一　国内和谐劳动关系研究现状

近年来，有关和谐劳动关系的研究成果明显增加。贺秋硕提出了由上而下四个层次的劳动关系和谐度评价指标体系，即目标层、准则层、要素层和指标层。目标层为劳动关系和谐度，下设包括劳动者就业及工资状况、就业环境及受保护程度、民主程度及其发展前途三个准则层，要素层包括劳动合

* 翟玉娟，深圳大学法学院；刘定权，深圳市盐田区人力资源局。

同状况、就业培训状况、工资状况、劳动条件、社会保障、工会组织情况、劳动生产率及企业经济效益与文化共八个方面，各个要素层下设具体指标层支撑评价体系。

何圣、王菊芬则从收入保障、劳动环境、权益实现及技能发展四个方面构建和谐劳动关系评价指标体系，该体系下设平均工资比、最低工资比、超时工作率、各项社会保险覆盖率、超合同雇佣期比率、劳动合同完全履行率、员工培训率等具体指标，二人通过该指标体系对上海市企业进行评估，并得出上海市企业的劳动关系状况整体上处于中等偏上的水平。

袁凌、许丹利用因子分析法对原有劳动关系评价指标体系进行了修正和优化，从培训教育与工作环境、工资报酬分配、劳动合同评价、工会建设与劳动争议处理及社会保障情况五个方面建立了转轨时期中国企业劳动关系评价的五维模型，并采用验证性因子分析对模型进行了验证，确保了模型的准确性和合理性。

2013 年，由潘伟梁负责的浙江省劳动和社会保障科学研究院课题组提出劳动关系和谐指数的评价体系结构，该体系下设政府职能部门工作情况、企业法律法规执行情况、劳动者满意度共 3 个一级指标，一级指标下设 24 个二级指标，并有具体的三级指标支撑该套评价体系，课题组得出浙江省区域劳动关系和谐度有所提升的结论。

2006 年 9 月 12 日，在全国总工会召开的新闻发布会上，中华全国总工会书记处书记张秋俭提出主要从八个标准去衡量企业劳动关系是否和谐：劳动合同执行情况、平等协商和集体合同建制、职工劳动经济权益的维护、企业民主管理制度、职工精神权益维护、工会及企业劳动争议调解组织的建立、对女职工及未成年人的合法权益的保护、健全工会组织的建立。

关于和谐劳动关系评价体系的成果还有很多，其主要的特点是评价体系的框架大多以劳动法律法规中的劳动基准为基础，主要关注企业发展和劳动者权益的微观指标，对于评估个别劳动关系具有重要意义，但现存的评价体系大多忽视政府管理效能的评价，同时未关注地区内经济发展状况等宏观政策的层面，无法全面地评估地区的劳动关系状态。

二　和谐劳动关系示范城区指标体系框架结构

和谐劳动关系存在三个层次：和谐个别劳动关系、和谐集体劳动关系和和谐社会劳动关系。和谐的个别劳动关系是劳动者获得“体面劳动”的一种状态；和谐的集体劳动关系是企业积极主动承担社会责任，实现共赢的一种状态；和谐社会劳动关系，则是社会局势平稳，分配制度合理，劳动者充分就业，整个国民经济能够健康、持续、稳定发展的一种状态。和谐劳动关系示范城区更注重宏观的劳动关系，反映的是一个地区的劳动关系状态，是劳方、资方、政府三方得到协调发展，通过有效机制化解劳资双方矛盾和冲突，从而达到互利共赢，社会稳定和谐。

（一）和谐劳动关系示范城区应该具有的特征

其一城区内劳动用工符合法律法规的规定，企业建立完善的用工管理制度。劳动合同的全面实行，企业建立系统的用工管理台账，劳动关系双方的法律意识不断提高，是和谐劳动关系城区的最基本特点。

其二具有较高的社会保险参保率。社会保险为社会成员在遭受各种风险时提供必要的生活保障，有利于实现资源配置的合理性，实现社会公平，维护社会的稳定。社会保险实现全民覆盖是发展和谐劳动关系城区、促进社会公平正义的重要手段。

其三民主管理参与度高，企务公开覆盖率高。政府、企业、劳动者通过劳动关系三方协调机制，共同研究解决劳动关系方面的重大问题，共同参与城区内涉及劳动关系具体政策的制定及实施。企业具有丰富的职工民主参与形式，民主参与渠道多样化，依法保障职工的知情权、参与权、表达权、监督权。职工通过工会、职代会直接或间接参与管理企业的内部事务。建立完善的企业民主管理机制，是和谐劳动关系城区构建的主要方式。

其四劳动行政部门各项工作高效运转，劳动管理服务效能高。劳动管理服务效能是评价服务型政府的重要指标，劳动行政部门管理服务不仅包括提供完善的公共就业服务，还体现在劳动信访、劳动仲裁、劳动争议调解等劳动关系各环节。高效率的劳动管理服务，及时有效缓解劳资矛盾，合法处理劳资纠纷是构建和谐劳动关系城区的重要举措。

其五拥有高效的劳动争议调处机制。劳资矛盾无可避免，政府职能部门通过有效的工作平台，构建劳动纠纷预防、劳资矛盾化解、劳资争议处理的网络体系，以平和、快速、法律的方式解决劳资矛盾，同时引入、培育具有专业性的社会团体和专业队伍开展、参与劳动争议调处工作。平息纠纷、避免群体性事件发生是构建和谐劳动关系示范城区的有效途径。

（二）和谐劳动关系指标体系框架结构

盐田区和谐劳动关系指标体系从劳动关系状态指标、劳动管理服务效能指标、劳动关系环境指标、满意度调查四个方面进行设计，重点关注与劳动关系有关的核心和要素，指标体系框架结构见表1。

表1　盐田区和谐劳动关系指标体系

一级指标	二级指标	三级指标	
劳动关系状态指标（45分）	劳动用工管理	1	企业劳动合同签订率
		2	劳动规章制度民主建制率
		3	用工管理台账建制率
	工资、休息休假	4	工资按时发放率
		5	最低工资标准执行率
		6	最低休息时间保证率
		7	超时加班发生率
	社会保障	8	养老保险参保率
		9	医疗、工伤、失业、生育保险参保率
		10	住房公积金缴交率
	民主管理	11	集体协商建制率
		12	工会组建率
		13	工会入会率
		14	区域三方机制建制率
		15	职代会覆盖率
		16	企务公开（厂务公开）覆盖率

续表

<table>
<tr><th>一级指标</th><th>二级指标</th><th colspan="2">三级指标</th></tr>
<tr><td rowspan="3">劳动关系状态指标（45 分）</td><td rowspan="3">劳动争议</td><td>17</td><td>每万人劳动信访案件数</td></tr>
<tr><td>18</td><td>每万人劳动仲裁立案数</td></tr>
<tr><td>19</td><td>每万人群体性劳资纠纷数</td></tr>
<tr><td rowspan="11">劳动管理服务效能指标(26 分)</td><td rowspan="2">公共就业服务</td><td>20</td><td>失业人员实现再就业率</td></tr>
<tr><td>21</td><td>职业培训率</td></tr>
<tr><td rowspan="9">劳动关系服务效能</td><td>22</td><td>劳动信访案件法定时限办结率</td></tr>
<tr><td>23</td><td>劳动投诉案件法定时限办结率</td></tr>
<tr><td>24</td><td>劳动争议调解率</td></tr>
<tr><td>25</td><td>劳动仲裁案件法定时限办结率</td></tr>
<tr><td>26</td><td>劳动仲裁案件撤裁率</td></tr>
<tr><td>27</td><td>劳动仲裁案件起诉率(与全国、深圳市的起诉率进行对比)</td></tr>
<tr><td>28</td><td>行政复议案件维持率</td></tr>
<tr><td>29</td><td>行政诉讼案件败诉率</td></tr>
<tr><td>30</td><td>审批服务法定时限办结率</td></tr>
<tr><td rowspan="9">劳动关系环境指标（19 分）</td><td rowspan="5">宏观环境</td><td>31</td><td>工业全员劳动生产增长率</td></tr>
<tr><td>32</td><td>劳动报酬占 GDP 比重增减幅度</td></tr>
<tr><td>33</td><td>城镇居民登记失业率</td></tr>
<tr><td>34</td><td>劳动违法案件发生率</td></tr>
<tr><td>35</td><td>劳动仲裁案件法律援助覆盖率</td></tr>
<tr><td rowspan="4">工作环境</td><td>36</td><td>工作场所职业危害因素检测率</td></tr>
<tr><td>37</td><td>劳动防护用品发放率</td></tr>
<tr><td>38</td><td>职业健康体检率</td></tr>
<tr><td>39</td><td>亿元 GDP 事故死亡率</td></tr>
<tr><td rowspan="4">满意度调查(10 分)</td><td rowspan="2">对整体环境的满意度</td><td>40</td><td>政府劳动服务满意度</td></tr>
<tr><td>41</td><td>盐田职业发展环境满意度</td></tr>
<tr><td rowspan="2">对个人生活的满意度</td><td>42</td><td>工作状态满意度</td></tr>
<tr><td>43</td><td>个人收入满意度</td></tr>
</table>

每一部分的评价体系具有三个层次，第一层次为该项综合性指标，第二层次由若干复合指标构成，第三层次由单一指标构成，每个层次之间逐步深入，逐渐具体，由面到点，然后通过点与点的联系构成一个完整的和谐劳动关系评价体系。

三 和谐劳动关系示范城区指标体系内容分析

指标体系不是单纯从劳动关系的产生、发展、结束的单一脉络来进行设计，而是将劳动关系置于整个社会环境之下来进行考察，从劳资政多重维度来考察劳动关系中的核心问题，强调了其内在的逻辑性以及一、二、三级指标的层次递进关系。

（一）劳动关系状态指标

劳动关系状态是对城区内劳动关系存在情况最直接、客观的评价。本大类指标下设了劳动用工管理、工资和休息休假、社会保障、民主管理及劳动争议五方面。

1. 劳动用工管理

主要包括企业劳动合同签订率、劳动规章制度民主建制率和用工管理台账建制率三个指标。用人单位与劳动者签订劳动合同是建立劳动关系的首要环节，是用人单位基本的法律义务，所以签订书面劳动合同是保持劳动关系稳定、和谐的重要基础。用人单位建立劳动规章制度是进行规范化、系统化管理的基础，根据相关法律法规规定，用人单位在制定、修改或者决定有关直接涉及劳动者切身利益的规章制度或者重大事项时，应当经过民主程序，指标不仅考察用人单位是否建立规章制度，更注重规章制度是否通过民主程序制定，将规章制度合法化的前提和尊重劳动者的参与权作为评估的一个因素。《广东省劳动保障监察条例》要求用人单位建立职工名册、录用登记、工时台账、工资台账四个管理台账，评价体系首次引入“用工管理台账建制率”，旨在促进城区企业对用工情况进行系统管理，只要企业具备了其中两个台账就被视为建立了台账制度。

2. 工资和休息休假

工资和休息休假属于劳动条件的核心内容，劳动条件是劳动关系的主要内容，用人单位为劳动者提供法定的劳动条件是维护劳动者权益、建立和谐劳动关系的基本要求。在工资和休息休假二级指标中，共有工资按时发放率、最低工资标准执行率、最低休息时间保证率、超时加班发生率 4 个三级指标。工资按时发放率是指企业发放劳动者工资的时间符合法律规定，引导企业建立符合法律规定的工资支付制度。最低工资标准属于法律强制性的标准，只要劳动者完成了正常劳动，用人单位给劳动者发放的工资就不得低于最低工资标准，这是法律的基本要求。实践中，超时加班既是一个普遍现象，也成了执法的困惑。盐田区作为和谐劳动关系示范区，需要严格执行法律，不能对现实中存在的违法问题进行姑息迁就，仍然要采用超时加班发生率作为衡量劳动关系和谐的指标，通过执法活动引导企业遵守法律。

3. 社会保障

社会保障体现在劳动关系方面主要是五种社会保险及住房公积金，这些都是需要强制性缴纳的。本类指标选取了现有的社会保险险种，因大部分地区都实行了社会保险捆绑式缴纳，结合深圳的实际情况，将社会保险的指标分为两类，一是养老保险参保率，二是医疗保险参保率、工伤保险参保率、生育保险参保率、失业保险参保率 4 个指标综合成为一个指标，显示员工实际参保情况。虽然目前住房公积金制度对企业的压力较大，实践中并没有严格实施，但由住房公积金引发的群体性劳资冲突较多，它是产生劳资矛盾的隐患，指标体系也将其缴交率作为一个评估指标。

4. 民主管理

常态化企业民主管理关系到职工民主权利能否真正得到落实，是构建企业民主管理体系、推进企业民主管理进程的基础和保证企业可持续发展的动力。企业民主管理主要包括通过工会代表，组织职工民主参与企业经济活动和管理活动，实施群众监督，促进企业决策民主。本类指标下设了集体协商建制率、工会组建率、工会入会率、区域性三方机制建制率、职代会覆盖率和厂务公开覆盖率共 6 个三级指标。近年来，国家人力资源和社会保障部和中华全国总工会大力推行集体协商制度，并有一定的考核目标，集体协商建制率就是考察建立集体协商机制的企业比例，落实集体协商机制。工会组建率和工会入会率是衡量企业内部工会组织建立及劳动者参加工会的情况，让劳动者通过组织化的方式争取改善劳动条件，促进劳动关系的和谐发展。三方协商机制是多元社会中协调劳资双方利益冲突的一项基本制度，目前，省、市、行政区层次建立了劳动关系三方协调机制，劳动关系示范城区的指标体系不仅要求在行政区层次上建立三方协商机制，还要求在街道、行业层次上建立三方协商机制，搭建劳资政三方对话平台，解决本地基层发生的实际劳动问题，做实三方协商机制。职代会、厂务公开都是企业内部的民主管理形式，这两项制度是否建立，可以很好地评估企业是否尊重劳动者民主权利、与员工进行沟通的程度以及企业劳动关系的和谐度。

5. 劳动争议

目前，我国正处于经济社会转型期，劳动关系主体及其利益诉求多元化，劳动关系矛盾正处于多发期及凸显期。劳动信访、劳动争议案件、群体性劳资纠纷是劳动关系状态的最终体现，劳动争议指标下设了本城区内“每万人劳动信访案件数”、“每万人劳动仲裁案件立案数”和“每万人群体性劳资纠纷率”3个三级指标。3个指标均以每万人为计数单位，便于进行纵向和横向的比较研究。3个指标通过考察劳资矛盾的外在表现形式了解整个城区的劳资关系状态。

（二）劳动管理服务效能指标

发展和谐劳动关系是一项系统工程，提供劳动管理服务的主体是劳动行政部门，劳动行政部门要以促进、实现和谐劳动关系为管理活动的中心和一切工作的出发点，在管理过程中要有较强的工作能力、较高的工作技巧和有效的制度流程设计，实现管理效率、效果、效益的高度统一。示范城区的劳动行政管理工作方向是追求高效并持续推动效能提高，体现服务型政府的特色。本大类指标下设了公共就业服务和劳动关系服务效能2个二级指标。

1. 公共就业服务

劳动保障部门提供完善公共就业服务是提高本城区内人员就业率、促进失业人员再就业、提高就业质量的有效手段，也是保障民生、促进企业发展、保障社会和谐稳定发展的重要举措。衡量政府就业服务有多方面的内容，本类指标下设了失业人员实现再就业率和职业培训率2个三级指标。失业人员实现再就业率可以较好地检测出政府就业服务的质量，进一步了解劳动保障部门所提供公共就业服务是否符合社会需要，是否可以有效地帮助失业人员再就业，从而使其根据评估结果对公共就业服务的方向、内容进行调整，提高城区就业服务质量。职业培训包括的范围较广、形式较多，全口径统计职业培训率可能在操作上有一定的困难，但考虑到该指标对于城区的未来发展潜力、前景和衡量劳动关系状态有重要意义，仍将其纳入评估指标体系，便于今后定期收集此类数据信息。

2. 劳动关系服务效能

劳动关系服务效能是劳动行政部门工作效果的体现，主要衡量劳动行政部门工作人员服务观念、管理素质、管理环境和管理体制的效果。本指标根据劳动行政管理部门主要工作内容下设了劳动信访案件法定时限办结率、劳动投诉案件法定时限办结率、劳动争议调解率、劳动仲裁案件法定时限办结率、劳动仲裁案件起诉率、劳动仲裁案件撤裁率、行政复议案件维持率、行政诉讼案件败诉率和审批服务法定时限办结率共9个三级指标。劳动信访案件法定时限办结率、劳动投诉案件法定时限办结率、劳动仲裁案件法定时限办结率、审批服务法定时限办结率这4个办结率是对劳动行政部门提供行政服务内容工作效率的体现。劳动争议调解率是衡量劳动争议处理调解的效果。劳动仲裁案件起诉率、劳动仲裁案件撤裁率是衡量劳动仲裁案件的质量指标，虽然起诉率高并不完全反映仲裁质量低，但也可以在一定程度上说明案件没有在仲裁阶段及时化解，仲裁员工作不深入等问题。劳动仲裁案件撤裁率说明仲裁裁决存在认定事实、适用法律错误或者仲裁员违法的情况，是衡量仲裁质量比较准确的指标。行政复议案件维持率、行政诉讼案件败诉率2个指标是衡量劳动行政部门具体行政行为的质量，行政复议是上级主管部门对具体行政行为的审查，行政诉讼是人民法院对具体行政行为的审查，从两个部门对行政行为支持或否定的判断可以考察行政行为内容和程序是否合法，评估劳动行政部门的行政效能。

（三）劳动关系环境指标

劳动关系是一种社会关系，存在于一定的社会环境中，外部环境能够促进也能阻碍劳动关系的和谐，政府的主要任务就是创造一个良好的社会环境，最大限度促进劳动关系和谐。环境既包括宏观环境，也包括劳动者微观工作环境。

1. 宏观环境

Dunlop 将劳动关系环境划分为经济环境、技术环境和社会的权力分布。除此之外，劳动关系还受社会环境和人口结构环境的影响。宏观环境指标下设了工业全员劳动生产增长率、劳动报酬占 GDP 比重增减幅度、城镇居民登记失业率、劳动违法案件发生率和劳动仲裁案件法律援助覆盖率共 5 个三级指标。

我国工业全员劳动生产增长率统计口径不一，每个地区的经济发展程度、行业水平不一，与其他地区相比不具有可比性，所以本指标采用了纵向比较的方式，将本行政区内历年的数据进行比较，以增长率作为评估判断的标准，无论是增长还是下降都可以说明劳动关系的宏观环境的改善变化。同样，劳动报酬占 GDP 比重增减幅度也因行业、地区而存在差异，其通过增减幅度的变化纵向比较，说明劳动者在整个国民经济中的利益分配情况。城镇居民登记失业率是衡量一个地区城镇居民的就业情况，是我国通行的衡量失业情况的指标。劳动违法案件发生率是衡量辖区内企业遵守法律的实际情况。劳动仲裁案件法律援助覆盖率是指在有的劳动仲裁案件中，劳动者缺乏相应的法律知识，政府司法部门和工会组织为劳动者出资聘请的律师提供专业的法律服务，法律援助覆盖率体现了政府对弱势群体帮助的深度和效果。

2. 工作环境

《劳动法》明确规定用人单位必须建立、健全劳动安全卫生制度，严格执行国家劳动安全卫生规程和标准，对劳动者进行劳动安全卫生教育，防止劳动过程中的事故，减少职业危害，政府有关部门承担监督管理职责。本指标下设工作场所职业危害因素检测率、劳动防护用品发放率、职业健康体检率和亿元 GDP 事故死亡率共 4 个三级指标。劳动防护用品发放率、职业健康体检率、工作场所职业危害因素检测率是对用人单位履行法定保护劳动者安全健康基本义务的评估。亿元 GDP 事故死亡率是从结果上评估安全健康工作环境情况，是以创造的国民生产总值与安全生产事故之间的比例考察职业安全健康环境，也是我国常用的统计数据，该指标可以进行纵向和横向的比较研究。

（四）满意度调查

指标体系的前三个部分主要是从一系列客观指标评估城区劳动关系是否和谐，但劳动关系是否和谐，还要重视劳资双方的主观感受。本类指标下设了“对整体环境的满意度”和“对个人生活的满意度”共 2 个二级指标，其中，对整体环境的满意度指标下设了政府劳动服务满意度、盐田区职业发展环境满意度共 2 个三级指标。从被服务对象的角度看政府劳动行政服务效能比较真实。

对个人生活的满意度指标下设了工作状态的满意度和个人收入满意度共 2 个三级指标。工作状态包括的方面比较广泛，主要有劳动者目前的工作环境、工作内容以及工作现状，让劳动者通过模糊的心理感受对劳动关系满意程度进行评估。个人收入是劳动关系中的核心问题，劳动者对其收入的满意度可以在一定程度上反映出劳动关系的和谐程度。满意度调查可以充分让劳动者对用人单位表达自身的感受和对劳动关系进行评价，使评价指标体系更具完整性和可信性。

四　指标的创新性

（一）体系的创新性

指标体系共包括四个部分，在四个部分中，劳动关系状态指标所占分值最大，虽然该指标是城区和谐劳动关系指标，但每个企业的劳动关系状态是基础，只有每个企业的劳动关系符合法律法规规定，达到了和谐的标准，整个城区的劳动关系才可能和谐。指标体系的典型特色是突出了劳动管理服务效能，一般情况下，劳动关系和谐评价会忽视政府的正向引导作用，政府的监督、管理、服务工作对企业的劳动关系构建起到促进的作用，一旦政府偏袒、纵容违法行为，企业就会践踏法律底线，侵犯劳动者权益，政府在劳动行政管理中服务理念不足，企业发展效率就会降低，其对劳动者的吸引力也会减少，所以本指标体系从公共就业服务、劳动关系服务效能两个方面考察政府的管理效能。在一般的指标体系中，劳动关系环境更多是仅仅涉及工作环境，忽视了整个社会多方面环境因素对劳动关系的影响作用。本指标体系将宏观环境与劳动者工作环境并行考察，考察角度更多元化和综合化。指标体系的第四个内容是满意度调查，满意度可以包括对劳动关系各个方面的满意度，但只选取了最关键和最核心的几个指标，既有对政府劳动行政服务的满意度，又有对个人工作状态的满意度，既有对现在工作状态的满意度，又有对未来职业发展前景的展望，虽然指标不多，但涉及劳动关系中的核心问题。

（二）具体指标的创新性

通过学习《中共中央国务院关于构建和谐劳动关系的意见》，我们引入了“三方机制建制率”“用工管理台账建制率”“职业培训率”等创新性指标。职业培训包括的范围较广、形式较多，既包括政府部门提供的培训，也包括企业提供的培训，还包括劳动者个人参加的各种培训，在培训内容上既有专项技术培训，还有为获得职业资格的培训和学历培训，这个指标对于考察劳动者素质提升、政府职业培训指导工作的成效具有重要的参考价值，但数据的采集有些困难，一般其他地方不愿将其纳入评价指标体系。鉴于指标的重要性，盐田区和谐劳动关系指标体系将其纳入，目的是今后可以定期收集此类数据，开始逐步建立数据库，为政府全面掌握全区的职业培训状况、制定适合实际的培训规划提供参考。整个指标体系共有创新性指标 16 个，既兼顾城区客观情况，符合和谐劳动关系城区发展的新趋势，同时又具有较强的创新性和前瞻性。

评价指标体系的基本功能是为劳动关系和谐度评估工作提供判断标准，实现对城区劳动关系和谐度的精确评价。当然，这种“精确评价”具有相对性，只是相对精确，不是绝对精确，绝对精确事实上是无法实现的。

五　和谐劳动关系示范城区指标权重分析

劳动关系和谐度的定性分析应当和定量分析有机结合起来。定性分析只有基于定量分析才会比较准确，才会具有较高的可信度和参考价值。本指标体系基于符合实际、全面系统又具有前瞻性的原则构建，没有现成的比重分值可供参考，遂采用专家意见法建立定量评估模型，利用具有丰富劳动关系工作经验的专家的智慧确定评分标准。

首先组成9人专家组，其中有两名劳动关系学者，他们长期从事劳动关系的理论和实践研究，具有了解国内外劳动关系评价理论的优势。其中一名是从事专业劳动关系服务的社会组织负责人，具有劳动关系领域近30年的工作经历。其余6名均为拥有丰富实践经验的基层部门负责人，分别来自劳动信访、劳动监察、劳动仲裁、劳动关系、职业培训等部门。

计分方法是每位专家首先对一级指标进行评分，将9人的评分进行综合平均，采用四舍五入的方式保留整数，经过综合评分，一级指标的分配比例为45∶26∶19∶10；后对二级指标占一级指标中的比重进行打分，然后再对三级指标占二级指标的比重进行打分，依次计算出每项二级指标和三级指标的分值，采用四舍五入的方式保留整数。这种评分方法的优点是既有理论研究人员，又有实践工作人员，专家对劳动关系比较熟悉，可以充分发挥他们集体的智能结构效应，同时做到了让每位专家畅所欲言，充分发表意见，不存在屈服于权威或者大多数人意见的情况。

在四个部分中，劳动关系状态指标所占分值最大，虽然不同专家给予劳动关系状态的具体分数不同，但他们在该部分应占指标最大比重这一点上意见一致。指标体系的典型特色是比较重视劳动管理服务效能，本指标体系从公共就业服务、劳动关系服务效能两个方面考察政府的管理效能，这两方面占指标体系中的26分，说明参与评分的专家切实看到了政府在创建和谐劳动关系中的积极能动作用，体现了指标体系具有独创性。在一般的指标体系中，劳动关系环境更多仅仅涉及工作环境，忽视整个社会多方面环境因素对劳动关系的影响作用，本指标体系将宏观环境与劳动者工作环境并行考察，这两方面占指标体系中的19分。满意度指标选取了最关键和最核心的几个指标，既有对政府劳动行政服务的满意度，又有对个人工作状态的满意度，既有对现在工作状态的满意度，又有对未来职业发展前景的展望，虽然指标不多，但涉及了劳动关系中劳动者最关心的核心问题。因满意度指标主观因素较多，且是初次调查，可能经验不足，所以其在指标体系中所占的分值不大，共占10分。

六　指标评分标准的说明

确定了一级、二级、三级指标的分值后，如何确定每个指标评分的标准，指标体系根据每个指标的属性、特点以及参考国家、部委、省市的具体要求，确定三级指标的计算分值标准，在确定标准时，主要采用了以下几个原则。

（一）属于法律明确的基准性、强制性规定，采用严标准

劳动合同签订率、工资按时发放率、最低工资标准执行率、最低休息时间保证率是《劳动法》明确规定的基准，需要严格执行。尽管有的指标在实践中实施效果并不好，但指标体系本着不能迁就实际情况的原则，严要求，只有达到100%才能给满分。对于劳动规章制度民主建制率、用工管理台账建制率等属于法律要求用人单位进行规范管理的，只要达到95%即为满分。社会保障类包括五险一金，在实践中存在着有的劳动者属于农村户籍或者外地户籍，可能已经在户籍所在地参加了养老保险、医疗保险等险种，根据法律规定在本地是无法参加相应社会保险的，所以五个社会保险的缴交率达到98%即为满分。

（二）以国家有关主管部门确定的考核标准为重要依据，适当提高

工会的上级主管部门对集体协商建制率、工会入会率都有相应的考核指标，例如上级工会要求集体协商建制率要达到 80%，工会组建率要达到 90%，工会入会率要达到 85%，以达到主管部门的考核指标为满分。

有的涉及人社部门的指标比上级要求的更严格。例如 2012 年深圳市人力资源保障信访部门共受理群众来信来访 70778 件，涉及 133756 人次。2013 年深圳市人力资源保障信访部门共受理群众来信来访 66880 件，涉及 121457 人次。以深圳市统计局公布的 2012 年深圳常住人口 1054.74 万，2013 年深圳常住人口 1062.89 万为基数，2012 年、2013 年深圳万人劳动信访发生宗数分别为 126.9 件、114.3 件，盐田将指标设定为只有达到 35 宗以下的为满分，远低于深圳标准，要求比全市的高得多。同样，2012 年全市各级仲裁机构受理案件 33453 件，2013 年全市各级仲裁机构共处理立案案件 26276 件，2012 年、2013 年万人劳动仲裁立案宗数分别为 31.7 件、24.7 件，盐田将指标设定为立案 15 宗以下的为满分，也远低于深圳标准，要求的比全市高。一般情况下，深圳市劳动仲裁案件起诉率为 20%，即做出的裁决，大约有 20% 的当事人不服，提起民事诉讼，但在本评分标准中，达到 20% 不得分，高于深圳市的平均水平。

（三）考察政府工作效能的指标，高标准、严要求

如劳动信访案件、劳动投诉案件、行政审批服务法定时限办结率都是考察政府工作效能的指标，指标体系中规定只有达到 100% 才是满分，95% 以下的不得分。在对政府劳动服务满意度、对盐田职业发展环境满意度上，只有达到 90% 才是满分，60% 以下不得分。

（四）客观准确的原则

职代会覆盖率、企务公开（厂务公开）覆盖率对于评价企业是否形成民主管理的氛围非常重要，但考虑在现实中，很多企业并没有相应的制度，

所以评分标准要客观，达到80%即为满分，60%以下的不得分。

有的指标含义和统计口径不一致，指标体系建立了更科学的评分标准。如劳动仲裁撤裁率，深圳市劳动仲裁撤裁率是指被法院撤销的终局裁决占当事人提出的撤销终局裁决比例，我们认为这样统计不合理，当事人提出撤销的终局裁决只占终局裁决的小部分，大部分的终局裁决用人单位是没有提出撤销的，以提出撤销请求作为统计基数不足以了解所有终局裁决的质量，撤裁率的统计应是对被撤销的劳动仲裁终局裁决占所有做出终局裁决的比例为准。

对于三级指标的评分标准，一般将其设置为5~8等级，分值差距根据指标的性质进行确定，实行分段区间计分法，可以将相邻的分值归类计分，避免了过细琐碎的计分，分值最大差距在5%~10%，分值最小差距在0.05%~0.1%，凡是正向指标的，不含区间的最大值，凡是负向指标的，不含区间的最小值。

B.22 深圳市中等收入人群调查研究

倪志聪*

摘　要：　当前我国社会中等收入人群问题日益受到人们的广泛关注，政府部门、国内外学者对此也进行了深入的研究。《中共中央关于制定国民经济和社会发展第十三个五年规划的建议》提出要使“中等收入人口比重上升”的目标。目前关于深圳市居民差距如何、哪些人是中等收入人群等问题的研究较少，尚不能给政府提供充分的决策。本文通过深圳市常住人口收入状况的调查数据，用聚类分析方法对居民收入进行分析，从收入角度分析出中等收入人群的类别，提出提高中等收入人群比重的可行性建议。

关键词：　中等收入　调查研究　可行性建议

一　中等收入人群概念分析

（一）中等收入人群定义

世界银行根据人均国民总收入（GNI）水平来确定世界各国（经济体）的分类，2013 年 7 月 1 日，世界银行根据人均国民总收入水平做出分组如下：低等年收入 1035 美元以下；下中等年收入 1036～4085 美元；上中等年收入 4086～12615 美元；高收入 12616 美元以上。但这只是用来区分世界各

* 倪志聪，深圳市人力资源和社会保障局。

国（经济体）的一个通用标准，对于每个国家来说，国情差异太大，并不一定全部适用。中国是一个幅员辽阔的国家，由于地域发展不平衡、城乡发展不平衡，衡量每个城市的中等收入人群标准也应该是有区别的。所谓中等收入人群，应该是指在特定的一个时期、特定的一个地域范围内，该地区常住居民的收入水平处于中等、家庭支出相对宽裕、生活水平相对稳定、精神生活相对充实的一个社会阶层。具体来说它有多个维度来衡量，主要包括以下三个方面特征。

（1）中等收入具有动态变化的特征。“特定的一个时期”指的是在一个时期内，比如三年或者五年内，它的标准具有稳定性。同时，随着经济发展、社会的变化，它的标准又有可能不断产生变化，而它的组成成员也会因为收入变化而不断进入或者退出这个群体。

（2）中等收入具有相对性的特征。相对于低收入和高收入而言，它处于中间段，既不是特别富裕，也不是刚好填饱肚子。这个阶层的人群可以被理解为夹心层，被高收入和低收入夹在中间，相对两者比上不足、比下有余。

（3）中等收入的核心在于收入。家庭相对宽裕、生活相对稳定、精神相对充实，这些都离不开收入的支撑，中等收入人群的收入不仅能保证基本的生活需求，还应有结余用来投资或者享受，从这个角度上看，中等收入人群的收入应该高于社会平均收入水平。

（二）中等收入人群划分原则

确定中等收入人群的标准要和国家“十三五”规划的目标相衔接。党的第十八届中央委员会第五次全体会议通过《中共中央关于制定国民经济和社会发展第十三个五年规划的建议》，提出“今后五年，要在已经确定的全面建成小康社会目标要求的基础上，努力实现以下新的目标要求：到2020年国内生产总值和城乡居民人均收入比2010年翻一番……实行有利于缩小收入差距的政策，明显增加低收入劳动者收入，扩大中等收入者比重”。因此，今后五年内划分中等收入群体，既要考虑小康社会中等水平相对富裕和安定的生活状态，也要考虑未来目标中收入翻番对群体概念的影响，既要符合“夹心层”的特征，又要有相对进取的目标展望，在中等收入群体的分类中确定较为合理的上限和下限区间。

确定中等收入人群的标准要和深圳市的社会经济发展的趋势相吻合。当前深圳特区作为全国改革开放示范的先锋城市，未来五年将全面建成小康社会，“努力建成更具竞争力影响力的国际化城市、更高质量的民生幸福城市、更具改革开放引领作用的经济特区、更高水平的国家自主创新示范区、更具辐射力带动力的全国经济中心城市”。建设更高质量的民生幸福城市，对深圳市中等收入群体明显提高了要求，目前居民人均可支配收入 4.3 万元，未来可能提高到6 万元，甚至更高。因此，参考深圳市政府工作报告、国民经济和社会发展“十三五”规划纲要关于人民收入水平的各项指标，对于确立划分中等收入群体的原则具有现实意义。

二　中等收入人群分组测算过程

（一）数据来源

调查数据取自 2014 年人力资源和社会保障部门的基本情况调查，深圳市有效样本量 5103 个。该调查是人力资源和社会保障部组织的唯一居民入户调查，全国 60 个城市参加，调查内容涉及城乡居民在就业、失业、职业技能、专业技术、职业构成、社会保险、劳动关系、工时休假和劳动报酬等方面的情况。需要特别提及的是，调查所指的劳动报酬是税后实际收入，包含了货币类福利、加班费等，但是扣除了税收、社会保险费用、住房公积金等因素，与平常研究表述的工资略有不同。

（二）测算方法

测算方法采用“k-means 聚类方法”。聚类分析是统计学中研究“物以类聚”问题的统计分析方法，聚类分析的目标就是在相似的基础上收集数据来分类。它能够将一批样本（或变量）数据根据其特征，按照其在性质上的亲疏程度，在没有先验知识的情况下进行自动分类，产生分类结果，从而使类内部的个体在特征上具有相似性，不同类之间个体特征差异性较大。由于样本量比较大，而且我们明确要将其分为低收入、中等收入和高收入三个类别，因此要寻找一种有效方法解决这两个问题。经过比较，k-means 算法是以空间中 k 个点为中心进行聚类，对最靠近它们的对象归类，比较符合我们的研究目的。

（三）测算过程

由于样本量比较大，初始聚类中心由软件自动产生（见表1），产生初始三个聚类点 15176 元/月、197 元/月、30000 元/月。

表1　初始聚类中心

类别	聚类		
	1	2	3
上月您实际到手的劳动报酬或经营净收入有多少元?	15176	197	30000

为保证 M 值足够小，将迭代数量设为 10 次。发现在第 9 次时，任何中心的最大绝对坐标更改为 0，即聚类中心的移动距离已经为 0，迭代结束。表 2 展示的就是迭代的历史记录。

表2　迭代历史记录[a]

迭代	聚类中心内的更改		
	1	2	3
1	4882.699	3171.902	2692.308
2	1402.011	98.275	4710.395
3	404.311	58.618	120.982
4	544.985	91.776	.000
5	103.177	18.918	.000
6	161.435	26.628	187.188
7	170.321	1.615	2120.474
8	32.770	5.699	.000
9	8.856	1.544	.000
10	.000	.000	.000

经 SPSS 19.0 软件计算，产生最终聚类中心，第一类 7465 元/月，共 742 人；第二类 3066 元/月，共 4306 人；第三类 20169 元/月，共 55 人。这就是我们希望获取的聚类结果，如表 3、表 4 所示。

表 3　最终聚类中心

类别	聚类		
	1	2	3
上月您实际到手的劳动报酬或经营净收入有多少元?	7465	3066	20169

表 4　每个聚类中的案例数

聚类	
1	742.000
2	4306.000
3	55.000
有效	5103.000
缺失	.000

对 k-means 聚类分析结果中第一类进行描述统计探索分析，偏度以 $bs = 1.042 > 0$（见表 5），说明数据分布具有正偏离，是右偏态，样本数据位于均值右边的比位于左边的少，右偏时一般算术平均数 > 中位数 > 众数。采用均值符合对中等收入群体的定义，既处于中等分类，又有向上引领趋势，为下一步提高居民收入、扩大中等收入群体比重指明方向。

表 5　第一类探索描述

案例的类别号				统计量	标准误
1	上月您实际到手的劳动报酬或经营净收入有多少元?	均值		7465.44	63.745
		均值的 95% 置信区间	下限	7340.29	
			上限	7590.58	
		中值		7000.00	
		偏度		1.042	.090

（四）结果处理

根据上述模型处理结果，可以得出以收入为标识划分的人群类别，结构是这样的：高收入群体占 1.078%，中等收入群体占 14.540%，低收入群体占 84.382%。收入水平是这样的：高收入群体 20169 元/月，中等收入群体 7465 元/月，低收入群体 3066 元/月。

根据中等收入分类原则“2020 年国内生产总值和城乡居民人均收入比 2010 年翻一番”和“建设更高质量的民生幸福城市”这两个目标，年均增长要达到 7%，才能达到收入翻番的目标。在基期数据基础上乘以，可以获取每年的中等收入群体判别标准，即 2016 年中等收入群体的收入达到 7987 元/月，2017 年中等收入群体的收入达到 8546 元/月，2018 年中等收入群体的收入达到 9144 元/月，2019 年中等收入群体的收入达到 9784 元/月，2020 年中等收入群体的收入达到 10462 元/月。未来五年中等收入群体的收入标准在［7465～10462］元/月的区间内浮动。

三　深圳市中等收入人群现状分析

（一）收入人群的结构和规模

分析结果显示，深圳高收入群体占从业人口的 1.078%，中等收入群体占从业人口的 14.540%，低收入群体占从业人口的 84.382%。如果按照 1200 万的从业人口计算，高收入群体有 12.94 万人，中等收入群体有 174.48 万人，低收入群体有 1012.58 万人。总体来说，中等收入群体比重有待提高，低收入群体比重较大。其收入水平为高收入群体 20169 元/月，中等收入群体 7465 元/月，低收入群体 3066 元/月。

（二）中等收入人群的分布特征

1. 性别分布

深圳市中等收入群体中男性占 73%，女性占 27%（见表 6）。全国妇联副主席宋秀岩曾于2011年在一篇报告中提及“男女两性的劳动收入差距比较大，城镇和农村在业女性年均劳动收入分别是男性的67.3%和56%”，可见男女收入差距问题全国都存在。在传统社会分工中，男性更多地依靠工作、事业，女性更多地照顾家庭，会造成男性比女性更容易获取高薪的工作机会。具体到深圳市中等收入群体中，男女收入不平衡还是比较明显的。

表6　性别

类　别	频率	百分比(%)	有效百分比(%)	累积百分比(%)
有效				
男	542	73.0	73.0	73.0
女	200	27.0	27.0	100
合计	742	100	100	

2. 学历分布

深圳市中等收入群体中初中及以下学历的占10.8%，高中及中专学历的占20.1%，大专及以上的占69.1%（见表7）。受中国传统教育结构影响，人们都很重视子女教育，学历层次越高，接触的知识层次也越高，在社会上也更容易找到高收入的工作。由此可见，学历高有可能成为迈入中等收入群体门槛的重要条件。

表7　您已经取得的最高学历

单位：人，%

类　别	频率	百分比	有效百分比	累积百分比
有效				
小学及以下	17	2.3	2.3	2.3
初中	63	8.5	8.5	10.8
高中	113	15.2	15.2	26.0
中专、技校或职高	36	4.9	4.9	30.9
高级技工学校、技师学院	11	1.5	1.5	32.4
大学专科(含专科学校高等职业学校)	204	27.5	27.5	59.9
大学本科	280	37.7	37.7	97.6
研究生	18	2.4	2.4	100
合　计	742	100	100	

3. 行业分布

深圳市中等收入群体集中在制造业、批发和零售业、信息软件业、金融业、公共管理部门，这些行业所占比例都超过了10%（见表8）。目前深圳市航空航天、机器人、可穿戴设备和智能装备等未来高端制造产业已超前布局；互联网、新能源、新材料、新一代信息技术等战略性新兴产业的产值年均增长20%以上；金融中心的地位不断巩固，金融业总资产已经突破7万亿元。同时，由于深圳市积极落实国务院大众创业、万众创新的政策，小微企业不断涌现，灵活就业形式多样，带动新型互联网批发零售业的发展。与产业发展相匹配的，是中等收入群体的分布。由此可见，产业发展带动是中等收入群体产生的重要因素。

表8　您的生产/经营/工作属于哪个行业？

单位：人，%

类　别	频率	百分比	有效百分比	累积百分比
有效				
农、林、牧、渔业	4	0.5	0.5	0.5
制造业	79	10.7	10.7	11.2
电力、热力、燃气及水生产和供应业	16	2.2	2.2	13.4
建筑业	36	4.9	4.9	18.3
批发和零售业	85	11.5	11.5	29.8
交通运输、仓储和邮政业	56	7.5	7.6	37.3
住宿和餐饮业	17	2.3	2.3	39.6
信息传输、软件和信息技术服务业	86	11.6	11.6	51.2
金融业	86	11.6	11.6	62.8
房地产业	26	3.5	3.5	66.3
租赁和商务服务业	11	1.5	1.5	67.8
科学研究和技术服务业	11	1.5	1.5	69.3
水利、环境和公共设施管理业	17	2.3	2.3	71.6
居民服务、修理和其他服务业	59	8.0	8.0	79.6
教育	28	3.8	3.8	83.4
卫生和社会工作	23	3.1	3.1	86.5
文化、体育和娱乐业	25	3.4	3.4	89.9
公共管理、社会保障和社会组织	75	10.1	10.1	99.9
国际组织	1	0.1	0.1	100
合　计	741	100.0	100.0	
缺失系统	1	0.1		
合　计	742	100		

4. 地域分布

从分区组别看，福田区、南山区、罗湖区是全市中等收入群体比较集中的地区，分别占33.7%、24.4%、16.7%（见表9）。福田区重点发展总部经济、现代服务业，是深圳的行政、文化、金融、信息和国际展览中心，优越的地理环境和密集的总部企业吸引了大量高素质人才，是中等收入群体集中产生的地方。南山区是深圳市高新技术产业核心地区，是深圳市科技、信息、人才资源最密集的区域，大量高科技人才集聚于此，收入水平也相对较高。罗湖区是深圳市较早的城区，各项生活配套设施最为完善，消费娱乐场所也比较多，对于已满足基本生活要求、有富余财富进行消费娱乐的中等收入群体来说，是一个比较理想的居住地区。

表9　分区

类　别	频率	百分比(%)	有效百分比(%)	累积百分比(%)
有效				
福田区	250	33.7	33.7	33.7
罗湖区	124	16.7	16.7	50.4
盐田区	40	5.4	5.4	55.8
南山区	181	24.4	24.4	80.2
宝安区	30	4.0	4.0	84.2
龙岗区	63	8.5	8.5	92.7
光明新区	6	0.8	0.8	93.5
坪山新区	9	1.2	1.2	94.7
龙华新区	25	3.4	3.4	98.1
大鹏新区	13	1.8	1.8	100.0
合　计	741	99.9	100.0	
缺失系统	1	0.1		
合　计	742	100.0		

四　提高中等收入人群比重的对策

习主席提出“中国梦”的概念，对于大多数普通劳动者来说，跻身中等收入群体，这可以说是他们的一个“中国梦”。普通劳动者是通过自己的聪明智慧和辛勤劳动来实现个体的“中国梦”，而对于政府部门来说，它们则肩负着整个社会的“中国梦”。牢固树立并切实贯彻创新、开放、共享的发展理念，通过创造、成长、扶持的方式提高中等收入人群比重，这将是未来一段时间内深圳市政府部门的重要工作。

（一）“创造”是使一部分人通过创新创业突破瓶颈，加入中等收入群体的队伍

党的十八届五中全会提出坚持创新发展，激发创新创业活力，推动大众创业、万众创新，推动新的技术、产业和业态蓬勃发展。调查数据也显示，许多小微企业主正是通过创新创业实现了收入水平的提高，在中等收入人群行业分布的调查数据中，批发和零售业从业者，绝大部分是个体户主或私企业主。鼓励创业，要整合公共就业服务机构职能，为创业者提供政策、平台、资金三个方面的服务。政策方面，要完善扶持创业的各项优惠政策，激发社会创新创业的活力，做大做强做优创业扶持，适时将创业扶持对象范围扩大到全市有创业愿望的人群，真正实现“大众创业”。平台方面，要加强创业孵化示范基地的建设，鼓励社会力量通过资本、土地、技术、管理等方式参与创业孵化，支持“创客空间”发展模式，根据城市经济发展方面科学设置创业培训课程，精准发力，增强创业培训实效。资金方面，成立小额担保贷款管理机构，加强风险管控专业水平，有效扩大小额担保贷款的支持范围，适时成立“创业天使投资资金”，从资金源头上支援创业构思。

（二）“成长”是通过开放发展，营造公平开放的社会环境，有良好的上升预期，加大中等收入群体比重

一是创造人才成长的公平环境。积极推进人才立法和完善人才政策，发挥经济特区立法权优势，尽快出台深圳市经济特区人才工作条例，解决人才评价、引进、培养、激励、保障和服务等工作环节的突出问题，破除影响人才工作的体制机制障碍，加快形成有利于人才发展的法治环境。推进简政放

权，管放结合，合理规划人才发展的方向，将人才的综合评定留给市场，使人才政策具有普适性。加大对本科以上高学历人才的引进力度，放宽引进条件，使深圳成为聚集高学历人才的高地。适时放宽人才安居工程中的学历、年龄等限制，保障人才安居乐业。二是发挥产业政策导向，以产业发展带动员工收入增加。发展互联网、生物、新能源、新一代信息技术、新材料、文化创意和节能环保等新兴战略产业，通过基地项目建设，打造高端特色产业群，汇聚产生一大批中高等收入群体。拓展未来产业发展空间，组织实施一批发展前景好、技术水平高、价值量高的重大项目，形成新的产业梯队，为未来高薪人才指明从业远景。大力发展多层次金融市场，支持股票市场制度创新，发展私募金融，增强金融机构财富管理能力，壮大金融行业从业人员队伍。

（三）“扶持”是使低收入者通过共享发展，充分享受城市发展成果，共同迈入全面小康社会

一是结构性减税。有序推进财税制度改革，实施国家减税计划，有效去除个税“工薪化”。在未来一段时间内，控制财政收入过快增长，合理降低行政成本，使城市居民在国民收入分配格局中的比重明显得到提高，带动中等收入人群的有效扩大。

二是提高财产性收入。推动资本市场体制机制改革，尤其是要完善上市公司的现金分红制度，增加对中小股民的分红，使城市居民能够获得更多的财产性收入。鼓励居民进行财产性投资，有效提高中等收入群体的投资收益。

三是完善最低工资增长机制。调整最低工资标准，可以着力保障和改善民生，努力实现居民收入增长和经济发展同步。在深圳市很多企业中，最低工资标准是企业员工的基本工资，随着最低工资的调高，员工的收入将有比较大的整体提高，将有效减少低收入人群比重，促使他们向中等收入群体靠拢。

四是健全面向全体劳动者的职业培训体系。以技能培训为重点，坚持

“统筹指导、就业导向、能力为本、终身学习”，抓好一线劳动者的技能提升和知识更新，大规模开展各类劳动者的职业培训。突出企业培训主体作用，培育一批符合产业需求的高技能人才培训基地，分层次培养符合市场需求的各类高技能人才，从而使普通劳动者实现技能致富，晋级中等收入群体。

任何一个时代、任何一个社会，中产阶层都是保持社会稳定与和谐发展的中坚力量。中等收入群体是中产阶层的起始形态，这类居民的收入不断积累，进而转化为财产，一部分人最终形成中产阶层。因此，不断扩大中等收入群体比重是保持经济和社会发展的“稳定器”。目前，深圳市中等收入群体比重为14.54%，规模约174.48万人，不管从结构上还是从总量上都相对较少，未来深圳的提升空间还很大。

B.23
企业重大事件员工安置法律问题研究

彭小坤*

摘　要： 企业作为以营利为目的的机构，在市场经济中根据需要转让股份、合并分立或解散清算都是行使相关法律赋予的权利，企业搬迁、业务外包也是自主经营的体现。但是，这些企业重大事件同时也对劳动关系有着重要影响，所以需要从《劳动法》的角度来研究相应的员工安置问题。如果不能妥善安置员工，企业重大事件也会反过来受到影响，甚至可能无法顺利实现，因为员工关系已经走到了资本市场的前沿。

关键词： 重大事件　员工安置　问题研究

引　言

《公司法》不仅规定了公司的设立和组织机构，而且对股权转让、合并分立、解散清算等事项进行了规范，这些事项不只是《公司法》的重要事项，同时也是《劳动法》视野下的企业重大事件。从《劳动法》角度来看，企业重大事件还包括重大资产或业务处理以及生产经营地点搬迁。企业一旦出现这些重大事件，往往涉及员工安置的问题，而员工安置既包括劳动关系的处理，也包括劳动合同的履行和经济补偿。要是员工不能得到很好的安

* 彭小坤，广东瀚诚律师事务所。

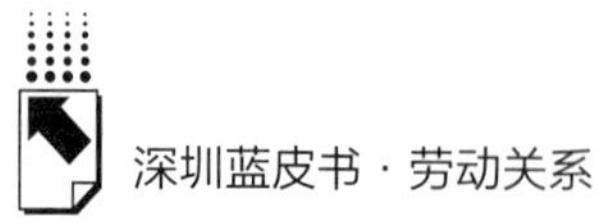

置，企业无法维系正常的生产运营，也可能触发劳资矛盾，甚至引发群体事件，所以需要对此相关的法律问题进行研究。

一　企业收购与劳动合同的解除

企业收购分为股权收购和资产收购，股权收购是通过股东之间股权交易的方式来实现对目标公司的控制，而资产收购是受让企业出资购买转让企业经营性资产的交易。两者性质完全不同，前者涉及股权转让，后者则是资产买卖。

股权转让经常发生，尤其是上市公司。上市公司的股权每天都可能产生交易，但是这些交易一般情况下不会构成重大影响，如果达到法定条件，则需要按《公司法》相关规则处理。无论是否为上市公司，收购方只要通过合法途径获得了股权，即具有股东地位并享有股东权利，甚至在控股之后可以进一步通过股东会或董事会等机构对目标公司进行管理。虽然为了保护劳动者，《劳动合同法》第三十三条特别强调了用人单位变更投资人不影响劳动合同的履行，这可以被理解为对员工的安置，而且是法定安置，劳动合同需要继续履行，并不存在任何劳动合同解除的问题，但目标公司的员工还是不得不考虑将来的出路问题，毕竟新的股东出现后，目标公司将来的具体经营方式或经营目标都有可能发生变化。

从保护劳动者的角度出发，《劳动合同法》相关规定无疑是有积极意义的。但是，现在越来越多的员工提出了新的挑战：这样安置是否就足够了？是否允许员工有选择权？一些员工希望能够在企业股权转让时离职，因为员工对将来的股东和管理都没有信心。本来在《劳动法》领域里这也没有问题，因为《劳动合同法》明确赋予了劳动者提前30天通知即可解除劳动合同的辞职权，员工直接辞职就可以实现选择。但是，员工在离职的时候都希望企业能够支付解除劳动合同的经济补偿，问题也就随之而来：员工在企业股权转让时是否有权主动解除劳动合同并获得经济补偿？

从现行法律的规定来看，答案是否定的。原因非常简单，合同继续履行的制度设计对就业的稳定是最大化的保护，既然继续履行劳动合同了，也就不可能发生劳动合同解除行为，更不会有由解除劳动合同引发的支付经济补偿的问题。如果允许选择且可以获得经济补偿，会鼓励员工离职，既不利于企业持续发展，也不利于社会稳定。但是，如果绝大多数员工强烈要求企业“兑现”经济补偿，则股权转让方和受让方不仅需要在成本上考虑这个问题，更需要从集体谈判的角度来看待这个问题。现行法律虽然不直接支持员工的请求，但员工完全可以通过集体协商这一合法途径来寻求答案，甚至不排除一方面协商一致解除劳动合同而另一方面重新签订新的劳动合同来平衡双方利益的可能性。此前“国企改制”其实就是这一模式，而且国家和地方都为此专门出台了一些法规政策来指引各方妥善安置员工。

企业资产买卖同样无须员工同意，毕竟是企业依法行使权利，但资产买卖的结果往往不只是资产转移，还经常伴随业务转移。企业的客观情况将发生重大变化，员工劳动合同赖以存在的基础将发生变化。《劳动法》和《劳动合同法》都规定劳动合同订立时所依据的客观情况发生重大变化，致使劳动合同无法履行，经用人单位与劳动者协商，未能就变更劳动合同内容达成协议的，用人单位可以解除劳动合同。而原劳动部在《关于〈中华人民共和国劳动法〉若干条文的说明》中特别规定：“客观情况”是指发生不可抗力或出现致使劳动合同全部或部分条款无法履行的其他情况，如企业迁移、被兼并、企业资产转移等，明确了企业资产转移构成客观情况重大变化，所以员工劳动合同的履行会受到影响。

虽然用人单位被赋予了解除劳动合同的权利，但为了保护劳动者，企业在法定客观情况发生重大变化并致使劳动合同无法履行时，仍然需要履行对劳动者的安置义务。安置义务既包括在用人单位内部创造条件就变更劳动合同进行协商，也包括在协商未果时依法通知或支付代通知金，同时支付解除劳动合同的经济补偿金。不过客观情况发生重大变化未必会导致劳动合同无法履行，判断是否导致劳动合同无法履行需要结合实际情况综合判断。

一些企业为了避免产生风险，并不愿意行使单方解除权，而是与员工协商解除，在协商不果的情况下，企业参照停工的办法支付员工待遇并无不可，毕竟对员工而言得到了更多的时间和缓冲。但是并非所有的员工都欢迎这一做法，因为员工认为企业在此期间可以利用劳动合同期满来终止劳动合同从而减少经济补偿成本，甚至在员工获得其他公司的就业机会时促使员工主动辞职而损害员工利益。

如果企业提供关联公司的就业机会来安置员工，只要双方协商一致，可以按照“劳动关系转移”的思路处理各方关系和相关利益。《劳动合同法实施条例》第十条给这一操作提供了法律依据，原用人单位甚至可能因此而避免支付解除劳动合同的经济补偿，这也算是因安置员工而获得的利益吧。

二　企业合并分立与劳动合同的履行

企业的合并包括吸收合并和新设合并，一个企业吸收其他企业为吸收合并，被吸收的企业解散；两个以上企业合并设立一个新的企业为新设合并，合并各方解散。企业的分立则包括派生分立和新设分立，派生分立是一个企业分拆成两个企业，原来的企业继续存续，新派生的企业依法办理工商手续后得以注册成立；新设分立则是在企业分拆后，原来的企业法人人格消灭，产生两个或者两个以上新的法人人格。

《公司法》还规定了合并与分立的法律要求。公司合并，应当由合并各方签订合并协议，通知债权人并公告，债权人也有权要求公司清偿债务或者提供相应的担保。公司分立，也应当通知债权人并公告。员工的工资对于企业来讲是债务，所以员工在一定程度上也可以被理解为企业的债权人，所以企业合并或分立是需要通知员工的。而员工对劳动合同——尤其是无固定期限劳动合同的期待利益作为特殊的权益，在企业合并和分立过程中同样也可以被理解为特殊债权，企业合并或分立过程中需要予以考虑和照顾。

为了保护劳动者，《劳动合同法》第三十四条规定：用人单位发生合并或者分立等情况，原劳动合同继续有效，劳动合同由承继其权利和义务的用人单位继续履行。这条规定同样清晰地表明了企业对员工的安置义务，劳动合同需要继续履行，只是履行主体可能发生变化了而已。如果员工同意，企业也可以安排“劳动合同换签”，用新的用人单位的名称与劳动者重新签订劳动合同，以增强员工的安定感；如果员工不愿意，则原劳动合同也无须“换签”，双方继续履行即可。有些员工对“换签”可能存在误解，认为涉及劳动合同解除，所以也可能提出补偿要求。虽然法律对“换签”并没有任何规定，但从上述公司法和劳动法的规定来看，合并分立并不涉及劳动合同解除，自然也不会有经济补偿，“换签”只是一种管理手段而已，也不影响法律关系和相关权利义务。不过同样的道理，员工也可能通过集体谈判来寻求突破，以谋取正常劳动合同履行之外的群体权益。

此外，企业的合并分立虽然是股东会依法决定的事项，但《公司法》同时也规定了企业重大事件的程序要求，“企业、事业单位研究经营管理和发展的重大问题应当听取工会的意见”；《工会法》也做了同样的规定。两者虽然并非一回事，但从《劳动法》的角度来看，确实引发了员工在安置过程中关于权利范围的讨论。

《公司法》规定公司依照宪法和有关法律的规定，通过职工代表大会或者其他形式，实行民主管理；公司研究决定改制以及经营方面的重大问题、制定重要的规章制度时，应当听取公司工会的意见，并通过职工代表大会或者其他形式听取职工的意见和建议。工会的《企业民主管理规定》则明确规定：国有企业和国有控股企业职工代表大会行使审议通过企业合并、分立、改制、解散、破产实施方案中职工的裁减、分流和安置方案的职权，但也仅限于国有企业的职工代表大会，毕竟只有国有企业的职工代表大会是权力机构。如果是国有企业，则还需要根据《全民所有制工业企业职工代表大会条例》以及《企业工会工作条例（试行）》相关规定执行，职工代表大会或职工大会有权审议通过企业改制职工安置方案、审查同意或否决涉及职工切身利益的重要事项和企业规章制度。非国有企业在合并分立过程中，则难以直接引用这些规定作为安置员工的依据，企业根据《公司法》《工会法》履行相关程序性要求即可。

三　企业搬迁与工作地点的变更

工作地点属于劳动合同的必备条款，企业的搬迁往往导致工作地点发生变更，对于这一变更，有人理解为其属于劳动合同变更，也有人认为其不一定构成劳动合同变更，要看劳动合同如何约定。是否构成变更影响劳动合同履行，也涉及员工如何安置的问题，在企业搬迁过程中意义重大。

《劳动合同法》及其《实施条例》对劳动合同如何约定工作地点没有具体的规定，所以实践中有约定住所地或经营地的，也有泛泛约定所在城市的，还有以点带面约定某个特定区域的。再加上企业搬迁距离远近不一，对劳动者的影响也各不相同，如此一来，企业搬迁尽管客观上导致地理位置发生了变化，但人们对其是否导致劳动合同变更的理解确实不尽相同。如果劳动合同约定的工作地点模糊不具体，则工作地点在劳动合同约定的相对宽泛的行政区域范围内的调整可以被理解为劳动合同只是正常履行，没有变更；如果劳动合同约定了清晰而具体的工作地点，则任何变更都可能被当作劳动合同的变更。

对于劳动合同的变更，同样存在理解误区。《劳动合同法》第三十五条规定：用人单位与劳动者协商一致，可以变更劳动合同约定的内容。这一条规定经常被解读为企业不能擅自变更劳动合同，必须与员工协商一致才得以变更劳动合同。所以在企业搬迁过程中，除了知情权之外，员工同时会主张协商权，如果员工同意搬迁，则双方构成协商一致而变更劳动合同；如果搬迁未经过员工同意，则不同意的员工的劳动合同系因企业原因而无法履行，有的员工进而主张企业需要支付经济补偿乃至双倍赔偿。

无论劳动合同如何约定，企业搬迁对劳动合同的履行确实会产生影响，对员工的影响则不仅限于工作地点，也可能影响其家庭生活。如果只是在原来工作地点附近区域搬迁，则影响较小，甚至可以忽略不计，员工也能够理解和接受，既不会主张劳动合同变更，也不会涉及经济补偿。但如果搬迁有一定距离，甚至搬迁到其他城市，则对员工影响较大，不仅增加了交通时间，而且可能是全方位的影响，这时有必要讨论劳动合同继续履行的可能性。

企业为了促成员工接受此类搬迁，会采取一系列措施来引导员工克服困难，比如提供交通津贴、班车和宿舍，也有提供一次性过渡奖金或直接提高随迁员工工资的。尽管这些企业鼓励员工到新工作地点办公的措施有助于保障劳动合同得以被继续履行，但是如果路途较远，与员工最初入职或随后签订劳动合同时的条件相差较大，员工应该有权就此做出选择，选择是否继续履行劳动合同。即使员工没有签订劳动合同或签订了劳动合同没有约定工作地点，工作地点作为劳动关系维持的重要维度，也应该与劳动纪律一样构成双方权利义务的隐蔽条款，在企业搬迁且造成较大影响时，员工有权选择是否继续维持劳动关系。

可是怎么判断影响大小呢？每个员工的住址不一样，家庭条件也不一样，甚至每个人的认识观也不一样，所以影响大小是没办法按每个人自己的标准来逐一衡量的，只能根据常识做普遍性的判断。如果用人单位采取了合理的措施来帮助员工解决搬迁带来的实际困难，这也可以作为判断的参考依据之一。尽管影响较大时员工可以选择是否继续履行劳动合同，但从社会利益最大化的角度来看，仍然应该鼓励企业提供更多的方案以促成员工选择继续履行劳动合同，这不仅是对员工的安置，也是对和谐劳动关系、和谐社会的贡献。

如果搬迁影响较大，员工不愿意随迁，选择不再履行劳动合同，就会涉及劳动合同终结的问题，与之关联的经济补偿问题也就成了焦点。现行法律对此没有任何规定，有人理解为企业不再提供劳动条件致使劳动合同无法履行，所以员工可以主动解除劳动合同并获得经济补偿；也有人认为虽然员工有权选择不再履行劳动合同，但只是特定环境下赋予了劳动者类似辞职权的特定解除权，这种情况下允许员工选择只是使其无须承担违约责任而已，不能支持员工支付经济补偿的要求，否则会更加鼓励员工离职，不利于对员工的安置。这些员工离职后一样还需要就业，给政府、社会和员工本人都会带来成本和压力。此外，还有人认为，企业搬迁自有其

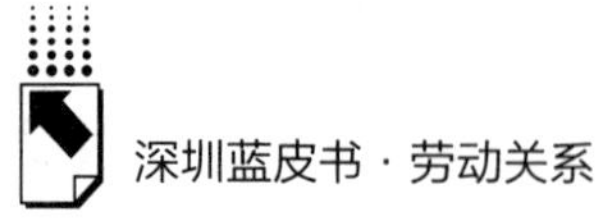

经济上的考量，也是其依法行使经营管理权利的体现，即使给员工造成一定影响，只要企业提供了合适的措施以降低相关影响，原则上不应该以此否定劳动合同能够继续履行。

一些企业在搬迁过程中同时存在其他生产运营因素的考虑，所以在搬迁过程中并不一定愿意安置员工，也不希望员工随迁，相反，它们可能利用搬迁的机会减少冗员并解决历史包袱。因此问题也就随之而来，如果员工不愿意搬迁，企业应该如何安置？要是员工自己辞职，问题当然也就解决了。实践中一些员工也故意选择不随迁，意图让企业主动解除劳动合同而获得补偿机会。虽然原劳动部认定企业迁移属于“客观情况重大变化”，双方协商变更劳动合同未果时，企业可以解除劳动合同，但企业搬迁如果距离非常近，完全不会有任何影响，就不能套用情势变迁的模式处理，应该考虑按不服从正常工作安排处理，否则反而不利于对其他愿意随迁的员工的安置。

企业异地城市搬迁在实务中基本上被理解为原劳动合同工作地点构成重大变更，不仅员工有权选择不随迁，而且员工也有权要求企业支付经济补偿，毕竟此类搬迁通常都会被认为对员工影响重大，这一实践标准是对企业和员工在搬迁问题上的平衡。此外，如果企业搬迁到异地城市，从公司法的角度来看是可以通过工商行政部门办理相关手续来实现的，但如果是另外注册一家新公司，而不是通过变更工商手续来完成真正意义上的搬迁，除非三方达成协议，按“劳动关系转移”模式处理，否则到新单位工作不仅是劳动合同变更的问题，而且涉及劳动合同解除，支付补偿是应有之义。

特别需要一提的是，“三来一补”企业根据政府“腾笼换鸟”的要求注册为企业法人时也涉及搬迁等问题。实际上无论是否搬迁，原来“三来一补”企业与新注册的企业法人在公司法上都是独立的主体，如果想避免补偿，只能套用“劳动关系转移”模式。实践中为了平衡各方利益，对“原地不停产转型”情形按新企业权利义务承续来理解，但对于搬迁情形则留下了空间。

四 业务外包与客观情况重大变化

随着市场经济的深化发展，社会分工越来越细，业务外包越来越多，除了传统的保安清洁、物业管理、交通运输、软件开发等业务实行外包外，其他各类专业性的业务外包也层出不穷，迅猛发展。国家对于专业性的外包一直持肯定态度，还专门制定了相关政策积极扶持发展。

业务外包的优势是显而易见的，其不仅能提供专业服务，而且可以减员增效、降低成本，所以企业在经营过程中经常采用业务外包。而一旦外包，原有员工的工作将不复存在，如何安置这些员工是实行业务外包时企业需要重点考虑的问题，双方也经常因此产生纠纷。

企业实行业务外包同样是企业依法自主经营的体现，但业务外包从劳动法的角度来看属于什么性质则存在理解分歧。《劳动法》与《劳动合同法》都规定了客观情况发生重大变化且协商变更劳动合同未果的情况下用人单位可以解除劳动合同，但原劳动部认为“客观情况”是指发生不可抗力或出现致使劳动合同全部或部分条款无法履行的其他情况，如企业迁移、被兼并、企业资产转移等，并没有明确指出业务外包属于客观情况重大变化情形。有人认为业务外包属于企业主观决策的结果，不能够归于客观情况之类，而且原劳动部在解释“客观情况”时特别强调了“排除本法第二十七条所列的客观情况”，“本法”是指《劳动法》，第二十七条是“裁员条款”：用人单位濒临破产进行法定整顿期间或者生产经营状况发生严重困难，确需裁减人员的，应当提前30日向工会或者全体职工说明情况，听取工会或者职工的意见，经向劳动行政部门报告后，可以裁减人员。《劳动合同法》则进一步明确了裁员的条件还包括“企业转产、重大技术革新或者经营方式调整”以及“其他因劳动合同订立时所依据的客观经济情况发生重大变化，致使劳动合同无法履行”的情形。

从上述规定来看，业务外包在劳动法里没有明确的法律定性，到底是“客观情况”还是“客观经济情况”？似乎没说清楚。如果一定要套，或许其可以归于“经营方式调整”这一范畴吧。但是，如此理解的话，业务外包成了“裁员”的依据，企业采用业务外包时，除了协商变更劳动合同安置员工外，只能通过“裁员”的途径来解决双方的劳动关系。实际上业务外包未必是“经营方式调整”所致，企业实行业务外包的内在原因往往是复杂多样的，尽管它是主观决策的结果，但确实客观上导致了业务不复存在，员工无法再履行劳动合同，所以实务部门在司法实践中反而经常将业务外包往“客观情况”上靠，只要企业能够证明业务外包这一客观事实存在，履行了法定的协商变更程序，因此而解除劳动合同时往往受到支持。

但是，通过解除劳动合同支付经济补偿来安置受业务外包影响的员工并非最佳方案，法律也规定了需要协商变更劳动合同，所以在业务外包过程中，企业应该在力所能及的范围内提供相关岗位与员工协商，以尽力安置员工。除此之外，另外一个途径就是通过与外包单位沟通，争取外包单位提供相应的工作机会给到受影响的员工来安置他们，员工选择到新的工作单位，不仅有利于业务衔接，也有利于劳动关系的稳定。至于经济补偿，如果员工接受，企业可以以“劳动关系转移”模式处理；如果员工要求补偿，企业一次性支付经济补偿也是可以考虑的，毕竟平稳过渡完成转型才能实现业务外包的目的。

需要注意的是，业务外包必须是真外包，不能是假外包。一些劳务派遣单位和用工单位为了规避劳务派遣相关规定的要求，以所谓“岗位外包”“工作外包”“人力资源外包”等概念包装劳务派遣。真正的业务外包，需要以自己企业的资金、技术、资质、人员、设备、管理来完成相应的外包任务，以工作成果作为交付对象，按质论价，而非计人头收费。如果企业假外包、真派遣，就算是“安置”员工到了“外包单位”，将来派遣的法律风险也一样不可避免。

五　企业提前解散与劳动合同终止

企业提前解散也是企业重大事件，根据公司法相关规定，企业股东会或董事会有权依法做出提前解散的决议。一旦决议生效，企业就需要办理相关注销手续，也就需要面临员工安置的问题。

《劳动合同法》规定，用人单位被吊销营业执照、责令关闭、撤销或者用人单位决定提前解散的，劳动合同终止。因为此类情形构成劳动合同一方主体消亡，无法继续履行，只能终止。企业提前解散而终止劳动合同是法定条件成就而终止，不以一方意志为转移，无须约定，也不可约定。这与固定期限劳动合同期满而终止不一样，固定期限劳动合同期满终止还可区分主动情形与被动情形，也涉及不同的法律责任。

企业提前解散致使劳动合同终止时企业对员工的安置比较特殊，企业无法再与员工协商变更劳动合同，因为任何岗位都不复存在，清算组也只是清算而已，任务完成后也一样要解散，所以企业提前解散致使劳动合同终止时对员工的安置只是依法支付员工经济补偿待遇。与企业提前解散类似的情形还包括前述企业被吊销营业执照、责令关闭、撤销，这些情形都会导致劳动合同终止，也都无法与员工协商变更劳动合同。企业营业期限届满也需要依法办理注销手续，也会导致主体消亡，但《劳动合同法》显然是遗漏了这一情形，现在司法实践只能依靠有关部门的扩张解释来弥补漏洞。

在安置员工支付补偿时，何时“终止”劳动合同就成了一个重要的法律问题。从《劳动合同法》的表述来看，“用人单位决定提前解散的”，“劳动合同终止”，也无法判断时间。而企业自己其实是没有办法决定提前解散的，只能是企业的股东会或董事会根据公司法和公司章程的规定来决定。实务操作中企业也只能在股东会或董事会做出提前解散的决议后，据此通告员工，并根据业务需要合理安排先后离职。

员工离职时间涉及员工切身利益，有人希望早离职，有人希望晚离职，企业一方面要结合业务需要来决定次序，另一方面也需要考虑员工实际情况来酌情处理，妥善安排，以免产生纠纷。企业在员工离职过程中最好通过协议的方式明确员工同意离职，并结算相关经济补偿等待遇，这是在企业要提前解散的背景下的协商一致解除劳动合同，只要员工签署了相关协议，时间及次序的风险就得以消除。但是，有些员工不愿意签订此类协议，甚至利用企业的顾虑而主张更高的补偿方案，所以这个过程还是会有法律风险，因为企业即使符合了“用人单位决定提前解散”的法定条件，也还会顾虑大规模解除劳动合同而产生的负面影响，所以一些企业即使是做足了准备，依法终止条件成就了，也还需要考虑提供一些额外待遇促成员工签订相关协议。

企业在提前解散的情况下提供的待遇主要是经济补偿，但这类情形下劳动合同终止的经济补偿如何计算也有理解分歧。《劳动合同法》第九十七条第三款规定，“本法施行之日存续的劳动合同在本法施行后解除或者终止，依照本法第四十六条规定应当支付经济补偿的，经济补偿年限自本法施行之日起计算；本法施行前按照当时有关规定，用人单位应当向劳动者支付经济补偿的，按照当时有关规定执行”，这使得人们对终止补偿是需要自入职之日起计算还是需要分段计算，还是只从 2008 年 1 月 1 日起计算众说纷纭。决定提前解散的企业为了避免纠纷，往往从优按入职之日计算补偿期限，以促成员工按企业要求签订协议并办理离职手续。

除了经济补偿外，决定提前解散的企业对本企业有特殊情况的员工还需要根据实际情况特别考虑额外的待遇。有特殊情况的员工既包括工伤员工，也包括三期女工和患病员工，无论是否成立了清算组，这类员工离职时，企业都需要另行支付相应的工伤待遇、三期待遇或医疗补助费等等。对于签订了无固定期限劳动合同或距退休年龄较近的员工，企业在力所能及的范围内，也需要考虑予以优待，这也是对员工的安置。

结　语

企业出现重大事件时，往往同时会涉及历史遗留的社会保险、住房公积金以及加班待遇等问题，要是无法妥善安置员工，可能会导致严重后果，员工在此过程中经常以群体模式争取相关利益，所以企业一方面在日常管理中要依法管理，避免形成历史矛盾，另一方面在出现重大事件时也要遵照相关法律规定，履行安置义务，同时还应当注意相关程序要求，加强沟通协调。

企业重大事件也不止本文论及的几种情形，公司法对这类事件的规制更侧重于市场规范的角度，而劳动法会更关注此类重大事件对劳动关系的影响，并规定企业出现重大事件时对员工的安置义务。但是，任何法律都不可能是非常完善的，实践中更需要企业根据立法精神并结合实际情况发挥能动性和创造性来妥善安置员工，以期顺利化解矛盾和纠纷，实现劳动关系的和谐和企业的健康发展。

B.24

竞业限制法律适用问题研究

邢蓓华*

摘　要：　竞业限制因具有事先预防以及便于诉讼的特点而受到用人单位的广泛青睐，竞业限制的法律问题也开始被大家所关注，逐渐进入劳动法的研究视野。司法解释（四）解决了司法实务在竞业限制纠纷方面面临的一些新问题，但仍留有不少法律空白，很多关键性问题仍然未被涉及。而这些关键性问题无论是在司法实务中还是在法律理论界都存在相当大的争议。本文希望通过审判实务中的实际案例对法律法规及司法解释尚未涉及的竞业限制方面的法律适用问题进行探讨，以期求得妥当的解决方案。

关键词：　竞业限制　法律适用　问题研究

当今世界的竞争归根结底是人才的竞争。现代企业，特别是高科技企业，为了企业的生存和发展对掌握技术秘密和商业秘密的人才越来越重视。而与此相关联，有竞争关系的同类型企业间的人才挖角纠纷也与日俱增。因此，竞业限制因具有事先预防以及便于诉讼的特点而受到用人单位的广泛青睐，竞业限制的法律问题也开始被大家所关注，逐渐进入劳动法的研究视野。

我国《劳动法》并未对用人单位与劳动者之间的竞业限制问题做出规

* 邢蓓华，深圳市中级人民法院。

定。《劳动合同法》第一次真正从国家法律层面允许用人单位与劳动者约定有关竞业限制的相关内容。但《劳动合同法》涉及竞业限制的仅有第二十三条和第二十四条两个条文，相关规范内容比较原则和模糊，很多内容都未明确。2013 年 2 月 1 日起施行的最高人民法院《关于审理劳动争议案件适用法律若干问题的解释（四）》［以下简称司法解释（四）］中有 1/3 条文涉及竞业限制内容。由此可见，竞业限制已经成为近期劳动争议案件的新热点。司法解释（四）解决了司法实务在竞业限制纠纷方面面临的一些新问题，但仍留有不少法律空白，很多关键性问题仍然未被涉及。而这些关键性问题无论是在司法实务中还是在法律理论界都存在相当大的争议。故本文希望通过审判实务中的实际案例对法律法规及司法解释尚未涉及的竞业限制方面的法律适用问题进行探讨，以期求得妥当的解决方案。

一　竞业限制的定义和分类

竞业限制作为一种法律义务，最早出现在民法代理人制度中，后来被逐渐扩展到其他商事关系中。所谓竞业限制，是指在一定条件下对与权利人有特定关系的人员从事特定竞争性行为的某种限制。具体到劳动法领域，即允许用人单位禁止知悉其商业秘密的员工在一定期限和一定地域范围内，进行与原工作单位有竞争关系的活动。

竞业限制主要有两种分类方式，第一种是以法律效力的来源作为划分标准，分为法定竞业限制和约定竞业限制。法定的竞业限制是指由国家法律法规直接规定的竞业限制义务。目前我国法律法规中对于法定竞业限制的明文规定主要是《公司法》、《合伙企业法》和《中外合资企业法实施条例》中对于具有特殊身份的人群，诸如董事、经理、合伙人等高级管理人员在职期间的竞业限制规定。而对于一般劳动者在职期间是否承担法定的竞业限制义务以及劳动者离职后是否应承担竞业限制义务，相关法律法规并未涉及。约定的竞业限制是指因当事人的约定所产生的竞业限制义务。我国《劳动法》并没有对双方是否可就竞业限制行为进行约定加以规定，在《劳动合同法》

实施前，司法实践中大都是参照原劳动部《关于企业职工流动若干问题的通知》第二条，对用人单位与劳动者约定的在职期间及离职后劳动者的竞业限制义务持支持的态度。而2008年1月1日起实施的《劳动合同法》则是我国法律层面第一次允许用人单位与劳动者约定有关竞业限制的相关内容。

竞业限制义务以义务承担期间进行划分，则可以分为在职期间的竞业限制和离职后的竞业限制。在职期间的竞业限制是指劳动者在职期间不得从事与用人单位有竞争业务的行为。离职后的竞业限制是指劳动者在离职后一定时间内不得从事与原用人单位有竞争性业务的行为。由于相较在职期间的竞业限制义务，离职后的竞业限制义务，对劳动者权利的影响更为直接和严重，因此对离职后竞业限制进行相应的规范也就显得尤为重要。本文也着重讨论离职后竞业限制补偿制度，除有特别说明外，本文以下所说的竞业限制均是指离职后的竞业限制。

二 竞业限制义务中的利益平衡原则

竞业限制，是通过限制劳动者的择业自由权的方式来实现保护用人单位商业秘密和知识产权的目的。因此，竞业限制制度关系到用人单位与劳动者两方面的权益，一方面是劳动者的就业权和择业权，另一方面是用人单位商业秘密及知识产权。如果不对用人单位的商业秘密和知识产权加强保护，用人单位就不会投资研究或改进现有的生产方法，社会的生产技术就不会进步。而且，如果放任他人以劳动力流动的方式窃取或泄露用人单位商业秘密的行为，也不符合公平竞争的市场要求。但同时，对劳动者再就业的任何限制都会阻碍人才的自由流动，损及自由竞争的社会公益。因此，在竞业限制纠纷中，不管保护哪一方的利益，都必然会影响甚至损害另一方的权益。实践中有观点认为由于竞业限制制度主要是为了保护用人单位商业秘密和知识产权而设立的，因此，竞业限制制度对用人单位而言是权利，对劳动者而言是义务，在竞业限制制度中更应当侧重保护用人单位的权益。但不容否认的是，劳动者的就业权是劳动者劳动权和生存权的组成部分。劳动者的劳动权和生存权属于人的基本权利，而用人单位的商业秘密和知识产权则是用人单位经营权的一部分，以财产权和财产利益为内容。从权利位阶和效力上分析，当生存权利与经济权利相冲突时，毋庸置疑，作为受劳动权保护的生存权利应该得到优先的保障。因此，竞业限制制度不能因其产生是为了保护用人单位的利益而损害劳动者的就业自由和劳动力的正常流动。对用人单位商业秘密和知识产权的保护仍应当以保障劳动者生存权为前提。与此同时，劳动者劳动权利的行使也应当遵守“权利不得滥用”的原则，不得利用劳动权的优先地位侵害用人单位的合法权益。因此，如何在劳动者的就业权与用人单位的经营权之间进行取舍成为确定竞业限制相关权利义务所必须解决的问题。在设计竞业限制制度时必须在上述两方面利益中进行平衡，要做到既保护用人单位的知识产权及商业秘密，又不能损害到劳动者的基本权益。笔者也是秉承此原则，希望能够体现平衡保护的基本原则。

三　离职后竞业限制义务与保密义务的区别

保密义务是指劳动者对于所掌握的属于用人单位的商业秘密非经许可不得使用、披露或允许第三人使用的义务。保密义务和竞业限制义务的目的是相同的，都是避免不正当竞争。用人单位往往会与劳动者同时约定保密义务和竞业限制义务。《劳动合同法》第二十三条也将保密义务与竞业限制义务在同一个法条中加以规定。因此，人们在实践中往往对两者的边界和法律适用产生模糊认识，将竞业限制义务与保密义务混为一谈。但事实上，竞业限制义务，特别是离职后的竞业限制义务与保密义务所涉及的法律关系、法律基础及法律性质等均有所不同，应当进行严格的区分。

第一，两者的法律基础不同。保密义务是劳动者的法定义务，即使用人单位与劳动者没有就劳动者承担保密义务达成约定，劳动者在法律上仍然不得泄露用人单位的商业秘密。而离职后的竞业限制义务是约定义务，如果用人单位没有与劳动者约定劳动者在离职后要承担竞业限制义务，劳动者在离

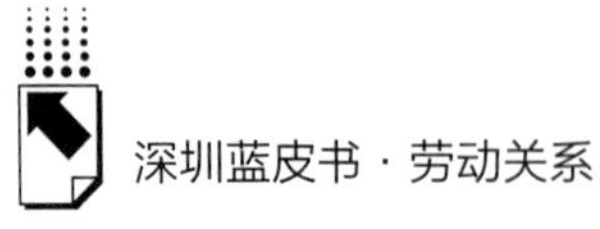

职后就无须履行相关义务。

第二，用人单位需支付代价不同。我国相关法律法规没有强制要求用人单位因劳动者履行保密义务而支付补偿。因此，用人单位无须就劳动者履行保密义务而支付保密津贴。但离职后的竞业限制义务限制了劳动者离职后的择业权，可能导致劳动者的利益由此受损。因此，作为劳动者履行竞业限制义务的对价，用人单位必须在竞业限制期间支付劳动者补偿，以弥补劳动者的收入损失。

第三，适用的主体不同。对用人单位而言，保密义务是劳动合同的附随义务，其责任主体可以涵盖所有的员工。同时，用人单位对其商业秘密所享有的权利是一种对世权，用人单位不仅有权要求其员工履行保密义务，而且有权要求权利人之外的其他一切主体承担保密义务。而竞业限制义务的责任主体必须是可能接触用人单位商业秘密和知识产权的员工。对于并不掌握用人单位商业秘密和知识产权的普通员工，用人单位不得要求其承担竞业限制义务。

第四，两者的期限和地域限制不同。保密义务并无保护期限的限制，只要用人单位的商业秘密和知识产权没有公开或过期，劳动者就应当一直履行保密义务；同时，保密义务也没有地域上的要求，无论何地，劳动者都不得泄露其所掌握的商业秘密或知识产权。而竞业限制义务有期限和地域的限制，按照我国《劳动合同法》的规定，竞业限制期限不得超过二年。同时，竞业限制也不得超出合理的地域，否则即构成对劳动者就业权的不当限制。

第五，两者规制的行为不同。保密义务是对劳动者泄密行为的禁止，劳动者非经用人单位许可不得泄露、使用或允许他人使用用人单位的商业秘密。离职后的竞业限制义务则是要求劳动者在离开用人单位后不得从事与原用人单位相竞争的业务，是对其就业权和择业权的限制。现实中，劳动者违反其中一项义务，并不必然违反另一项义务。

第六，两者法律责任的属性不同。劳动者违反保密义务，泄露用人单位的商业秘密，属于侵权行为，应当承担侵权责任，包括停止侵害、赔偿损失等。劳动者违反竞业限制义务的，劳动者应当承担违约责任，如继续履行、支付违约金等。

从上述分析可以看出，竞业限制义务与保密义务存在很多差异，在对用人单位商业秘密的保护上各有优点。保密义务覆盖范围广、成本低、期限长。竞业限制义务则可以起到事先预防的作用，而且对于用人单位而言，举证责任较为容易，克服了侵权诉讼中权利人难以举证证明因侵权所遭受的损失的弊端。

四 竞业限制制度的法律适用问题

（一）劳动者在职期间是否负有竞业限制义务

目前竞业限制理论大多集中于离职后的竞业限制制度，而对于劳动者在职期间的竞业限制制定的研究相对较少。《公司法》、《合伙企业法》以及《个人独资企业法》已有明确的限制董事、经理、合伙人等公司高级管理人员在职期间从事同业竞争行为的规定，该规定在理解和处理上并无分歧。但对于一般劳动者在职期间是否负有竞业限制义务，双方是否可以就此约定违约金的问题，由于《劳动合同法》第二十三条文字用语比较模糊，该条是否包括了一般劳动者在职期间的竞业限制义务在理解上存有较大争议。如在某数字科技公司与丘某竞业限制纠纷案件中，丘某为某数字科技公司的高级客户经理，双方劳动合同约定丘某在职期间和离职后不得从事同业竞争行为，否则应向公司支付违约金。之后，公司发现丘某利用职务之便，在职期间将公司的客户资源泄露给公司外部人员以获取非法利益。故公司认为丘某违反了双方签订的竞业限制条款，要求丘某按照约定支付违约金。该案对于双方是否可以就丘某在职期间约定竞业限制义务并设定违约金问题，在处理中存在两种意见。一种意见认为，《劳动合同法》第二十三条规定竞业限制需支付经济补偿，故该条款所指竞业限制应仅特指劳动者离职后的竞业限制义务，而不包括劳动者在职期间。同时，依据《劳动合同法》第二十五条，除法定情形外，双方不得约定由劳动者承担的违约金。因此，双方不得就在职期间的竞业限制约定违约金。另一种意见则认为，《劳动合同法》第二十三条并未禁止用人单位与劳动者就劳动者在职期间的竞业限制义务约定违约金。因此，竞业限制理应包括劳动者在职期间的竞业限制义务。笔者同意后一种观点，理由如下。

第一，劳动者在职期间的竞业限制义务是劳动者忠实义务的重要组成部分。从国外的立法经验来看，劳动者在职期间负有竞业限制义务已成普遍共识。劳动者在职期间必须服从用人单位的安排，在劳动中尽谨慎注意义务，不得泄露用人单位的商业秘密和技术秘密，不能利用工作之便为自己谋取不正当的利益。此为劳动者对用人单位的忠实义务。按照劳动者忠实义务的通说，劳动者忠实义务包括了服从义务、保密义务和增进义务三个方面。而劳动者在职期间的竞业限制义务显而易见地包括在劳动者保密义务之中，即劳动者在职期间不得从事与用人单位竞业的活动，以免损害用人单位的利益。

虽然我国在劳动立法上对于劳动者的忠实义务语焉不详，但从《劳动合同法》第三十九条和第九十一条的规定可以看出劳动者的忠实义务也是我国劳动法律法规所推崇的。

第二，《劳动合同法》第二十三条的文字表述并未将在职期间的竞业限制义务排除在外。从《劳动合同法》第二十三条第二款的语义上理解，该条款在文字表述中并未将劳动者的竞业限制义务限定在劳动者离职后。也就是说，对于负有保密义务的劳动者，无论是在职期间还是离职后，用人单位都可以与其约定竞业限制。两者所不同的就是在职期间的竞业限制义务不以用人单位支付经济补偿为对价；而用人单位要求劳动者在离职后履行竞业限制义务的，必须支付相应的经济补偿作为对价。

第三，强调劳动者在职期间必须履行竞业限制义务符合《劳动合同法》的立法目的。竞业限制制度的立法目的在于保护用人单位的技术秘密和商业秘密。相较于离职后劳动者违反竞业限制义务的行为，劳动者在职期间从事同业竞争行为对用人单位的损害更大，主观恶性也更重。因此，对于在职期间的劳动者，更应当也更需要要求其承担竞业限制义务。而且，限制劳动者在职期间的同业竞争行为，对劳动者的生存权并无太大影响，不存在法理上的障碍。

（二）竞业限制责任主体是否可以及于用人单位的所有劳动者

现实中，很多用人单位往往通过对《劳动合同法》第二十四条“其他负有保密义务人员”进行扩大解释，与所有的劳动者都约定竞业限制义务。例如，某案件中，劳动者只是普通的锅炉工，完全不掌握，也不可能掌握用人单位的商业秘密或技术秘密。但用人单位与其签订了竞业限制协议，要求其离职后不得从事锅炉工的岗位。

那么竞业限制义务的适用主体是否应当有所限制呢？这与竞业限制条款的合理性密切相关。劳动者所掌握的谋生技术是有限的，通常而言，一个劳动者不可能同时掌握多门熟练的谋生手段。竞业限制义务限制了劳动者择业自由，将直接影响到劳动者离职后的生活水平。因此，竞业限制必须具有合理性。而从目前国外司法实践来看，司法机关对竞业限制合理性的审查呈现日益严格的趋势。法国判例对竞业限制的态度从“原则上有效”转变为“原则上无效”；英国法院在审查竞业限制条款时是先将其视作无效，除非雇主有证据证明其限制具有合理性。

竞业限制条款的合理性要求就包括其适用主体的有限性，即竞业限制义务的适用主体必须是有机会接触用人单位商业秘密和技术秘密的劳动者。对于其他根本无法接触或掌握用人单位商业秘密的劳动者则不得与其约定竞业限制义务。这一适用主体有限性原则已被世界各国所广泛接受。英国判例认为应从企业性质、雇员职务、雇员岗位、职业资格等方面来审查用人单位与劳动者约定竞业限制义务是否具有合理性。法国则认为在考虑企业限制和雇员职务外，还应考察雇员接触企业核心信息的可能性。

在实践中，司法机关在认定劳动者是否可能接触或掌握用人单位商业秘密或技术秘密方面存在一定的难处，原因在于不同用人单位可能接触商业秘密或技术秘密的岗位是不同的，不可一概而论。而且劳动者对其是否可能接触用人单位商业秘密或技术秘密应当也是心知肚明的。因此，虽然按照合同法理论，合同的有效与否是司法机关主动审查的范围，但笔者认为，如劳动者在仲裁或诉讼过程中，未以其不掌握用人单位商业秘密为由提出抗辩，则应当视为劳动者认可其存在接触或掌握用人单位商业秘密或技术秘密的可能。而如果劳动者以其不存在接触用人单位商业秘密可能为由来主张竞业限制条款无效，司法机关就需要对劳动者是否有机会接触或掌握用人单位的技术秘密或商业秘密进行审查判断。司法机关在审查时，应当根据用人单位所处的行业性质，劳动者的职位、职务及工作内容等事实，结合社会常理及行业惯例来进行初步判断。比如，用人单位的销售主管就存在掌握用人单位客户、销售渠道、产品报价、销售策略等商业秘密。在此情况下，如果劳动者否认其不接触、不掌握用人单位的商业秘密，则应当由劳动者提供反证。但如果从常理或行业惯例分析，劳动者所处岗位或工作内容不太可能接触到用人单位的商业秘密或技术秘密，此时就应当责令用人单位对劳动者掌握其商业秘密或知识产权的事实进行举证。例如，用人单位流水线上的工人从常理上说不太可能掌握用人单位的商业秘密或技术秘密，但如果用人单位主张该流水线上的操作技术就是用人单位的技术秘密所在，则应当由用人单位举证证明其该项主张。

但需要注意的是，必须防止用人单位以劳动者不属于负有保密义务人员范围为由主张双方之间的竞业限制条款无效，从而规避支付竞业限制经济补偿的义务。在某电池公司与谭某竞业限制协议纠纷案件中，谭某在公司担任生产经理。公司在谭某入职时与谭某签订了《保密协议》，约定谭某在离职后两年内不得到与某电池公司存在竞争关系的单位工作。之后谭某因个人原因离职，并在离职后履行了竞业限制义务，但某电池公司并未支付相应的竞业限制经济补偿。谭某因此申请劳动仲裁，要求公司支付竞业限制的经济补偿。公司则抗辩称因谭某在其单位工作期间并不接触其商业秘密和技术秘密，不属于负有保密义务的人员，故主张双方签订的《保密协议》无效，其无须支付竞业限制经济补偿。某电池公司的此种抗辩理由是否成立？是否可以免除其支付竞业限制经济补偿的义务？答案自然是否定的。首先，如果认可用人单位可以随意改变其主张，则用人单位势必可以在劳动者离职时，以劳动者负有保密义务为由要求劳动者履行竞业限制义务，而待劳动者履行了竞业限制义务后又以其不属于负有保密义务范围为由主张竞业限制协议无效从而免除其支付经济补偿的义务，这对劳动者而言是极不公平的。其次，用人单位与劳动者签订竞业限制协议的事实，意味着用人单位已认可劳动者有可能接触到用人单位的技术秘密或商业秘密。用人单位事后再否认劳动者具有接触其技术秘密或商业秘密的可能，违反了“禁止反言”和诚实信用的基本原则。最后，因竞业限制条款通常都是用人单位主动提出要求劳动者签订，所以用人单位签订该条款存在过错，应当承担相应的缔约过错责任，赔偿劳动者的信赖利益，即因信赖竞业限制条款的有效而履行竞业限制义务所应当获得的经济补偿。

（三）竞业限制经济补偿是否必须在离职后按月支付

《劳动合同法》第二十三条第二款规定离职后竞业限制的经济补偿应在竞业限制期限内按月支付。但实践中，用人单位与劳动者约定的经济补偿支付方式一般有以下三种：在劳动关系存续期间与工资一并支付；劳动者离职时一次性支付；劳动者离职后在竞业限制期限内按月支付。第三种支付方式与《劳动合同法》第二十三条规定一致，自然应为有效，此无争议，但其余两种支付方式由于与《劳动合同法》第二十三条规定的支付方式存在一定冲突，此种约定是否有效在理解上存在一定争议。《劳动合同法》第二十三条对竞业限制经济补偿支付的规定分为两个方面，一是涉及支付期限，即经济补偿是否必须在劳动者离职后支付；二是涉及支付方式，即经济补偿是否必须按月支付。对于离职后竞业限制经济补偿的支付期限问题，一种观点认为应允许用人单位与劳动者约定在劳动关系存续期间工资中包含竞业限制经济补偿，但强调应当从严审查；另一种观点则倾向于限制用人单位支付竞业限制经济补偿的期限为劳动关系终止或解除后。

司法机关在司法实践中对这类问题的处理也有所不同。如在江苏省盐城市中级人民法院审理的东台市船用配件有限公司与周树明、东台市友铭船舶配件有限公司、俞平竞业限制纠纷案件中，盐城市中级法院认为“东台市船用配件有限公司与周树明在《职工劳动合同》中约定以周树明月工资的20%作为保密暨竞业禁止费，周树明对此并无异议”，由此盐城市中级法院认为以包含在工资中的方式支付竞业限制经济补偿是合法有效的。但在深圳市中级人民法院审理的深圳市宝德计算机系统有限公司与程佶、深圳市云海麒麟计算机系统有限公司竞业限制纠纷案件中，深圳市中级人民法院就认为深圳市宝德计算机系统有限公司与程佶关于将依法应支付的竞业限制补偿费分散在程佶任职期间的工资中支付的约定违反了《劳动合同法》第二十三条的规定，应属无效。

对此，笔者认为，由于我国目前劳动力市场仍然供大于求，用人单位在劳动关系中的强势地位并没有改变。如果允许双方约定将竞业限制经济补偿包括在平时用人单位所支付的劳动报酬中，就可能给用人单位以可乘之机，用人单位可能凭借其强势地位，在签订劳动合同时将原本就属于劳动报酬的款项单独拿出来作为竞业限制经济补偿。如果任凭用人单位采取此种行为，则对劳动者权益的保护极为不利。而且法律要求用人单位支付竞业限制经济补偿，主要是为了弥补劳动者在离职后因履行竞业限制义务而导致的收入减少，如果允许用人单位在劳动者在职期间就支付竞业限制经济补偿，就无法达到弥补劳动者离职后收入损失的立法目的。因此，笔者赞同将离职后竞业限制经济补偿的支付期限限定在劳动关系解除后的竞业限制期间内，从而防止用人单位巧立名目不支付或少支付竞业限制经济补偿。

对于离职后竞业限制经济补偿的支付方式问题，即经济补偿是否必须按月支付，双方约定一次性支付是否有效，笔者认为，如果双方约定在劳动关系解除或终止时一次性支付竞业限制经济补偿，对劳动者是有利的，用人单位提前履行了其全部义务，避免了日后因未支付竞业限制经济补偿而产生纠纷的可能性；劳动者也可以将此笔一次性费用作为其转行资金，对其生活有益无害。对于用人单位，此种安排亦为有利，不仅节省了用人单位按月支付所需要花费的人力、时间成本，也可以避免万一出现迟延支付，劳动者以此主张竞业限制协议失效。综合上述考虑，笔者认为，双方约定在劳动者离职时一次性支付竞业限制经济补偿，无损于双方利益，应予准许。

但现实中还存在一种约定，即双方约定在劳动者竞业限制期期满后再一次性支付。此种方式明显严重影响到劳动者离职后的生活，也无法实现竞业限制经济补偿的制度目的，有违公平合理的原则，对劳动者极为不利。因此，此种约定应当认定无效。

（四）劳动关系解除原因与竞业限制协议效力的关系

离职后的竞业限制义务是以劳动关系解除为开始条件的，那么劳动关系的解除原因是否影响竞业限制协议的效力，这在世界范围内都存在较大的争议。在双方协商一致解除劳动关系或劳动者因个人原因单方提出解除劳动关系时，竞业限制协议仍然具有约束力，这并没有争议。主要争议在于用人单位违法解除劳动合同或劳动者因用人单位存在违法行为而被迫提出解除劳动合同时，劳动者是否仍然必须履行竞业限制义务，这点无论是在国外的立法例上还是在理论界都存在较大的分歧。

从国外的立法例来看，不同国家也存在不同的做法。瑞士成文法就做出明确的否定性规定，瑞士《债务法》第 340 条 C 款规定“雇佣人终止雇佣关系而不予以说明正当理由者，或者受雇人因可归责于雇佣人之正当事由而终止雇佣关系者，竞业禁止亦失去拘束力”。英国以判例的方式也确立了同样的规则，并强调该规则并不因双方当事人的约定而改变。法国判例所确立的规则恰恰截然相反，认为即使雇主不正当解雇，雇员仍然必须履行竞业禁止义务。

从我国的立法现状来看，《劳动合同法》并没有给予明确的规定。《劳动合同法（草案）》曾经规定“用人单位依法解除劳动合同的，竞业限制条款有效”，而在审议表决时，却将“依法”二字删除，对解除或终止劳动合同的合法性与否并未加以限制。有关劳动法的法规、部门规章及各地的地方性法规也对此问题鲜有涉及。

从我国理论界的观点来看，也存在两种不同的观点。一种意见认为，应当根据劳动者的离职原因来确定其是否继续承担竞业限制义务，并主张从保护诚实守信劳动者的就业权角度，规定在因用人单位过错而导致劳动合同解

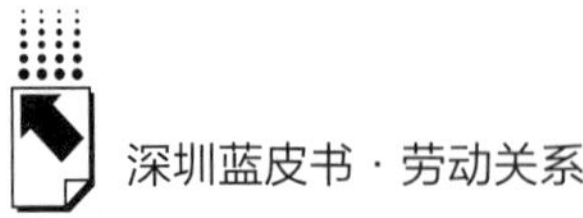

除的情况下，竞业限制条款无效。另一种意见则认为，竞业限制条款具有一定的独立性，应当将竞业限制条款的生效与劳动合同解除原因分离开来，劳动合同的解除原因，均不应影响离职后竞业限制条款的生效。

笔者赞同第二种意见，主要理由如下。①竞业限制条款的解除与劳动合同的解除是相互独立的法律问题。因用人单位过错导致劳动合同解除，用人单位应当承担支付经济补偿、赔偿金或继续履行劳动关系的责任。如此时再要求用人单位承担竞业限制条款无效的法律责任，则用人单位因一个违法行为却要承担两个法律责任，这对用人单位过于严苛。因此，劳动关系的解除原因不应影响竞业限制条款是否生效。②劳动者掌握用人单位的商业秘密，并不因劳动合同的解除原因而有所改变，竞业限制条款涉及的是劳动关系结束后的权利义务，其效力不应受到劳动合同解除形式的影响。③因为用人单位在劳动关系解除方面存在过错就允许劳动者泄露用人单位的商业秘密，将扰乱市场的公平竞争秩序，与竞业限制制度的立法目的相悖。

结　语

随着经济和科技的发展，竞业限制制度所发挥的作用也日益重要。虽然竞业限制制度是为了保护用人单位的商业秘密应运而生的，但不能因此就完全放弃了对劳动者合法权益的保护，毕竟竞业限制制度限制了劳动者最基本的就业权和择业自由权。由于我国目前竞业限制制度的法律规定尚不完善，对竞业限制制度的研究也刚刚起步。因此，对于涉及竞业限制的案件，应当在用人单位商业秘密权和劳动者择业权之间寻找合适的平衡点，保护劳资双方在市场经济条件下的合法权益。

B.25

我国企业惩戒制度的现状、问题和对策

徐道稳　王小凯*

摘　要：　我国企业惩戒法律制度存在立法缺失、规定操作性不强、对企业决定权限制不足、救济措施不完善等问题。完善企业惩戒法律制度应当坚持合法性原则、比例原则等基本原则；以劳动者义务为中心明确企业惩戒的范围，劳动者个人生活行为和工作之外的行为不得作为企业惩戒的事由，除非此种行为明显影响到企业的社会评价；完善企业惩戒的救济措施，防止企业对惩戒权的滥用，保障劳动者的合法权益。

关键词：　企业惩戒　惩戒类别　劳动者义务

企业惩戒是指企业为维护正常的生产经营秩序而对违反企业规章制度和法律规定的劳动者进行的制裁。自2008年《企业职工奖惩条例》被废除之后，企业职工惩戒方面的立法一直未有进展，企业对劳动者的惩戒缺少直接的法律依据。目前，企业在生产经营管理过程中对劳动者进行惩戒主要依据企业规章制度以及《劳动法》《劳动合同法》中的相关条款。关于职工惩戒的法律规范比较分散，而且地方层面的企业惩戒立法又不统一，在实践层面造成一定程度的混乱。本文在梳理现行企业惩戒规范的基础上，分析我国企业惩戒制度存在的问题，探讨企业惩戒的理论依据和法律边界，提出完善企业惩戒制度的思路。

* 徐道稳、王小凯，深圳大学法学院。

一　我国企业惩戒制度之现状

我国企业惩戒的法律依据主要来源于《劳动法》和《劳动合同法》中的相关条款。《劳动法》第3条第2款规定，劳动者应当执行劳动安全卫生规章，遵守劳动纪律。《劳动法》第4条规定，企业应当依法建立和完善规章制度。法律赋予了企业制定规章制度的权利。劳动纪律是企业规章制度的组成部分，对违反劳动纪律的惩戒是企业规章制度的应有之义。但是，法律对规章制度的规定较为原则，对规章制度的生效要件缺乏明确规定。这一不足在司法解释中得到弥补。根据最高人民法院《关于审理劳动争议案件适用法律若干问题的解释》（法释〔2001〕14号）第19条，规章制度合法有效的构成要件为：①经民主程序制定；②内容合法即不违反国家法律、行政性法规及政策规定；③向劳动者公示。满足上述三个构成要件的规章制度即具有法律约束力，可以作为法院审理劳动争议的依据。

《劳动合同法》对规章制度的规定较《劳动法》细致。根据《劳动合同法》第4条，企业在制定、修改或者决定有关劳动报酬、工作时间、休息休假、劳动安全卫生、保险福利、职工培训、劳动纪律以及劳动定额管理等直接涉及劳动者切身利益的规章制度或重大事项时，应当经职工代表大会或全体职工讨论，提出方案意见，与工会或职工代表协商。企业应当将直接涉及劳动者切身利益的规章制度和重大事项决定公示或告知劳动者。另外，《劳动合同法》第39条规定，劳动者有严重违反劳动纪律或企业规章制度等情形的，用人单位可行使单方解雇权，可以视为对劳动者的惩戒。

根据《劳动法》和《劳动合同法》的相关规定，我国现行的企业惩戒立法模式既不同于德国的“劳资民主共决”模式，又不同于法国、日本的“雇主单方决定”模式，而是这两种模式的折中和妥协，独具中国特色。我国法律赋权企业单方制定惩戒规则，仅在程序上做了限制。而且，劳动者也仅在直接涉及其切身利益的重大事项上才得以有限地参与。我国现行企业惩戒立法模式可以被概括为“劳资协商，资方单决”。该模式有以下特点：①惩戒规则的制定权在企业一方；②企业制定惩戒规则与劳方协商即可，且仅在直接涉及劳动者切益的事项上才有义务与劳动者进行协商；③劳资协商仅为程序性要求，双方协商达不成一致，企业一方即可单方决定。

二　我国企业惩戒的类别

现行法律并未对企业惩戒的类别做出系统规定，但是受已被废止的《企业职工奖惩条例》的影响，实践中企业惩戒的类别主要有以下几种。

（1）声誉惩戒。声誉惩戒包括警告、记过等。该惩戒方式针对的是比较轻微的违纪行为。警告和记过通过警示对违纪者予以负面评价，对违纪者的声望造成不利影响，给违纪者增加心理压力。此种惩戒因不涉及经济利益而常被人忽视，而且实践中对违纪者的影响似乎不大。但是我们认为，声誉惩戒对劳动者的影响会越来越大，因为企业对拟录用的员工的背景调查将越来越普遍，尤其是在白领阶层，过去的工作经历、所受的惩戒状况对其求职成功与否有很大影响。

（2）调岗惩戒。此处的调岗是指广义上的调岗，包括降级、换岗、待岗、撤职等。此种惩戒措施涉及劳动合同的变更，原则上对于劳动合同的变更，企业应与劳动者协商一致。

（3）赔偿惩戒。劳动者因违纪行为给企业造成损失的，应当承担赔偿责任，但是，根据《劳动法》第102条和《劳动合同法》第90条，劳动者的赔偿责任被严格限定在以下三种情形：劳动者违法解除劳动合同、违反约定的保密事项以及违反约定的竞业限制。

（4）罚款惩戒。自2008年《企业职工奖惩条例》被废除之后，企业对职工进行经济处罚的法律依据已不存在，理论界对企业能否对职工进行罚款争议较大，地方立法对此也有不同规定。《广东省劳动保障监察条例》第51条规定，用人单位的规章制度规定了罚款内容，或者其扣减工资的规定没有法律、法规依据的，由人力资源和社会保障行政部门责令改正。而《深圳市经济特区和谐劳动关系促进条例》第16条规定，用人单位依据规章制度对劳动者实施经济处分，单项和当月累计处分额不得超过该劳动者月工资的30%，且对同一违纪行为不得重复处分。

（5）解雇惩戒。解雇惩戒是指针对严重违反企业规章制度的劳动者以解除劳动合同作为惩戒。此种惩戒的具体法律依据在上文现行法律规范当中已作阐述，在此不做赘述。需要说明的是，解雇惩戒作为惩戒措施中最为严厉的措施，应遵守“终止契约须最后手段”之基本原则，以防企业滥用权利。

三　现行企业惩戒制度存在的问题

总结我国企业惩戒制度的现状，结合相关学者的研究成果，可以发现我国企业惩戒法律制度主要存在以下问题。

（1）惩戒立法缺失。企业惩戒是企业管理的现实选择，但是《企业职工奖惩条例》被废止以后，企业惩戒的事由不明确，边界不清晰，导致有的企业陷入迷茫，有的企业又任性妄为。例如，企业可以因何种事由惩戒员工？如果说企业制定惩戒规则是企业行使经营自主权的表现，那么其权利的边界为何？企业能否因员工违反计划生育、违反治安管理秩序抑或因员工个人的私生活问题而对其进行惩戒？这些问题在现行立法中都找不到答案。

（2）规定操作性不强。企业规章制度是企业进行惩戒管理的直接依据。规章制度作用如此之大，但其制定、修改的程序还存在许多不确定性。规章制度需经民主程序制定，需劳资双方协商，但在双方达不成一致时，法律规定语焉不详。此外，司法实践中对《劳动合同法》第39条“严重违反用人单位规章制度的”理解也难以把握，例如“粤茂公司诉彭家宽劳动争议纠纷案”争议的焦点便是员工的轻微斗殴行为是否属于严重违反企业规章制度的行为。

（3）对企业决定权限制不足。法律赋予企业制定劳动纪律的权利，但没有对此权利进行相应的限制，此举极易造成企业权利的滥用。企业缺乏制约不仅表现在实体规定方面，亦体现在程序规定方面。实体方面表现为未对惩戒范围及惩戒种类、措施进行限制性规定；程序性方面则表现为惩戒行使原则的缺失和惩戒行使程序的缺失。在劳资双方地位本不平等的情况下，此举更加剧了劳资双方的不平等，不利于实现劳资双方利益的均衡。

（4）救济措施不完善。在警告、记过、降级、降职、罚款、赔偿、解除劳动合同七种惩戒措施中，后五种惩戒措施可以获得法律救济。因为这些惩戒措施可以归为劳动合同履行行为或劳动合同变更行为，所以可以以“变更劳动合同争议”“减少劳动报酬争议”“违法解除劳动合同争议”为由提起仲裁或诉讼。但警告、记过因属于非经济性惩戒措施，极易被人们忽视，且在司法实践中大多数仲裁机构和法院都不将其纳入劳动争议的受案范围，理由是警告、记过乃企业内部管理行为，不应被纳入劳动争议受案范围，其理论依据源于德国的“特别权力关系理论”。该理论认为，在特别权力关系之中，对内部纪律处分不服，排除司法救济。其实该理论在德国饱受诟病，影响力日渐式微。德国联邦宪法法院更是在1972年监狱服刑案中以“重要性理论”给予其致命一击。因此，我国仍以“特别权力关系理论”作为不将警告、记过纳入劳动争议受案范围的依据，不甚妥当。

四　企业惩戒权的理论根据和法律边界

（一）企业惩戒权之理论根据

关于企业惩戒权的理论依据有不同的观点，如固有权说、契约说、集体合意说、法律规范说等，其中固有权说和契约说受到较多认可。本文仅介绍固有权说和契约说。

固有权说认为，企业为了保证生产活动的正常进行，维护企业的经营管理秩序，维持工作纪律，当然享有对员工惩戒的权利。换言之，惩戒权亦是企业经营权的一部分。该理论按照传统民法的理念把惩戒权理解为所有权延伸出的一种权利，此种理解亦是传统民法所有权绝对原则理念的反应。若从法律价值角度判断，固有权说的法律价值强调的是效率。

契约说认为，只有劳资双方达成合意，企业才享有对员工惩戒的权利。契约说强调的是企业惩戒权的合法性来源。在法治社会下，人只受基于自己同意的契约和国家制定的强制性法律的约束。强调劳资双方的合意亦是产业民主理念的反应，是政治民主向产业民主的延伸。强调劳资双方的合意，有利于遏制企业单方随意惩戒，防止企业滥用惩戒权，有效保护劳方的利益。从法律价值的角度分析，此说的法律价值强调对劳方的人权保护，以劳方对惩戒制度的参与遏制资方权利的滥用。

无论哪种学说，其意图都是在为企业惩戒权寻找法律根据，都是为其存在的必要性做出一种阐述。企业惩戒权对企业经营的重要性毋庸置疑，但更为重要的是企业惩戒权的边界为何？只有划定了权利的边界、权利的清单，权利才不会任性，才不会被滥用。

（二）以劳动者义务确定企业惩戒权的边界

为防止企业惩戒权的滥用，必须明确界定其范围，即企业究竟对劳动者的哪些行为可以进行惩戒。要回答这个问题，就必须要明确企业惩戒的目的。企业惩戒本身仅是手段，不是目的，其目的是维护企业的生产经营秩序，保证企业生产经营正常运行，这一目的要求劳动者必须忠实履行劳动义务。因此，企业惩戒应以劳动者的义务为中心，以此规定企业惩戒权的范围。关于劳动者义务，现行劳动法规并未做出系统性规定。根据相关学者的研究，对劳动者义务的范围可以做如下总结。①劳动给付义务。劳动者应按照劳动合同的约定、企业规章制度的规定以及企业的指示亲自、按时完成劳务的给付，不得由他人代为履行。②谨慎、勤勉义务。劳动者在履行劳动给付的过程中应尽到与职责、职位相应的注意义务，切实维护企业的合法权益。③忠诚义务。劳动者应诚实对待用人单位，不破坏企业的生产经营秩序，不损坏、盗窃企业财产，不进行损害企业声誉的行为，也不得破坏用户、客户对本企业的信任关系。④竞业禁止义务。不得从事与本企业业务相竞争的行为，不得利用本企业为自己或他人谋求交易机会以获取不法利益。⑤保密义务。在劳动合同存续期间需保守单位的商业秘密，包括经营信息与技术信息，在劳动合同终止后依然要遵守此义务，但企业应依法支付经济补偿金。⑥遵守企业指示的义务。听从企业的指示，服从企业的安排。⑦企业规章制度、劳动纪律规定的其他义务。应当以上述劳动者义务为中心来确定企业惩戒的范围。企业惩戒切不可脱离劳动者的义务范围恣意妄为。

“以劳动者义务为中心”的理论在实践中面临这样一个问题，即企业惩戒的范围能否扩展到劳动者的个人生活以及劳动者工作时间之外的行为？如果可以，那么应在何种情形下对这些行为进行惩戒？关于这个问题，黄贯中先生的观点颇有代表性。他认为，“劳资关系是以劳动力为中心，受空间、时间限制之结合关系，并非劳工与雇主之全人格之结合关系，因此在工作时间外之劳工业务外行为，属劳工之私人生活范围，非雇主所任意支配，唯有劳工之行为与事业活动有直接关联，且损害事业之社会评价，为维护企业秩序之必要，方足成为企业惩戒之对象”。我们基本认同这种观点。劳动者对企业的义务仅限于劳动义务及其附随义务，对于劳动者与企业生产经营、业务范围、社会评价无联系的个人行为和工作之外的行为，即使此行为导致刑事、民事或行政责任，或其违反社会公德，但并不影响到企业的社会评价，企业就不可妄加惩戒。总之，对劳动者的个人行为或工作之外的行为，以不惩戒为原则，以惩戒为例外。“例外”是指劳动者的个人行为或工作之外的行为已经影响到企业的社会评价且达到明显的程度。

五　我国企业惩戒制度完善之建议

我国经济发展极不平衡，东中西部经济发展水平差异极大，不同地区的企业所有制形式、企业规模以及所属的行业都有较大差异。国家要想制定统一适用于不同性质、不同规模、不同行业的惩戒规则，无疑是困难的，也是不明智的。再者，不是所有的企业都有必要制定系统的惩戒规则，也不是所有企业都有能力制定完备的规章制度。例如，在这个呼吁万众创新的时代，草根创业、小微企业如雨后春笋，许多企业只有几个人而已，其用工灵活，员工流动性很大。要求这些企业制定完备的规章制度和惩戒规则既不现实也不必要。因此，问题的关键是要在国家干预和企业自主权之间寻求平衡。国家应通过立法建立企业惩戒制度框架，让企业惩戒有法可依，同时，也要为

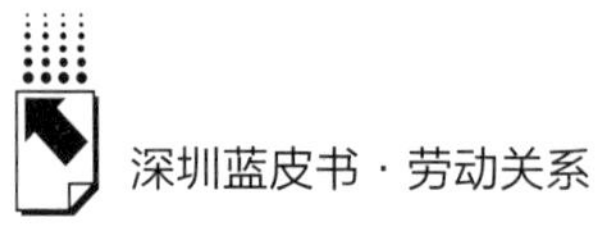

劳资协商留下一定的空间，把一些具体问题留给劳资双方协商解决。为此，我们提出以下建议。

（一）企业惩戒原则

在难以对企业惩戒做统一细致规定的情况下，企业惩戒的原则就显得尤其重要。这些原则如下。①上位规范先占原则，亦可称为合法原则。惩戒权行使不得违反法律法规的规定，不得与上位法相冲突，不得侵犯劳动者的基本权利。②比例原则。企业对违纪劳动者的惩戒应与劳动者的过错相适应。③一事不二罚原则。不得对劳动者的同一违纪行为做出两次或两次以上的处罚。④时效原则。劳动者的违纪行为已经超过合理期限的，企业不得追究劳动者违纪行为的责任。时效原则的目的是督促企业及时对违纪员工进行惩戒，防止劳动者违纪行为的法律后果长期处于不确定状态。

（二）企业惩戒范围

劳动者虽然对用人单位有人身依附性、人格从属性，但此依附性绝非人格完全之结合。企业对劳动者惩戒的范围仅限于与劳动者义务相关的事项，需以劳动者义务为中心及惩戒的目的确定企业劳动纪律的惩戒范围。企业惩戒的目的乃是确保劳动者劳务的给付以及维持正常的生产经营秩序。一般而言，企业对劳动者私生活之行为及工作之外的行为不应进行惩戒，除非其个人私生活行为或工作之外的行为明显影响到企业的社会评价。

（三）企业惩戒救济

如前所述，在各种惩戒措施中，声誉惩戒不在劳动争议的受案范围，企业内部也缺乏对声誉惩戒的救济措施。我们认为，声誉惩戒与其他惩戒措施在性质上具有同一性，只是惩戒的程度较轻，理应被纳入劳动争议的受案范围。法律赋予企业以惩戒权，企业据此维护生产经营秩序，但是，如果劳动者受到惩戒时没有必要的救济手段，容易致使企业滥用惩戒权。

B.26

劳动争议诉讼管辖地研究

廖名宗*

摘　要： 现行法律法规及相关司法解释对劳动争议诉讼管辖地规定了三个原则，即用人单位住所地法院或者劳动合同履行地法院均有权管辖原则、用人单位住所地法院管辖优先原则以及先受理优先管辖原则。这些原则规定似乎解决了劳动争议诉讼管辖的全部问题，但司法实践中因管辖法院适用当地法规政策判案，其结果可能不仅不能方便劳动者，而且还可能对劳动者的实体权利造成不利影响，这有违“劳动者权益保护优先”的立法本意。本文针对上述原则存在的缺陷提出了解决方案，有利于更好地保护劳动者合法权益。

关键词： 劳动争议　诉讼管辖地　分析研究

一　问题的提出

笔者在工作中经常遇到这样的问题，如某公司注册地在深圳，该深圳公司在山西太原市设立一办事处并在当地招录员工。该太原办事处没有为员工缴纳社会养老保险。某员工因个人原因与太原办事处解除劳动关系后向太原的劳动争议仲裁机构申请仲裁，要求深圳公司为其补缴社会养老保险。这个案件很简单，太原市劳动仲裁机构会怎么处理？据笔者了解到的情况，太原

* 廖名宗，北京德恒（深圳）律师事务所。

劳动仲裁机构会认为该诉求属于劳动争议仲裁机构的受案范围并受理该案，并会根据山西省人力资源和社会保障厅2015年7月15日发布的晋人社厅发〔2015〕51号文件，即《关于〈社会保险法〉实施前已参保企业职工补缴基本养老保险费有关问题的意见》以及2015年11月25日发布的《关于执行晋人社厅发〔2015〕51号文件有关问题的补充通知》（晋人社厅发〔2015〕8号）相关规定，裁决深圳公司为该员工补缴入职之日至解除劳动关系之日的社会养老保险。

根据现行法律及相关司法解释规定，该案也可以在用人单位住所地的劳动仲裁机构处理。如果该案在深圳处理，会是什么结果呢？

首先，深圳的劳动仲裁机构及法院都不受理，而是告知劳动者向社会保险部门申请处理。其依据是2004年3月10日广东省高级人民法院针对茂名市中级人民法院的请示（茂中法民请字〔2003〕1号请示）专门做出了一个批复，即《关于劳动者向人民法院起诉要求用人单位为其补缴社会保险费，人民法院应否受理及相关问题的批复》（粤高法民一复字〔2004〕2号），该批复明确，根据《社会保险费征缴暂行条例》以及《广东省社会养老保险条例》相关规定，征缴社会保险费属于社会保险部门的职责，社会保险部门征缴不到的，可依法申请人民法院强制执行。对于劳动者起诉要用人单位补缴社会保险费的，人民法院应告知其向社会保险部门申请处理。广东省高院做出此批复的背景是，实践中用人单位未依法为员工缴交社会保险的现象太普遍，如果法院受理将不堪重负。其次，即使社会保险部门处理，关于补缴社会养老保险也有时效限制。根据深圳地方法规规定，用人单位只能为劳动者补缴最近两年的社会养老保险。

因为管辖地不同，出现完全不同的裁判结果，对当事人的实体权益产生很大影响。这对当事人一方是不公平的，而且有损法律的公平性、统一性及威严性。因此，对劳动争议仲裁或诉讼管辖地进行研究，做出更好的设计安排很有必要。

因为我国对劳动争议实行“一裁二审”制度，仲裁不是终审，因此本文研究仅限劳动争议诉讼管辖。

二 法律规定

我国民事诉讼法中的管辖有两大类，即法定管辖和裁定管辖。法定管辖包括级别管辖、地域管辖和协议管辖。裁定管辖包括移送管辖、指定管辖和管辖权转移。其中级别管辖是明确基层、中级、高级和最高法院的管辖分工；地域管辖包括一般地域管辖和特殊地域管辖及专属管辖。一般地域管辖的原则是“原告就被告”，即原告应当在被告住所地或居住地法院起诉。我国劳动争议案件审理实行“一裁二审”制度（我国法律也对一些案件规定了一裁终局，鉴于此类案件毕竟是极少数，本文以非一裁终局的案件作为讨论对象），即劳动人事争议仲裁委员会裁决后，当事人如不服仲裁裁决，可以向人民法院起诉，法院做出判决后，当事人如仍不服，还可上诉和申请再审。因此，劳动争议一旦进入诉讼程序，一般应按照民事诉讼法规定的上述管辖制度执行。因劳动法律法规均以保护劳动者权益为首要任务及立法宗旨，为了更好地保护好劳动者的权益，劳动法律法规不仅在实体上向劳动者倾斜，在程序上也有特殊的规定和安排。这从法律法规管辖劳动争议仲裁及诉讼的管辖规定上可以明显看出。

（1）《中华人民共和国劳动法》：对劳动争议仲裁及诉讼管辖地均无规定，只是规定劳动争议仲裁前置程序，即劳动争议当事人必须先经过劳动仲裁，不能直接向法院起诉，不服仲裁裁决才可以向法院起诉。

（2）《中华人民共和国企业劳动争议处理条例》：该条例明确了属地管辖原则，即劳动争议由企业和职工所在地仲裁委员会受理，并进一步规定如果企业与职工不在同一个仲裁委员会管辖地区的，由职工工资关系所在地的仲裁委员会处理。但工资关系地如何界定，法律法规并无规定。

该条例于1993年8月1日起施行（国务院令〔第588号〕），于2010年12月29日废止（见《国务院关于废止和修改部分行政法规的决定》）。

（3）《最高人民法院关于审理劳动争议案件适用法律若干问题的解释》（下称《司法解释一》）：《司法解释一》除规定劳动争议案件由用人单位所

在地基层法院管辖外，还规定了劳动合同履行地的基层人民法院也有权管辖；并规定劳动合同履行地不明确的，用人单位所在地的基层人民法院优先管辖。

（4）《中华人民共和国劳动争议调解仲裁法》：该法没有规定劳动争议管辖法院，但规定了有权管辖劳动争议的仲裁机构，其规定即劳动合同履行地或者用人单位所在地的劳动争议仲裁委员会均有权管辖；且规定双方当事人分别向劳动合同履行地和用人单位所在地的劳动争议仲裁委员会申请仲裁的，劳动合同履行地的劳动争议仲裁委员会优先管辖。

（5）《中华人民共和国民事诉讼法》：该法规定合同纠纷由被告住所地或者合同履行地人民法院管辖。

综上，上述法律法规规定，在仲裁阶段，劳动合同履行地或者用人单位住所地的劳动争议仲裁委员会均有权管辖；当事人分别向劳动合同履行地和用人单位住所地劳动争议仲裁委员会申请仲裁的，由劳动合同履行地的劳动争议仲裁委员会管辖。在一审诉讼阶段，用人单位所在地或者劳动合同履行地基层人民法院也均有权管辖。但如果双方就同一仲裁裁决分别向有管辖权的人民法院起诉的，则后受理的人民法院应当将案件移送给先受理的人民法院。

三　问题分析

法律法规关于劳动争议诉讼管辖地的规定，体现了三个原则。

（1）用人单位所在地或者劳动合同履行地法院均有权管辖原则：该原则的出发点是方便劳动者就近诉讼，从而减少诉讼成本，最大限度保护劳动者的合法权益。

（2）用人单位所在地法院优先管辖原则：此原则针对劳动合同履行地不明确之情形。

（3）谁先受理谁先管辖原则：当事人双方可能就同一仲裁裁决分别向有管辖权的不同的人民法院起诉，此情形下先受理的法院取得管辖权，后受理的人民法院应当将案件移送给先受理的人民法院管辖。

这些规定在程序上的确解决了管辖中存在的问题，但该制度安排也存在明显不足，这种不足不仅可能有违“优先保护劳动者权益”之立法初衷，也可能造成某方利益“合法”受损，有违法律最基本的“公平”原则。

（一）关于用人单位所在地或者劳动合同履行地法院均有权管辖原则

随着我国经济持续多年的高速发展，越来越多的企业规模在不断扩大，业务范围辐射多个地方。因为企业经营发展需要，劳动者实际工作地（劳动合同履行地）与用人单位所在地往往不在同一个地方。如果法律规定劳动者只能到用人单位所在地法院诉讼，必然会增加劳动者的诉讼成本（如需多支付交通费、食宿费、误工费等），这不利于劳动者利益的保护。实践中，劳动者普遍就近选择向劳动合同履行地法院起诉，以求方便。

（二）关于用人单位住所地法院优先管辖原则

法律规定劳动合同履行地有争议或不明确时，由用人单位住所地法院优先管辖。什么是劳动合同履行地？一般理解就是员工的实际工作地。但如果从用人单位角度分析，用人单位支付劳动报酬是履行劳动合同最重要的义务，实践中用人单位一般通过其在住所地卡户银行转账向员工支付劳动报酬，此时，对用人单位来说，用人单位住所地就是用人单位的劳动合同履行地。在劳动合同履行地不明确或有争议的情况下，《司法解释一》的上述规定对员工实际并不利，典型的案例是刘维芳诉中海油能源发展股份有限公司湛江配餐服务分公司（下称“中海油湛江公司”）等单位案，刘维芳是广西北海市涠洲镇人，其工作地在广西涠洲岛。其所诉的中海油湛江公司所在地在广东湛江。刘维芳因劳动争议在广西北海市劳动人事争议仲裁委员会申请仲裁，广西北海市劳动人事争议仲裁委员会受理此案，认定刘维芳与该公司存在事实劳动关系并裁决支持了刘维芳的大部分诉求。

中海油湛江公司不服裁决，向湛江市坡头区法院起诉，湛江市坡头区法院受理。刘维芳收到应诉通知书后，提出管辖权异议，认为该案应由刘维芳的劳动关系履行地基层法院，即北海市海城区法院管辖，其请求将该案移送至该院管辖。坡头区法院根据《司法解释一》的上述规定，认为其有权管辖，裁定驳回了刘维芳的请求。刘维芳不服上诉至湛江市中级人民法院，湛江市中级人民法院裁定驳回上诉，维持原判。湛江市坡头区法院因此获得管辖权，开庭后认为刘维芳与中海油湛江公司不存在劳动关系，判决支持了中海油湛江公司的诉求，即驳回了刘维芳的仲裁请求。刘维芳不服上诉至湛江市中级人民法院，该院终审判决，驳回刘维芳的上诉，维持原判。

根据《司法解释一》的规定，坡头区法院有权管辖该案，刘维芳前后数次到湛江提出管辖权异议、应诉和上诉等，实际上增加了刘维芳的很多诉讼成本，而且最终实体结果是刘维芳败诉。这恐怕有违优先保护劳动者利益的立法本意。

（三）关于先受理法院优先管辖原则

该原则更容易出现不公平判决。因为劳动争议关于劳动者的工资、社保政策等规定地区差异非常大。司法实践是法院受理劳动争议后只适用当地的工资、社保等法规政策，不会适用其他地方（如劳动合同履行地或用人单位所在地）的法规政策。适用法规政策不同，必然导致实体裁判结果不同，这既不严肃，也必然对某一方不利，很不公平。典型案例有梅某诉东莞市某检测技术有限公司案。某检测公司所在地是东莞，梅某与该检测公司在劳动合同中约定的工作地点为东莞、广州。梅某是该公司广州办事处的负责人，其实际工作地在广州。后因工作需要，该公司通知梅某到东莞工作，梅某拒绝。该公司以其旷工、严重违规为由解除其劳动合同。梅某认为公司违法解除其劳动合同关系，向广州市劳动人事争议仲裁委员会申请仲裁，要求公司支付其违法解除劳动合同赔偿金、业务提成奖金等。该仲裁委裁决支持了梅某的部分诉求。双方对裁决均不服，该公司到东莞市第一法院起诉，该院已经受理。梅某向广州市越秀区法院起诉，该院也已受理。但梅某先一天起诉。该公司向越秀区法院提出管辖权异议，申请将该案移送至东莞第一法院审理。该公司为什么提出管辖权异议？因为东莞市的职工社会平均工资远远低于广州，即使法院认定该公司违法解除合同需支付双倍赔偿金，因梅某的收入较高，其工资已超过广州和东莞职工社会平均工资的3倍，根据《劳动合同法》的规定，如果劳动者工资超过当地职工社会平均工资3倍的，只能按当地3倍计算。因广州职工社会平均工资高，如果该案在广州法院审理，广州法院只会按广州的职工社会平均工资计算。当然，如果该案在东莞法院审理，东莞法院就会按照东莞职工的社会平均工资计算。总之，两地法院受理后做出的判决结果差距较大，对公司方不利。因此，公司方提出管辖权异议。但根据先受理优先原则，梅某先起诉，广州越秀区法院依法有权管辖，这样对公司极不公平。

因为先受理的法院获得案件管辖权，那么当事人可以事先了解何地法规政策对自己有利，从而先选择对自己有利的法院起诉，仅仅因为一方先起诉可能出现对另一方不利的判决，这种规定肯定不公平。而且，如果双方同一天向不同法院起诉，怎么办？法律并无规定。因此还有实际问题不能解决。

四　解决路径

笔者认为，关于劳动争议管辖权的立法规定，应当回到“优先保护劳动者”的立法本意上来。笔者建议今后完善立法应当做好以下几方面。

（一）保留用人单位所在地或者劳动合同履行地法院均有权管辖原则

实践证明，该原则对双方当事人均有利，可以节省诉讼成本，兼顾双方利益，应当坚持和保留。

（二）增加“协议管辖优先”原则

协议管辖又称约定管辖，即有管辖权的法院由当事人自行约定。它是民事诉讼中确定管辖法院的重要方式，我国《民事诉讼法》及相关司法解释对协议管辖进行了专门的规定。我国《民事诉讼法》具体规定了五个与争议有实际联系的地点作为当事人可以约定的管辖地点，即被告和被告住所地、合同签订地和合同履行地以及标的物所在地。这五个地点中当事人只能协议选择一个地点所在地法院管辖。此外，根据法律规定，协议选择管辖法院的具备条件是：协议管辖限定在第一审法院，即不得协议约定第二审管辖法院；且选择协议管辖必须采用书面形式。除此之外，根据最高法院关于《民事诉讼法》的司法解释，《民事诉讼法》规定的书面形式，是指有书面协议约定管辖，包括协议中关于管辖的条款或者诉讼前协议达成管辖法院的选定。双方当事人必须在法律规定的范围内协议选择管辖，即不得违反民事诉讼法对级别管辖和专属管辖的规定，否则约定管辖条款不具有法律效力。

我国法律法规对劳动争议诉讼可否适用协议管辖并无规定，实践中意见不一。有的认为有效，有的认为无效，且各有各的理由。董补民《劳动争议中约定管辖条款的效力分析》一文认为应当认定有效的理由是：第一，民事纠纷包括劳动争议，既然民事纠纷可以约定管辖，劳动争议当事人也可以约定管辖法院；第二，劳动合同性质属于民事合同，《民事诉讼法》关于协议管辖的规定应当适用于劳动争议处理；第三，约定管辖是当事人对自己利益的处分且没有实际损害到某方利益；第四，《关于劳动争议案件管辖范围的复函》（劳部发〔1995〕209 号）明确了劳动合同可以约定管辖。其认为应当认定无效的理由包括以下几点。第一，从《民事诉讼法》约定管辖的立法目的和适用范围看，协议管辖的适用有两个基本前提：一是合同当事人地位平等，没有人身依附性和从属性，合同可以由双方自由约定；二是订立合同是为了获得财产增值。劳动争议诉讼不符合上述两个条件。第二，劳动合同与一般民事合同有不同特质。第三，法律、行政法规对劳动合同的签订应当进行强制干预。第四，劳动争议实行协议管辖在实践中尚不具备客观基础。目前的劳动合同大多是格式合同，劳动者是弱者，在签约过程中其无法与用人单位抗衡，即使协议约定管辖法院，也不一定是劳动者的真实意思表示。笔者认为，应当允许双方当事人对管辖法院通过协议做出约定，但要有限制，即当事人只能在法律规定的用人单位住所地法院或者劳动合同履行地法院中选择一个管辖法院。这充分体现当事人意思自治，也符合我国《民事诉讼法》的规定。

（三）增加“就高不就低”原则

目前的司法实践是，当事人哪方先立案，则先立案的法院取得管辖权。如果另一方在不同法院起诉，则另一方起诉管辖法院得知该案在其他有管辖权的法院已经先立案，一般会依当事人一方申请或依职权主动将案件移送至先立案的法院管辖，这符合我国《民事诉讼法》关于移送管辖的规定。该处理实际上贯穿了“先立案优先管辖”原则。

根据该司法实践的做法，当事人会先研究在何地法院立案对自己实体权益更有利，一旦确定后均会抢先到对自己有利的法院立案。这样做不仅因为移送管辖要浪费司法资源，也会因另一方提出管辖权异议而浪费当事人时间，有违劳动争议从速从快处理的原则。所以，协议管辖可以解决这些问题。但是，当事人如果对管辖法院有约定的，应当从约定。

其实，无论是协议管辖还是先立案优先管辖，只解决了管辖法院的问题，核心问题是如何保护劳动者的实体权利。笔者建议今后立法法律应当规定管辖法院的判案依据遵循就高不就低的保护原则，即在用人单位所在地或劳动合同履行地中，何地的法规政策对劳动者有利，法院就应当适用该地的法规政策判案，而不能像以前一样只适用管辖法院当地的法规政策，这样才能真正保护劳动者的权益。

B.27

我国非全日制劳动关系立法研究

谢德成*

摘　要：　我国非全日制劳动关系立法呈现劳动者权利保护非体系化、规制放松及以直接雇佣为目标等特点。立法导致全日制与非全日制劳动者权益严重扭曲，如单一的时间界定标准，无法适用非全日制灵活的用工特性；社会保险的非强制性设置，违反了宪法的平等对待原则；劳动合同的任意终止，使得劳动者工作权保护不足；也存在加班、带薪休假等无相应的基准适用等问题。

关键词：　非全日制　规制放松　任意终止

一　立法主要特点分析

2008年颁布的《劳动合同法》，首次以法律的形式对非全日制用工做了规定，主要内容表现在以下若干方面。第一，对非全日制用工的界定在时间上整体压缩，即在以小时为计算薪资时间标准的情势下，限定劳动者在某一用人单位的工作时间每日不超过4小时，每周累计不超过24小时。第二，对劳动合同的形式采取任意性规范，由双方决定。第三，非全日制劳动用工的工资计发周期不得长于15日。

同时，该法对非全日制用工的《劳动法》适用范围、试用期、劳动合

* 谢德成，西北政法大学经济法学院。

同终止、执行最低工资制度、社会保险等做了相应规定；另外，规定了劳动合同终止，用人单位不支付经济补偿。

我国非全日制劳动关系立法，呈现如下特点。

（一）依照非全日制用工在某些环节上的特殊性，确立了劳动者权利保护的非体系性特点

这些明确规定的权利包括劳动报酬权（包括最低工资保护、工资支付）、兼职权等。法律法规对社会保险权、职业安定权、休息休假权、职业培训权等做了另类规定或未规定。学界对非全日制的非典型性研究，也基本上是从每日平均工作时间少于全日制工作时间或少于法定工作时间来衡量的。其对非典型劳动的定义和概括也包含了时间这一因素：非标准劳动关系是与标准劳动关系相区别而存在的。“标准劳动关系，以劳动者仅与某一用人单位建立劳动关系，履行法定八小时劳动时间，服从用人单位指挥管理为典型特征。与之相配套地建立了基本社会保险和最低工资等劳动和社会保障制度。”“广义而言，非典型劳动关系囊括了劳务派遣、非全日制雇佣、农业雇佣、临时雇佣等几种用工形式。”郑津津教授认为传统的劳资关系具有三个典型特征：①雇佣关系存在于有指挥、管理权的雇主与负有服从义务的劳动者之间；②雇佣关系以全日制劳动为基础建立；③只要劳雇双方没有明确的结束劳动关系的合意，劳动关系将持续存在。“非典型性劳动用工时间较之全日制劳动用工时间为短，同时也是工时弹性化的典型形态之一。”非全日制用工的某些特殊性主要表现为工作时间上灵活、缩短的特点，法律由此规定了小时计酬和任意终止劳动合同制度，并对兼职、试用期做了相应规定。由于全日制劳动关系具有时间上的稳定性和雇佣地位的单一性，以及世界各发达国家对全日制立法技术的相对完备，全日制劳动者法定权利清晰而成体系化。但以调整全日制的方法规制灵活用工，必然存在对灵活性、补充性用工的功能对抗。非全日制用工在价值选择上的矛盾，反映到立法上，必然会有两种选择：第一种是依据该用工的非典型特点，针对合同的主给付义务，来设计主要权利义务，从而在形式上表现出简单、弹

性的特点；第二种是从劳动权本位出发，全面设计权利义务，从而在形式上表现出复杂、相对固定化特点。从目前立法检阅似采用前者。从非全日制用工的背景及现实看，我国立法似乎也不是重在深化非全日制劳动者权利保护，而是增强用工弹性，扩大就业。依此，法律表现出的权利保护非体系性特点就较易理解。

（二）从严界定非全日制用工，极大放松规制程度

所谓从严界定，是指《劳动合同法》第68条对非全日制的规定：以小时为计酬时间单位，并明确了每日工作时间不超过4小时，每周累计不超过24小时。相较于世界其他国家而言，我国法律对非全日制用工的时间界定标准是最严格的。英国、瑞典、澳大利亚等国家将非全日制用工的周工作时间限定为每周低于35小时，而挪威则规定每周不超过37小时。“美国劳工统计局将‘部分工时劳动’认定为‘每周工作时数少于35小时者’。”日本对非全日制界定在学理上和立法上采取不同标准，学理上又分为两种标准，其中之一种标准是以每周工作时间不满35小时为非全日制。中国台湾关于非全日制采用两种标准，一种主要是以工时比例来界定，另一种是兼采用工时数和工时比例的双重标准，如台湾行政主管部门主计处在《人力资源统计资料》中对非全日制的定义为：每周工作时间低于40小时，且同时低于该企业全日制工作时间的5/6的用工形式。单从压缩日和周工时数看，我国立法似乎以追求小规模发展非全日制用工为目的。法律法规在严格界定非全日制用工的同时，极大地减轻了用人单位对此类用工的成本，雇佣自由度极高，不受解雇保护条件限制；规定解除和终止劳动合同不支付经济补偿金；规定免除社会保险强制缴费义务；等等。这种立法思路与《劳动合同法》中的劳务派遣规范有许多相似之处，立法目的自相矛盾：既然以立法限制非全日制用工规模，则表明这种用工方式存在劳动关系不安定、劳动者权利受侵比例很高的可能性，即使有限度地放开用工，也应强调着重保护劳动者权利，但其在劳动者权利保护上正好相反。这种扭曲立法，使得全日制与非全日制劳动者待遇存在较大差别。

直接雇佣的劳动关系是非全日制用工的规制前提。作为一种临时性、短期性的弹性用工形态，非全日制用工并未适用于劳务派遣中。也就是说，劳务派遣单位不得以非全日制用工形式招用被派遣劳动者，即使存在这样一种可能：用工单位对被派遣劳动者实行非全日制，劳动者此时仍享有全日制劳动用工的工资支付请求权，若用工单位或派遣单位未向劳动者支付全日制劳动用工下的小时工资，则由派遣公司和用工单位连带承担劳动者由此带来的损失。这样立法的优点在于，避免了一种用工兼有两种非典型用工形态的现象，从而防止过度侵蚀劳动者权利。由于法律对使用非全日制用工制定了较低的基准，实践中，用工单位使用派遣劳动者从事非全日制劳动几乎是不存在的。

二　非全日制立法之研究

（一）非全日制用工的界定标准单一、刚性太强

从《劳动合同法》第 68 条的规定来看，虽然该条在表述上使用了 4 小时、24 小时两个时间，但由于在日工作时间上使用了“一般平均”，实质上“每周累计不超过 24 小时”成为衡量非全日制的唯一标准。其导致的不足有以下几点。第一，在每周不超过 24 小时的总和内，用人单位完全可以调配工作时间，可能形成一周 3 天工作的现象。这种用工虽然每周不足 5 天，但每日的工作时间与全日制劳动者甚至与标准工作时间制劳动者完全相同，劳动权保护悬殊。第二，非全日制用工被限定在每周 24 小时之内，超过 24 小时的用工，依照文义解释，应为全日制用工。因此，如此规定似乎不存在非全日制加班加点问题，而这与国际通行立法相悖。第三，由于对非全日制用工岗位性质和内容未加限制，在劳动密集型的简单劳动领域，用人单位完全可能采取将全日制劳动分拆为非全日制现象，尽管劳动者雇佣人数增加可能导致雇佣成本增加，但比起全日制用工成本来说，这几乎是微不足道的。

与我国相比，有些国际立法值得借鉴。ILO 对非全日制用工的界定为：

在可比的工作时数内非全日制用工较之全日制用工为少；法国界定为：非全日制的工作时间相比法定全日制的工作时间要少 1/5 以上；西班牙规定：非全日制用工是指每日工作的小时数之和或者每周工作的天数之和少于正常工作时间的 2/3；德国《非全日制和固定期限劳动合同法》的定义为：雇员的工作时间较同企业全日制用工劳动者的工作时数为短，即形成非全日制用工；欧盟对非全日制用工的界定具有更高的概括性且范围更广：只要少于法定的、集体合同或者惯例的工作时间，都被认定为是非全日制用工；日本 1993 年的《非全日制工劳动法》（也有译为《短时间劳动者法》）对非全日制用工的界定为：劳动者一周的劳动时间少于同一行业单位范围内全日制劳动者劳动用工时间的工作。许多发达国家立法即使采取了工时数界定，但一般以不满 35 小时为限，如英、美、瑞典、澳大利亚、挪威、日本（日本的统计资料），台湾行政主管部门主计处在《人力资源统计资料》中对非全日制的定义为：每周工作时间低于 40 小时，且同时低于该企业全日制工作时间的 5/6 的用工形式。据此来看，我国立法的指导思想是以较少的工作时间限制，来抑制非全日制用工规模。但这种抑制，只依一个具体的标准，未免简单化，绝不可能解决实践中诸多在工作时间上的特殊用工现象。

（二）社会保险非强制性分类处置，违反了社会保险平等对待原则

非全日制与全日制劳动合同在劳动者问题上之考量，不外乎三个方面：一是这两种用工的劳动者权利在哪些方面是完全相同的；二是哪些方面的权利应适用比例性原则解决；三是全日制劳动者哪些方面的权利是非全日制劳动者不享有的。此乃是对平等待遇原则三分法的思考。就目前世界各国理论界总体研究而言，有些问题已经达成共识，比如职业安全权、对女性劳动者不得性别歧视、社会权（社会保险权）、结社权等平等对待权内涵应完全相同；对加班时间程序、加班工资、带薪休假等应适用比例原则。但其对职业的安定程度保护（解雇条件、失业救助）、同酬问题、职业培训权等分歧较大。我国目前立法也或多或少对以上问题有所反映。

尽管《社会保险法》第 4 条规定，中华人民共和国境内的用人单位和

个人依法缴纳社会保险。但由于全日制用工和非全日制用工在社会保险制度上实行分类设置，实质上无论二者在缴费义务人、缴费比例以及待遇标准上都存在明显差别。从目前法律规定看，除工伤保险外，养老、医疗、失业保险并未采取强制性覆盖，特别是在养老、医疗两大险种上，非全日制劳动者是与无雇主的个体工商户以及其他灵活就业人员被纳入一个缴费体系，个人全部承担缴费义务。为什么要对非全日制劳动者社会保险分类设置？理由不外乎是这种用工具有非典型性：兼职劳动、劳动关系不稳定、流动速度过快、工资基数无从科学掌握、在非全日制最低工资的法定测算方法上对其做了倾斜性保护。但是，社会保险所具有的公法性质，表明这种权利并不是如私权利一样可以被任意处置。

所谓公法关系，其实是整体与其构成成员之间的关系，因而双方的利益是一致的。在这一个整体与个体之间，当整体（或个体）对个体（或整体）享有权利或者负有义务时，此时的权利也并非仅为权利者的利益而存在，与此同时，又为对方的利益而存在。一般来说，权利在公法和私法上有两点原则性的不同：其一，公法上的权利不能被抛弃，而私法上的权利则可以；其二，公法上的权利不能够被转移受让于他人，而私法上的权利则可以。特别应当指出的是，非全日制用工只是劳动关系的一种形态，并未脱离职业劳动关系的本质，尽管灵活性导致其“从属性”降低，这只能构成在强制社会保险之内的分类设置。

立法对非全日制的界定，并不排除每周连续工作 3 日的用工，对这种与用人单位全日制正式工作性质完全相同的劳动者，采取非强制的社会保险立法，存在制度性的歧视问题，并可能以制度造成非全日制劳动者和全日制劳动者之间的心理对立。再从现实用工情况看，长期以来形成的城乡二元分割体制，在就业领域存在较为严重的身份歧视，而大部分的非全日制劳动者则距离同工同酬原则目标更远，往往是从事同类性质同等工作量获得的报酬更低。这样，看似非全日制最低工资高于全日制，但现实往往是非全日制劳动者的实际工资紧贴着最低工资走，而全日制劳动者的最低工资往往只占职工平均工资的 40% 左右。立法则免除用人单位的缴费义务，完全由劳动者自己承担缴费。另外，由于采取了自愿缴费制度，部分甚至大部分的非全日制劳动者，往往选择了放弃，这为将来这部分劳动者退休养老的政府责任埋下了不确定因素。

台湾对劳动者的社会保险体例，并未采取以劳动关系形态划分强制或非强制社会保险，而是以“行业”“劳工”以及事业单位“雇佣人数”来划定。内政主管部门函指出：部分时间工作者，如其服务对象单位属于劳动基准法适用之行业，则系该法第二条第一款所称之劳工，应有享受该法退休有关规定之权利。

①凡雇主雇佣5名以上的雇员且从事非全日制用工，如果雇主轮派从事了定时制的工作，那么雇主就要依照劳工保险规定及其实施细则为雇员办理社会保险。②凡雇佣不足5人的雇员从事非全日制用工，如果雇主为其全日制用工的雇员申报了社会保险，那么雇主亦应当为所雇佣的从事非全日制用工的雇员办理社会保险。③部分工时人员之投保薪资，应以劳工保险投保薪资分级表之规定办理。中国台湾与日本规定相似。日本国劳动基准法规定，只要非全日制劳动者受雇佣的雇主属于劳动基准法适用的行业，则该劳动者就享有该法规定的与社会保险有关的权利。非全日制劳动者也被纳入强制适用保险与任意适用保险中。强制适用是针对那些雇佣5名以上雇员从事雇佣劳动的雇佣单位。任意适用是指：经常雇佣人数未满5人的个人企业，从业人员5人以上的服务性个人企业，以及农业、渔业的个人企业。欧盟《关于兼职工作的第97/81号指令》规定：“在劳动条件方面，兼职劳动者不能因为他们从事的兼职工作而与那些可比较的全职劳动者相比处于不利的待遇地位，除非有客观原因来证明这种待遇差异的合理性。”大多数欧盟成员国的社会保险是以职业劳动关系为基础的，实际上，它们对待非全日制劳动者与全日制劳动者一样，在社会保险上，均实行了平等对待原则。

（三）劳动合同终止采取任意性规范，劳动者工作权保障不足

我国对全日制劳动关系的法律规制受实务界特别是企业界批评较多，这些规定致力于维持一个安定的劳动市场秩序，对已就业的劳动者而言，工作

权保障较为充分。但相比而言，非全日制劳动者的工作权保障不足。涉及其工作权保障的主要规定有：劳动合同除书面形式外可采用口头形式，劳动合同一方当事人可以随时通知对方终止用工关系，雇主终止劳动合同不支付经济补偿。依这种立法，将社会法之工作权与民事法之被雇佣权完全等同，劳动者的基本权利得不到国家的保障。“劳动基准法定位于民法之特别法关系，其与民法雇佣之最大区别在于劳工工作权之保障上，《劳动基准法》明定非有法定事由者，雇主不得片面终止劳动契约关系，此规定不仅有助于保障以出卖劳动力取得工资收入以维持生活的劳工，而对于经济繁荣、社会安定更有重要意义。”特别是当出现用人单位采取暴力、胁迫等强迫劳动行为，违反《安全卫生法》冒险强行作业，长期拖欠工资，而劳动者被迫终止劳动合同时，这种规定更显对弱势劳动者不利。

依法律对非全日制的界定，并不限制订立无固定期限的劳动合同。虽然劳动者每周工作不超过24小时，但可能将长期持续地在同一用人单位工作。无论依据无固定期限所适用的继续性工作岗位原理，抑或依据《劳动合同法》对无固定期限劳动合同的强制性规定，都共同推理出，即使是非全日制用工，也应存在职业安定和解雇保护问题。法律允许劳动者兼职，并不是劳动合同被任意终止的主要理由：现实中劳动者在同一时间既任职于全日制职位又任职于非全日制职位的比例并不高，试图稳定一个职位而放宽一个职位保护的想法并无现实基础。何况，劳动者在同一时间受雇于一个用人单位从事非全日制劳动也未必是少数。由于解雇的任意制度，平等法上的歧视性终止劳动合同，也缺乏相应的规定：歧视性辞退对劳动者构成侵权，但不构成违法解雇。这样的矛盾结论也无法通过相关就业歧视规定进行法律救济。作为对劳动者做出贡献的补偿，衍生了经济补偿金制度，但此制度并不适用于从事非全日制工作的雇员。这样，作为解雇三大要素的解雇法定事由、解雇通知期、解雇补偿金，对非全日制劳动者均不适用。

非全日制的非典型性特征表现为工作时间上的短期性、职务行为上的兼职性、工作内容上的临时性或者辅助性，但并不必然导致法律上的完全雇佣自由，针对非全日制特点的法律上的规定才是合乎逻辑的。短期性表现了这种用工应以固定期限劳动合同为主，应适用固定期限劳动合同的解除制度；兼职性表现了劳动关系的多重性，应对社会保险缴费义务人、雇员忠诚义务、工作时间最长限度的禁止等方面进行规制；临时性或辅助性，表现了劳动合同的终止事由以及劳动报酬的衡量标准与继续性、主岗位的衡量标准存在差别。法律不仅未能依非全日制用工特点立法，反而创造出了对劳资双方都可能不利的终止劳动合同规定。日本法律对于非全日制用工有多种分类方法，其中一种将其分为正规全日制劳动用工与非正规全日制劳动用工。在日本，由于非全日制只是劳动关系的一种形态，其也应适用《劳动基准法》的规定。无论是固定期限非全日制还是无固定期限非全日制，雇主都有与劳动者订立书面劳动合同的义务。《非全日制工劳动法》还规定：用工单位负有与劳动者就工时、工资以及劳动条件等事项签订书面劳动合同的义务。由于现实中必然存在较长期限地使用非全日制工，以及可能地为了回避全日制用工高成本的风险，而将非全日制替代全日制的劳动用工，采用书面劳动合同形式，不仅有利于双方权利义务的明确，减少争议数量，而且有利于抑制用人单位滥用其优势地位，防止其不经劳动者同意随意变更劳动条件。至于劳动合同解除，依照无固定期限非全日制与固定期限非全日制之分类，日本现行立法对无固定期限非全日制劳动者的辞职，除了特别情况下的预告通知期限外，没有规定任何限制措施。对固定期限非全日制劳动者提出的辞职，法律规定无须任何理由，只有当该劳动者的辞职使雇主遭受损失时，其才承担有限的损害赔偿责任。雇主在行使解除权，即解雇时，应以《劳动基准法》及《非全日制工劳动法》行使权利。在具有固定期限的非全日制劳动合同中，用人单位不具有单方解除权，不能够解雇非全日制的雇员；而在无固定期限的非全日制劳动合同中，雇主解雇非全日制劳动者时必须有客观合理的理由，司法实践中引入了解雇权滥用法理。雇主对无固定期限非全日制劳动者，在行使解雇权时，必须提前30日预告，或者以“解雇预告津贴”代替，如果劳动者存在严重违规违纪的情形，则雇主免除提前通知义务。在经济补偿上，由于日本并不存在解雇补偿制度，因此，非全日制劳动者与全日制劳动者在经济补偿适用上是相同的。

（四）非全日制用工在劳动基准适用方面存在若干困境

《劳动法》颁布于 1994 年，适逢我国提出建立市场经济体制。立法对劳动关系发展的国际化趋势预见不足，对非典型用工几乎未形成观念上的认识。虽然我国以劳动合同构建了与计划体制时期完全不同的用工制度，但劳动合同所依据的劳动关系是全日制的、雇佣与使用统一的、从属性较强的典型劳动关系。集体劳动关系虽在立法上有所体现，但极其初步。按理，集体协商制度不健全，应在劳动基准（劳动条件）立法上规范程度高；但是比较简单的劳动基准，又是紧紧对应于典型劳动关系的规制，以至于非典型用工形态，如劳务派遣、非全日制用工大量出现以后，出现了无法可依的后果。《劳动合同法》虽首次以法的形式对非典型用工予以规范，但劳动基准由于法的分工而无法在该法中展开，由此导致了非全日制用工中所涉及的加班工资、休假制度、延长工作时限等无法可依的问题。比如在工作时间上 1995 年的《劳动法》规定了每天 8 小时的工作制，并且每周不能超过 44 小时；1995 年国务院《关于职工工作时间的规定》在明确了每天 8 小时工作制的同时，又具体严格规定了每周不超过 40 小时的工作制。另外，针对不同企业的生产情况和特点，按照国家规定可以实行其他的工时制度和休息办法。原劳动部《贯彻〈国务院关于职工工作时间的规定〉的实施办法》又对每周工作时间少于 40 小时的特殊情形进行了规定：应在完成生产工作任务的前提条件下由企业依法自主决定。另外，原劳动部对缩短工作时间的范围、不定时工作制、综合计算工作制都有明确的要求，特别是不定时工作制、综合计算工作时间制要经劳动行政部门的审批，方为有效。在延长工作时间上，是以 8 小时、40 小时为基准，并应经劳动者和工会协商，最长延长每日不超过 3 小时，但每月最长不超过 36 小时。缩短工作时间是“应在保证生产和完成工作任务”的前提下实行，也就是说，虽未达到每日 8 小时，每周不超过 40 小时，但都享受全额月工资。在与工作时间相对应的工资制度上，均实行月工资制，而不是以小时计酬。在公休日、探亲假、婚丧假的设计上，也是以全日制为基准的。2008 年实施的《职工带薪年休假条例》明确规定了连续工作 1 年以上的职工可享受带薪年休假。由于该条例是为了落实《劳动法》第 45 条的规定，因此，可以认为，目前的带薪年休假是针对全日制职工的。在工资支付上，1994 年原劳动部发布的《工资支付暂行规定》，对延长工作时间的报酬，分别规定了 150%、200%、300% 的加点加班工资。很显然，这样的加点加班工资支付，也是与当时的工作时间类型相适应的。

我国《宪法》规定了劳动者的休息权，国家发展劳动者休息休养的设施，建立完善职工的休息休假制度。由于工作时间的特殊性，非全日制立法在保护劳动者休息权方面，存在明显缺失。但从国际立法看，1994 年 ILO 通过《非全日制工作公约》，旨在实现非全日制劳动者享有与全日制劳动者相同的组织权利和集体谈判权利、做工人代表的权利；得到相同的职业安全和卫生的保护；同样免受就业和职业歧视。该公约规定不得以从事非全日制为由，降低有关工人计时、计件或业绩工资的水平；非全日制工人享有同一职业领域全日制工人所具有的社会保险；非全日制工人享有相同的生产保护、终止就业关系、带薪年休假和待遇等。欧盟《关于兼职工作的第 97/81 号指令》规定：在劳动条件方面，兼职劳动者不能因为他们从事兼职工作而与那些可比较的专职劳动者相比处于不利的待遇地位，除非有客观原因来证明这种待遇差异的合理性，如果可以，应适用按比例原则。德国的《非全日制和附期限法》第 4 条规定：“雇主对待非全日制雇员不能因为非全日制劳动而做出对其不利的对待，除非有特别理由证明区别对待是公正的。”依据日本法，非全日制劳动者的加班时间受到限定：以周加班为起始点，1 周内，加班的上限时间为 14 小时，2 周内 25 小时，4 周内 40 小时，1 个月内 42 小时，2 个月内 75 小时，3 个月内 110 小时，1 年内 320 小时；加班费因加班分为日内加班、休息日加班和夜间加班而计算有所不同。与我国全日制用工不同的是，日本将公休日加班与法定节假日加班纳入一个加班计付标准中。欧盟考虑的“适用比例原则”，以及日本将比例原则予以立法明订的方式，值得我们下一步立法借鉴。

（五）以规范用人单位直接雇佣外部劳动者为目标，对内部全日制与非全日制劳动合同之转换规定缺失

现有的非全日制立法，在劳动合同的形式、终止、社会保险、经济补偿等若干方面，均指向对外直接用工的单一规范。这样导致用人单位内部全日制用工在工作时间转化上僵化而无弹性。而假如在内部员工出现连续性或间断性地缩短工作时间至24小时以下时，即使对原工作时间的缩短是劳资双方协商的结果，也不能适用非全日制的规定，这对用人单位来说，存在成本过高而法律无弹性现象。所以下一步立法需要一种法律机制，在企业出现经营波动或季节性转换以及国家产业结构调整时，通过对全日制用工工作时间的改造，以劳动合同变更的形式（而不是像现在这样，先以法定解雇，再签订非全日制劳动合同），完成全日制向非全日制的转换。同样地，在改变用工时间类型而不改变岗位性质时，法律上应构建全日制用工与非全日制用工之间的转换机制，当非全日制用工具备了全日制用工的实质内涵时，即便其形式上保持非全日制用工的形态，亦应转换为全日制用工；反之亦然。但原本是全日制用工，在转换为非全日制用工之后，当其再次具备转换为全日制用工的本质条件后可否再次转换成全日制用工，也即“转回权”的问题，颇值得探究。在日本，《劳动基准法》规定了除以完成一定工作任务为合同期限以外但包括劳务派遣在内的固定期限劳动合同期限不得超过3年，违反以上期限的以及劳动合同到期后未终止继续履行的，自动转换为无固定期限劳动关系。这一规定也适用于非全日制劳动合同。2007年日本修改《非全日制用工劳动法》时，对雇主增加了多项义务，其中该法第12条规定：“为促使非全日制劳动者转变成全日制劳动者，雇主有义务对现在使用的非全日制劳动者告知招聘信息，优先给予考虑，并且采取积极措施促成他们转换成全日制劳动者。”德国法也规定了劳动者有将劳动合同由全时转换为非全时，或由非全时转换为全时的请求权。中国台湾《雇佣部分时间工作劳工参考手册》规定：对于全日制劳工，若基于职务调整需要改变其用工方式为非全日制时，应当明确告知劳工二者之间的权利差异并取得其书面同意。这些立法都有值得我们借鉴之处。

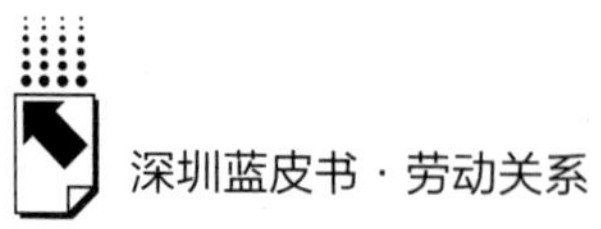

参考文献

董保华：《论非标准劳动关系》，载《中国法学会社会法学研究会2007年年会论文集》，2007。

冯彦君：《非典型劳动关系中的报酬权利及其实现保障——对我国〈劳动合同法〉相关规定之解析》，载《中国法学会社会法学研究会2007年年会论文集》，2007。

古桢彦：《从劳资关系到职场关系：澳大利亚非典型雇佣之发展》，载《中国法学会社会法学研究会2007年年会论文集》，2007。

黄程贯：《劳动法》，新学林出版股份有限公司，2009。

〔日〕下井隆史：《劳动基准法》（第三版），东京都：有斐阁，2001。

郭玲惠：《部分工时法制之研究》，载《两岸劳动法学学术暨实务界交流——劳动者之个别保障与集体形成论文集》，2006。

谢棋楠：《美加非典型劳动关系之研究》，载冯彦君《和谐社会建设与社会法保障》，中国劳动社会保障出版社，2008。

〔德〕W. 杜瓦茨：《劳动法》，张国文译，法律出版社，2005。

〔日〕美浓部达吉：《公法与私法》，中国政法大学出版社，2003。

〔日〕菅野和夫、江头宪治郎、小早川光郎、西田典之等编《ポケット六法》，东京都：有斐阁，2007。

〔日〕宫本督、深井麻里、内田正夫：《アルバイト雇佣の相談》，东京都：弘文堂，2001。

邱俊彦：《工作时间》，载台湾劳动法学会编《劳动基准法释义——施行二十年之回顾与展望》，新学林出版股份有限公司，2010。

〔日〕佐藤博树：《非典型的劳动形态》，《日本劳动研究杂志》1998年。

〔英〕凯瑟琳·巴纳德：《欧盟劳动法》，付欣译，中国法制出版社，2005。

〔日〕菅野和夫：《劳动法》（第6版），东京都：弘文堂，2003。

〔日〕荒木尚志：《日本劳动法》，李坤刚、牛志奎译，北京大学出版社，2010。

张晋芬：《劳动社会学》，政大出版社，2011。

B.28

浅谈深圳香港两地欠薪保障制度的异同

侯玲玲　赖粤文　杨 蓥*

摘 要：香港与深圳均建立欠薪保障基金制度，通过欠薪保障的社会共济，有效地缓解劳资矛盾。因深港的实际情况有差异，所以深港两地的欠薪保障制度存在一些不同。香港欠薪保障制度设计和实际发挥的功效值得研究学习，对深圳进一步提高欠薪保障制度的建设水平有相当大的借鉴意义。

关键词：欠薪保障制度　深港两地　异同分析

市场经济较为发达的国家和地区，均通过建立欠薪保障基金制度，解决特定条件下企业拖欠工资的问题。1985 年，深圳的邻居——香港颁布《破产欠薪保障条例》，形成了比较成熟的做法。香港通过建立欠薪保障基金制度，实现欠薪保障的社会共济，有效解决了企业破产造成的拖欠工资问题。1996 年 10 月，深圳率先在全国出台了工资保障法规——《深圳经济特区企业欠薪保障条例》，正式建立欠薪保障制度。深圳欠薪保障制度有其独有的特点和亮点，在缓解本市劳资矛盾，维护社会的稳定方面发挥了积极的作用。因深港两地实际情况有差异，所以两地的欠薪保障制度存在一些不同之处。香港成熟的欠薪保障制度设计和在实际处理中发挥的功效值得深圳进一步研究和借鉴。认真比较学习香港在处理欠薪保障工作方面一些好的成功做法，对于深圳进一步提高欠薪保障制度的建设水平有相当大的借鉴意义。

* 侯玲玲、杨蓥，深圳大学法学院；赖粤文，深圳市人力资源和社会保障局。

一 深圳市欠薪保障制度的前世今生

深圳市场经济发育较早，竞争非常激烈。企业因经营困难出现倒闭、破产等而拖欠员工工资，或企业经营者欠薪后隐匿逃逸的现象时有发生。员工权益仅靠行政手段和司法手段难以及时得到解决，往往容易产生上街堵路、围攻政府等过激维权行为。1994 年，深圳市用人单位共拖欠员工工资 830 万元（不含因暂时无支付能力造成的欠薪），引发的劳资纠纷达 70 多宗。

香港为有效解决由企业破产或者其他原因造成的拖欠工资问题，缓解劳资矛盾，维护社会稳定，1985 年颁布《破产欠薪保障条例》确定破产欠薪保障制度，实现欠薪保障的社会共济。经过十年运行，该制度已经较为成熟，发挥了积极作用。深圳市借鉴香港破产欠薪保障制度，将《深圳经济特区企业欠薪保障条例》列入市政府和市人大 1995 年的立法计划。1995 年，市劳动局形成《深圳经济特区企业欠薪保障条例（草拟稿）》，经市法制局审核后，报市政府审定。1996 年 8 月，市政府草拟了《深圳经济特区企业欠薪保障条例（草案）》送市人大审议。1996 年 10 月，全国第一部地方性工资保障法规——《深圳经济特区企业欠薪保障条例》经深圳市第二届人大常委会第十一次会议审议通过，1997 年 1 月 1 日正式实施。2008 年 4 月，深圳市人大修订了《深圳经济特区欠薪保障条例》（以下简称《条例》），并自 2008 年 6 月 1 日起正式施行。

《条例》由总则、欠薪保障机构、欠薪保障基金、欠薪的垫付、垫付欠薪的追偿、罚则、附则七个部分组成，共 31 条。依照《条例》的规定，深圳市建立欠薪保障制度，依法设立欠薪保障基金。基金主要来源于企业每年缴纳一定数额的欠薪保障费。且具备法院依法受理破产申请、法定代表人或者主要负责人隐匿或逃逸情形之一的欠薪单位，由区人力资源部门依法使用欠薪保障基金向员工垫付部分工资，然后代员工继续向欠薪单位追偿已垫付的欠薪。

为完善欠薪保障制度，增强《条例》部分条款的可操作性，2013 年，深圳市启动《深圳经济特区欠薪保障条例实施细则》的草拟工作。2014 年 8 月 14 日，《实施细则》经市政府五届一百一十四次常务会议审议通过，2014 年 8 月 28 日发布，2014 年 10 月 1 日起实施。作为《条例》的配套文件，新颁布的《实施细则》在加强劳动者权利保护方面有以下亮点：①进一步细化欠薪隐匿或者逃逸的认定范围；②进一步细化规范《条例》的覆盖范围；③进一步明确了欠薪垫付申请受理管辖权限；④增加集体欠薪垫付申请的处理规定；⑤进一步明确欠薪月数的计算方式。

《条例》出台，不仅有利于保障企业经营困难导致不能支付工资时员工获得劳动报酬权，维护社会稳定，符合国际惯例，同时，在全国工资保障立法方面先行一步，为全国未来工资立法提供借鉴。从 2008 年到 2015 年，深圳运用欠薪保障基金垫付逃逸隐匿企业欠薪案件 603 宗，涉及员工 5.5 万人，垫付金额 2.33 亿元，有效地维护了员工合法权益和社会稳定。

二　深圳与香港欠薪保障制度的差异

深圳借鉴香港，通过经济特区立法权建立了欠薪保障制度，率先在全国以地方立法形式实施欠薪保障制度。深圳欠薪保障制度是以香港欠薪保障制度为蓝本建立起来的，两者存在诸多相同之处，尤其是立法目的和制度本质，即都是将社会互济机制运用在欠薪保障制度上，以解决企业因经营困难而无力偿付工资时劳动者工资权的保障问题，维护社会稳定。深圳欠薪保障制度也有其独有的特点和亮点，因两地实际情况不同，两地制度存在一些差异。

（一）深港两地对欠薪行为处罚力度不同

香港对雇主欠薪行为处罚力度相对较大，以达到避免欠薪事件恶化而需要向破产欠薪保障基金申请特惠款项的目的。根据香港《雇佣条例》的相关规定，雇主应该在工资期最后一天完结时即立即支付所有工资给雇员，在任何情况下不得迟于工资期届满后 7 天。雇主如果未能依时支付工资，就应该将欠薪支付利息给雇员。雇主如故意及无合理辩解而不依时支付工资给雇员，可被检控，一经定罪，最高可被判罚款35万元港币及监禁3年。雇主如故意及无合理辩解而不支付欠薪的利息给雇员，可被检控，一经定罪，最高可被判罚款1万元港币。2013年度，劳工处录得违例欠薪被定罪的传票479张，当中涉及公司董事及负责人被定罪的传票174张。由于香港对欠薪行为打击力度较大，处罚很严，加上香港很小，雇主极少无故拖欠雇员工资，所以破产欠薪保障基金条例规定可垫支特惠款项标准较高。

深圳对欠薪行为处罚力度相对较轻。根据《劳动法》规定，对克扣或者无故拖欠劳动者工资的用人单位，人力资源部门应责令其支付劳动者的工资报酬、经济补偿。对于以转移财产、逃匿等方法逃避支付劳动者的劳动报酬或者有能力支付而不支付劳动者的劳动报酬，数额较大，经政府有关部门责令支付仍不支付的，可根据《刑法》第二百七十六条之一相关规定依法处理，有可能被处三年以下有期徒刑或者拘役，并处或者单处罚金。深圳依据国家相关法律处罚欠薪行为。以前国家对欠薪行为只是要求责令整改并支付赔偿金，直到2011年，为解决全国性的农民工欠薪问题，全国人大对拒不支付劳动报酬罪予以追究刑事责任，但拒不支付劳动报酬罪的入罪条件相对较高，企业欠薪违法成本过低，没有很好地起到打击欠薪的效果。因此，《深圳经济特区欠薪保障条例》可申请垫付的款项标准比较低。

（二）深港两地欠薪保障基金垫付的条件不同

香港破产欠薪保障基金的垫付条件比较单一，只要是雇主拖欠雇员工资，并且已经有人向雇主提出破产或者清盘呈请，即可予以垫支特惠款项。

深圳欠薪保障基金的垫付条件相对较为宽松，当用人单位发生欠薪行为，且具备法院依法受理破产申请或者法定代表人（主要负责人）隐匿或者逃逸两种情形之一的，均可使用欠薪保障基金予以垫付欠薪。

因深港两地的破产法律法规差异及其他相关原因，香港雇主破产或者清盘屡见不鲜，雇主破产或者清盘的，破产欠薪保障基金相关垫支程序即可启动，雇员的权利得以保障。多年来，深圳具备法院依法受理欠薪单位破产情形的欠薪保障基金案件很少，用人单位欠薪后法定代表人（或者主要负责人）隐匿或者逃匿启动欠薪保障基金垫付案件很多，占绝大多数。

近年来，随着深圳市对拒不支付劳动报酬罪违法行为打击力度加大，用人单位法定代表人（或者主要负责人）采取以委托代理人方式出面应付员工和政府部门，“逃而不匿”。为保障员工的合法权益，2014 年深圳进一步细化隐匿或者逃逸认定标准，将“用人单位委托的代理人在通知规定的时间、地点接受调查，但在 3 日内无法就支付欠薪达成协议的，经区人力资源行政部门再次通知后，用人单位法定代表人或者主要负责人仍未在指定的时间、地点接受调查”的情形，视为欠薪隐匿或逃逸。

（三）深港两地欠薪保障基金覆盖面不同

香港破产欠薪保障基金保障雇主破产及清盘时被欠薪雇员的权利。香港的雇主可以是个人独资经营企业、有限及无限责任合伙企业、无限公司及有限公司。

深圳欠薪保障基金保障用人单位破产或者法定代表人（主要负责人）隐匿或者逃逸时被拖欠工资员工的权利。深圳的用人单位包含企业、其他经济组织、民办非企业单位等组织，但不含个体户。

（四）深港两地欠薪保障基金申请条件不同

香港申请特惠款项的门槛比较低，雇员如果发现雇主无力偿还债务时，即可向劳工处劳动关系科寻求协助。劳动关系科收到投诉后，将开展两项工作：一是会帮助雇员向法律援助署申请法律援助，并且入禀法庭做出呈请，要求对雇主发出清盘令或者破产令；二是引导雇员到劳工处的薪酬管理科，就欠薪、未放年假薪酬、未放法定假日薪酬、代通知金和遣散费，申请破产欠薪保障基金特惠款项。

深圳的申请欠薪垫付的条件相对高一些，当用人单位发生欠薪行为，且具备法院依法受理破产申请或者法定代表人（主要负责人）隐匿或者逃逸两种情形之一的，员工才可以向区人力资源部门申请欠薪垫付。

香港在雇主尚未破产或清盘时，雇员只要发现雇主有无力偿还债务的迹象，即可申请特惠款项，申请条件比较低。但因特惠款项的垫付条件为有人向雇主提出破产或者清盘呈请，为此特惠款项发放时限往往比较长。而深圳虽然申请欠薪垫付条件相对高一些，但因为申请条件与垫付条件非常接近，所以垫付效率较高，在 10 个工作日即可做出垫付决定，然后即可发放欠薪垫付款。香港劳工处接到投诉后的内部完善服务流程和明确分工值得深圳学习。

（五）深港两地欠薪保障基金增值保值规定不同

香港的破产欠薪保障基金的款项，如不是即时所需的，可存入银行的定期存款账户、通知存款账户或储蓄账户，或者经财政司批准后，投资于香港破产欠薪保障基金委员会认可的其他投资项目中。

深圳的欠薪保障基金除用于垫付欠薪外，只能存入银行账户，不得用于其他任何用途。

（六）深港两地欠薪保障基金追偿优先权不同

香港被欠薪的雇员较其他债权人，可优先从已清盘或者破产的雇主的资产中取得以下款项：工资（上限为 8000 元港币）、代通知金（不超过 1 个月工资或者 2000 元港币，两者中较少者为准）、所有累计的假日薪酬、遣散费（上限 8000 元港币）。获得上述优先权之外的被拖欠款项的债权人，将被视为普通债权人。申请人收到特惠款项后，享受款项的偿还权利将被自动转让给破产欠薪保障基金委员会。因被欠薪雇员可优先获取的款项有限，实践中一般少于已垫支的特惠款项，所以特惠款项的追偿难度较大。

根据《深圳经济特区欠薪保障条例》规定，欠薪保障基金垫付的欠薪，会被作为用人单位所欠职工的工资，按照《中华人民共和国企业破产法》的规定受偿。根据《中华人民共和国企业破产法》的规定，破产财产在优先清偿破产费用和共益债务后，员工欠薪可优先予以清偿。与香港相比，深圳欠薪保障基金追偿难度相对较小。

（七）深港两地对骗取欠薪保障基金追偿处罚力度不同

香港对骗取欠薪保障基金行为处罚力度较大。根据《破产欠薪保障条例》规定，申请人如果申报虚假的资料，即属违法，最高有可能被判罚款50000元港币及入狱3个月。

深圳对骗取欠薪保障基金行为处罚力度较小。根据《深圳经济特区欠薪保障条例》的相关规定，申请者如果故意提供虚假资料，由区人力资源部门责令其退还所骗取的金额，同时其将被处以骗取金额三倍的罚款；如果还涉嫌犯罪的，将被移送至司法机关依法追究刑事责任。

三　完善深圳欠薪保障制度的若干建议

香港在处理欠薪保障工作方面一些好的做法，对于深圳做好欠薪保障工作有相当大的借鉴意义。结合深圳市欠薪保障制度中存在的问题，提出如下若干完善建议。

（一）加强研究个体工商户纳入欠薪保障范围问题

欠薪保障的覆盖范围有三种选择：①包括企业、个体户、民办非企业单位、国家机关、事业单位和社会团体等全部用人单位；②只适用于企业；③包括企业和民办非企业单位等组织。深圳是第③种选择，上海是第②种选择。工资支付责任与工伤赔偿责任一样都是用人单位单方雇主责任，理论上，欠薪保障基金的覆盖范围应与工伤保险的覆盖范围一致。然而我国工伤保险覆盖范围非常广泛，除了国家机关外，几乎全部的用人单位都被覆盖在内，包括公法上的用人单位和非公法上的用人单位。公法上的用人单位，如国家机关、财政拨款的事业单位和社会团体，因有国家财政保障，不存在破产或倒闭之危险，不应被纳入欠薪保障基金的覆盖范围。如德国公法上的雇主无须缴纳破产欠薪基金的费用，理由是此类雇主有国家保障，不存在破产之风险。

对于没有国家保障需要独立承担市场风险的用人单位，有可能因经营不善而破产，所以理论上应将其全部纳入欠薪保障基金覆盖范围，如企业、个体户、民办非企业单位等组织。比较深圳和上海的覆盖范围，深圳明显覆盖范围要广。即使如此，深圳市也未将个体户纳入覆盖范围之内，并明确将个体户排除在覆盖范围之外，个体户不属于欠薪垫付的受理范围。其原因是，深圳市个体户普遍存在用工量偏小、雇佣人员多为亲属关系现象。为减少个体户负担，故未将个体户纳入欠薪保障征收范围。

然而，深圳市部分个体工商户用工人数已经比较多，有些个体户在扩大经营之后，用工量不断增加（甚至超过100人），但依旧是个体工商户。在其经营出现困难、不能支付工资时，涉及人数多，社会风险亦大。在实践中，个体户欠薪案件也时有发生。为此，有必要加强调研，搞清楚深圳市个体户的数量、用工量、社保立户缴交社保的数量，研究将个体户纳入欠薪保障范畴的可行性，为今后深圳市欠薪保障条例修订做好准备。

（二）研究探索逐步放宽申请欠薪垫付条件

国外（地区）欠薪保障制度申请垫付条件主要为企业破产倒闭存在拖欠工资情形。在破产之外，日本、韩国、我国台湾地区将企业经营严重困难、歇业等存在拖欠工资情形作为申请欠薪垫付的条件。为防止企业恶意欠薪违法行为的泛滥，深圳欠薪保障制度将法院依法受理欠薪单位破产申请或者欠薪单位法定代表人（主要负责人）隐匿或者逃逸作为申请欠薪垫付条件。

我国《企业破产法》仅赋予企业法人破产能力，非法人企业没有破产能力。此外，我国很多私营企业法人存在这样或那样的瑕疵，也可能被认定为无破产资格，例如虚设股东、出资不足或抽逃资本、财务制度不规范、股东财产与企业财产混同等。近年来，深圳市不断加大对欠薪逃匿违法行为的打击力度，用人单位负责人恶意欠薪逃匿现象有所减少。随着打击恶意欠薪犯罪工作的深入开展，今后深圳市转移资产逃避支付工资和有能力支付工资而拒不支付两种恶意欠薪行为有望得到有效遏制。在此基础上，深圳市探索研究逐步适度地拓宽欠薪垫付申请条件，结合本市实际情况，在能力承受范围之内，论证将部分用人单位确因经营严重困难拖欠工资情形纳入申请垫付欠薪范畴。

（三）探索完善欠薪垫付的申请人资格

深圳对欠薪垫付的申请人资格进行了限制，以下人员不能申请欠薪垫付：①欠薪单位的法定代表人或者主要负责人；②前项人员的近亲属；③欠薪单位的股东；④高工资收入者（平均工资超过上年度本市职工月平均工资三倍的人员）。

对以上申请人进行资格限制虽然有其合理性，但仍有缺陷。如欠薪单位的法定代表人或者主要负责人的近亲属包括其兄弟姐妹，如果他们已经分开独立生活，这些兄弟姐妹是依靠工资生活的劳动者，将其排除在申请人之外，有不妥之处；再如，通过股份比例或数额以及高收入劳动者的条件来限制劳动者对工资债权保障之主张也未必合理。当欠薪单位亏损时，股份对劳动者生活毫无保障，即使劳动者在欠薪前有高于社会平均工资三倍的工资收入，也可能因为供房或其他大笔必需支出而陷入生活困难。

欠薪垫付作为工资债权的一种特殊担保机制，源于工资所承载的生存功能之保障，防止用人单位因无力支付工资危及劳动者及其家庭之生存引发社会风险。建议探索研究适当放宽申请者资格限制，论证除欠薪单位的法定代表人或者主要负责人外，其他劳动者（高收入者和股东）能否具有申请欠薪垫付的资格。

（四）加强打击“不逃不匿”欠薪案件的制度建设

目前，深圳市越来越多的欠薪单位采取“不逃不匿”方式逃避法律责任。人力资源和社会保障部门通过员工、供货商笔录等获得欠薪企业账号线索，但银行依规定不能向人力资源和社会保障部门提供相应证据。人力资源和社会保障部门不能取得涉嫌拒不支付劳动报酬企业“转移财产或者具备支付能力”的关键证据，此类案件被移交公安机关，公安机关难以立案，导致难以及时通过司法手段追究行为人责任。为此，建议加强制度建设，对人力资源部门发出《限期整改指令书》的、欠薪数额较大的“不逃不匿”企业，公安部门提前介入、统一办案标准，加大立案侦查力度，主动调查企业财产状况，固化证据；对符合刑法第276条规定的，依法追究当事人刑事责任。

（五）加强破产程序适用与欠薪保障制度的衔接

目前，法院受理破产申请存在门槛高、批准难的问题。为此，资不抵债、无支付员工工资能力用人单位因没有破产，导致欠薪保障程序难以启动。建议由市政法委牵头，对资不抵债、无支付员工工资能力用人单位的破产申请，法院降低申请门槛，加快受理速度，让破产企业被欠薪的员工可依据《深圳经济特区欠薪保障条例》申请欠薪垫付，提高欠薪保障基金的使用率。

（六）加强对欠薪保障基金保值增值的研究

近年来，深圳市加大欠薪保障费的征收力度和对恶意欠薪案件的打击力度，基金出现一定规模的盈余。对于如何让欠薪保障基金保值增值，应加强调研，研究欠薪保障基金通过科学合理的投资方式，实现保值增值。

B.29

2015年深圳市异地务工人员服务管理工作成效与展望

姜 斌*

摘 要：广大来深建设者为深圳社会经济建设做出了巨大贡献，做好异地务工人员就业服务工作事关深圳社会经济发展大局，事关“和谐深圳、效益深圳”的长远建设。深圳经济特区成立以来，特别是2006年以来，从建机制、出政策、抓管理、促服务等多方面入手，努力改善异地务工人员就业条件，优化人力资源配置，加强安全卫生保护，加大职业技能培训，创新社会保障制度，实现异地务工人员在深充分、稳定和体面就业，取得了瞩目的成就。

关键词：异地务工管理 成效显著 工作展望

一 2015年异地务工服务管理工作成效显著

异地务工人员是深圳经济社会发展的重要力量，他们为深圳经济社会的快速发展做出了巨大贡献。异地务工人员问题事关深圳经济社会发展的全局。深圳市委、市政府高度重视异地务工人员管理和服务工作，不断推进户籍制度改革，放宽户籍准入条件，吸纳异地务工人员落户深圳；通过大力推

* 姜斌，深圳市人力资源与社会保障局。

进基本公共服务均等化，提升非户籍常住人口的公共服务水平。自2006年起，深圳市建立了市、区、街道到社区的四级服务组织架构，近十年来，从建机制、出政策、抓管理、促服务等多个方面入手，努力改善异地务工人员就业条件，优化人力资源配置，加强安全卫生保护，加大职业技能培训，创新社会保障制度，实现深圳市异地务工人员在深充分、稳定、体面就业。

（一）多措并举，实现异地务工人员稳定体面就业

一是努力推进异地务工人员基本公共服务均等化。国家基本公共服务体系“十二五”规划确定的80个项目中，属于深圳地方事权的有65项，目前深圳已全面实施，且绝大多数项目已提前达到了2015年国家标准；在国家规划的65项之外，深圳还自行实施了9项，基本公共服务保障水平位居国内前列。目前，深圳常住非户籍人口在就业、社保、教育、医疗、计生、公共文化诸多方面已基本获得户籍居民同等待遇。二是坚持把异地务工人员稳定、体面就业工作作为一项长期战略任务抓好。为推进劳动力转移就业，确保异地来深务工人员在深圳充分、稳定就业，深圳从制定积极就业政策入手，出台《促进产业有序转移行动方案（试行）》，重点抓好河源、汕尾、梅州、阳江、茂名等粤东西北区域和泛珠三角区域富余农村劳动力转移深圳就业工作；如期完成2010年提出的“在未来五年，深圳每年转移本省农村劳动力8万人以上”的目标任务。三是组织开展“春风行动”和“南粤春暖”行动。2015年，市、区两级人力资源部门为来深就业异地务工人员举办免费招聘会1000余场次（其中“春风行动”期间举办640余场次），进场招聘企业累计11万多家次，提供就业岗位近190万个，进场求职人数160多万人次，达成就业意向60余万人次；同时，依托公共服务平台积极为异地务工人员提供政策咨询、就业信息、就业指导和职业介绍等免费就业服务，有效引导异地务工人员来深就业，实现公共就业服务公益化。四是加强泛珠三角区域人才交流和校企合作。2015年，市、区两级公共就业服务机构就先后在广西、江西、云南、湖南、湖北、四川等省的技能技术培训机构和大中专院校举办较为大型的校企合作交流会和校园专场“双选会”16

场次（其中市一级公共服务机构组织 7 场次），提供适应大中专院校毕业生人才就业岗位 16.5 万个，达成就业意向 3000 余人，并与人才交流合作地培训机构、院校签订 80 余份《人才订单培训定向输出合作协议书》，有效推进了泛珠三角区域人才有序合理流动，进一步缓解了深圳市企业用工和人才储备的需求。

（二）培训技能，提升异地务工人员综合能力素质

深圳市已形成政府统筹指导、企业为主体、公共实训为骨干、技工院校为依托、民办培训为补充的异地务工人员培训格局。一是实行政府补贴的技能培训政策。自 2007 年以来，深圳市相继出台了多项异地务工人员培训鉴定补贴政策。在深圳就业的异地务工人员，每提升一级职业技能等级，可享受一次技能晋升培训补贴（每年只享受一次）。二是发挥专项资金导向效用。对异地务工人员培训给予补贴，实现“花小钱办大事”，起到“四两拨千斤”的效能，极大地推动异地务工人员技能培训工作，促进广大企业积极培训员工，建设和谐企业。三是促进培训工作向纵深发展。在财政补贴资金引导作用和放大作用的推动下，员工个人、企业以及培训机构开展培训的积极性得到提高，尤其是异地务工人员参加培训提升技能的意愿得到极大加强。四是让广大异地务工人员分享改革成果。通过培训补贴，调动了广大员工不断学习知识、钻研技术的积极性，切实促进技能水平的提升，促进异地务工人员稳定就业。培训补贴直接发放到异地务工人员个人，虽然只有几百元至一千多元，但意义非同凡响，让他们直接分享了改革开放的成果，体会到党和政府的关爱。

（三）保障权益，合力构建和谐劳动关系

1. 加强劳动用工监察

（1）加大执法力度，维护劳动者合法权益和社会稳定。

一是积极落实两网化管理，将 32 万多家用人单位信息纳入管理，强化日常巡查工作，及时处理投诉举报案件和劳资纠纷群体性事件，在全市范围

内组织开展了用人单位工资发放情况大检查、清理整顿人力资源市场秩序专项行动、用人单位遵守劳动用工和社会保险法律法规情况专项检查等执法检查，切实维护劳动者合法权益和社会稳定。2015 年 1～10 月份，全市各级劳动监察机构共检查用人单位 24768 家次，涉及劳动者 305.86 万人，接受处理各类投诉举报 1642 件，办结各类劳动违法案件 1387 件。

二是建立劳资纠纷处置新机制，开展分类处置工作。首先，出台分类处置劳资纠纷的有关工作意见。《深圳市人民政府办公厅关于加强劳资纠纷分类处置工作的意见》（深府办函〔2014〕78 号）自颁布实施以来，对劳资纠纷的分类方法、部门分工、相关数据统计与信息报送等进行了明确和规范，建立了全市劳资纠纷处置新机制。其次，完善工作制度，进一步规范劳资纠纷处置工作。根据深府办函〔2014〕78 号文，制定完善了相关工作制度，包括《处置一般性劳资纠纷工作指引》《处置劳资纠纷群体性事件工作指引》《劳资纠纷群体性事件信息发布工作指引》《三十人以上劳资纠纷信息报送及统计分析工作指引》，进一步促进劳资纠纷处置工作规范化、制度化。

（2）建立打击拒不支付劳动报酬犯罪行为的协调联动机制，形成工作合力。

一是加强部门执法协作，加大对欠薪违法案件的查处力度。深圳市人力资源保障部门继续与公安机关保持常态化的执法协作，形成打击拒不支付劳动报酬犯罪行为的工作合力，进一步加大对欠薪案件的查处力度。二是建立联合打击拒不支付劳动报酬犯罪行为联席会议。市委政法委《关于建立联合打击拒不支付劳动报酬犯罪行为联席会议的通知》印发后，深圳市即建立了由市委维稳办、市委宣传部、市中级人民法院、市人民检察院、市公安局、市人力资源保障局、市规划国土委、市住建局、市水利局、市金融办十部门组成的联席会议，强化部门分工协作，形成打击拒不支付劳动报酬犯罪行为的工作合力。

2. 依法仲裁劳动争议

2015 年 1～11 月份，全市各级劳动争议仲裁机构共立案 28838 件，涉及67504人，其中涉及异地务工人员案件15497件，涉及37181人，分别约占立案总量的54%和55%，同比分别增长13%和38%。其中“两节”期间共立案拖欠异地务工人员工资争议2871件，审结2851件，涉及金额2303.21万元。主要做法有以下几点。一是加强法律宣传，积极引导劳动关系的和谐发展。在受理与调解阶段，加强对劳动者法律法规的解释，引导他们合理表达诉求。对符合条件的人员，积极指引其通过法律援助获得及时有效的帮助。二是坚持调解先行，充分发挥其速度快、效果好的优势。随着案件对抗程度、复杂程度的不断增加，始终坚持调解为先的工作理念，细心、耐心地进行解释，缓和劳资双方的对立情绪，全力化解纠纷，力求取得双赢的最佳效果。三是秉持快速处理原则，为劳动者快速维权。贯彻落实《关于印发〈推进劳动争议调解和劳资纠纷化解工作的方案〉的通知》（深政〔2014〕30号）与《深圳市人力资源和社会保障局关于切实做好全市劳动人事争议仲裁积案清理工作的通知》精神，严格按照法定审限要求办案，依法高效稳妥处理异地务工人员劳动争议。四是加强信息统计，做好信息上报工作。根据部、省文件要求，积极做好异地务工人员案件的信息收集和上报工作，尤其在春节前后加强对异地务工人员案件受理、办理情况的统计和督办，为进一步做好异地务工人员案件调解仲裁工作提供决策依据。

3. 提升劳动合同签订率

一是不断提高企业劳动合同签订率。严格按照国家人力资源和社会保障部、省人力资源和社会保障厅部署，以建筑业、住宿餐饮业、制造业企业为重点单位，以异地务工人员为重点群体，督促用人单位依法及时与异地务工人员签订劳动合同。截至2015年6月底，深圳市企业劳动合同签订率为93.6%。二是大力推行集体合同。会同总工会、企业联合会、工商业联合会、外商投资企业协会，加大政策法规宣传力度，让企业和工会了解签订集体合同的意义及重要作用，在中小企业集中的区域、行业大力推行区域性、行业性集体协商制度，使集体合同制度基本覆盖各类企业和员工。

4. 调整最低工资标准

一是确保低收入职工工资水平随经济发展而提高，让劳动者分享经济发展的成果。经市政府同意，自2011年以来，深圳市逐年稳步提高最低工资标准，全日制就业劳动者月最低工资标准从1100元提高到2015年的2030元；非全日制就业劳动者小时最低工资标准从9.8元/小时提高到2015年的18.5元/小时。调整后深圳市的最低工资标准在全国保持较高水平。为贯彻落实深圳市最低工资政策，市人力资源和社会保障局在出台调整方案的同时，加大宣传力度，利用广播、电视、网站、劳动法律法规宣传等形式，大规模宣传执行新的最低工资标准的意义、内容和违法处罚措施及手段，使深圳市的企业和员工深刻了解新的最低工资标准的具体情况，同时结合各级劳动监察部门的日常监督和专项检查，使企业对最低工资标准的执行情况得到较好的落实。

二是制定发布人力资源市场工资指导价位。深圳市结合产业结构、行业分布等实际情况，依靠每年全市企业薪酬抽样调查及相关行业协会合作采集薪酬数据等方式，制定了当年度人力资源市场工资指导价位。2015年深圳市人力资源市场工资指导价位涉及13个重点行业702个细类岗位，高位数、中位数、低位数及平均数分别为：24024元/月、3764元/月、2203元/月、4711元/月。深圳市在综合考虑经济发展、行业年度调薪率、人工水平增长概况、岗位薪酬参考价位等基础上，合理地评估和协商，进行恰当的薪酬定位和调整，受到企业和员工的关注和欢迎。

5. 保障欠薪及时垫付

一是积极完善欠薪保障制度。2014年8月，深圳市颁布实施《〈深圳经济特区欠薪保障条例〉实施细则》，进一步细化欠薪隐匿或者逃逸的认定范围，细化规范《条例》的覆盖范围，明确了欠薪垫付申请受理管辖权限，增强其可操作性；通过依法开展欠薪资金的管理和垫付工作，保证了欠薪保障基金的依法使用，保障了各类欠薪垫付案件获得及时快速的处理，缓解了社会矛盾，有效地维护了社会稳定。二是指导各区规范使用基金，运用欠薪垫付业务经办系统对各区人力资源部门的欠薪垫付情况实施监控，顺利完成欠薪保障垫付工作。据统计，截至2015年10月底，深圳市运用欠薪保障基金垫付企业欠薪91宗，涉及员工4849人，垫付金额2904万元，有效地维护了员工获得工资报酬的合法权益，保障了社会和谐稳定，在构建和谐劳动关系中发挥较大作用。

6. 完善劳动争议调解机制

自2015年以来，深圳市通过组织实施调解工作规范实施情况专项检查工作，不断指导各区加强劳动人事争议调解组织建设、队伍建设、制度建设和基础保障工作。目前，全市、区调解组织13个，街道调解组织57个（覆盖率100%），社区调解室389个，已形成市、区以人力资源行政部门为主体，街道以劳动保障事务所或劳动站为载体，社区以调解室为主要载体的市、区、街道、社区四级劳动人事争议调解网络。2015年1~9月份，全市调解劳动争议22517件（同比增长7.74%），其中调解达成协议或和解的19120件（同比增长2.13%），调解成功率达85%。

（四）同工同保，促进异地务工人员平等享受社会保障

截至2015年12月，深圳市职工基本养老保险（不含离退休）、失业保险、基本医疗保险、生育保险、工伤保险参保人数分别为928.08万人、974.69万人、1213.16万人、1032.90万人、1032.49万人；其中非户籍参保人数分别为727.85万人、842.26万人、914.46万人、832.88万人、895.24万人，各占其险种总人数的78.4%、86.4%、75.4%、80.6%、86.7%。在深圳市参加社会保险的深户、非深户在职人员无太大差异，且部分险种待遇享受范围有所扩大。

1. 养老保险方面

根据《深圳经济特区社会养老保险条例》规定，深圳市养老保险分为基本养老保险、地方补充养老保险两项，前者包括深户、非深户参保人员，后者仅包括深户参保人员。基本养老保险方面，深户、非深户在职人员皆按职工月工资总额为缴费基数，缴费基数不高于市上年度在岗职工月平均工资的300%，不低于市最低月工资标准，单位缴费比例为13%，个人缴费比例为8%，在待遇计发上也没有区别。

2. 医疗保险方面

根据新修订的《深圳市社会医疗保险办法》（深府令〔2013〕256号）的规定，深圳市医疗保险分为基本医疗保险一档、二档、三档三种制度，深户人员原则上参加基本医疗保险一档，非深户职工可由用人单位选择参加其中任一种并享受相应待遇。为提高非深户籍人员医疗费用保障水平，深圳市首次将基本医疗保险三档参保人纳入地方补充医疗保险参保范围，缴费为本市上年度在岗职工月平均工资的0.05%，在职人员参保费用由用人单位按月缴纳。

3. 工伤保险方面

根据国家《工伤保险条例》的规定，深圳市用人单位以职工月工资总额（不得低于最低工资标准）为缴费基数，按0.4%、0.8%、1.2%三个档次，为职工缴纳工伤保险费，职工个人不缴费。深户、非深户职工的参保与待遇享受无户籍区别。

4. 失业保险方面

根据《深圳经济特区失业保险若干规定》，深圳市用人单位以本市月最低工资标准为缴费基数，单位缴费比例为2%，个人缴费比例为1%。社会保险覆盖面持续扩大，异地务工人员被纳入失业保险保障范围，深户、非深户职工的参保与待遇享受无户籍区别。

5. 生育医疗保险方面

深圳市未单独建立生育保险制度，根据《深圳市社会医疗保险办法》的规定，深圳市基本医疗保险一档、二档参保人可享受生育医疗保险待遇，个人不需缴费。基本医疗保险一档参保人的单位缴费比例为0.5%，以职工的每月工资总额为缴费基数，缴费基数不得高于市上年度在岗职工月平均工资的300%，不得低于市上年度在岗职工平均工资的60%。基本医疗保险二档参保人的单位缴费比例为0.2%，以本市上年度在岗职工月平均工资为缴费基数。对非深户职工无限制性规定。

（五）人才优先，促进符合条件异地务工人员落户深圳

一是逐步完善人才引进综合评价体系。自2010年以来，深圳市根据国

家、省、市户籍制度改革方向，建立并实施积分制入户政策。2012 年，深圳市将招调工与积分入户整合，对异地务工人员统一实行积分制；2013 年，深圳市又将调工与积分入户整合，对市外在职人才引进统一实行积分制。深圳市通过及时有效调整人才引进政策，为具备一定技术技能的异地务工人员尽快融入深圳、扎根深圳创造了良好条件。2015 年 1～10 月，通过积分制入户深圳的农业户籍人数为 9908 人。

二是全面实施企业评定的技术技能人才引进入户工作。市人力资源和社会保障局自印发《关于在全市开展企业评定的技术技能人才引进工作的通知》（深人社发〔2014〕54 号）以来，全面加强企业评定的技术技能人才引进工作，凡符合相关资格条件的企业均可申请办理业务，为企业引进技术技能工人发挥了积极作用，为具备一定技术技能的外来务工人员落户深圳拓宽了渠道。

三是进一步提高人才引进服务水平。深圳市进一步完善业务系统信息比对功能，简化申报材料，优化申报流程；同时，积极推进代理服务模式的改革创新，扩大代理机构范围，加大政策宣传和业务指导，积极开展上门服务、预约服务和大企业直通车服务，为包括异地务工人员在内的各类技术技能人才提供方便快捷的服务。

（六）齐抓共管，不断提升异地务工人员公共服务水平

在市委、市政府领导下，深圳市建立横向到边、纵向到底的多部门联动工作机制，齐抓共管，共同促进。

（1）教育部门坚持“三个纳入”，实行“三个统一”，对符合就读条件的非户籍人员子女，一视同仁，使其享受免费义务教育。在民办学校就读的，由财政按公办学校相同标准给予补助。

（2）民政部门稳步推进“寻找需要帮助的人——来深建设者关爱基金”救助工作，实实在在地缓解异地务工人员及子女在患有重病时所遇到的困难，并连续举办 9 届资助异地务工人员免费回家活动。

（3）公安部门着力抓好宣传教育工作，努力提高异地务工人员的安全

防范意识；积极利用网络微博、微信平台和市民互动，解析招工诈骗特别是网络招工诈骗的新方式、新特点；同时，结合社区警务工作，落实社区民警劳务市场每日巡查制度，督促劳务市场做好门前三包和求职人员信息采集工作。

（4）财政部门着力抓好异地务工人员专项经费的预算和落实，不断加大公共服务均等化、提升职业技能培训和公共就业服务属地化改革经费保障力度，为异地务工人员平等享受基本公共服务提供经费保障。

（5）司法部门为来深异地务工人员打造全方位的司法“维权网”、“服务网”和“教育网”，在为异地务工人员办案过程中实现了法律援助工作“四统一”和“零等待”、“零距离”、“零收费”、“零投诉”的“四零”服务。

（6）中级人民法院推出八大措施方便异地务工人员维权。一是推行劳动争议案件“要素式”裁判文书改革，让每一个劳动者看得懂裁判文书；二是推行一审劳动争议案件速裁审判机制改革，对被纳入速裁机制审理的劳动争议案件均能在立案之日起45天审结；三是实行节假日立案、预约立案、异地立案、假日法庭、夜间法庭等灵活多样的立案、审理方式，为农民工诉讼提供诉讼便利；四是完善劳动争议案件的“绿色通道”，对劳动争议案件实行“三优先一救助”；五是构建诉讼服务中心，为农民工提供免费法律咨询；六是继续推动大调解格局建设，实现劳动争议案件诉、调对接，从源头上减少劳动争议案件；七是选派法官到街道办挂点，努力从源头上预防和减少劳动争议纠纷的发生，促进和谐劳动关系的建立。

（7）人口与卫生部门多措并举，推动异地务工人员计划生育基本公共服务均等化工作。95%以上的异地务工人员在家门口就能免费领取避孕药具和享受生殖健康、优生优育咨询等服务，实现了人口计生公共服务在社区的全覆盖。

（8）住房和建设部门完善多渠道、分层次、广覆盖的住房保障体系，通过放宽公共租赁住房申请条件、向重点企业事业单位实行定向配租公租房和在产业园区兴建产业配套用房等办法，有效缓解异地务工人员住房困难。

（9）文体旅游部门通过创办深圳市外来青工文化节，开展实施“外来工文化服务工程”，形成了内容丰富、特色鲜明、成效显著的农民工文化服务体系。其先后建成100个劳务工图书馆、50多个厂区文化活动中心（室）和120多个共享工程农民工服务点，常年坚持举办“4·23”读书日活动和外来青工文体节。

（10）地方税务部门积极与人力资源部门建立定期信息交换制度，回答创业者关心的税收优惠政策及办税程序等问题，并免费派发相关资料；将有关异地务工人员就业税收优惠政策落实情况作为税收执法检查的专项内容，确保各项就业税收政策全面落实到位。

（11）市场监管部门扎实推进商事登记制度改革，提升市场营商环境，为异地务工人员提供更多的就业机会；同时积极开展清理整治无照经营专项行动，净化市场经营环境，防止无照经营户招揽异地务工人员。

（12）市国资委加强企业民主管理，优化劳动分配机制，维护员工合法权益。为实现企业和员工利益共享，维护稳定，依法保障异地务工人员权益，各市属国企坚持职工代表大会制度，确保涉及员工切身利益的重大规定在出台前必须被提交至职工代表大会审议通过。在薪酬分配方面，各企业根据国家有关薪酬分配的法律法规和政策要求，严格按照约定时间足额发放异地务工人员工资、奖金及其他薪酬项目。

（13）市妇联依托全市400所外来女工流动学校，为外来女工提供各类培训、讲座。一是举办深圳市外来女工流动学校讲师团，为外来女工提供身心健康、法律安全、家庭婚姻、社会适应等各类培训。二是继续开展“阳光女工”服务。依托心理健康服务中心、阳光家庭综合服务中心、阳光心灵工作室、婚恋指导中心等服务平台，为广大女工提供学习培训、心理咨询与辅导、就业拓展、婚恋交友等服务，提高外来女工的归属感和幸福感，传递党和政府以及妇联组织的关爱。

（14）市总工会在大力促进企业成立工会组织并积极发挥作用的同时，全面推进“企业爱员工，员工爱企业”活动，成立广东省首家由政府财政支持的异地务工人员学校，启动了提升职工素质工程，开展对困难职工和异地务工人员的教育帮扶。

二 2016年异地务工服务管理工作展望

按照党的十八届三中、四中、五中全会和中央城镇化工作会议精神以及贯彻落实《国务院关于进一步做好为农民工服务工作的意见》（国发〔2014〕40号）电视电话会议要求，不断探索完善符合深圳市产业发展的劳动力转移机制，继续稳定和促进就业创业，切实维护劳动保障权益，有序推进异地务工人员市民化、城镇化进程。

（一）进一步增强做好异地务工人员工作的使命感、责任感和紧迫感，促进异地务工工作健康稳定向前发展

深圳市异地务工人员数量庞大、来源广泛、情况复杂、影响面大，异地务工人员工作做得不好，“和谐深圳，效益深圳”就无从谈起。实现好、维护好、发展好异地务工人员的利益，充分调动他们参与深圳建设的积极性、主动性，关系到深圳和谐稳定与持续发展的大局。深圳市要站在全局和战略的高度，不断加强异地务工人员工作力度，进一步增强做好异地务工人员工作的使命感、责任感、紧迫感，以更大的决心、更积极的态度、更得力的措施、更扎实的工作，坚定不移地贯彻落实党中央、国务院和省委省政府有关异地务工人员工作的政策和措施，推动全市异地务工人员工作取得新成效。

（二）进一步明确目标和任务，找准工作着力点，系统推进异地务工人员工作

深圳的就业人口结构极其独特，异地务工人员工作令全国瞩目。深圳要立足深圳实际，建设一个更加理解、更加尊重、更加关爱异地务工人员的政府，在异地务工人员工作中创造更多、更突出的亮点。在今后一个时期，深圳异地务工人员工作的总体目标是：认真贯彻落实国务院关于进一步做好为农民工服务工作的意见，切实解决涉及异地务工人员的利益问题，进一步推进体制改革和制度创新，努力在社会经济生活的各个领域逐步消除异

地务工人员与户籍居民的待遇差别，努力实现全体劳动者公平享受就业权利、社会保障、公共资源和社会发展成果，促进在深异地务工人员的稳定、体面就业。

一是要全面维护权益。既要维护好异地务工人员的经济、社会、政治等基本权利，也要维护好异地务工人员工资报酬、劳动保护、安全生产、参政议政等权利，创造公平公正的社会环境。二是要全面加强生活保障。重点是要保障好异地务工人员的人身健康和生命安全，着力做好社会保险、医疗卫生、职业病防治等方面的保障，为异地务工人员参与社会生产和社会活动提供基本条件。三是要加强公共服务。充分履行政府公共服务职能，落实公共服务平台对调，在免费求职、培训就业、子女教育、计划生育、生活居住、法律援助等方面，加快建设和完善惠及全体异地务工人员的公共服务体系，确保全体异地务工人员共享改革发展成果。四是要加强综合社会管理。包括加强和完善就业管理、劳动合同管理、出租屋管理、户籍管理、治安管理等方面的管理体系，维护社会秩序，保持社会稳定。五是要加强职业技能提升。大力开展好异地务工人员技能提升和综合素质教育，加大技能人才学习培训方面的经费投入，强化法律约束和经济利益激励机制，提高异地务工人员综合能力素质。

（三）进一步完善目标责任制，狠抓工作落实，确保异地务工人员工作取得新成效

做好异地务工人员工作，是一项长期的战略任务，既包括有序地组织异地务工人员参与现代化建设，又包括保障异地务工人员与全体社会成员共享改革发展成果。深圳要在致力于解决好当前突出问题的同时，着眼长远，努力构建长效机制，推动异地务工人员工作走上有序化、制度化、规范化的轨道。一是进一步明确工作责任制。切实发挥好异地务工人员工作协调机构和成员单位的综合协调作用，进一步完善异地务工人员工作的目标责任制和考核评估制度，确保异地务工人员工作不留空档。二是抓好部门落实。要按照异地务工人员工作协调机制调整后的职责分工，结合工作实际，研究制订各

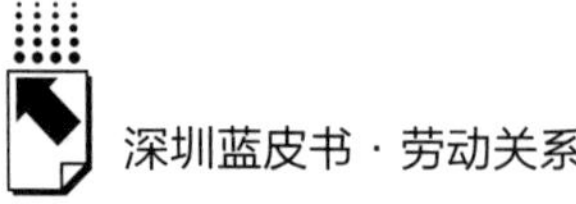

成员单位做好为异地务工人员服务工作的实施方案，形成工作合力，落实工作责任。三是加快和推进信息化建设。建立和依托异地务工人员管理服务信息化平台，有针对性地做好就业管理和劳务合作工作。同时，依托街道、社区基层平台，构建街道、社区异地务工人员综合管理服务协调机制，建立党委政府统揽、各部门齐抓共管、基层平台具体落实的工作格局。

B.30

实行以人为本的人力资源管理，构建和谐双赢劳动关系

吕　钧*

摘　要：　随着社会经济的发展和思维观念的变化，劳动者的利益诉求日益多元，劳资矛盾不断凸显，劳动争议问题也逐渐增加，已成为影响企业生产和社会稳定的重要因素，因此构建和谐稳定的劳动关系，是当今企业举足轻重的课题。本文通过阐述构建和谐劳动关系的重要性，揭示企业文化在构建和谐劳动关系中的地位、作用及主要途径，展示艾美特始终把以人为本构建和谐劳动关系和建设良好的企业文化放在一个战略的高度，从制度上予以保障、文化上予以促进的有效做法。

关键词：　人力资源管理　企业文化　制度保障

艾美特电器（深圳）有限公司（以下简称“艾美特”）是一家专业生产电风扇、电暖器、电磁炉等精致小家电的知名外资企业，是世界最大的电暖器生产厂家之一。公司于 1991 年在深圳宝安区石岩街道建成投产，现有员工 5000 余人。24 年来，艾美特公司保持了持续增长的良好发展态势，先后荣获“全国双爱双评企业”“广东省、深圳市和谐劳动关系先进企业”“诚信企业”“第四届深圳市外地来深建设者之家”等荣誉称号。艾美特能

* 吕钧，艾美特电器（深圳）有限公司。

获得社会肯定和员工认可，除了始终坚持塑造良好的企业品牌形象外，还积极地致力于构建和谐劳动关系。

多年来，艾美特始终把构建和谐的劳动关系和建设良好的企业文化放在一个战略的高度，从组织上予以保障、文化上予以促进。企业管理者认为，员工是企业管理中最关键的要素，劳资和谐则是企业稳健经营的基石，是企业具有较强凝聚力、生产力及竞争力的重要体现。企业只有以员工的权益为本，才能充分调动员工的积极性，使员工乐在其中，充分发挥才智，做到人尽其才、才尽其用，最大限度地促进企业发展。

一 以人为本，打造良好的企业文化基础

和谐的劳资关系，是塑造与建设企业文化的重要载体，其本质是以人为中心，从关心人、尊重人等多个层次出发，善待员工，增强其归属感和认同感，只有重视企业文化的发展和建设，企业才能增强向心力、凝聚力，从而促进劳动关系的和谐融洽。

（一）自办内刊，厚植企业文化

艾美特为架起员工与公司心灵沟通的桥梁，不惜投入双倍的人力和物力创建和发展企业内刊，内刊内容形式丰富多彩，传播先进的、积极的、健康的正面文化。企业内刊分别为《艾美特之风》和《艾美特之友》，在当时的情况下，同一企业自办两种内刊是屈指可数的。《艾美特之友》可以说是艾美特的“官方刊物”，刊物以领导讲话、产品介绍、企业会议精神、企业重大事情、公司决策和动向等为主要内容。相比《艾美特之友》而言，《艾美特之风》更像是“民间刊物”，其内容更加接地气，既直接反映了员工学习、工作及生活的状况，也为企业员工提供了交流、学习、展示才能的平台，极大地开发了员工的潜能，充分调动了员工的积极性，满足了员工不断发展的精神层次的需求，受到企业广大员工的好评。

（二）设立医疗基金，保障员工的医疗权益

良好的企业文化可以加深员工对公司发展的认知和理解，从而为劳动关系和谐发展之路保驾护航。早在 1992 年，面对企业多数员工生病无钱治疗的现状，艾美特先行一步，率先在公司内部成立医务室，建立合作医疗机制。公司员工与公司各支付 5 元作为合作医疗基金，员工进入公司即可享受此医疗保障项目。该项目使员工生病后可用此费用治疗，让生病的员工敢看病、看得起病，特别遇到重大疾病，需转院救治，无论费用多高，员工均可享受 70% 的医疗费用，此举解除了员工生病的后顾之忧，感动了万千员工。在深圳实行全员医保之前，艾美特先行运作了近十年，这一经验做法引来深圳市众多企业前来参观学习。2008 年，公司斥资 500 余万元投建了集学习、运动、休闲、娱乐为一体的“职工之家”，并设立篮球场、羽毛球场、形体训练中心、培训教室、心理咨询室等，适时开展篮球赛、拔河赛、乒乓球赛等丰富多彩的文体活动；同时打造开放的图书馆、电脑培训室、棋牌室、卡拉 OK 中心等学习空间，并定期举办各种人文活动，如亲子讲座、团队比赛、创建员工社团、帮助员工联系子女入学、暑期小孩托管等活动，为员工提供了精神层面服务的同时，也提升了公司的凝聚力和向心力，促进了企业和员工的互惠双赢。

（三）重视保障员工的社会保险与工资福利

艾美特珍惜每一位为公司创造价值的员工，全力保障员工的合法权益，哪怕是在最艰难的时刻，此理念也未被放弃。艾美特为所有在职员工办理了“五险一金”，保障员工的合法权益，同时以健全、无忧的福利制度，充分提升每一位员工的安全感与归属感，使其全身心投入工作，构建了企业与员工融洽、和谐相处的新局面。2008 年，受国际金融危机的影响，公司欧美订单仅有往年同期的 1/5，大批员工工作量不能达到饱和，不断听闻周围企业倒闭歇业的惨况，许多员工心中一片恐慌，个个忐忑不安，都在担心下一个失业的会不会就是自己。就在大家焦虑不安的时候，公司领导宣布：虽然

我们有1500多名富余员工，但我们保证一个员工都不能少，我们同时也保证工资一分不少，而且年终奖也会照发，确保大家过一个愉快的新年。公司为了让富余员工能过得充实而有意义，组织了丰富多彩的活动，如组织大家参加军事训练、健美操表演、大型广播体操训练、岗位技能培训、电脑操作培训、乒乓球比赛、各种文艺节目表演，并邀请安子来公司进行员工励志演讲、开展青工拓展等活动。员工纷纷用实际行动证明了自己对公司的热爱和感激，各部门提案改善数量迅猛增长，大家都想尽一切办法为公司节省每一分钱，和企业携手共渡难关。

公司也坚持认为，今日对员工点滴的关怀，他日员工定给予企业涌泉的回报。2011年12月5日，公司装配课员工徐敏不幸因车祸受伤，公司各层级领导甚至连夜亲赴现场指挥救治，极力将受伤员工的伤痛降至最小，同时在整个救援、治疗、康复过程中都给予多次的慰问和极大的关怀。此类事件不胜枚举，艾美特正是如此以情系人，关爱每一位员工，珍惜每一位员工，用温情留住每一位员工，从而筑建了企业爱员工、员工爱企业的长城。

（四）关爱员工，增强员工归属感

艾美特深知，企业要发展，必须要有和谐的员工队伍，员工是企业赖以生存的关键要素，是构建和谐企业的主要力量，只有关爱员工，想员工之所想，急员工之所急，和员工同甘苦、共患难，用实际行动去关心员工，才能使员工产生对企业的依赖和归属情感。每年的腊月三十，是辞旧迎新的日子，为了使没有回家的员工感受到大家庭的欢乐和过年的喜悦，艾美特每年大年三十都要举办“千人饺子宴”，员工欢聚一堂“大寒小寒，吃饺子过年”的热闹景象，如同与家中亲人的新春团聚，工友们用一双双巧手做成各式各样的饺子，既融入了自己对新年的美好心愿，也让在场的所有人都能“吃”到新春的祝福，感受到新春佳节与新年伊始的韵味，“艾美特千人饺子宴”所带来的温暖，让广大员工深深感受到了艾美特大家庭的关爱。2008年，我国遭受百年不遇的雪灾，艾美特更在第一时间，向全体员工发出“留深过年”的倡议，并筹集数十万元开展各种各样的文体活动，丰富了员工的节日生活，让员工体会到了艾美特这个家带给他们的节日快乐与集体温暖。

（五）成立救员工于水火的急难救助基金会

随着公司员工队伍的日益庞大，各类突发急难事件随之增加，为有效地处理各种突发事件，为处于急难中的员工提供经济上的支持与基本保障，艾美特于2006年便成立爱心急难援助基金会，由公司财务部设立爱心急难援助基金专用账户，对有急难的员工，依《急难援助基金管理办法》给予一定金额的援助或资助，并且每季度在工会通告栏上公开基金的援助情况。2007年3月，在公司工作10年的员工孙书龙因肝癌去世，公司当即发动全公司员工捐款7.9万元，他有两名幼小子女，公司考虑到其爱人能力有限，决定从援助基金中每月为两名孩子提供生活费各250元，并承诺抚养至18岁。2007年8月，总务电梯工罗爱珍因急性脑溢血不治身亡，留下一个不到13岁的女儿，其家庭经济十分困难，公司再次启动急难援助基金，决定将其女儿抚养到18岁。公司怀着深厚的感情关怀有困难的员工，千方百计为他们解困救难。类似事迹同样数不胜数，关心员工生活，视员工为亲人，为员工做实事、做好事，充分体现了公司对广大员工细致入微的关爱，极大地拉近了公司与员工之间的距离。

二　积极探索，为员工提供更多的发展空间

（一）致力于员工职业生涯的发展

艾美特在致力于塑造良好企业文化的同时，也在积极建立员工和公司之间的心灵契约——互相间的信任和承诺，其依赖的是企业文化、企业领导和变革过程的人性化管理。因此，企业的领导者也是企业文化建设较为关键的因素。他提拔什么样的人，关注什么样的事情，把资源分配在什么地方，都表现出了很强的价值观念。企业的领导者不断重复其行为，会影响和改变员

工的思维模式，从而造就一种新的文化模式。企业文化模式的形成和发展，离不开人本因素的充实、人才结构的优化、人事制度的改革，以上每一项都离不开人力资源的有效管理。从某种意义上讲，和谐的劳资关系理念及其精髓，需要不断探索、与时俱进，植入人力资源管理的各个模块，才能从实践中体现和谐劳资关系之内涵所在。

为综合提高人力资源配置的高效性与及时性，公司会选择不同的招聘渠道，根据不同部门的需求特点而选择。基于艾美特公司人才本土化的用人战略，在人力资源的多种招聘方式中，公司更乐于运用内部招募的形式完成招聘作业，当公司内部出现岗位空缺（含管理类、文职类、技术类等）时，首先考虑在企业内部发布招募信息，优先考虑企业内部符合此岗位任职资格的内部员工，把晋升与发展的机会提供给他们，目前公司高、中、基层管理人员的85%～90%均是通过内部招募的方式选拔而上，行政类岗位如文员、助理，技术类岗位如助工、技术员等相关岗位则100%亦同。此举有利于公司内部员工职业生涯的发展与实现，满足其自我发展的需要，推进员工与公司共同发展。

（二）注重员工个人的培训与发展

艾美特成立至今，深信人力资源是艾美特最大的财富，每位员工都是企业赖以生存的资本，都可以对其自身潜能进行充分挖掘。公司坚持以内、外训有机结合的培训方针，不断探索符合员工需求的培训形式、思路与方法，提高在职员工的职业技能与各项工作能力，不断完善员工自我提升的职业生涯通道，为员工提供更多发展机会和提升空间。

1. 优化体系，致力员工素质提升

为更好地推动培训工作的实施，早在1996年公司就建立了三级培训网络体系及厂内的特约师资群，同时也配套出台了健全的培训制度、特约讲师制度，科学地制订年度培训计划，保障了管理、技能类人才培养的有效进行。在员工融入集体后的成长过程中，公司有计划地依各级员工职业发展的需要，安排其参与管理类或技能类的学习项目，充分挖掘员工潜能。2008

年 12 月，经过精心的策划与筹备，公司成功向深圳市劳动保障局申报设立了高技能人才培训基地，加快了高技能人才培养的步伐，软件上，以每年 10% ~15% 的增长幅度提高培训经费作为经济支持，硬件上，不断完善高技能人才培训基地的基础设施建设，为技能培训顺利开展提供了坚实的经济与资源支持。为加大对人才培养的力度，企业在 2009 年出台了《学历教育实施方案》和《技能人才培养实施方案》两大重磅方案，方案中重点提出，凡厂内员工就读大专、本科院校的，给予 15% ~25% 的学费资助，凡参与技能类培训的则提供 100% 的学费资助，实施方案的推行，提升了公司员工的整体素质，员工的自我价值也更进一步得到提升。

2. 积极探索，丰富人才培养形式

提升员工职业技能的方式纷繁复杂，如何使员工更有兴趣、更有动力地提升自己的技能呢？这也是艾美特无时无刻不在思考的问题。2010 年9 ~12 月，根据宝安区政府《关于进一步加强劳务工技能竞赛的行动计划》的通知精神，结合公司的实际生产情况，怀揣实现培训形式多样化与丰富化的构思，公司组织了全厂范围内的技能竞赛活动，经过近 3 个月的策划与筹备，组织钳工、焊工、电工、铣工、叉车司机、文本等合计 65 个竞赛项目，参赛员工达到 4500 人。每个项目赛前，均进行了本项目的技能培训，规模浩大，在公司内掀起了学技术、学技能的热潮，提高了员工的技能水平，增强了员工的职业荣誉感，同时也为发现和选拔人才提供了一个很好的平台，形成了重视和培养技能人才的良好氛围，推进公司技能人才队伍的整体建设。

3. 用心引导，缓解员工各种压力

据统计，艾美特目前招聘的新进入职员工中，85% 以上均为“80 后”“90 后”新生代员工。针对“80 后”“90 后”新生代员工独特的思想与行为特征，公司在制定新入职员工职前训练课程规划时，加入了原创励志培训课题——“社会第一课”，该课题要求“80 后”“90 后”青工树立“自强自立、成功成才”的意识，引导新生代劳务工克服其依赖父母的思想，教导其如何树立正确的人生观与价值观，培养其实际动手能力，使其关爱家

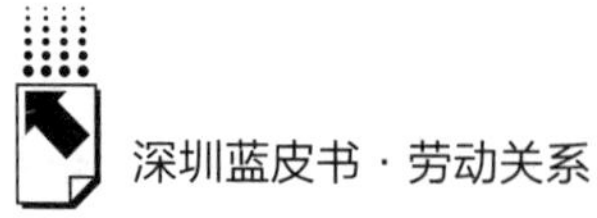

庭、关心亲人、关注友人、乐于奉献，更好地实现人生价值。

针对当前充满竞争和压力的环境，职场人士因工作负荷、个人发展、职位升迁和工作业绩等导致压力无法缓解的状况，公司曾多次组织开展压力缓解及情绪疏导讲座。据统计，前来出席讲座的大都是生产一线的员工，据员工反映，他们虽然不是脑力劳动者，但是由于社会的竞争，依然有各种压力，他们认为这样的讲座对于他们来说是十分受益的。适时的心理疏导与压力情绪管理的活动已备受广大职工的支持，可见，劳务工群体的心理健康已成为一个不容忽视的焦点，除了必要的引导之外，公司还成立了心理健康咨询专区，为员工提供专业的心理咨询，架起与员工心灵沟通的桥梁，这是优化劳资关系、促进劳资融洽和谐的重要途径。

（三）关注员工绩效改进计划

建立客观、公平、有效的评价方法，对公司员工的行为与结果进行全方位测评，也为员工的工作业绩、职位晋升提供可靠的依据，以不断推动用人机制的发展与完善，使员工能够更好地为公司服务。公司对每一位员工都进行了 KPI 考核，并将考核结果充分运用于晋升、调薪及奖金（月绩效奖金、行政奖励、年终奖金）的发放上。考核结束后，公司更注重的是考核结果的反馈，制订完善的员工绩效改进追踪计划，使员工认识、正视、改进自己的缺点，发挥自己的长处，强化正确的行为，帮助改进公司及个人的绩效，促使企业与员工绩效的同步提升。另外，为奖励员工为公司所做出的贡献，公司同时配套订立了完善的投入产出考核办法、提案改善制度、精益生产推动奖、专案奖、节能降耗奖等方案，激发调动员工的积极性和创造性，最大限度地发挥员工潜能，使其才尽其用。

（四）推进员工的持股计划

只有具有竞争性、激励性、公平性的薪酬战略才能激发员工的积极性，激励其发挥最佳潜能，为企业发展创造更大价值。而一个科学、合理的薪酬系统设计，是要经过岗位分析、岗位设计、岗位价值评估、员工能力评估，以及薪酬市场调查、薪酬结构设计、薪酬系统的实施与完善等多个关键步骤来完成的，只有对员工才能、贡献和价值做出更为有效的认可，才能吸引和留住更多优秀人才，使其更乐意为公司竭尽所能。为与员工分享公司经营成果，促进广大员工共同关注公司的未来与发展，2013 年，正值公司于台湾挂牌上市之机，公司极力筹划与推行了一项使员工投资于公司而获得长远收益的“员工持股计划”，规定凡是符合 3 年以上工作年限的员工，均可行使购股权购买公司原始股票，使员工的个人未来收益和公司股票未来价值有机地联系于一起，实现公司与员工共同拥有财富，共同创造财富，相得益彰。通过购股计划的执行，员工以自身投资的形式参与到公司的经营中来，广大员工均可获得股东的地位，每个持股员工均系公司的主人翁，可监督公司的经营与管理，可参与到公司成长所带来的利润分配中来，共享经营收益，共担经营风险。同时公司以此激励广大员工持续地为公司贡献力量，形成巨大的凝聚力与向心力，以更积极、主动、热情的姿态为公司未来的经营出谋划策，为劳资关系的和谐发展缔造坚实的基础保障。

三　健全各项制度，不断优化员工关系管理

随着经济的快速发展，深圳这一代表进步、科技的前沿城市，出现劳动者维权意识不断增强，劳动者尤其是新生代劳务工利益诉求多元化的态势，劳动关系已成为影响社会和谐稳定的一个重要因素，因此，如何在新形势下做好员工关系管理工作也是企业面临的一项重要课题。

（一）健全和完善劳动合同制度

《劳动合同法》于 2008 年 1 月 1 日起实施，艾美特从 2007 年 11 月 29 日就开始与一些尚未订立书面劳动合同的员工签订劳动合同。历时一个月，公司多次召开劳动合同签订说明会，并针对个别员工提出的不同意见及诸多疑难问题，运用专业知识，逐一耐心地进行解答，直至双方达成一致，签订了劳动合同。虽然签订劳动合同的过程非常困难，但公司工作人员本着坚定

的信念，以执着的努力，使合同签订工作最终得以圆满完成，公司劳动合同签订率达100%；同时依照法律法规和公司情况，制定修改了公司相关的规章制度、操作流程，如及时地修订了《员工守则》，规范了劳动合同订立、变更、解除、终止等相关手续的办理流程，使其完全符合国家相关法律法规要求，为公司构建和谐劳资关系奠定了无比坚实的基础。

（二）建立员工满意度调查机制

为与员工建立以厂为家的心灵契约，公司也积极地健全完善各项福利制度，同时还建立员工满意度调查机制，以提升职工对公司的满意度。人力资源部根据不同时期，制定不同内容的调查问卷，不定期对在职员工发放满意度调查问卷，对离职员工采取问卷调查及面谈两种方式。调查内容包括管理制度、管理者态度、工作时间、工作强度、食宿管理、薪酬福利制度等方面。公司通过收集汇总调查问卷，了解了员工对公司工作的基本评价，倾听了员工的所思所想，正视员工提出的问题与建议，勇敢面对公司管理中所存在的问题，只要是对公司和员工有益的建议，公司都果断采纳与执行，以改进公司的各项管理工作，更好地为全体员工服务。

（三）建立疏导矛盾的劳动关系调解机制

公司自成立以来，正视劳动纠纷难以避免的现实，总以负责的态度和人性的关怀，及时分析和处理劳动关系上发生的种种矛盾，努力把纠纷和矛盾化解在萌芽状态。为畅通员工诉求渠道，公司开通了领导信箱，对于员工的信件投诉，公司3天内予以答复解决。2006年，公司成立了劳动争议调解委员会（以下简称“调委会”），调委会由3名专职调解员、3名兼职调解员和1名社工组成，力争及早预防矛盾纠纷的发生，并通过平等协商的形式，将企业内部的劳资矛盾纠纷化解在萌芽状态，这一做法得到了劳动部门的认可，2012年调委会获得由劳动部门授予的“劳动争议调解委员会”牌匾，劳动部门对其下发劳动争议调解专用章。

公司积极发挥调委会的日常预防和调处作用，以公示和指引标识的形式，引导员工前往公司调委会了解有关的法律法规、政策信息、厂纪厂规等，及时调处和化解矛盾纠纷。公司调委会根据上级劳动部门的指导，已建立了规范的调解申请、调解受理、组织调解、发放调解意见书的调解流程，并将调解不成的重大劳资纠纷上报至社区调解室，由社区调解室统筹调解员进行调解。再者，公司调委会还将每月的纠纷调处数据以报表的形式上报至社区调解室，便于上级更好地把握辖区内各企业的劳动关系态势。劳资纠纷总体呈下降趋势，调解成功率达99%以上。一般性劳动纠纷都能在公司内被有效化解，公司全面实现员工利益诉求零库存，真正做到了纠纷不出车间、矛盾不出厂门，促进了劳动关系的和谐。

（四）健全和完善企业安全生产制度

安全需要是员工最基本的需要之一，艾美特始终把重视安全生产、职业卫生工作放在首要的地位。公司把安全生产工作纳入重要议事日程，积极落实安全生产管理工作的各项要求，推进职业健康安全管理系统的不断完善，严格执行“安全第一，预防为主”的方针，成立了安全生产委员会，落实专人负责安全生产管理工作并建立健全安全生产规章制度及安全生产组织机构。公司严格按照《安全生产法》《职业病防治法》和《工伤保险条例》及省、市有关安全政策，为全体员工购买工伤保险。另外公司也加大安全生产教育和劳动保护的投入，完善企业安全生产各类设施，严肃执行安全生产责任制度，加强职业卫生知识的宣传和普及，并不定期召集全员参加安全生产知识、职业健康等方面的讲座，使公司在长时间内未发生重特大安全事故、职业（疑似）病，保持了公司安全生产持久稳定，为员工的工作和生活创造了一个安全舒适的环境，进而提升了员工的安全感。

（五）率先成立企业工会组织

1992年10月，艾美特率先在公司内部成立企业工会，开创了深圳市外资企业中组建工会的先河，率先架起了公司与员工沟通的桥梁，工会成为企业全体职工与公司沟通交流的良好平台，为维护企业员工的合法权益起到了举足轻重的作用，工会自成立后，先后组建了劳动争议调解委员会、女工委员会、经费审查委员会和劳动保护监督检查委员会等组织，在处理劳资矛盾、职业卫生监督检查、维护职工合法权益等方面也起到了极大的促进作用。

（六）建立行之有效的突发事件应急机制

突发事件应急机制的建设及风险预警机制的完善对突发事件如突发劳动争议、群体性消极怠工、因工及非因工死亡等的及时有效处理起到了关键性的作用。艾美特突发事件应急处理小组由法人代表或总经理任最高指挥官，负责部署、研究与决定企业重大劳动事件的应急管理；调解小组由人力资源部、工会、员工代表、安委会、事发单位及总务部组成，明确应急小组的成员及职责，秉持统一领导、以人为本、分工协作的指导思想，注重调解技巧运用与调解角色的扮演，从法、理、情几方面了解员工家属的诉求，在运作的过程中也不断总结经验、不断完善。在突发性事件的处理过程中，公司注重细节、以人为本，如有困难，及时向上一级劳动主管部门汇报，寻求指导，甚至在处理突发事件的过程中，亦是热情接待员工的家属，贴心地做好后勤服务。

在贯彻实施国家新政策法规前，公司会提前研究新政策法规，制订具体的执行与实施方案，设计实施方案的主管责任制，同时召开说明会，现场处理问题，归纳整理实施过程中的问题点、难点，即所谓的“疑难杂症”等，将问题与风险提前考虑，使其消失于萌芽状态。

在国家、省、市各级政府就构建和谐劳动关系、推动科学发展、促进社会和谐的指导下，艾美特将一如既往地关心、爱护员工，为公司员工提供更好的工作岗位、生活环境及广阔的晋升空间。公司也将继续把和谐的信念深入人力资源管理的各个模块，力求使劳资和谐理念通过人力资源管理的载体得以升华，不遗余力，继续为员工办实事、办好事，完善各项机制，完善劳动关系矛盾预警和疏导机制，把优化劳资关系的氛围，构建和谐的企业文化作为日后工作的重中之重，在促进公司发展的同时，维护、发展员工相关权益，努力实现企业与员工共谋发展、共同进步、共享成果的愿景。

✤ 皮书起源 ✤

“皮书”起源于十七、十八世纪的英国，主要指官方或社会组织正式发表的重要文件或报告，多以“白皮书”命名。在中国，“皮书”这一概念被社会广泛接受，并被成功运作、发展成为一种全新的出版形态，则源于中国社会科学院社会科学文献出版社。

✤ 皮书定义 ✤

皮书是对中国与世界发展状况和热点问题进行年度监测，以专业的角度、专家的视野和实证研究方法，针对某一领域或区域现状与发展态势展开分析和预测，具备原创性、实证性、专业性、连续性、前沿性、时效性等特点的公开出版物，由一系列权威研究报告组成。

✤ 皮书作者 ✤

皮书系列的作者以中国社会科学院、著名高校、地方社会科学院的研究人员为主，多为国内一流研究机构的权威专家学者，他们的看法和观点代表了学界对中国与世界的现实和未来最高水平的解读与分析。

✤ 皮书荣誉 ✤

皮书系列已成为社会科学文献出版社的著名图书品牌和中国社会科学院的知名学术品牌。2011 年，皮书系列正式列入“十二五”国家重点出版规划项目；2012~2015 年，重点皮书列入中国社会科学院承担的国家哲学社会科学创新工程项目；2016 年，46 种院外皮书使用“中国社会科学院创新工程学术出版项目”标识。

中国皮书网

www.pishu.cn

发布皮书研创资讯，传播皮书精彩内容
引领皮书出版潮流，打造皮书服务平台

栏目设置：

- □ 资讯：皮书动态、皮书观点、皮书数据、皮书报道、皮书发布、电子期刊
- □ 标准：皮书评价、皮书研究、皮书规范
- □ 服务：最新皮书、皮书书目、重点推荐、在线购书
- □ 链接：皮书数据库、皮书博客、皮书微博、在线书城
- □ 搜索：资讯、图书、研究动态、皮书专家、研创团队

中国皮书网依托皮书系列“权威、前沿、原创”的优质内容资源，通过文字、图片、音频、视频等多种元素，在皮书研创者、使用者之间搭建了一个成果展示、资源共享的互动平台。

自2005年12月正式上线以来，中国皮书网的IP访问量、PV浏览量与日俱增，受到海内外研究者、公务人员、商务人士以及专业读者的广泛关注。

2008年、2011年中国皮书网均在全国新闻出版业网站荣誉评选中获得“最具商业价值网站”称号；2012年，获得“出版业网站百强”称号。

2014年，中国皮书网与皮书数据库实现资源共享，端口合一，将提供更丰富的内容，更全面的服务。

法律声明